BLUE BOOK

智 库 成 果 出 版 与 传 播 平 台

公益诉讼蓝皮书

BLUE BOOK OF PUBLIC INTEREST LITIGATION

中国检察公益诉讼发展报告（2023）

ANNUAL REPORT ON PROSECUTORIAL PUBLIC INTEREST LITIGATION OF CHINA (2023)

主　编／胡卫列　田　凯　张嘉军

社会科学文献出版社

SOCIAL SCIENCES ACADEMIC PRESS（CHINA）

图书在版编目（CIP）数据

中国检察公益诉讼发展报告 . 2023 ／ 胡卫列，田凯，
张嘉军主编 . --北京：社会科学文献出版社，2023.7
（公益诉讼蓝皮书）
ISBN 978-7-5228-2092-7

Ⅰ.①中… Ⅱ.①胡… ②田… ③张… Ⅲ.①诉讼法
-研究报告-中国-2023 Ⅳ.①D925.04

中国国家版本馆 CIP 数据核字（2023）第 124107 号

公益诉讼蓝皮书
中国检察公益诉讼发展报告（2023）

主　　编／胡卫列　田　凯　张嘉军

出 版 人／冀祥德
责任编辑／高　媛　黄金平
责任印制／王京美

出　　版／社会科学文献出版社·政法传媒分社（010）59367126
　　　　　地址：北京市北三环中路甲 29 号院华龙大厦　邮编：100029
　　　　　网址：www.ssap.com.cn
发　　行／社会科学文献出版社（010）59367028
印　　装／三河市东方印刷有限公司

规　　格／开 本：787mm×1092mm　1/16
　　　　　印 张：30.25　字 数：455 千字
版　　次／2023 年 7 月第 1 版　2023 年 7 月第 1 次印刷
书　　号／ISBN 978-7-5228-2092-7
定　　价／198.00 元

读者服务电话：4008918866

公益诉讼蓝皮书编委会

主编简介

胡卫列　最高人民检察院第八检察厅厅长，最高人民检察院检察委员会委员，法学博士、博士后，兼任中国法学会比较法学研究会副会长，检察学研究会、行政法学研究会理事等。主要研究方向：行政法学与行政诉讼法学、检察制度等。主持国家社科基金项目等10余项，发表论文50余篇。

田　凯　河南省人民检察院党组副书记、副检察长。博士，法学博士后。主要研究方向：行政法、公益诉讼。中国行政法学研究会常务理事，河南省行政法学研究会、检察学研究会、法学教育研究会副会长等。主持国家和省部级课题等6项，发表论文40余篇。

张嘉军　郑州大学法学院教授、副院长，河南省特聘教授，法学博士，博士生导师，最高人民检察院检察公益诉讼研究基地——郑州大学检察公益诉讼研究院执行院长。主要研究方向：民事诉讼、公益诉讼。主持国家社科基金重点项目、国家社科基金一般项目等15项，发表文章60余篇，出版专著10余部。

摘　要

探索建立检察机关提起公益诉讼制度是党的十八届四中全会作出的重大决策部署，也是推动国家治理体系和治理能力现代化的一项重要举措。党的二十大报告进一步提出完善公益诉讼制度。时至今日，检察公益诉讼制度已经形成独具特色的公益司法保护"中国方案"，成为中国式现代化在法治领域的重要体现。本书对检察公益诉讼的理论热点和实践现状进行全面、系统、深入的研究，旨在促进检察公益诉讼制度进一步发展完善，为优化国家治理体系和治理能力提供更坚实有力的"检察担当"。本书共5部分（含23篇报告）：总报告、全国篇、地方篇、专题篇和案例篇。

总报告审视2021年全国检察公益诉讼的整体状况，总结了成效，剖析了不足，提出了进一步努力的方向。全国篇的4篇报告从在检察行政公益诉讼方面、检察民事公益诉讼方面、检察刑事附带民事公益诉讼方面、检察公益诉讼理论研究方面对全国范围内检察公益诉讼制度实践状况进行了分析研究，翔实地展示了2021年检察公益诉讼的实践样态。地方篇的9篇报告分别从省级、市级和县区级视角考察了检察公益诉讼的区域实践现状，为检察公益诉讼更加有序高效地开展提供了参考。专题篇的8篇报告从检察公益诉讼的具体领域类别切入，对检察公益诉讼研究的深化及实践的发展提出了诸多建议。案例篇的案例分析报告以最高人民检察院公益诉讼指导性案例为研究对象，发现检察公益诉讼指导性案例面临的适用拘束力不足、数量规模不足、解释规则供给不足、虚置化问题严重等现实问

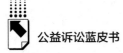

题，认为有必要在立法上明确检察指导性案例的效力，加快检察公益诉讼指导性案例体系建设，优化检察指导性案例评选机制，建立类案强制检索制度。

关键词： 中国式司法现代化　公益司法保护　检察公益诉讼

目 录 ⎘

Ⅰ 总报告

Ⅱ 全国篇

Ⅲ 地方篇

Ⅴ　案例篇

皮书数据库阅读 **使用指南**

总 报 告

General Report

B.1

中国检察公益诉讼发展年度报告

张国强*

摘　要： 在党的十九大和十九届历次全会精神的指导下，全国检察公益诉讼工作取得了长足进步和显著成效。2021年全国检察机关围绕党和国家中心工作，依法履行自身职责，助推社会经济的高质量发展；着力满足人民群众日益增长的美好生活需要，探索拓展公益诉讼办案范围，不断提升公益诉讼办案质效和影响力；积极探索并创新公益诉讼检察工作理念，加强公益诉讼规范化专业化建设；深化凝聚公益保护共识，推动共建共治共享公益保护格局的形成；继续加强公益诉讼检察队伍的专业化建设。展望未来，公益诉讼发展均衡化、案件结构合理化、办案队伍专业化和协同配合实质化等方面是检察公益诉讼发展的着力点所在。

关键词： 检察公益诉讼　案件范围　专业化建设　公益保护合力

---

* 张国强，最高人民检察院第八检察厅四级高级检察官助理。

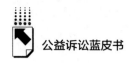

2021 年，全国公益诉讼检察部门坚持以习近平新时代中国特色社会主义思想为指导，深入贯彻党的十九大和十九届历次全会精神，深入践行习近平法治思想，认真落实中共中央《关于加强新时代检察机关法律监督工作的意见》，紧紧围绕党和国家工作大局，紧盯人民群众急难愁盼问题，依法能动履职，聚焦重点领域狠抓办案，着力提升办案质效，着力推进制度规范建设，检察公益诉讼工作取得了新的发展。

2021 年，全国检察机关共立案办理公益诉讼案件 169790 件，同比上升 12.3%；向行政机关发出诉前检察建议 126785 件，同比上升 7.8%；发布民事公益诉讼公告 17378 件，同比上升 40.2%；提起诉讼 10798 件，同比增长 34.8%。其中，办理生态环境和资源保护领域案件 87679 件、食品药品安全领域案件 29659 件、国有财产保护领域案件 6290 件、国有土地使用权出让领域案件 853 件；办理个人信息保护、安全生产等新增法定领域及其他新领域案件约 4.9 万件。

一　主动融入党和国家工作大局，服务经济社会高质量发展

始终坚持服务大局、服务人民，主动服务保障党和国家中心工作及重大战略，积极助力高质量发展和国家治理现代化。

（一）助力常态化防控新冠疫情

最高检指导各地认真落实关于涉疫案件审批报备以及充分发挥公益诉讼检察职能协同加强防疫医疗废物处置等工作提示要求，围绕重点领域和关键环节，统筹做好疫情防控与执法办案。河北省检察机关面对年初突发疫情，采取向行政机关移送线索、磋商沟通和制发检察建议相结合的方式，督促有关部门依法履职，共办理涉疫情防控领域公益诉讼案件 105 件。安徽省院印发《进一步发挥公益诉讼职能　助力疫情防控工作的通知》，重点摸排冷链食品、进口食品的加工、贮存、运输、销售等环节问题线索，通过督促行

政机关履职和提起惩罚性赔偿等方式维护群众切身利益。西藏自治区拉萨市院开展城乡医疗废物领域公益诉讼专项活动，促进医废处置行业规范运行。

（二）服务保障长江经济带高质量发展

最高检指导各地深入落实《长江保护法》《"十四五"长江经济带发展规划实施方案》。一是开展长江生态保护专项行动。指导长江流域检察机关以长江水资源、森林资源、岸线资源以及生物多样性保护为重点，集中开展资源保护和污染整治专项活动。重庆深化开展"保护长江母亲河"专项行动，制定加强长江生态环境保护"17 条意见"，在全市 44 个检察院设立长江生态检察官办公室，入选首届重庆市政法领域改革十佳范例。湖北立案3729 件，督促恢复治理水域 431 余亩，关停整治违法企业 137 家，补植复绿 1.31 万亩，清理长江干支流河道 94.6 公里。四川、江西等地常态化开展长江生态保护。二是主动服务长江"十年禁渔"。督促农业农村、渔业渔政等部门加大禁捕退捕执法力度，严惩"电毒炸"等灭绝性捕捞行为。四川立案办理非法捕捞水产品公益诉讼案件 565 件，增殖放流各类苗种 964 万尾。江西针对禁捕区禁捕期违法捕捞水产品等问题立案 131 件，督促农业农村部门开展专项执法和渔政巡查 20 多批次，清除大量地笼、"迷魂阵"等禁用渔具。三是紧盯长江经济带生态环境警示片以及中央环保督察反映问题。最高检下发《关于加强和规范中央生态环境保护督察案件线索办理工作的通知》，健全完善中央环保督察案件线索办理机制。江西省院紧盯相关重要案件线索推进各级检察院立案 70 件。贵州省院针对警示片所涉问题专门下发发挥检察职能助推整改的通知，逐一建立台账并实行销号管理。

（三）服务保障黄河流域生态保护和高质量发展

最高检制定发布《关于充分发挥检察职能服务保障黄河流域生态保护和高质量发展的意见》；督促指导沿黄检察机关综合运用检察职能，助推2021 年黄河流域生态环境警示片问题整改。甘肃聚焦河湖"四乱"、饮用水水源污染、生产生活废水超标排放等问题，督促治理恢复被污染水源地

2419 亩，清理污染和非法占用河道 52.2 公里，清理被污染水域 18.65 亩。河南省院、山东省院分别与河南、山东黄河河务局会签加强协作配合推动黄河流域生态保护和高质量发展的意见，推动黄河水行政执法与检察公益诉讼协作配合取得新突破。宁夏持续巩固深化"携手清四乱、保护母亲河"专项行动成果，与自治区水利厅联合开展黄河干流宁夏段取水工程专项整治活动。

（四）积极服务乡村振兴战略

最高检发布公益诉讼服务乡村振兴助力脱贫攻坚典型案例 15 件；指导各地围绕脱贫攻坚成果巩固、耕地资源保护、农业面源污染治理、农村人居环境整治等重点领域，部署开展涉农公益诉讼专项活动。陕西省院印发《关于开展服务和保障实施乡村振兴战略检察公益诉讼工作的通知》。江西、湖北、湖南、广东、云南、西藏等省、自治区院持续开展服务保障乡村振兴专项行动，仅湖南一省即办案 3646 件，复垦耕地 6944 余亩，修复林地 9520 余亩，清除垃圾 1 万余吨。广西壮族自治区院高度关注乡村医疗机构医疗废弃物废水管理不规范损害公益问题，办案 35 件。安徽省院紧盯粮食安全，会同省自然资源厅开展"农村乱占耕地建房"清理专项监督活动，通报违法占地典型案例 7 起，联合挂牌督办 4 起。

（五）因地制宜服务区域重大战略和本地中心工作

聚焦人民群众"急难愁盼"问题，各地积极开展"检察为民办实事"实践活动，通过符合本地特色专项监督活动的开展，更广范围、更深层次融入国家治理。北京市院部署开展危化品安全生产、无障碍环境建设专项监督活动，服务保障建党 100 周年庆祝活动、北京冬奥会和冬残奥会，助力营造安全稳定的社会环境和全民参与的浓厚氛围。黑龙江、吉林、辽宁省院落实最严格的耕地保护制度，深入开展"保护黑土地，守护大粮仓"公益诉讼专项活动。三省共保护和恢复耕地、林地、草原、湿地等农用地 26700 多亩，依法追缴生态环境损害赔偿金及治理恢复费用 1200 多万元。南水北调中线6省市检察机关召开"服务保障南水北调中线工程检察公益诉讼协作会",建立省际协作机制,持续开展南水北调中线工程生态保护公益诉讼专项监督活动,助力一渠清水安全北送。各地检察机关结合实际围绕"双减"政策落实、消防安全、寄递安全、危化品安全、"飞线充电"治理、公共体育健身器材维护等开展系列专项监督活动,解决了一大批损害公共利益的突出问题。

二 着力做优做精四大传统法定领域,不断提升公益诉讼办案质效和影响力

坚持针对传统法定领域深耕细作,持续发力,久久为功,推动公益诉讼检察质效优先导向牢固树立。

(一)开展"公益诉讼守护美好生活"专项监督活动,力促生态环境和食品药品安全领域市、县两级院办案全覆盖

在生态环境和资源保护领域,紧盯土壤污染、水体污染、大气污染、固废污染等突出问题,助力深入打好污染防治攻坚战。全年共办理该领域案件87679件,挽回、督促修复被损毁的国有林地、耕地、草原、湿地面积共43万亩,保护被污染土壤47.8万亩,清理污染和非法占用的河道9154.9公里,清理被污染水域面积15.8万亩,清除处理违法堆放的各类生活垃圾、生产类固体废弃物420万吨,向污染企业和个人索赔环境损害赔偿金5.9亿元。深化"守护海洋"专项监督,督促相关行政机关开展专项检查和执法活动,查办了一大批非法捕捞和破坏海洋环境领域案件。内蒙古自治区院开展"守护北疆草原林地"专项监督,恢复林地3.16万亩、草原3.87万亩,入选2021年内蒙古十大法治事件。云南省院深化"金沙江流域和九大高原湖泊生态环境与资源保护"等专项监督活动,发布《金沙江流域(云南段)生态环境和资源保护检察白皮书》。吉林、江西、广西、陕西省、自治区院分别开展"松花江流域保护""守护鄱阳湖""漓江流域生态环境

保护""秦岭生态保护"专项监督活动。广东省院着力践行恢复性司法理念，全年起诉索赔并经判决支持环境损害赔偿金、修复费用32.8亿余元。在食品药品安全领域，落实食品药品"四个最严"要求不松劲，完善公益诉讼检察和食品药品行政执法衔接，督促加强食品药品安全整治，防范化解安全风险。全年共办理食品药品安全领域案件29659件，督促查处销售、收回流通中的假冒伪劣食品48万千克、假药和走私药品1027.3千克。吉林省院部署开展有毒有害保健品专项整治。宁夏回族自治区院开展"保障农村食品安全"检察公益诉讼专项监督活动。陕西省院部署开展"爱国为民保食安"专项监督活动等。

（二）抓好抓实"国财国土"领域案件办理，守好人民的"钱袋子""命根子"

一是聚焦民生热点难点问题。各地检察机关将惠农补贴、社保基金、公租房、残疾人就业保障金、高龄津贴等资金管理使用作为监督重点，致力于保障病有所医、老有所养、住有所居、弱有所扶。广东省院办理基本养老保险待遇领域行政公益诉讼专案，督促追回养老金4027万元。黑龙江省检察机关督促追缴耕地地力保护补贴、粮食生产者补贴等国家惠农资金近480万元。二是紧贴党委、政府中心工作。河北、内蒙古、广东、海南把当地中心工作作为办案切入点发力点，成功办理一批当地党委、政府点赞称好的案件，实现公益诉讼与地方发展同频共振。内蒙古自治区检察机关积极参与煤炭资源领域违规违法问题"倒查20年"专项整治工作，部署开展涉煤国有财产保护公益诉讼专项监督活动，办理涉煤案件246件，督促追回国有财产损失76.76亿余元，获得自治区主要领导的批示肯定。三是推动区域性突出问题系统整治。各地检察机关因地施策，精准发力，以点带面，努力实现"办理一案、解决一类、治理一方"，有效推进"国财国土"领域监督管理制度化、规范化。山东省威海市院针对耕地占用税漏缴问题部署开展专项监督活动，推动建立自然资源税征收管理协作机制。湖南省长沙市院推动市自然资源和规划局专门形成《关于对欠缴土地价款和违约金项目采取分类处置措施的建议》。

（三）切实加大自办案件力度，充分发挥示范引领作用

一是持续跟进万峰湖流域生态环境受损专案。注重后续办案成效的巩固、深化，助力构建规范有序的生态养殖，打通绿水青山转化为金山银山的"最后一公里"。推动水利部珠江委员会与生态环境部及三个省区联合开展万峰湖水行政执法专项行动，形成"一省一单"的问题清单，督促各地整改。二是直接立案办理案件6件。针对流域治理中行政执法标准把握和整治步调不一等难题，对涉及苏鲁豫皖4省34县市的南四湖流域生态环境受损问题直接立案，围绕工业排放、围湖养殖、码头船舶、农业面源及生活污染等问题摸排线索237件，发出诉前建议107件，督促关闭工业企业非法设置排污口94个，处置固废、危废50余万吨，处置沿湖生活垃圾1966吨，治理黑臭水体454处，拆除违法养殖84处，惠及全流域沿岸群众。针对邮件快递包装固体废物污染环境问题以事立案，开展预防性公益诉讼监督，取得显著成效。针对某饮料虚假宣传问题直接立案，该饮料以"0蔗糖"宣传和标签标示行为对不特定多数消费者构成误导，"零糖饮料却含糖"对广大消费者健康造成潜在威胁，案件办理取得突破进展。针对某公司将《共产党宣言》中文全印本的首译者陈望道的姓名、肖像等用于注册商标谋取私利，造成红色资源知识产权被侵害问题直接立案，就审核撤销涉嫌违法商标、消除社会影响等事项与国家知识产权局进行磋商，国家知识产权局于2021年8月作出决定，宣告涉案5件"望道"注册商标无效，维护了全社会全民族的精神遗产。三是指导各省级院加大办案力度。各省级院聚焦所涉行政机关层级较高或具有跨区域、全流域特点的重大案件线索加大办案力度，2021年共直接办理案件104件，实现自办案件全覆盖。

三 积极稳妥拓展案件范围，新领域探索稳中有进

坚持积极稳妥原则，全国检察机关聚焦公共安全、文物和文化遗产、个

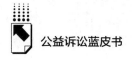

人信息、国防和军事利益、特定群体权益保护等新领域进一步深化探索，取得显著成效。

（一）大力推进安全生产领域公益诉讼

推动安全生产法写入公益诉讼条款，最高检及时下发《关于贯彻执行〈中华人民共和国安全生产法〉推进安全生产领域公益诉讼检察工作的通知》，指导各地准确理解适用新写入的公益诉讼条款。与应急管理部联合发布安全生产领域公益诉讼典型案例，有效指引各地破解安全生产领域公益保护难题。针对燃气安全事故多发频发、安全生产形势严峻复杂的情况，引导各地加大办案力度，并会同第二检察厅向应急管理部制发 8 号检察建议。浙江省院部署开展了安全生产领域公益诉讼专项行动和烟花爆竹生产经营专项监督行动，全省共立案 546 件。贵州省院开展"安全生产守夜人"专项行动，配套制定相关办案指导意见等。

（二）扎实开展个人信息保护领域公益诉讼

推动个人信息保护法专门设立公益诉讼条款，最高检及时下发《关于贯彻执行个人信息保护法推进个人信息保护公益诉讼检察工作的通知》；发布个人信息保护公益诉讼典型案例 11 件。浙江检察机关办理监督纠正南浔古镇景区违法采集人脸识别信息民事公益诉讼案，取得良好社会效果。广东省各级检察机关开展人体生物学特征采集识别系统使用情况专项排查，立案 249 件，推动建立关于人体生物特征的安全技防系统监管协作机制等。

（三）积极推进文物和文化遗产保护领域公益诉讼

深入贯彻落实习近平总书记关于文物工作的重要论述，最高检先后发布文物和文化遗产保护领域公益诉讼典型案例 10 件和大运河保护典型案例 13 件。各地扎实开展长城、大运河文化、传统村落保护等公益诉讼专项行动；探索在长江、黄河保护检察公益诉讼中加强文物和文化遗产保护。河北省检察机关推动"长城保护检察公益诉讼专项活动"向纵深开展，组织开展全线踏查长城活动，进一步摸清底数、发现问题、收集线索，加大办案力度。山东省院开展"保护大运河"公益诉讼专项监督，充分发挥大运河生态环境保护、河道水系治理和文化遗产保护效能。

（四）加强特定群体权益保障公益诉讼

最高检认真贯彻落实习近平总书记关于无障碍设施建设的重要指示精神，会同中国残联联合发布无障碍环境建设领域典型案例10件。部署开展无障碍环境建设常态化专项监督活动，将"有爱无碍"进行到底，帮助"无码老人"消除"数字鸿沟"。加强与国家老龄委协作，探索开展老年人权益保障公益诉讼。会同全国妇联研究推进妇女权益保障领域检察公益诉讼。总结推广山西关于赡养类检察民事公益诉讼办案指引，指导重庆市荣昌区检察机关办理扶贫赡养民事公益诉讼案。深圳市院推动出台《深圳经济特区无障碍城市建设条例》，在全国率先以地方立法的形式明确"创设无障碍城市建设公益诉讼制度"。

（五）深化烈士纪念设施保护公益诉讼

最高检与退役军人事务部会签《关于进一步加强烈士纪念设施规范管理的意见》。联合部署"全国县级及以下烈士纪念设施管理保护"专项行动，督促有关部门做好全国县级及以下烈士纪念设施的信息校核、规范整修、有效管护、宣传教育"全覆盖"。联合发布红色资源保护公益诉讼典型案例两批23件。各地加大烈士纪念设施保护领域办案力度。湖南省院推动出台《湖南省红色资源保护和利用条例》，将"检察机关依法在红色资源保护工作中开展公益诉讼"写入地方性立法。广西壮族自治区院部署开展"学党史 缅英烈 护忠魂"保护英烈检察公益诉讼专项监督活动，聚力红色资源保护，传承红色血脉。

四 持续完善制度机制，公益诉讼规范化专业化建设步伐加快

坚持以制度机制建设为保障，不断完善相关制度、健全办案规范、优化工作机制，推动公益诉讼检察高质量发展。

（一）进一步完善公益诉讼办案规范

最高检制定发布《人民检察院公益诉讼办案规则》，及时修订法律文书样本，开展专题培训，推动全面贯彻落实。制定出台办理英雄烈士保护民事公益诉讼案件工作指引，推动逐步形成覆盖面宽、可操作性强的办案指引体系。搭建公益诉讼诉前公告发布风险报备预警机制。上海市院制定调用辖区检察人员办案细则、案件质效评定办法、线索平台管理规章等文件，建立一体化办案、繁简分流、简案快办、案件质效评定等机制。山西省院出台《公益诉讼检察权运行监督管理办法（试行）》，加强权力运行监督制约。浙江省院印发《行政公益诉讼诉前检察建议跟进监督实施办法》，强化跟进监督的精准性、规范性和实效性。海南省院制定《关于海洋公益诉讼和海洋生态修复的工作指引》，促进规范办理海洋生态修复类案件。

（二）进一步优化办案机制

一是深化一体化办案机制。最高检在办理万峰湖、南四湖流域生态环境受损专案中，依托最高检为"龙头"、省级院与市州院为"枢纽"、基层院为"支点"的一体化办案模式，有效破解重大复杂案件办理中的难题。吉林建立全省公益诉讼大要案指挥中心，制发全省公益诉讼一体化工作手册，完善细化三级院一体化办案机制。二是巩固刑公衔接机制。进一步强化公益诉讼检察与刑事检察工作衔接，建立线索移送、信息共享、办案协同等机制，提升办案质量和效率。内蒙古建立"三检合一"专业化办案机制，将认罪认罚从宽制度与公益保护相结合，将起诉职能与恢复性司法理念相结合。广西出台刑事检察与公益诉讼检察工作衔接办法等。三是落实案例指导机制。发布第二十九批指导性案例，加大典型案例编发力度，依托新闻发布会、检答网等发布各领域典型案例 12 批 151 件，就公益诉讼检察工作情况开辟案例专栏，转发各地具有推广价值的典型案例，形成多层级、多领域的案例指导机制。

（三）进一步健全公众参与机制

一是推广公开听证机制。最高检发布公益诉讼检察听证典型案例 12 件，研究制定《公益诉讼案件听证工作实施细则》，推动各级院公益诉讼案件听证全覆盖。海南省院制定《公益诉讼案件听证工作办法》，加强和规范听证工作。二是建立公众参与平台。最高检组织召开"益心为公"检察云平台试点工作动员部署会，在浙江、湖北两省检察机关启动第一批试点。2021年平台已经吸收志愿者 2089 人，提报线索 81 条。辽宁省院在《辽宁日报》开通检察公益诉讼"问需"通道，1096 名各行各业各界群众和代表建言献策，收集案件线索 771 条。三是丰富公众参与形式，探索聘请公益顾问、公益观察员、有奖举报等。重庆建立公益诉讼观察员制度，38 个基层院聘请观察员 1161 名，为办案提供线索 107 条。山东省院研究制定《公益观察员聘任管理工作办法（试行）》，聘请生态环保、食药安全等领域业务专家担任公益观察员。上海建立公益诉讼举报奖励机制，制定案件举报奖励办法，引导鼓励社会公众依法提供公益诉讼案件线索。

（四）进一步深化跨区域协作机制

最高检大力推动跨区域协作机制建设，破除跨区域、跨流域重大公益诉讼案件办理障碍，下发《关于推动建立长江流域省界断面跨行政区划管辖行政公益诉讼协作机制的通知》，推动长江流域 21 个省界断面全部会签协作机制。指导各级检察机关建立多层次、多领域的跨区域协作机制，服务办案效能不断凸显。天津等大运河沿线八省市会签《行政公益诉讼跨区域管辖协作意见》。上海、江苏、浙江、安徽四省市签订《关于建立长三角区域生态环境保护司法协作机制的意见》。重庆、四川建立长江、酉水流域生态环境行政

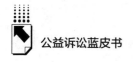

公益诉讼跨省管辖协作机制。安徽、江苏签订《关于环石臼湖、洪泽湖流域生态环境行政公益诉讼跨省际区划管辖协作意见》；四川、西藏、云南、青海、甘肃、新疆六省区和新疆生产建设兵团检察院签订《关于建立青藏高原及周边区域生态检察司法保护跨省际区划协作机制的意见》等。

五　着力凝聚公益保护共识，公益诉讼"朋友圈"不断扩大

坚定践行双赢多赢共赢理念，以"我管"促"都管"，发挥部门协同作用，凝聚公益保护合力，推动形成共建共治共享的公益保护格局。

（一）继续争取党委、人大、政府和政协支持

全国已有 26 个省级人大常委会出台了加强检察公益诉讼工作的专项决定。江西省院向省委报告"守护鄱阳湖"专项监督活动情况，广东省院向省人大报告贯彻落实省《关于加强检察公益诉讼工作的决定》工作情况，均获批示肯定。山东省院向省委、省政府报告南四湖专案进展情况，得到了充分肯定和全力支持。持续加大代表工作力度，认真办理建议提案，邀请人大代表和政协委员参加会议、联合调研、参与听证，发挥其推进立法和完善制度的同盟军作用。最高检印发《关于在部分省区市试点推广代表建议、政协提案与公益诉讼检察建议衔接转化工作机制的方案》，更好地发挥建议提案作用。

（二）深化与行政机关协同协作

深化落实与九部委生态环境领域协作意见、与十部委食品药品安全领域协作意见。最高检与最高法等 7 个部门联合印发《探索建立食品安全民事公益诉讼惩罚性赔偿制度座谈会会议纪要》。与自然资源部门开展在土地执法查处领域协作配合试点，河南、湖北、湖南、贵州四省八县（区）试点工作取得突出成效。各地检察机关主动对接协调，与有关行政机关衔接配合日益密

切。福建检察机关主动对接监委、审计、公安、河长办等部门会签协作文件近70份，建立信息共享、线索移送、证据收集等机制。山东、江苏、江西、海南等10余省分别与自然资源、生态环境、食品药品、应急管理、农业农村、水利、林业等部门签订相关领域案件协作机制或意见，促进形成执法司法合力。江西省院与省生态环境厅共同出台加强生态环境损害赔偿与检察公益诉讼衔接的办法；与省司法厅出台建立健全与生态环境损害司法鉴定管理和使用衔接机制的意见。新疆维吾尔自治区院与国家林草局乌鲁木齐专员办出台关于建立合作机制的意见，形成保护森林草原工作合力。江苏省苏州市院联合生态环境部门共建苏州市生态资源公益修复基地。河北省院与省院司法警察总队共同制定《河北省人民检察院司法警察参与检察公益诉讼办案实施办法（试行）》，发挥司法警察作用服务保障检察办案。广西建立检察机关、审判机关与审计机关生态司法与审计监督协作配合机制，强化司法与审计生态环境保护工作合力。

（三）务实推进军地协作

贯彻落实最高检与中央军委政法委联合印发的《关于加强军地检察机关公益诉讼协作工作的意见》，及时回应人大代表关切，联合部署开展"军用机场净空公益诉讼专项监督活动"，由最高检、解放军军事检察院、空军有关部门和全国人大代表组成专项行动指导组，召开联席会议分析研判案件线索，积极稳妥、协调理顺各方利益，形成合力维护国防利益，得到解放军和武警部队高度评价。广东省院与广州军事检察院、广东海警局签订《关于加强检警军地协作配合工作的意见》，向海警部门派驻检察官办公室，加强海洋资源保护领域公益诉讼协作。

（四）争取更多社会支持

一是加强与社会组织合作。最高检深化与欧洲环保协会等组织国际合作，联合主办"生物多样性保护暨预防性检察公益诉讼"国际研讨会，公益保护"中国方案"获得国际环境保护界和司法界好评。福建省院与省消协会签《关于建立消费民事公益诉讼协作配合工作机制的意见（试行）》，

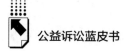

健全完善检察公益诉讼与社会组织提起公益诉讼衔接配合机制。天津市院与妇联签订《关于在妇女平等就业保护领域加强协作配合增强公益保护合力的意见》。江苏省院与省消费者协会联合制定消费民事公益诉讼赔偿金管理办法，规范赔偿金管理使用。二是加强检校合作。最高检鼓励各级检察机关与高等院校、科研机构合作设立公益诉讼检察理论与实务研究基地。郑州大学基地推动将公益诉讼纳入本科生教育，在将公益诉讼作为研究生专业方向等学科建设和人才培养方面已取得突破性进展。三是加强宣传推介。各级公益诉讼检察部门通过举办检察开放日、拍摄专题片、建立公益诉讼法治教育基地、担任法治副校长等形式，讲好公益诉讼检察故事，提高公益诉讼工作社会知晓度、认可度和参与度。《为了公众的利益》7集专题片在《今日说法》栏目连续播出，引发强烈社会反响。

六　狠抓机构队伍建设，公益诉讼检察队伍素能基础全面夯实

坚持把队伍建设为战略性基础性工程，以精益求精、止于至善的要求，补齐短板弱项，提升业务素能，为公益诉讼检察工作提供强有力的人才和智力支撑。

（一）强化组织机构建设

上海市院加快推进公益诉讼机构专门化建设，在全市基层院组建专门的公益诉讼部门，实现三级院公益诉讼机构单列。黑龙江、江苏、安徽、江西、河南、湖南、广西、重庆、四川、贵州10省区实现省市两级院全部单独设立公益诉讼检察部门。积极推动有条件的基层院单独设立公益诉讼检察部门，目前单独设立公益诉讼检察部门的基层院已突破400个。

（二）强化人才培养锻炼

最高检与生态环境部常态化互派干部交流锻炼。建立跟班办案学习模

式，依托一体化办案机制，在大要案办理中调训下级院业务骨干参与案件办理，跟案学习、以案代训，全年共培训 50 余人次。推广"培训+办案+研究"业务建设模式，逐步扩大试点范围。全面开展公益诉讼办案规则学习培训。制定实施《全国检察机关公益诉讼检察人才库管理办法（试行）》，建立公益诉讼检察人才库。最高检举办全国检察机关公益诉讼勘验取证技能比武活动，上海、浙江、湖南 3 省举办公益诉讼检察业务竞赛，以赛促训，提高公益诉讼检察官办案能力。

　　一年来，全国公益诉讼检察工作在取得长足进步和显著成效的同时，仍然存在一些不容忽视的问题。一是公益诉讼发展仍存在不平衡。首先是区域发展不平衡，立案数量上来看，多的省份上万件，少的只有 3000 多件；起诉案件上，多的省份近千件，少的只有几十件甚至不足十件。其次是领域分布不平衡，生态环境和资源保护领域依然占比最高，食品药品安全领域案件增幅不明显，新领域案件增长迅猛，但"国财国土"领域下降明显，占比偏低。最后是案件结构不平衡，起诉案件数量偏少，且刑事附带民事公益诉讼占比较大，单独提起行政、民事公益诉讼案件比例偏低。二是办案质效有待提升。有的检察建议书和起诉书等文书质量不高，对违法事实、证据支撑和法律适用阐述不严谨不充分，说理性不足，可操作性不强。有的发出检察建议后仅关注是否得到回复，对整改效果跟进监督不够，提起行政公益诉讼不及时，影响办案质效。公益受损严重、人民群众反映强烈、社会影响力较大的"硬骨头"案件较少。三是人员业务能力相对不足。与当前公益诉讼规模持续扩大、领域稳步拓展、形势日新月异的实际需求相比，一些检察人员司法理念、专业知识、办案能力还有较大差距，特别是线索发现、调查取证、庭审应对能力不足问题比较突出，综合业务能力亟待加强。四是协作配合机制作用发挥不明显。各地建立了一系列区域协作机制和与行政机关的横向联系机制，但从实践运行看，不少协作配合机制停留在浅层甚至"纸面上"，"建立"但未"见效"，实质性的线索移送、信息共享、案件通报、联合行动等举措推进缓慢，没有真正转化为实际的治理效能。

全 国 篇
National Reports

B.2
中国检察行政公益诉讼发展年度报告[*]

王红建　赵　琼[**]

摘　要： 检察行政公益诉讼已全面施行 5 年，已由注重办案规模的迅速增长阶段进入聚焦办案质效的高质量发展阶段。检察行政公益诉讼的践行需要法律程序为载体，国家利益和社会公共利益的保护需要法律程序为保障。于检察行政公益诉讼程序内讨论程序法治具有深远的意义。本报告系统研究近两年来检察行政公益诉讼程序规则问题，从理论研究、立法发展、司法运行三个层面，选取检察行政公益诉讼程序构造、运行以及关联的重点问题予以呈现并深入探讨，以期为构建科学、合理、完善的检察行政公益诉讼程序规则体系提供有益参考。

关键词： 检察机关　行政公益诉讼　程序规则

---

* 本报告系最高人民检察院检察应用理论研究课题"公益诉讼中刑事、民事、行政责任的衔接问题研究"的阶段性成果。

** 王红建，郑州大学法学院教授，博士生导师；赵琼，郑州大学法学院 2021 级博士生。

2021 年中国检察行政公益诉讼①走过了蓬勃发展的一年，办案数量持续上升②，办案领域不断拓展，办案质效逐步提高，在公共利益司法保护体系中发挥着越来越大的作用。在关注行政公益诉讼取得的斐然成绩和体现的制度价值之余，也应深入思考如何推动行政公益诉讼把牢正确监督方向，锚定公益保护目标，以"止于至善"的精神③，实现高质量发展的应然走向。就法律文本而言，《行政诉讼法》对行政公益诉讼的笼统性原则规定难以满足司法实践需要；相关司法解释及司法规范性文件虽有进一步规定，但尚未达到适用清晰的标准，这造成了行政公益诉讼在办案规范性上与程序法治尚有一定差距。程序法治追求的是一种规范化治理，需要通过建构设置合理、适用明晰的程序规则体系来实现。鉴于此，本文从理论研究、立法发展、司法运行实践三个方面，择取行政公益诉讼诉前程序、受理程序以及审理程序中一些关键性程序规则逐一探讨，把相关问题引向深入，以期为今后研究行政公益诉讼规则体系构建相关问题提供全面翔实、可供参考的分析资料。

一 检察行政公益诉讼程序理论研究发展

公益诉讼起初进入我国学界讨论领域之时，就有学者充分认识到公益诉讼程序的重要价值，指出"一旦规定为制度而成为客观形态时，良好的公

---

① 鉴于目前检察机关是行政公益诉讼的唯一提起主体，为行文方便，下文将统一称"行政公益诉讼"，不再前缀"检察"二字，一级标题除外。

② 2021 年全国检察机关共立案办理行政公益诉讼案件 14.9 万件。参见《2021 年全国检察机关主要办案数据》，最高人民检察院门户网，https://www.spp.gov.cn/spp/xwfbh/wsfbt/202203/t20220308_547904.shtml#1。2020 年全国检察机关共立案办理行政公益诉讼案件 13.7 万件。参见《最高人民检察院工作报告》，最高人民检察院门户网，http://www.spp.gov.cn/spp/gzbg/202103/t20210315_512731.shtml。

③ 2022 年 1 月 17 日召开的全国检察长（扩大）会议号召全体检察人员学习贯彻习近平总书记重要讲话和指示精神，贯彻落习近平法治思想，以《中共中央关于加强新时代检察机关法律监督工作的意见》为指引，切实增强政治自觉、法治自觉和检察自觉，以求极致精神向着"止于至善"的目标努力，以自觉能动履职更好为大局服务、为人民司法，以实际行动迎接党的二十大胜利召开。（邱春艳：《坚持能动检察为大局服务为人民司法 以实际行动迎接党的二十大胜利召开》，《检察日报》2022 年 1 月 18 日，第 1 版。）

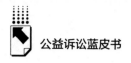

益诉讼程序便具有了高于实体法价值的价值，能充分体现法律之正当性，甚至可称为'良法之治'"①。近两年学者们对行政公益诉讼程序问题的讨论也是热度不减且成果颇丰，但在许多问题上尚未达成共识。

（一）关于管辖②

较于其他具体规则，学界对管辖问题讨论不多。原本普通行政诉讼中的管辖问题就是"老大难"，加之行政公益诉讼中不仅涉及法院的审判管辖，还有检察机关的立案管辖，使得行政公益诉讼的管辖情境异常复杂。已有的理论研究在立案管辖和审判管辖方面都存在分歧。

1. 有关检察机关立案管辖的讨论

针对其中的指定管辖问题，有论者基于权力属性、案件特性和实践需要，主张应设立跨区划行政公益诉讼立案管辖机制。③ 也有论者强调公益诉讼的整体性理念和特殊性需要，主张打破传统的行政区划，按照流域生态系统的分布状况和形成状态实行全流域统一管辖。④ 亦有实务界专家提出"弹性管辖"的概念，认为不同区划检察机关之间可通过建立协作机制来实现跨区划生态环境公益诉讼案件的异地管辖。⑤

2. 有关法院审判管辖的讨论

针对级别管辖问题，有论者认为行政公益诉讼具有传统行政诉讼案件管辖的"通病"，易受地方政府干涉，主张行政公益诉讼应提级管辖，明确基层人民政府为被告的行政公益诉讼案件由中级人民法院管辖。⑥ 有学者对此

---

① 宋朝武：《论公益诉讼的十大基本问题》，《中国政法大学学报》2010 年第 1 期。

② 此处讨论的"管辖"不仅包括划分各级人民法院行使裁判权范围的审判管辖问题，还包括行政公益诉讼中各级检察机关的立案管辖问题，且文中以立案管辖为重点。

③ 孙全喜：《跨行政区划公益诉讼检察机制研究》，《河南社会科学》2020 年第 6 期；叶俊涛、李理思：《长江流域跨行政区划公益诉讼检察集中管辖机制探究》，《中国检察官》2020 年第 7 期。

④ 秦天宝：《我国流域环境司法保护的转型与重构》，《东方法学》2021 年第 2 期。

⑤ 刘家璞、牟琦等：《关于建立生态环境行政公益诉讼弹性管辖机制的思考》，《检察日报》2021 年 2 月 4 日，第 7 版。

⑥ 同时该学者一并主张检察机关的立案管辖亦应对应提级。刘艺：《行政公益诉讼管辖机制的实践探索与理论反思》，《国家检察官学院学报》2021 年第 4 期。

持不同观点，认为与普通行政诉讼相比，检察机关地位特殊，外在干预较少，行政公益诉讼没有必要同普通行政诉讼一般强调高级别法院管辖。[①] 针对地域管辖问题，有实务界论者主张以作出行政行为的行政机关所在地确定管辖[②]；有理论界论者认为，行政公益诉讼中案件往往具有"本地性"[③] 特点，主张以国家或社会公共利益受侵害所在地的法院作为管辖法院。[④]

（二）关于诉前程序

较之于行政公益诉讼探索与确立初期学界围绕诉前程序设立的正当性以及如何构建进行广泛讨论，目前学界普遍关注的是针对诉前程序呈现的缺陷如何进行适度改革的问题，并提出了一些建设性的观点，集中体现在以下几个方面。

1. 诉前程序的"司法化"

有理论界学者认为，在诉前程序的各个具体环节中，检察机关无论是在调查取证上还是最终处理决定上，都是单方行为或判断，没有行政机关参与，整个诉前程序反映了一种单向性结构；加之检察机关在诉前程序中实行严格审批，这种行政化色彩削弱了诉前程序的效率价值。有学者针对如此现状与制度局限，提出"诉前程序适度司法化"这一概念，认为检察机关不能对案件作出终局性结论，故此处的"司法化"应是"适度"的[⑤]，对诉前程序的哪些具体环节可以司法化，要有所选择、有所设计，主张通过检察机关中立地位的保持、检察人员相对独立的办案以及在诉前程序中引入对审听证程序来实现。[⑥] 有司法实务专家认为，诉前程序是一个查明事实、适用法律的权力运行过程，特别是不起诉决定具有行政公益诉讼案件处置上的终

---

① 王春业：《独立行政公益诉讼法律规范体系之构建》，《中外法学》2022 年第 1 期。

② 王炜、张源：《公益诉讼专门立法模式选择》，《检察日报》2021 年 4 月 7 日，第 3 版。

③ 即行政公益诉讼的地域管辖往往就是同一地的检察机关、行政机关和法院"三机关合一地"，"三机关合一地"往往也是国家利益或社会利益受到侵害的地方。

④ 王春业：《独立行政公益诉讼法律规范体系之构建》，《中外法学》2022 年第 1 期。

⑤ 诉前程序司法化，就是按照司法活动的特点对诉前程序进行改造，使之具有司法特点的过程，强调在诉前程序中引入审判程序中的司法元素。

⑥ 王春业：《论行政公益诉讼诉前程序的改革——以适度司法化为导向》，《当代法学》2020 年第 1 期。

局性效果,司法特征明显。对于实践中亟须解决的诉前程序运行中检察建议内容空泛、诉与不诉标准模糊等问题,可通过诉前程序司法化途径予以完善,建议构建控辩与判定的三方组合方式、不起诉公开审查机制、附条件不起诉制度等。①

2.检察建议的规范化

较之前学者对于检察建议的研究聚焦于检察建议内容中应涉及的事项②,现阶段学者更注重讨论检察建议应符合的条件和标准以及应达到的规范程度。有学者认为当前检察建议中政策导向、中性化劝诫和工作总结者偏多,究其原因主要是援引法律不充分、不完整以及不规范问题,认为检察建议必须明确援引"法律"的范畴为法律、行政法规及地方性法规等,将其作为确认行政行为违法的依据,以凸显检察建议的法律属性。③ 还有学者建议从具体载明的内容方面优化检察建议的规范程度,提出应进一步阐明异议期的期限以及可提出异议的事项,并针对内容的设定,提出了以"建议内容相对笼统为常态,相对详细为例外"的原则。④ 有司法实务专家认为,检察机关在具体办案过程中应当在调查核实的基础上形成明确、具体的检察建议,其中"明确"在于确保检察建议有据可循,维护检察建议的严肃性和权威性;"具体"在于使行政机关充分理解检察机关的具体思路,避免检察建议流于形式。⑤ 还有学者认为不仅应明确检察建议的内容、履行期限以及回复要求等,还应规定"一次为限",并建议赋予检察建议强制约束力,从"刚性"强化上实现检察建议的实践效能。⑥

3.磋商程序的引入论证

囿于法律规范层面仅规定了检察机关在诉前程序中督促行政机关依法履职

---

① 余敏、宋国强:《行政公益诉讼诉前程序的司法化》,《人民检察》2020年第9期。

② 例如,有学者主张,在载明行政违法认定与整改建议的基础上,还应更加明确载明公共利益受损状况。王万华:《完善检察机关提起行政公益诉讼制度的若干问题》,《法学杂志》2018年第1期。

③ 关保英:《行政公益诉讼中检察建议援用法律研究》,《法学评论》2021年第2期。

④ 胡婧、朱福惠:《论行政公益诉讼诉前程序之优化》,《浙江学刊》2020年第2期。

⑤ 余敏、宋国强:《行政公益诉讼诉前程序的司法化》,《人民检察》2020年第9期。

⑥ 高志宏:《行政公益诉讼制度优化的三个转向》,《政法论丛》2022年第1期。

的方式为制发检察建议，多数学者对诉前程序价值实现的研究多集中于检察建议的规范与完善之上。随着 2020 年以来部分地方检察院开始对诉前磋商程序进行有益探索和尝试，并取得了较为显著的实践效果，学者也认识到制发检察建议的单一方式难以满足现实需要，因此开始关注磋商程序，认为有必要在学理层面论证引入磋商机制。有学者以诉前磋商机制引入行政公益诉讼切合"协商型正义"① 理论、契合替代性的纠纷解决模式、符合检察机关"公共利益看护人"的定位、吻合检察权的谦抑属性来论证引入的正当性。有学者认为在诉前程序中设置磋商程序能够践行"多赢双赢共赢"理念，多方主体的充分沟通比提出检察建议、提起诉讼更为便捷，不仅能有效督促行政机关尽早履职、及时保护公益，还能节约司法成本和资源，有存在的现实基础。② 此外，对于磋商程序是否为发出检察建议前的必经程序也有不同认识。有司法实务工作者认为，应明确磋商程序的法律定位，确定其为必经程序③；另有司法实务工作者认为，诉前磋商程序是对诉前程序的优化补充，检察机关可以裁量适用。④

当然，对于诉前程序和诉讼程序的衔接还有一些其他问题，如诉前程序中证明标准问题、检察建议履职回复期限以及民事、行政公益诉讼两诉竞合时如何选择公益诉讼类型等，鉴于篇幅原因，不再予以专门讨论。

（三）关于起诉期限

起诉期限是行政公益诉讼案件进入审判机关审理阶段的"门槛问题"，在法律规范中尚未予以明确，且滥觞于司法实践，得到了理论界和实务界较多的关注。学者虽多有讨论，但各持论点、各有主张，在是否应当有起诉期限以及如何确定起诉期限上都缺乏认同度，存在较大分歧。为了能对行政公益

---

① "协商型正义"强调的是裁判者、利害关系人及公众通过对话和理性的协商，对法律事件的处理达成一致，相较于传统意义上的实质正义、程序正义更具有合理性。孙洪坤：《环境公益诉讼专门立法研究》，法律出版社，2018，第 214~215 页。

② 杨惠嘉：《行政公益诉讼中的磋商程序研究》，《暨南学报》（哲学社会科学版）2021 年第 9 期。

③ 何莹、宋京霖、莫斯敏：《行政公益诉讼磋商程序研究》，《中国检察官》2020 年第 19 期。

④ 黎青武、刘元见：《"磋商"语境下行政公益诉讼诉前程序制度的完善路径探究》，《北京政法职业学院学报》2021 年第 2 期。

诉讼起诉期限问题进行深层次理解与系统展现，笔者梳理近年来学界对于公益诉讼起诉期限的理论观点，可呈现较为清晰的谱籍脉络，具体如表 1 所示。

表 1　行政公益诉讼起诉期限观点及主张

观点	主张	观点细分	具体主张
普通期限说	《行政诉讼法》及相关司法解释已明确规定了起诉期限，行政公益诉讼应当遵循，直接适用或推导适用	起算点的计算	发出检察建议满 1 个月之日起 6 个月内提起①
			以检察机关收到行政机关书面回复之日或逾期不回复之日起 6 个月内提起②
特殊期限说	应考虑公益保护的特殊性，设置不同于普通行政诉讼的特殊起诉期限	特殊期限的时长	适用《行政诉讼法》规定的最长保护期限③
			建议为 2 年④
			借鉴环境损害赔偿诉讼的 3 年时效⑤
			建议 4 年或更长⑥
无期限说	不受普通行政诉讼起诉期限的限制，只要经过诉前程序，行政机关在法定期限内未依法履行职责，国家或社会公共利益仍处于受侵害状态，检察机关可随时提起诉讼		

① 马怀德：《新时代行政公益诉讼制度的发展与实践》，《人民论坛·学术前沿》2019 年第 5 期。
② 张昊天：《行政公益诉讼起诉期限问题研究》，《清华法学》2021 年第 3 期。
③ 刘艺：《检察行政公益诉讼起诉期限适用规则研判——评湖北省钟祥市人民检察院诉钟祥市人民防空办公室不全面履行职责案》，《中国法律评论》2020 年第 5 期。
④ 赵智慧：《检察机关提起公益诉讼期限该如何确定》，《检察日报》2018 年 4 月 8 日，第 3 版。
⑤ 高宗祥：《行政公益诉讼制度施行疑难探讨》，《人民检察》2016 年第 10 期。
⑥ 巩富文、杨辉：《我国检察机关提起公益诉讼制度研究》，《人民检察》2015 年第 5 期。

（四）关于调查核实权

相较于行政公益诉讼确立之初理论界①和实务界②对于检察机关在行政

---

① 有部分学者认为检察机关不应有调查核实权。如有学者主张，公益诉讼与私益诉讼有很高同质性，无须强化检察机关在公益诉讼领域的职权主义，主张仅需法官释明前置或者自行决定补充证据调查，检察机关不享有调查核实权。刘超：《论环境民事公益诉讼证据调查之展开》，《江西社会科学》2017 年第 9 期。
② 最高人民法院、最高人民检察院《关于检察公益诉讼案件适用法律若干问题的解释》《人民检察院行政公益诉讼案件办案指南（试行）》《人民检察院公益诉讼办案规则》等都对检察机关的调查核实权作了规定。

公益诉讼领域是否享有调查核实权呈现的较大分歧而言，近年来学者们已较为充分地认识到调查核实权对于行政公益诉讼的重要作用，认为"调查核实权是检察机关实现行政法律监督功能，平衡检察机关与行政机关、审判机关之间'功能秩序'，发挥维护行政公法秩序和救济公共利益最大制度绩效的重要手段，理应得到法律确认"①。其实，行政公益诉讼调查核实权呈现的诸多问题讨论源于法律规范的相对"真空"状态。有学者通过梳理检察机关调查核实权的规范来源，认为其与当事人权利义务范畴的调查取证不同，主张从调查核实权公权力属性出发，赋予检察机关在调查核实过程中采取必要强制手段的权力。② 关于调查核实权的强制程度问题，学者仍是众说纷纭。有学者主张在现有调查内容和核实标准不变的情况下，赋予检察机关直接强制性调查核实手段。③ 另有学者主张调查核实权不宜具有直接强制性，认为检察机关可通过争取支持、进行司法协作、借用侦查权等方式，使调查核实权具有间接强制性。④

（五）关于证明责任的分配规则

目前，《行政诉讼法》以及最高人民法院、最高人民检察院《关于检察公益诉讼案件适用法律若干问题的解释》（以下简称《检察公益诉讼解释》）均没有对行政公益诉讼证明责任进行专门规定。学者近两年的关注点在于如何设置科学合理的行政公益诉讼证明责任分配规则。有学者认为行政公益诉讼证明责任分配之所以在实践过程中出现诸多问题，主要是因为缺乏理论支撑，并提出可以平行运用德国学者罗森贝克在民事诉讼证明责任分

---

① 胡婧：《行政公益诉讼领域检察调查核实权之理论证成与体系化建构》，《甘肃政法学院学报》2020 年第 4 期。

② 王译：《"提起公益诉讼"职能视域下检察机关调查核实权研究》，《河北法学》2021 年第 11 期。

③ 胡婧：《行政公益诉讼领域检察调查核实权之理论证成与体系化建构》，《甘肃政法学院学报》2020 年第 4 期。

④ 徐本鑫、江芷珊：《论行政公益诉讼检察调查核实权的强制性》，《华北理工大学学报》（社会科学版）2021 年第 3 期。

配中提出的规范说，主张行政公益诉讼证明责任分配以行政职权规范为核心，将行政职权与规范说结合重述，作出适当调整，从而适用于行政公益诉讼程序。[①] 有学者认为检察机关应对所保护利益的公益性、被告具有法定职责、造成的损害事实、侵害行为仍在持续以及经过诉前程序等进行举证。对于作为案件仍然采取举证责任倒置规则；对于不作为案件，行政机关要对不能履行的客观原因、履行的充分性、在诉前程序中及时反馈或已落实了检察建议进行举证。[②] 有学者则认为虽然检察机关举证能力较强且有举证优势，但如果由检察机关承担全部举证责任显然有失公允，主张对于作为案件实行举证责任倒置；对于不作为案件实行"谁主张谁举证"[③]。

行政公益诉讼程序理论研究还涉及诉讼请求的提出、证明标准的判断、判决形式的运用等问题，鉴于审判机关对这些问题有一定主导权和参与权，难以在理论探讨中将其抽离，本报告不再予以专门讨论。

二 检察行政公益诉讼程序立法完善

（一）总体发展

行政公益诉讼经历了经由"基层探索"到"顶层设计"的立法路径，形成了将特别授权规定嵌于《行政诉讼法》中，或有实体法诉权条款规定，辅以司法解释提供具体操作规范，另有地方人大常委会通过的立法性决定予以强化实施的立法现状。从现有的法律规范文本来看，宪法和法律、司法解释及司法规范性文件、地方立法性决定等均对行政公益诉讼的制度规范有不同程度地呈现（见表2）。

---

① 潘剑锋、郑含博：《行政公益诉讼证明责任分配的理论阐释与规则构建》，《北京大学学报》（哲学社会科学版）2022年第1期。
② 王春业：《独立行政公益诉讼法律规范体系之构建》，《中外法学》2022年第1期。
③ 高志宏：《行政公益诉讼制度优化的三个转向》，《政法论丛》2022年第1期。

表 2　行政公益诉讼现有规范文本

规范形式		相关文件或规定
宪法		关于检察机关法律地位的规定
法律	组织法	《人民检察院组织法》《检察官法》关于行政公益诉讼职权和职责的规定;《人民陪审员法》关于行政公益诉讼审判组织的规定
	程序法	《行政诉讼法》关于行政公益诉讼的授权规定
	实体法	《未成年人保护法》《安全生产法》《个人信息保护法》《军人地位和权益保障法》中关于确认行政公益诉讼诉权的条款
司法解释以及司法规范性文件等		《检察公益诉讼解释》《人民检察院行政公益诉讼案件办案指南(试行)》(以下简称《行政公益诉讼办案指南》)《人民检察院检察建议工作规定》《人民检察院公益诉讼办案规则》(以下简称《公益诉讼办案规则》)
地方立法性决定		部分省级、市级和县(区)级人大常委会出台的关于加强检察公益诉讼的决定(决议)

注:于 2020 年底修订、2021 年初施行的《检察公益诉讼解释》主要是配合《民法典》的实施,以《民法典》为制定依据,对检察机关提起英雄烈士保护领域民事公益诉讼进行规定,以及根据《人民陪审员法》对公益诉讼案件审理适用人民陪审制的相关内容进行调整等,没有具体涉及行政公益诉讼程序规则,故在本文中不予重点讨论。

2021 年行政公益诉讼制度规范仍在现有立法框架内不断完善,其中在诉讼程序规则方面尤为充实和加强,一定程度上缓解了行政公益诉讼实践中面临的程序法律困境,解决了司法实践中制约行政公益诉讼发展的一些突出问题。

1. 在实体法授权条款中注重规定程序适用问题

2021 年通过的《安全生产法》《个人信息保护法》《军人地位和权益保障法》都增设了关于行政公益诉讼的条款,对安全生产、个人信息保护以及军人权益保护领域的行政公益诉权进行概括授权。较之前《未成年人权益保护法》的授权条款在立法表述中注重解决特定领域的诉讼主体资格问题,这三部法律在法律条文中一并解决了主体资格、法律依据以及适用程序问题。

2. 在司法解释中注重规范和完善具体程序规则

为"落实 2019 年中央深化改革委员会《关于政法领域全面深化改革的

实施意见》关于完善规范公益诉讼制度程序规则的要求"[1]，2021年最高人民检察院颁布了《公益诉讼办案规则》。《公益诉讼办案规则》注重解决行政公益诉讼司法实践中显现的程序适用困惑和面临的具体问题，在建构与设置时遵循行政公益诉讼的时空顺序和办案逻辑，在程序规范体系化程度上更为完善。具体来说，在"一般规定"中对行政公益诉讼办案流程机制构建作出规定，明晰各阶段、各环节的标准和要求；专列"行政公益诉讼"一章对行政公益诉讼具体程序规则予以细化完善。

3. 在地方立法性决定中注重发展和充实程序规则

2019~2020年全国各地省级人大常委会陆续出台关于加强公益诉讼工作的相关决定。截至2020年底已经有24个省级人大常委会就检察公益诉讼出台专项决定，其中均有大量篇幅用于发展和充实关于行政公益诉讼程序规则的规范。《公益诉讼办案规则》也是在总结提炼各地决定的规范探索之上对行政公益诉讼程序规则进行的总体完善。2021年又有2个省级人大常委会[2]就检察公益诉讼制定了专项决定。

（二）《公益诉讼办案规则》对于行政公益诉讼程序规范的完善

1. 细化立案管辖规定

《行政诉讼法》对行政公益诉讼管辖的问题并未涉及；《检察公益诉讼解释》[3] 只对审判管辖作了原则规定。《行政公益诉讼办案指南》以内部规范性文件的形式分别从一般管辖和特殊管辖两方面，规定以违法行为所在地的基层检察院立案管辖为原则，以其他层级和地域的检察院管辖为例外的立

---

[1] 胡卫列、解文轶：《〈人民检察院公益诉讼办案规则〉的理解与适用》，《人民检察》2021年第18期。

[2] 分别为《山西省人民代表大会常务委员会关于加强检察公益诉讼工作的决定》（2021年3月31日山西省第十三届人民代表大会常务委员会第二十五次会议通过）；《四川省人民代表大会常务委员会关于加强检察机关生态环境公益诉讼工作的决定》（2021年9月29日四川省第十三届人民代表大会常务委员会第三十次会议通过）。

[3] 该解释于2018年制定之时未对检察机关立案管辖问题予以明确；2020年修改之时仍未对此问题进行具体规则设计。

案管辖条款，初步搭建了检察机关立案管辖的整体框架。

《公益诉讼办案规则》考虑到检察机关的履职规律和行政公益诉讼的办案特点，在遵循普通行政诉讼管辖制度的基础上，辅以过往实践经验总结，对行政公益诉讼立案管辖作了细化规定。具体体现为以下几点。第一，鉴于"行政公益诉讼体现的是检察机关对行政机关是否依法履行职责的监督，哪一级检察机关能够对哪一级行政机关进行监督，要符合职权配置的基本规则"①，同时为有效解决具体办案实践中遇到的"不对等"难题，《公益诉讼办案规则》在立案管辖要求与行政机关"同级"和"对应"。第二，为统一实践中不同起诉模式②，消弭立案阶段的管辖和起诉环节的管辖分离带来的司法适用不统一，《公益诉讼办案规则》确立了先按照监督规律立案管辖，后遵循审判权、检察权运行规律，移送至有管辖权法院"对应"的检察机关起诉的统一模式。第三，出于保障行政公益诉讼案件管辖权灵活性的现实需要，《公益诉讼办案规则》明确规定立案管辖中特殊情形下可采取指定管辖、跨区划管辖、提级管辖。

2. 引入磋商程序

与其他程序规则不同，磋商程序非普通行政诉讼的适用程序，《行政诉讼法》对此并未提及。另因磋商程序是检察机关探索适用于诉前的简化程序，磋商对象为行政机关，尚未进入诉讼程序，无须法院参与，《检察公益诉讼解释》也未对此作出规定。部分地方立法性决定中对磋商程序有所体现。③

《公益诉讼办案规则》在行政公益诉讼"立案与调查"一节中规定了磋商程序，确定了磋商程序的适用时间、适用情形以及磋商的内容。将磋商程

---

① 胡卫列、解文轶：《〈人民检察院公益诉讼办案规则〉的理解与适用》，《人民检察》2021年第 18 期。

② 行政公益诉讼起诉管辖实践中存在由立案检察机关起诉、移送与受诉法院对应的检察机关起诉两种模式。

③ 如《广东省人民代表大会常务委员会关于加强检察公益诉讼工作的决定》规定，检察机关提出诉前检察建议前，可以运用诉前磋商、工作建议函、公开听证等方式，听取行政机关的意见。

序的适用时间确定为决定立案后、发出检察建议前，通过磋商进行的情况来判断案件办理的走向；将磋商的内容确定在行政机关的行为性质、公共利益的受侵害状态和结果、二者因果关系以及整改意愿的体现等事项上。如果行政机关认同存在违法行使职权或不作为以致公共利益受侵害的事实，有立即整改意愿且对整改方案达成一致，便可通过磋商结案；如磋商未达到以上效果的，检察机关应当继续调查或及时提出检察建议。同时，明确了磋商的对象、磋商的具体形式及磋商结果的载体，检察机关作为磋商程序的主导机关，被赋予了对行政机关相对灵活的调查和沟通的方式。需注意的是，《公益诉讼办案规则》并没有明确规定磋商是行政公益诉讼的必经程序，在运行实践中，通常由办案检察官或办案组织根据实际情况决定是否与行政机关磋商。

3. 优化调查核实权规则

《人民检察院组织法》赋予了检察机关调查核实权，但仅是笼统授权规定。《检察公益诉讼解释》规定检察机关在行政公益诉讼中"可以调查收集证据材料"，没有强制授权，且规定方式过于原则，缺乏可操作性。《行政公益诉讼办案指南》从调查的方式、前期准备以及具体内容对调查核实权做了细化规定，确实能起到指引调查工作的效果，但其仅是司法机关内部规范性文件，效力层级较低，缺乏对外约束力，无法有效保障调查的刚性。

《公益诉讼办案规则》吸收了《行政公益诉讼办案指南》中关于调查核实权的具体规定，并根据过往办案实践予以优化。《公益诉讼办案规则》采用"总—分"结构对调查核实权进行系统规定，其中涉及行政公益诉讼的条款共 18 条。第二章"一般规定"第四节"调查"中规定的原则、前期准备、方式和内容、具体要求和保障措施均适用于行政公益诉讼；第三章"行政公益诉讼"第一节"立案与调查"中有针对性地规定行政公益诉讼中调查核实的重点。本文不再讨论与之前文本规范相同或相似之处，仅关注《公益诉讼办案规则》优化的相关要素。

（1）主体要素。明确了调查核实权的实施主体为办案检察官，固定了司法警察、技术人员参与联合调查的模式，且遵循了调查中"二人为公"

的理念。（2）内容要素。正面列举了行政公益诉讼案件中应予调查的事项，包括事实、行为、职权和关联性调查，并以"其他需要查明"兜底规定。（3）对象要素。考虑到行政机关监督管理职责的复杂性，为精准确定调查对象，规定认定行政机关监督管理职责时，除依据法律法规规章外，还可参考"三定"方案、权力清单和责任清单等。（4）方式要素。除采用一般方式外，结合行政公益诉讼的特点，规定可调查收集有关执法卷宗材料，询问行政机关工作人员等。此外，对于尚未查清或情况复杂的事实，规定可以通过听证程序进行调查核实。（5）保障要素。规定参与调查取证过程的司法警察可起到保障作用；注重争取其他公权力监督主体的协同保障，以尽量排除干扰因素，保障调查核实的顺利开展。

4. 其他

《公益诉讼办案规则》作为规范行政公益诉讼全流程办案程序的司法解释，还对一些复杂实践情况通过具体规范予以指引，对一些立法规范空白通过具体设计予以填补。如《公益诉讼办案规则》规范了案数处理问题；新增了检察建议备案制度；规范了检察建议送达方式，增加了两种灵活、有效的送达方式，即"留置送达"和"宣告送达"；明确规定了行政公益诉讼审查起诉期限，以检察建议整改期满之日为起算点，期限为1个月，且非绝对不变期间，在此之前，审查起诉期限处于规范阙如状态。

（三）地方立法性规定对于行政公益诉讼程序规则的探索

在国家层面统一完善公益诉讼立法规范之前，各地方立法机关积极探索，制定了调整公益诉讼的地方立法性决定。截至2021年11月底，全国已有26个省级人大常委会①、30多个市级和县（区）级人大常委会出台了关于加强公益诉讼工作的相关决定，发布时间集中在2019~2021年。主要形

---

① 本文主要讨论省级人大常委会有关公益诉讼的立法性决定。省级以下人大常委会制定适用于本地区的公益诉讼决定时，一般都是落实性和重申性规定，极个别地区有涉及诉讼程序创新性探索，也因适用地区范围有限，短时间内或无法对行政公益诉讼程序规则体系产生实质性影响。

式有两种：一是关于公益诉讼的专门立法性决定，内容包括立法指导理念、受案范围、诉讼程序运行机制以及保障体系等，绝大部分地区采用此形式；二是将公益诉讼作为检察机关履行法律监督职责的形式之一，列入本地区加强检察机关法律监督工作的决定（决议）中，如山东省、福建省和湖南省采用此形式。①

由于各地不同的地域特点，且行政公益诉讼发展水平有差别，所作出的公益诉讼立法性决定中对于行政公益诉讼程序规则的规定也不尽相同。本文选取各地立法性决定中对于程序规则作出探索且有共性因素的相关程序规范予以列举呈现（见表3）。

表3　地方立法性决定对于行政公益诉讼程序规则的探索

程序阶段	程序规则	具体规定
管辖	集中管辖	甘肃、河北规定建立与审判管辖相协调的案件集中管辖机制
	管辖权协调	云南、辽宁、陕西、重庆、浙江、安徽、四川等地规定审判机关与检察机关研究解决管辖问题
	跨区域（流域）协作机制	各地大多结合本地区地域特征规定了跨行政区域（流域）公益保护协作机制。如广西规定加强与粤港澳大湾区、周边省份跨区域协作；河南规定与跨区域河流省内外有关部门协作；重庆规定加强长江、乌江、嘉陵江流域内的协作；浙江、安徽规定加强长三角洲跨区域协作机制；上海、江苏规定加强长江经济带、长江三角洲区域协作机制；等等
调查核实	调查核实的模式	各地大多规定了检察机关独立查证模式
		公安机关协助查证的模式，广西、内蒙古规定部分领域案件检察机关可以提前介入公安侦查程序；甘肃规定对重大复杂敏感案件，公安机关应当派员协助调查取证
	收集证据的方式和内容	河北、辽宁、浙江规定可以约见行政部门负责人；江苏规定可以要求涉案的行政机关负责人说明情况；云南规定证据收集的内容可涉及行政执法信息平台执法信息和数据；广州规定可以依法查询有关单位和个人的存款、汇款、债券、股票、基金份额、不动产等财产

① 不同于以上两种形式，四川省针对生态环境公益诉讼作出了专项规定。

程序阶段	程序规则	具体规定
调查核实	调查核实的保障措施	云南、陕西规定了可以约谈、通报妨碍调查取证的行政机关的上级主管部门；河北、辽宁规定了检察人员对于干扰、阻碍调查的可采取制止、控制、强行带离现场等措施；江苏规定了可采取训诫的处置措施；黑龙江、内蒙古、陕西、重庆、新疆、浙江、宁夏、甘肃规定了检察人员遭受阻挠公益诉讼案件办理的违法犯罪行为时，由公安机关依法采取相应措施
	调查核实强制性的补强	各地大多规定了将行政机关配合支持检察公益诉讼工作纳入法治政府建设考核内容
诉前程序	公开听证的应用	吉林、浙江、广东、海南规定检察机关可以通过听证的方式听取行政机关和各方意见，督促行政机关依法履职纠错
	检察建议送达方式	各地大多规定了宣告送达等方式以确保检察建议实效性。其中内蒙古、云南、宁夏还规定了公告送达；甘肃还规定了留置送达

总体上看，近两年公益诉讼的地方立法性决定对行政公益诉讼程序规则的完善进行了积极探索。这不仅为地方行政公益诉讼的有效开展提供了有力的程序保障，也在相当大的程度上克服了行政公益诉讼程序规则供给不足所带来的现实困难。尤其是这种具有程序规则创建的探索性努力，为制定统一的行政公益诉讼系统性程序规范提供了经验佐证和重要参考。最高检起草《公益诉讼办案规则》时，在严格遵守法律保留原则的同时，借鉴和吸收了部分地区论证合理且实践成熟的程序规则。

三　检察行政公益诉讼程序实践介评

在关于行政公益诉讼程序规则理论研究争鸣不一之际、具体明确法律规范尚存不足之时，司法实践运行状况最能验证理论是否适当，同样最能反映规范是否滞后。对近两年行政公益诉讼具体规则在实践中的表现予以介绍并辅以客观评价实属必要。

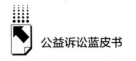
（一）立案管辖模式的探索

虽然目前尚未从法律层面对行政公益诉讼立案管辖作出具体且明确的规定，但部分地方出于实践需要，结合地域特色及已有的管辖规定，对立案管辖进行了探索。① 虽大多采取集中管辖方式，但涉及的范围和案件类型等不尽相同，主要有以下三种模式。一是分院集中管辖模式，如北京市人民检察院第四分院（以下简称北京四分院）于 2014 年正式成立之时就为全国首批跨行政区划检察改革的试点院，2019 年北京市人民检察院首创性地明确北京四分院作为北京市域、京津冀跨省域"公益诉讼集中管辖的专门检察院"②。二是基层院集中管辖模式，如 2021 年湖南省人民检察院制定了《湖南省人民检察院跨行政区划检察改革试点工作方案》，确定长沙、衡阳、怀化铁路运输检察院以及株洲市云龙地区人民检察院（均为基层检察院）集中管辖跨区划公益诉讼案件。三是省级院派出机构集中管辖模式，如 2020 年批准设立的重庆市两江地区检察院，作为重庆市检察院的派出机构行使基层检察院的职权，对长江流域重庆市内发生的跨区划或者不适宜地方检察机关管辖的生态环境和资源保护领域行政公益诉讼案件有立案管辖权。③

目前，除了北京四分院的模式可视为跨省域立案管辖方案外，以上其他模式仍是以行政区划为依托进行省域范围内的跨区划集中立案管辖方案，总体来说对于公共利益的整体性维护和协同性保护作用有限，还有待结合立法规定和司法实践进行全局考虑，进一步探索符合国家治理功效的行政公益诉讼立案管辖路径。

---

① 此外，还有对集中诉讼管辖作出探索规定的地方实践，如根据河南省高级人民法院和河南省人民检察院的会签文件《关于实行省内黄河流域环境资源检察公益诉讼案件集中管辖的规定》，由郑州铁路运输检察院、洛阳铁路运输检察院向郑州铁路运输法院、洛阳铁路运输法院提起省内黄河流域环境资源类行政公益诉讼案件。

② 从地域管辖来看，北京四分院不仅立案管辖北京市内跨行政区划的行政公益诉讼案件，还立案管辖京津冀跨省行政公益诉讼案件。朱小芹、王志民、王笑男：《集中管辖跨行政区划公益诉讼检察实践》，《中国检察官》2020 年第 2 期。

③ 《重庆市人大常委会批准设立两江地区检察院　主办跨区域行政公益诉讼案件》，最高人民检察院门户网，https：//www.spp.gov.cn/spp/zdgz/202003/t20200330_ 457546.shtml。

（二）诉前程序规则实践

最高检原检察长张军在 2022 年初全国人大常委会调研组视察调研公益诉讼检察座谈会①上谈道："针对公益诉讼推开之初，不少同志认为公益诉讼就要诉诸法庭，最高人民检察院党组提出'诉前实现维护公益目的是最佳司法状态'理念，要求发出检察建议后努力协调促进落实，绝大多数案件都在诉前环节得以解决。"最高检张雪樵副检察长也指出："用好磋商、检察建议、提起诉讼的阶梯式办案方式，把诉前解决问题作为公益保护的最佳状态，有效加强沟通，减少行政机关的抵触，最大程度发挥行政机关主动纠错的积极性，提升公益保护效能。"② 近两年来，各地检察机关也在行政公益诉讼案件办理实践中致力于贯彻和落实最高检提出的办案理念和倡导的梯层办案方式。2020 年全国检察机关立案办理行政公益诉讼案件 13.7 万件，发出诉前检察建议 11.8 万件。③ 2021 年全国检察机关立案办理行政公益诉讼案件 14.9 万件，开展诉前程序 14.4 万件。④ 对检察建议不能落实的，提起诉讼 1.1 万件，99.8% 获裁判支持。⑤

基于行政公益诉讼"两阶段"程序运行规则不同，在本部分笔者通过收集近两年最高检发布的有关行政公益诉讼指导性案例和典型案例共计 140 件⑥，呈现实践中行政公益诉讼诉前程序的运行状况。其中有对之前部分程

---

① 2022 年 1 月 12 日至 13 日，中共中央政治局委员、全国人大常委会副委员长王晨率全国人大常委会调研组到最高检和北京市检察机关调研公益诉讼检察工作。

② 《发挥检察公益诉讼效能，为中国之治赋予新内涵——访最高人民检察院副检察长张雪樵》，新华网，http：//m. news. cn/2022-02/28/c_ 1128424397. htm。

③ 《最高人民检察院工作报告》（2021 年 3 月 8 日），最高人民检察院门户网，https：//www. spp. gov. cn/gzbg/202103/t20210315_ 512731. shtml。

④ 《2021 年全国检察机关主要办案数据》，最高人民检察院门户网，https：//www. spp. gov. cn/xwfbh/wsfbt/202203/t20220308_ 547904. shtml#1。

⑤ 《最高人民检察院工作报告》（2022 年 3 月 8 日），最高人民检察院门户网，https：//www. spp. gov. cn/spp/gzbg/202203/t20220315_ 549267. shtml。

⑥ 2020 年 1 月至 2021 年 12 月最高检发布的指导性案例中，涉及行政公益诉讼 6 例；2020 年 2 月 28 日最高检发布检察机关野生动物保护公益诉讼典型案例，涉及行政公益诉讼 3 例；2020 年 4 月 29 日最高检发布"守护海洋"检察公益诉讼专项监督活动典型案例，涉及行政公益诉讼 10 例；2020 年 12 月 2 日最高检发布检察机关文物和文化遗产保护（转下页注）

序问题的修正，也有出于完善程序规则而进行的探索。

1. 诉前程序选择适用规则的变化

诉前程序启用之时，有时会首先面临行政公益诉讼和民事公益诉讼选择适用的问题，特别是在社会公共利益救济领域，侵犯特定社会公共利益的情形往往是因行政机关监管不力造成的。目前法律规范对于二者如何选择，进而如何适用不同的诉前程序并未作出明确规定。之前实践中对此问题有两种处理，一种是一并提起行政附带民事公益诉讼，在发出检察建议的同时询问有无符合法定条件的社会组织起诉[①]；另一种是在提起民事公益诉讼的同时向行政机关发出检察建议。[②] 提起行政附带民事公益诉讼虽有个别实践但无明确法律依据，鲜有选择此种方式。在提起民事公益诉讼后不宜再就同一违法事实向行政主管部门发出行政公益诉讼诉前检察建议，除非是为了实现民事公益诉讼不能实现的目标，故后一种方式适用范围较窄。

如今，对于诉前程序的选择适用，检察机关更加注重衡量案件办理的实际效率和社会效果。如最高检直接立案办理的首例英雄烈士权益保护领域公

（接上页注⑥）公益诉讼典型案例，涉及行政公益诉讼 9 例；2020 年 12 月 11 日最高检发布第三批服务保障长江经济带发展典型案例，涉及行政公益诉讼 10 例；2020 年 12 月 17 日最高检发布国有财产保护、国有土地使用权出让领域行政公益诉讼典型案例 9 例；2020 年 12 月 24 日最高检发布铁路安全生产领域公益诉讼典型案例 10 例，全部涉及行政公益诉讼；2021 年 2 月 24 日最高检发布公益诉讼检察服务乡村振兴助力脱贫攻坚典型案例 15 例，全部涉及行政公益诉讼；2021 年 3 月 15 日最高检发布"3·15"食品药品安全消费者权益保护检察公益诉讼典型案例，涉及行政公益诉讼 4 例；2021 年 3 月 23 日最高检、应急管理部联合发布安全生产领域公益诉讼典型案例，涉及行政公益诉讼 7 例；2021 年 4 月 22 日最高检发布检察机关个人信息保护公益诉讼典型案例，涉及行政公益诉讼 7 例；2021 年 5 月 14 日最高检发布无障碍环境建设公益诉讼典型案例 10 例，全部涉及行政公益诉讼；2021 年 6 月 4 日最高检发布检察机关大运河保护公益诉讼检察专项办案典型案例，涉及行政公益诉讼 11 例；2021 年 6 月 10 日最高检发布第二批检察听证典型案例，涉及行政公益诉讼 2 例；2021 年 6 月 27 日最高检发布红色资源保护公益诉讼典型案例 14 例，全部涉及行政公益诉讼；2021 年 7 月 22 日最高检发布公益诉讼检察听证典型案例，涉及行政公益诉讼 11 例；2022 年 1 月 21 日最高检发布 2021 十大法律监督案例，涉及行政公益诉讼 2 例。

① 详见 2017 年 1 月 4 日最高检发布的第八批指导性案例中"白山市江源区卫生和计划生育局及江源区中医院行政附带民事公益诉讼案件（检例第 29 号）"。

② 详见 2019 年 10 月 10 日最高检发布的检察公益诉讼全面实施两周年典型案例中"内蒙古自治区呼和浩特市人民检察院诉内蒙古阜丰生物科技有限公司大气污染民事公益诉讼案"。

益诉讼案——陈望道姓名、肖像权益保护专案中，办案组考虑到注册商标在案件中的基础性作用和国家知识产权局商标局的法定职责，认为以行政公益诉讼立案能从根本上高效解决问题，综合研判后启动行政公益诉讼程序。①

2. 诉前磋商的引入及适用

2019 年 8 月 30 日，张雪樵副检察长在全国检察机关公益诉讼"回头看"专项活动总结暨推进公益诉讼办案规范化电视电话会议的讲话中首次提出建立行政公益诉讼磋商程序。② 在诉前程序中引入磋商机制，可以依据案件繁简状况和性质进行分流，有效降低公共利益的行政和司法保护成本，对提高诉前检察建议的精准化程度也有所裨益。最高检公布的典型案例中较多是通过座谈会、圆桌会议等磋商形式③，在及时督促行政机关纠错和履职过程中，与案涉行政机关形成公益保护合力。

诉前磋商引入实践的过程分为两个阶段。《公益诉讼办案规则》出台之前，磋商程序尚未全面铺开，部分地方检察院尝试引入磋商机制来实现诉前程序的创新。主要有两种方式：其一是从规范层面上，通过制定相关司法规范性文件指导开展磋商工作④；其二是在具体案件中，尝试在诉前程序中以磋商方式推动行政机关依法履职。但实践中，各地检察机关对磋商的法律定

---

① 胡卫列、易小斌：《陈望道姓名、肖像保护行政公益诉讼案的办理与思考》，《中国检察官》2022 年第 8 期。

② 何莹、宋京霖、莫斯敏：《行政公益诉讼磋商程序研究》，《中国检察官》2020 年第 19 期。

③ 详见 2021 年 5 月 14 日最高检发布的无障碍环境建设公益诉讼典型案例中"青海省人民检察院督促维护公共交通领域残疾人权益行政公益诉讼案"；2021 年 6 月 4 日最高检发布的检察机关大运河保护公益诉讼检察专项办案典型案例中"河北省沧州市人民检察院督促保护大运河世界文化遗产谢家坝行政公益诉讼案"；2021 年 6 月 27 日最高检发布的红色资源保护公益诉讼典型案例中"贵州省人民检察院督促保护刀靶水红色遗址行政公益诉讼案"；2021 年 7 月 22 日最高检发布的公益诉讼检察听证典型案例中"重庆市两江地区人民检察院督促整治截污管网溢流污染环境行政公益诉讼案"等。

④ 上海市金山区人民检察院出台《金山区人民检察院关于检察行政公益诉讼磋商制度的规定（试行）》；浙江省金华市婺城区人民检察院联合区农业农村局、区市场监督管理局、区自然资源和规划分局、区生态环境分局出台《关于建立行政公益诉讼诉前磋商工作机制的实施办法》；辽宁省鞍山市千山区人民检察院出台《千山区人民检察院公益诉讼磋商程序工作办法（暂行）》；浙江省温州市鹿城区人民检察院出台《行政公益诉讼诉前磋商规范指引》等，以上文件的发布时间集中在 2020 年上半年。

位、功能作用认识不一，出现了"两个极端"现象，即部分地区检察院认为磋商能有效提升公益保护效率，在全部或绝大部分行政公益诉讼案件中均启动磋商程序[1]，但具体效果难以评判；而部分地区检察院没有充分认识到磋商的作用和价值，从未适用磋商程序，导致部分案件的办案质效不够突出。此外，在适用的过程中缺乏统一规范，各地检察机关做法不一。如关于磋商程序应在立案前还是立案后启动，有的检察院出于提高办案效率、减少办案步骤的考虑，在线索处置环节即展开磋商[2]；也有检察院认为立案是磋商程序启动的前提，只能在立案后才能进行磋商。[3] 为规范磋商程序，推动诉前磋商常态化应用，《公益诉讼办案规则》正式以司法解释形式将磋商机制引入行政公益诉讼。

3. 检察听证制度的应用

作为践行人民民主中司法民主的具体实践，近年来最高检大力推行检察听证制度。在 2020 年 1 月召开的全国检察长会议上，最高检提出"应听证尽听证"的要求。2020 年 10 月 20 日，最高检发布《人民检察院审查案件听证工作规定》（以下简称《听证工作规定》）。同年 10 月 29 日，最高检第八检察厅印发《关于做好公益诉讼案件办理中开展听证工作的通知》。全国各级检察机关公益诉讼检察部门积极开展公益诉讼案件听证工作，2020年全国公益诉讼检察听证案件共 1816 件，2021 年仅一季度就有 834 件。[4]各地检察机关结合具体办案实践，把听证制度融入诉前程序的主要环节中，通过典型案例观察发现有以下几种应用方式（见表4）。

---

[1] 《河南鹤壁淇滨：近七成行政公益诉讼案件适用诉前磋商机制》，正义网，http：//news. jcrb. com/jsxw/2020/202012/t20201203_ 2229500. html。

[2] 如鹤壁市淇滨区人民检察院接到某超限站大车夜间鸣笛、噪声污染的线索，发现线索反映属实后即联系鹤壁市公安局交警支队相关负责人，以口头方式进行磋商，建议该队在超限站周边设置禁止鸣笛的标志，加大对过往车辆的引导分流力度，确保周边居民的正常生活不被干扰。详见《行政机关易接受 解决问题效果好》，《检察日报》2020 年 12 月 3 日，第 6 版。

[3] 《鸡西市鸡冠区人民检察院行政公益诉讼诉前磋商规范指引》规定，人民检察院应当在立案后 7 日内与被监督行政机关进行磋商。

[4] 张昊：《一季度全国开展检察公益诉讼听证834 件》，《法治日报》2021 年 7 月 23 日，第 3 版。

表4 检察听证制度在行政公益诉讼中的应用方式

应用环节	具体应用方式	典型案例	主要做法
调查阶段的听证	邀请各听证主体参与听证,以便全面、准确了解基本案情	浙江省杭州市人民检察院督促整治信息无障碍环境行政公益诉讼系列案	全市检察机关通过……公开听证……方式,查明涉案违法点16处,涉及6个区、县(市)
磋商阶段的听证	邀请各听证主体讨论案件的调查情况,认定履职状况,对受损公益的可修复情况达成统一意见等	广东督促某区生态环境局履职行政公益诉讼案	听证会上生态环境局介绍了执法情况,听证员解释了废气排放检测的方法,提出了督促企业进行污染工艺搬迁的建议,某公司、居民代表交流了有关意见
跟进监督中的听证	邀请各听证主体讨论行政机关制定的整改方案的科学性,整改效果实现的可能性等	江苏省宝应县人民检察院督促规范文物保护单位、英烈纪念设施无障碍环境建设行政公益诉讼案	为论证相关职能部门整改方案的可行性,组织召开听证会,邀请人大代表、律师、人民监督员担任听证员,邀请县人大、县委政法委有关负责人以及社会各界群众代表现场观摩,并在听证会后组织座谈交流
结案判断中的听证	邀请各听证主体对整改修复效果是否已实现、行政机关是否依法全面履职等予以评估	万峰湖流域生态环境保护公益诉讼案	检察机关是否完成办案任务,万峰湖流域污染问题是否得到根本治理,沿岸群众是否满意等,都是检察机关能否顺利结案的"必答题",专案组通过公开听证的方式,对专案工作办理成效进行客观评价

从实践运行状况看,行政公益诉讼中的检察听证仍存在一些不足,需要进一步完善。如《听证工作规定》虽列明了听证会的一般步骤程序等"共性问题",但未有专门的程序规范明确公益诉讼听证中的"个性问题"。未尽事宜应根据行政公益诉讼特点和个案具体情况探索实践,逐步完善听证流程和相关环节设计。

（三）诉讼程序规则实践

不同于诉前程序侧重于对行政机关违法行使职权和不作为的形式性判断，诉讼程序聚焦于国家和社会公共利益所受侵害是否得到抑制、是否恢复的实质性标准，围绕此标准所运行的程序规则也有其独特之处。为准确映现行政公益诉讼中诉讼程序规则的司法实践状况，笔者以中国裁判文书网、北大法宝为主要检索工具，以 icourt 和无讼为补充检索工具搜集相关裁判文书。为体现发展变化，时间段选取 2018~2021 年，关键词设定为"行政公益诉讼"，运行阶段聚焦于"一审案件"，将获取的裁判文书作为实践样本予以整理分析。①

1. 总体发展变化

行政公益诉讼的本质是通过加强对公共利益损害问题的监督，协助行政部门依法行政，共同维护公共利益。作为这样一种督促之诉、协同之诉，检察机关与行政机关并非"零和博弈"，更非对立而存。但具体到办案中，检察机关和行政机关认定问题的角度或处置问题的标准是有所差异的。为了消弭分歧，达成共识，近年来检察机关更注重诉前程序的作用，通过诉前磋商机制、检察听证制度以及检察建议成效评估制度等应用，注重和行政机关的交流、沟通及配合，致力消除行政机关的抵触情绪，尽管不诉但起到实质督促的效果，在诉前阶段结案。这一办案理念和办案方式的转变在诉讼阶段体现为进入行政公益诉讼程序的案件数量明显下降（见图1）。

2. 诉讼请求适用理念的变化

《检察公益诉讼解释》第 24 条规定了行政公益诉讼中检察机关诉讼请求的撤回与变更。以往实践中，检察机关对于行政机关在案件审理过程中纠正违法行为或者依法履行职责从而使检察机关的诉讼请求全部实现的情况，往往选择变更诉讼请求，变更为请求法院确认违法，而不倾向于选择撤回起

---

① 其中 2018~2019 年裁判文书主要在做历时性总体数据分析时列为参考对比项，2020~2021 年裁判文书主要用于做共时性分析时呈现近两年行政公益诉讼程序实践的发展。

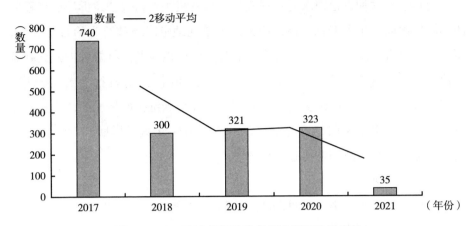

图1　2018～2021年行政公益诉讼裁判数量走势

说明：因2017年为行政公益诉讼正式确立之年，检察机关对于诉与不诉把握等问题尚处于探索阶段，进入诉讼程序的案件数量较多，此处列出仅为对比参照。

诉。如表5所示，2018年全年裁判数量341件，裁定撤回起诉数量仅为3件。这样的诉讼请求适用规则也使确认违法判决在行政公益诉讼判决形式中的适用率居高。部分原因在于"两反转隶"之后，不少检察干警希冀找到一个新的发力点来彰显检察权威，认为行政公益诉讼不仅要纠正正在发生的违法行为，还要通过确认判决对以前发生的违法行为作出否定评判，此时变更为确认违法的诉讼请求，不仅能产生警示作用，还有其宣示性意义，可以在维护客观法律秩序和保障公共利益方面发挥更大作用。现实效果却是这种已无继续进行必要的诉讼不仅会放大行政机关的整体抵牾情绪，还浪费了司法资源。

表5　2018～2021年行政公益诉讼裁判结构占比

年度	裁判数量（件）	裁定数量（件）	裁定占比（%）	裁定撤回起诉数量(件)	裁定撤回起诉数量占比(%)
2018	341	40	11.7	3	7.5
2019	380	59	15.6	7	11.9
2020	408	85	20.8	32	37.6
2021	65	32	49.2	20	62.5

近年来，这种诉讼请求适用理念随着检察机关对行政公益诉讼认识程度的不断加深而发生了变化。检察机关不再单纯地追求行政行为的否定评价，而是更加注重行政机关在诉前程序中的自我整改以及共同有效维护公共利益的价值目标。对于在诉讼过程中，行政机关已经纠正了违法行为或者依法履行了职责，诉讼目的已经实现，公共利益已经得到维护的情况下，检察机关适时、恰当地提出撤回起诉的申请。由此，2021年裁定撤回起诉占比明显大幅度提升，整个裁判结构趋向合理。

3. 诉讼判决适用的变化

从统计数据总体来看（见图2、图3），尽管"确认违法+履行职责"的复合式判决仍占比靠前，但其数量和比例呈下降趋势，从2019~2020年占总体样本数量的24.3%到2021年占总体样本数量的12.1%。单一诉讼请求数量和比例有所上升，但仍集中于"确认违法"和"履行职责"的判决类型。随着行政公益诉讼实践的深入，大部分法院对于"确认违法+履行职责"的复合式判决有了更为清晰的认知，继续履行职责实际上包含了对争议行政行为违法性的否定评价，且与立法规范中对确认违法判决的功能定位不相符，所以不再重复性对确认违法予以裁判。此外，"驳回诉讼请求"、"确认无效"以及"撤销判决"等在行政公益诉讼中的适用空间的确窄小[1]，从2019~2020年的较为鲜见到2021年从未适用也体现了这种适用逻辑。

除了上述变化之外，还有一个问题值得关注。不同于2019~2020年研究样本中有近3/4的履行职责判决对责令履职作出的概括性裁判[2]，在2021

---

[1] 有学者认为，行政公益诉讼判决应主要围绕行政机关的行为及公共利益展开，不应涉及对提起主体的评价问题，不宜采取驳回诉讼请求的判决。另因行政公益诉讼最终目的是使公共利益得到维护或恢复，仅仅对行政行为的撤销无法达到行政公益诉讼目的，也没有任何意义，而促使行政机关积极履行法定职责，尽快使被侵害的公共利益恢复到原初状态才是最终目的，因此也不必采取撤销判决。此外，确认无效判决、采取补救措施、赔偿判决、补偿判决、变更判决等，都不适合行政公益诉讼的特点。王春业：《独立行政公益诉讼法律规范体系之构建》，《中外法学》2022年第1期。
[2] 即绝大多数履行判决在具体判项中要求行政机关在"一定期限内履行"，未涉及具体履行时限、履行内容等。

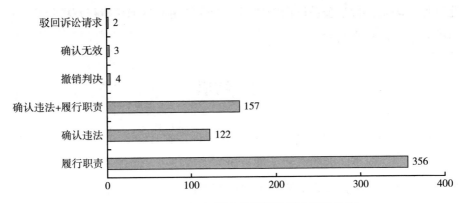

图 2 2019~2020 年行政公益诉讼判决适用分布

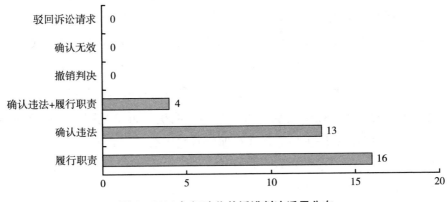

图 3 2021 年行政公益诉讼判决适用分布

年 16 份 "履行职责" 判决书中,有 12 份都有 "履行具体职责+明确履行期限"① 或 "履行具体职责+明确履行期限+履行具体内容"② 的详细判项。由

---

① 如在 "道真仡佬族苗族自治县旧城镇人民政府不履行文化行政管理法定职责案" 中,法院判决 "被告道真仡佬族苗族自治县旧城镇人民政府于本判决生效之日起六个月内,按照旧府通〔2021〕4 号文件,就位于旧城镇的'明真安州城垣'实施保护",详见贵州省正安县人民法院(2020)黔 0324 行初 119 号判决书。
② 如在 "遵义市汇川区市场监督管理局不履行对辖区网络食品经营的监督管理职责案" 中,法院判决 "被告遵义市汇川区市场监督管理局应在三个月内履行法定职责督促第三方'美团外卖'平台落实入网餐饮服务者依法公示食品经营许可证、食品安全量化分级信息等相关应当公示的信息",详见贵州省桐梓县人民法院(2020)黔 0322 行初 73 号判决书。

此可见，法院在行政公益诉讼中的司法能动作用通过细化履行判决的具体内容得到了一定程度的发挥。

四　结语

从整体上来看，2021 年行政公益诉讼程序在理论、立法与实践面向呈现相互影响、稳步向前的态势，理论研究上取得了长足的发展，立法规范上弥补了规则的不足，实践上拓展了司法监督的空间，同时增强了社会公益观念和对行政公益诉讼的认同。但仍是未竟话题，还存在一些不足：一是理论研究对一些实践中尚无有效解决方案的难题缺乏足够关注；二是规范体系化不强，还存在立法规范效力低、规定分散、内容不具体、可操作性有待优化等问题；三是实践中法律适用不一，判断标准各异，司法资源没有有效统合。以上问题还需要理论界和实务界的持续关注，特别在制度建构方面对公益诉讼立法模式问题予以重点探讨。作为一种新的行政诉讼类型，行政公益诉讼在未来的发展有赖于更加合理、科学、明确的诉讼规则和程序规范构建。行政公益诉讼立法正是综合现有理论研究成果、立足现有实践经验、谋求整体发展的关键一步，若公益诉讼单独立法成为现实，将会提高行政公益诉讼程序的规范化、科学化、体系化程度，推动行政公益诉讼行稳致远。

B.3

中国检察民事公益诉讼发展年度报告

张嘉军　李巍华*

摘　要： 通过对中国裁判文书网公开的 2020 年度和 2021 年度检察民事公益诉讼裁判文书进行分析，发现我国新领域公益诉讼立法明显滞后且制度规则和程序设计过于模糊和原则，案件分布呈现区域化差异，惩罚性赔偿金缺乏统一明确的计算基准，公告期间不灵活且公告地点过于抽象，中级人民法院作为一审法院有违诉讼经济原则，诉讼代理人严重缺位，鉴定费用高等。为此应推进新领域公益诉讼的立法及相关程序和制度的细化、加快指导性案例和典型案例的发布、能动性地缩小区域化差异、明晰惩罚性赔偿金的计算基准、设立弹性的公告期间及明确公告地点、将基层法院设置为原则性管辖法院、保障被告充分行使辩护权、统一收费标准并建立鉴定费用保险制度。

关键词： 检察民事公益诉讼　惩罚性赔偿　公告　管辖　鉴定

2017 年《民事诉讼法》第 55 条将检察机关纳入"法律规定的机关"的范畴之内，这一规定为检察机关提起民事公益诉讼案件提供了立法支撑。紧接着全国人大常委会于 2018 年发布《人民检察院组织法》，在《民事诉讼法》的基础上进一步明确检察机关的职权，为检察机关提起公益诉讼奠定了职权基础。检察机关提起公益诉讼解决了无法律规定的机关和有关组织，或者法律规定的机关和组织不提起公益诉讼，公共利益无法得到保护的难题，但其

---

* 张嘉军，郑州大学法学院教授，博士生导师；李巍华，郑州大学法学院硕士生。

自身运行面临一些问题：如在提起公益诉讼的类型上集中于环境民事公益诉讼和消费民事公益诉讼，缺乏对其他新类型公益诉讼的实践探索；检察机关提起惩罚性赔偿的力度过高导致被告负担加重；公告的时间和地点以及管辖等仍需进一步的完善。为了更好地把握检察机关提起民事公益诉讼的实践运行现状，本文主要以 2021 年度检察机关办理的民事公益诉讼案件（中国裁判文书网公开的）为研究对象，并将 2020 年度检察机关办理的民事公益诉讼案件作为参考，使文章论证更具说服力。

在中国裁判文书网的高级检索栏中以"公益诉讼"进行全文检索，以时间（2020－01－01～2020－12－31）、案由（民事案由）作为筛选项，共检索出 2020 年度含有"公益诉讼"字眼的案件 886 件[1]，经人工筛选出非公益诉讼案件、移送其他法院审理的案件以及由社会组织和行政机关提起的民事公益诉讼案件，最终选取 209 件作为本文的研究对象。以同样的方式对 2021 年度检察民事公益诉讼案件进行检索，共检索出 2021 年度含有"公益诉讼"字眼的案件 500 件[2]，用上述相同筛选方式，最终选取 46 件作为本文的研究对象。[3]

一　检察民事公益诉讼的实务现状

（一）诉讼地区的分布

对图 1 和图 2 进行数据分析发现，绝大多数省份法院审理检察机关提起

---

[1]　中国裁判文书网，https：//wenshu. court. gov. cn/website/wenshu/181029CR4M5A62CH/index. html，最后访问日期：2021 年 2 月 19 日。

[2]　中国裁判文书网，https：//wenshu. court. gov. cn/website/wenshu/181029CR4M5A62CH/index. html，最后访问日期：2022 年 1 月 13 日。

[3]　将 2021 年度含有"公益诉讼"字眼而非公益诉讼的案件删除之后还剩 183 件，对该 183 件案件进行统计，发现有 99 件属于移送其他法院处理的案件，因此笔者仅对最后剩余的 84 件案件进行统计。在这 84 件案件中，有 4 件属于自然人提起公益诉讼的案件，有 1 件为行政机关提起公益诉讼的案件，有 33 件为社会组织提起公益诉讼的案件，检察机关提起公益诉讼的案件为 46 件。

的民事公益诉讼案件数量在 10 件以内（包含 10 件），不少地区则仅为 1 件。
2021 年度法院审理检察民事公益诉讼案件数量为 1 件的省份占总省份个数
的 68.8%，且该年度仅有浙江省审理检察机关提起民事公益诉讼案件的个
数超过 10 件。对比 2020 年度与 2021 年度检察机关民事公益诉讼案件的数
量和地区分布会发现两个明显的特征：第一，检察机关提起民事公益诉讼案
件的案件总数明显下降；第二，检察公益诉讼案件的地区分布呈现缩减
趋势。

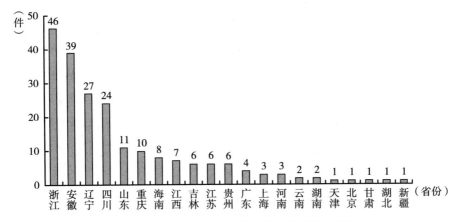

图 1　2020 年度检察民事公益诉讼案件诉讼地区分布

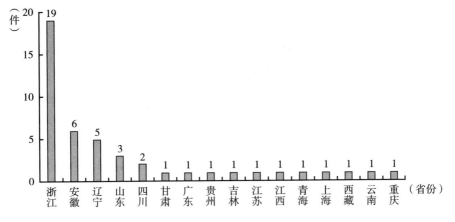

图 2　2021 年度检察民事公益诉讼案件诉讼地区分布

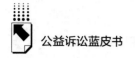

（二）公告情况

由图 3 和图 4 可知，在司法实践中绝大多数检察机关在提起民事公益诉讼案件时都能按照法律规定进行诉前公告。

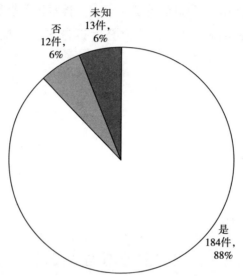

图 3　2020 年度检察院诉前公告情况

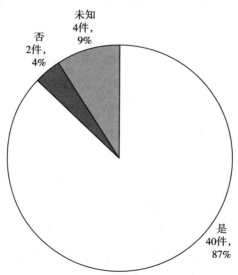

图 4　2021 年度检察院诉前公告情况

由图 5 和图 6 可知，在司法实践中，检察机关在进行诉前公告时有多个公告地点。2021 年主要在《检察日报》和"正义网"进行公告，部分检察机关只写明公告却未注明具体公告地点。

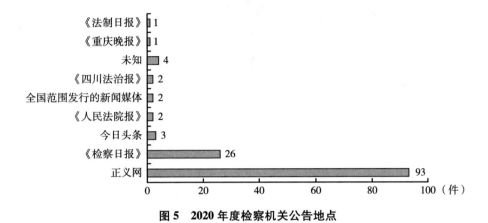

图 5　2020 年度检察机关公告地点

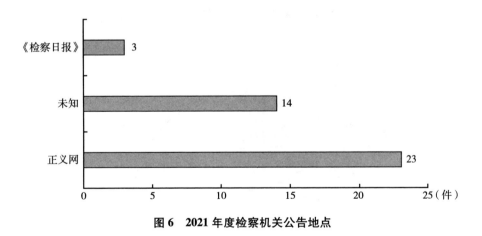

图 6　2021 年度检察机关公告地点

（三）案件类型

由图 7 和图 8 可知，消费民事公益诉讼和环境民事公益诉讼为检察机关提起民事公益诉讼案件的主要类型，在分布上呈现集中化的趋势。个人信息保护公益诉讼和互联网公益诉讼则处于边缘化的地位，几乎可以忽略不计。

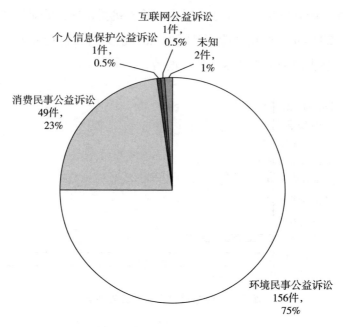

图 7　2020 年度检察机关提起的民事公益诉讼案件类型

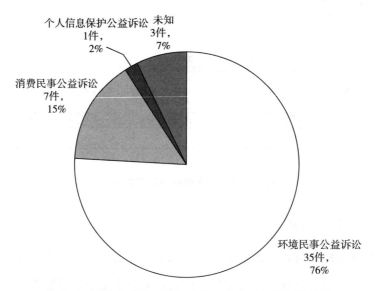

图 8　2021 年度检察机关提起的民事公益诉讼案件类型

（四）审判程序以及审级分布

多数案件于一审审结（见图9、图10），管辖法院的级别集中在中级人民法院（见图11、图12）。

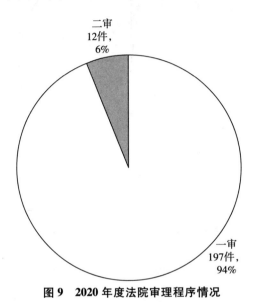

二审
12件，
6%

一审
197件，
94%

图9　2020年度法院审理程序情况

笔者对2020年和2021年共计37个基层人民法院审理的案件进行统计和分析，发现有13件是在中级人民法院报请高级人民法院批准后将案件裁定由基层人民法院审理；10件是中级人民法院自行指定或者裁定将案件交由基层人民法院审理；14件包括互联网法院1件都是直接由基层人民法院审理，文书中并无提及由中院报请高院批准或者中院自行裁定的情形。公益诉讼案件一般具有审判和执行难度大、社会关注度高等特点，原则上由中级人民法院一审。① 中级人民法院认为确有必要交由下级人民法院审理的，可以按照管辖权转移的原则规定报请上级人民法院批准后交由下级人民法院审

---

① 最高人民法院《关于适用〈中华人民共和国民事诉讼法〉的解释》第283条第1款规定："公益诉讼案件由侵权行为地或者被告住所地中级人民法院管辖，但法律、司法解释另有规定的除外。"可知公益诉讼案件原则上由中级人民法院管辖。

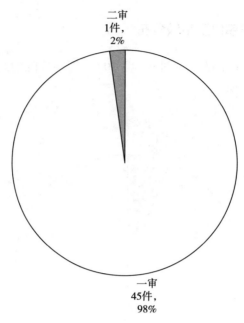

图 10 2021 年度法院审理程序情况

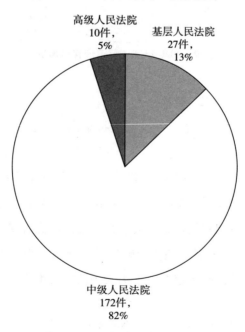

图 11 2020 年度法院审理级别

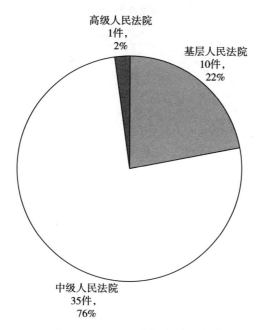

高级人民法院
1件，
2%

基层人民法院
10件，
22%

中级人民法院
35件，
76%

图12 2021年度法院审理级别

理。通过以上数据可以看出，在实践中近乎一半由基层人民法院审理的案件并未严格按照法律的规定经过审批和裁定，而是直接由基层人民法院审理。由此可知，在实践中已经存在基层法院直接审理检察机关提起民事公益诉讼案件的先例。

（五）审判程序以及审判组织人数

案件主要适用程序见图13、图14。在合议庭的组成上，以7人庭为主（见图15、图16）。

检察机关提起的民事公益诉讼案件在审判程序上一般采用普通程序，适用简易程序审理的案件甚少，且绝大多数适用合议制，合议庭组成以7人庭为主。

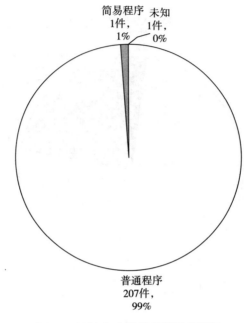

图 13　2020 年度法院审判程序情况

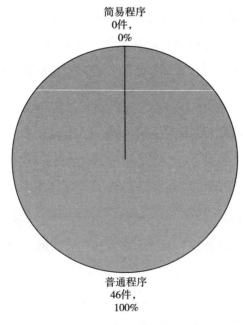

图 14　2021 年度法院审判程序情况

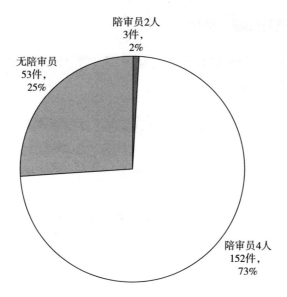

图 15　2020 年度合议制陪审员组成情况

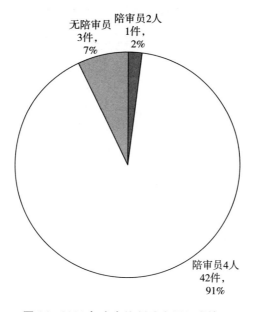

图 16　2021 年度合议制陪审员组成情况

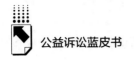

（六）代理与代理人类型

多数被告没有聘请诉讼代理人（见图17、图18），聘请的诉讼代理人类型以律师为主（见图19、图20）。

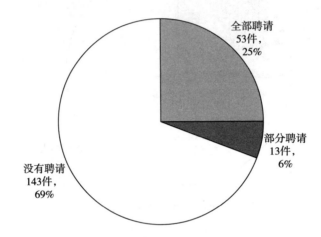

全部聘请
53件，
25%

部分聘请
13件，
6%

没有聘请
143件，
69%

图 17　2020 年度聘请代理人情况

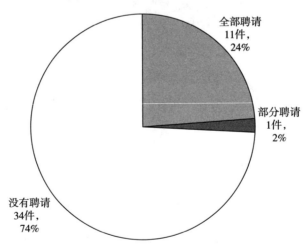

全部聘请
11件，
24%

部分聘请
1件，
2%

没有聘请
34件，
74%

图 18　2021 年度聘请代理人情况

分析 2020 年度和 2021 年度被告聘请代理人的数据占比，可知司法实践中，被告聘请代理人的案件占案件总数的 30% 左右，剩余 70% 左右的被告

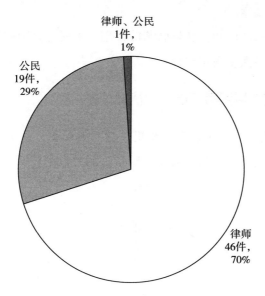

图 19　2020 年度代理人类型

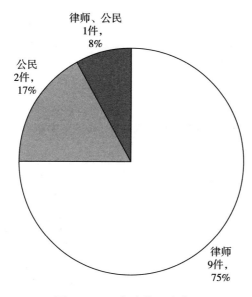

图 20　2021 年度代理人类型

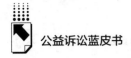

有疲于举证质证之嫌。

由图 19 和图 20 可知，被告聘请的代理人主要为律师和公民，其中律师在被告聘请的代理人中占主要比例。

（七）法院支持民事诉讼请求情况

由图 21 和图 22 可知①，在检察机关提起的民事公益诉讼案件中，多数法院会支持其诉讼请求，从侧面也反映被告的胜诉率较低。

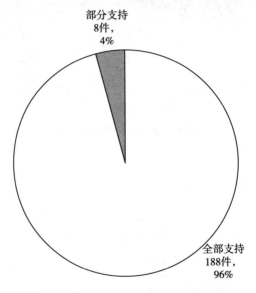

图 21　2020 年度检察机关诉讼请求支持情况分析

（八）惩罚性赔偿金

由图 23、图 24 可知，检察机关提起的惩罚性赔偿金系数主要有三种类型：10 倍、8 倍、3 倍，系数明显依据相关单行法律规定。

---

① 为了更好地探讨法院对检察机关诉讼请求的支持情况，在这里排除了检察机关因全部诉讼请求实现或者在辩论终结前申请撤诉以及人民法院组织调解并以调解结案的案件，最终选取了 2020 年度的 196 件案件以及 2021 年度的 34 件案件。

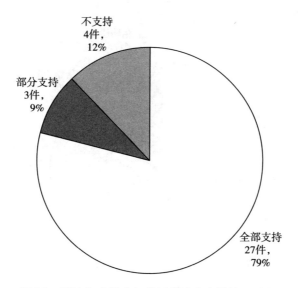

图 22　2021 年度检察机关诉讼请求支持情况分析

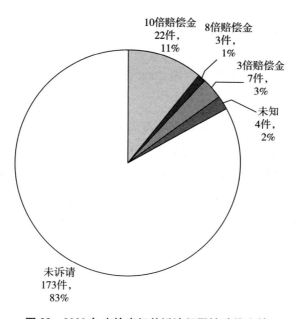

图 23　2020 年度检察机关诉请惩罚性赔偿金情况

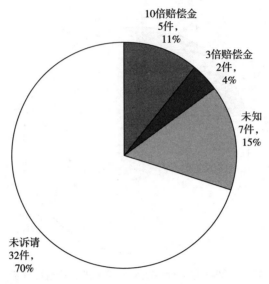

图24 2021年度检察机关诉请惩罚性赔偿金情况

（九）鉴定情况

鉴定费用的分布（见图25、图26），鉴定费用在实践中多为被告承担（见图27、图28）。

图25中鉴定费用在1万元以下的占比12%；100万元以上的仅有1件，占比1%；16%的案件鉴定费用为1万~50万元。有13件根据案件情况不能判定检察机关鉴定费用情况。[①] 图26中鉴定费用均在50万元以下，占2021年度案件总数的26%；有17件根据案件情况不能判定检察机关鉴定费用情况。由上述数据可知，在鉴定费用的占比上，50万元以下的最多。对鉴定费用的承担主体进行分析可知（见图27、图28），被告为鉴定费用的主要承担主体。

---

① 未知的情况有二：第一，检察机关委托鉴定，但是并未在文书中标明鉴定费用；第二，检察机关因撤诉或者中止而未具体载明鉴定情况。

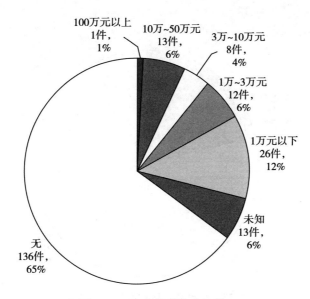

图 25 2020 年度鉴定费用情况

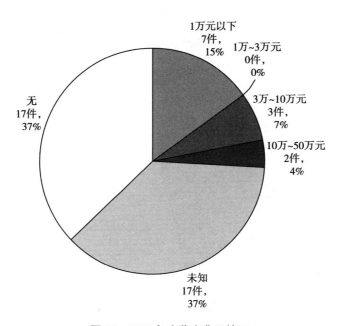

图 26 2021 年度鉴定费用情况

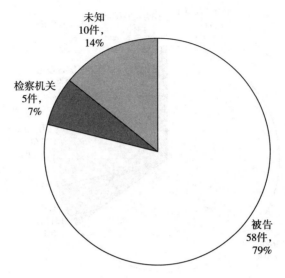

图 27　2020 年度鉴定费用承担主体

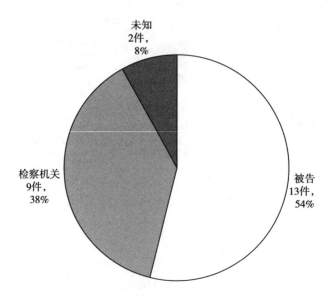

图 28　2021 年度鉴定费用承担主体

（十）财产保全

由图 29、图 30 可知，在 2020 年度检察机关提起的 209 件民事公益诉讼案件中，仅有 2 件对被告财产采取保全措施，2021 年则不存在财产保全的情形。由此可见，由检察机关提起的民事公益诉讼案件基本上不存在财产保全的情形。

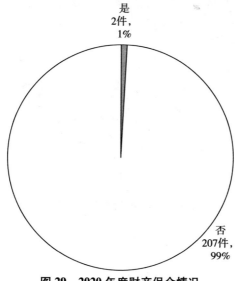

是
2件，
1%

否
207件，
99%

图 29　2020 年度财产保全情况

（十一）被告自认情况

对 2020 年度检察机关提起的民事公益诉讼案件进行分析（见图 31、图 32），发现在 209 件案件中，提及被告自认的有 152 件，占比 73%；有 1 件根据文书内容无法判断是否存在当事人自认的情形。[①] 对 2021 年度的 46 件案件进行分析，有 44 件的被告对检察机关主张的案件事实和证据无异议，有 1 件部分被告进行了自认，有且仅有 1 件被告未进行自认。由此可见，在检察机关提出的民事公益诉讼案件中，民事公益诉讼被告多数情况下会选择自认。

---

① 上海市第三中级人民法院民事裁定书（2018）沪 03 民初 24 号，案件因不可抗力中止而无法判断当事人是否存在自认的情形。

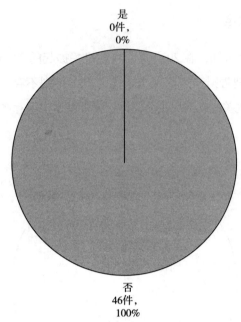

图 30　2021 年度财产保全情况

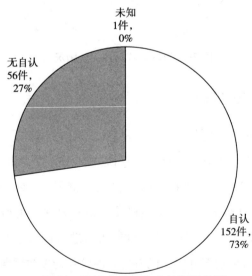

图 31　2020 年度被告自认情况分析

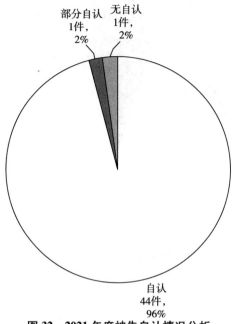

图 32　2021 年度被告自认情况分析

（十二）起诉人变更诉讼请求以及法院释明情况

起诉人在诉讼中变更诉讼请求的情况较为少见（见图 33、图 34），在起诉人变更诉讼请求的案件中由法院释明变更的概率较小（见图 35）。

对 2020 年公益诉讼起诉人变更诉讼请求情况进行分析，有 11 件的公益诉讼起诉人对诉讼请求进行了变更，占比 5%；187 件的起诉人未请求变更诉讼请求，占比 90%；11 件的未知情况是因为公益诉讼起诉人与被告达成和解或者调解且诉讼请求全部实现而撤回起诉的情形。2021 年度数据相较于 2020 年在诉讼请求变更的占比上变化不大，只是在调解与和解的占比上有所提高。由此可知在检察机关提起的民事公益诉讼案件中变更诉讼请求的情形并不是很多，大多数检察机关都不提起诉讼请求的变更。

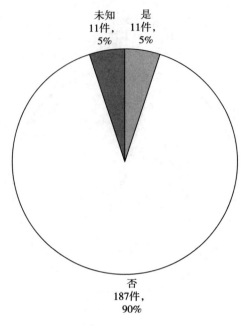

图33　2020年度起诉人变更诉讼请求情况

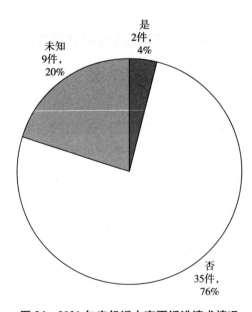

图34　2021年度起诉人变更诉讼请求情况

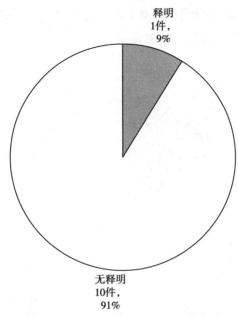

图 35　2020 年度法院对当事人变更诉讼请求的释明情况

对法院的释明情况进行分析：在 2020 年检察机关提起诉讼请求变更的 11 个案件中，只有 1 件为法院向检察机关释明变更诉讼请求①，2021 年则并无法院释明情形存在。由此可见，在实践中法院对检察机关提起的诉讼请求变更的释明占比很小。

（十三）被告到庭情况

上述图表排除了检察公益诉讼中有关撤诉的案件。② 对 2020 年的 198 件案件和 2021 年的 41 件案件进行分析，图 36 显示被告全部到庭的有 168 件，占比 85%；被告部分到庭的有 14 件，占比 7%。图 37 显示被告全部到庭的

---

① 云南省曲靖市中级人民法院（2019）云 03 民初 240 号民事裁定书：法院以起诉人的诉讼请求未涵盖案件生态环境损害范围为由，书面建议曲靖市人民检察院增加生态环境受损害至生态恢复期间的服务功能损失费。

② 公益诉讼撤诉的案件包括检察机关因诉讼请求全部实现而撤回起诉的案件和上诉案件中上诉人因未按时缴纳诉讼费被法院认定为自动撤回起诉的案件。以该部分案件探讨被告人到庭情况意义并不大，因此笔者删除了该部分撤诉案件。

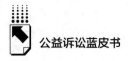

有 38 件，占比 93%；部分到庭的有 1 件，占比 2%。可见在检察机关提起的民事公益诉讼案件中，被告出庭率很高。

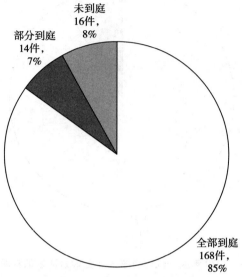

图 36　2020 年度被告到庭情况分析

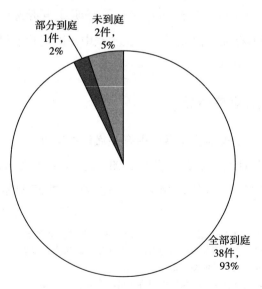

图 37　2021 年度被告到庭情况分析

（十四）案件管辖地区

由图 38、图 39 可知，法院在管辖地区分布上主要呈现两种特点。第一，被告住所地集中化的审理趋势。如 2020 年度法院审理地点在被告住所地的案件共有 163 件，占案件总数的 78.0%；2021 年度法院审理地点在被告住所地的有 28 件，占案件总数的 60.9%。第二，多数案件并未造成跨区

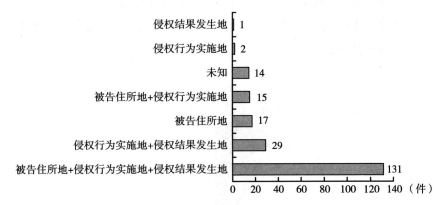

图 38　2020 年度法院管辖地区

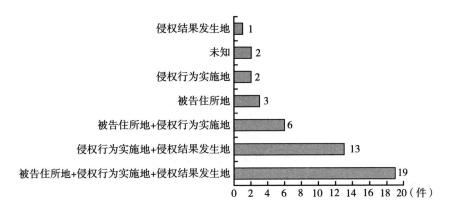

图 39　2021 年度法院管辖地区

域影响效果。① 由上述数据可知，2020 年，法院管辖地为"被告住所地+侵权行为实施地+侵权结果发生地"和"侵权行为实施地+侵权结果发生地"的案件占当年案件总数的 76.6%。2021 年的相应占比下降为 69.6%。

（十五）结案方式

对图 40、图 41 数据进行分析可知，法院在审理检察机关提起的民事公益诉讼案件时主要以判决的方式结案，只有在符合撤诉的法定情形以及法定中止情形时才使用裁定。

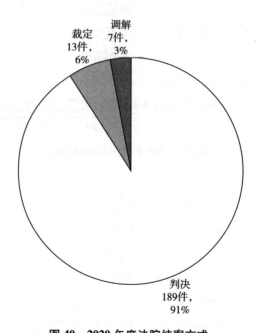

图 40　2020 年度法院结案方式

---

① 未造成跨区域影响效果指的是被告实施侵害行为的地区即为损害结果发生的地区，并未给相邻区域或者其他省份和地区造成损害。

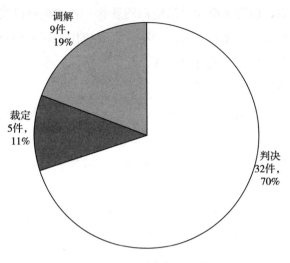

图41 2021年度法院结案方式

二 检察民事公益诉讼存在的问题

（一）我国新领域公益诉讼立法明显滞后且制度规则与程序设计过于模糊和原则

当前我国检察机关提起的民事公益诉讼类型主要集中在环境和消费民事公益诉讼领域，其他民事公益诉讼如互联网公益诉讼、个人信息保护公益诉讼则呈现边缘化分布局势。这一分布与我国立法在横向上缺乏对新类型公益诉讼案件的探索以及纵向的制度规则和程序设计不够明确具体有直接关系。在横向的新类型公益诉讼案件范围的探索上，我国立法呈现断层式推进现象。自2012年《民事诉讼法》第55条对公益诉讼范围界定采取"明确列举+开放"的方式后，直至2018年才有新类型公益诉讼的立法。2012～2018年，无论是立法还是司法实践都只把重点放在环境和消费民事公益诉讼领域。2018～2021年，尽管我国司法实践一直在积极地探索新类型公益诉讼的范围，尤其是近两年最高人民检察院工作报告中一直强调对新类型公益诉讼案件范围的探索，但并未改变立法空白的现状。各地检察机关在司法实践中由于专业和技术水平的限制，对一些案件是否应作为新类型公益诉讼案件予以立案办理仍存在争议，此外由于缺乏相关案例作为参考，法院在认定新类型公益诉讼案件时也有所顾虑。

在纵向的制度规则和程序设计上，我国法律法规在新领域公益诉讼的规定过于原则。尽管 2018 年将英烈保护公益诉讼和互联网公益诉讼作为新类型公益诉讼案件，但据观察，司法实践的运行效果并不是很理想，进入诉讼程序的案件数更是处于个位状态。这一巨大差距与我国新类型公益诉讼单行法律法规在制度规则和程序设计上不够完善和具体有直接关系。例如 2018 年颁布实施的《英雄烈士保护法》将英烈保护作为新类型公益诉讼，但该法对"英雄烈士"以及提起诉讼请求的"近亲属"的范围缺乏明确的界定，对于实践中的不同情形缺乏具体的诉讼程序启动规定，对侵害英雄烈士人格利益的责任内容和责任形式规定过于原则。[①] 2018 年最高人民法院发布实施的《关于互联网法院审理案件若干问题的规定》（以下简称《互联网法院若干问题规定》）中仅仅提到检察机关可以就互联网领域的侵权提起公益诉讼，这种泛化的规定只是解决了提起互联网公益诉讼的原告资格问题，但对于"互联网公共利益"的界定以及受案范围、审理程序等缺乏明确具体的规定。[②]

（二）案例分布呈现区域化差异

当前检察机关提起民事公益诉讼呈现较大的区域化差异，最早作为试点地区的 13 个省（区、市）只有安徽省和山东省在案件数量排名上处于稳定且靠前位置，其他试点地区试点效果并不显著。笔者对区域化差异的现状进行深层次的原因分析，认为造成上述地区分布差异的原因有二。一是重视程度不够。自 2015 年试点工作开展以来，不乏试点地区检

---

① 康天军：《英烈保护司法实务问题探析》，《法学论坛》2018 年第 6 期。
② 张雯、李文超、武一帆：《从文本到实践：互联网民事公益诉讼的理论思辨与程序设计》，《法律适用》2021 年第 1 期。

察机关年度提起的民事公益诉讼案件数量处于个位状态，甚至为零的情况。二是实务经验积累的差异。排第3~5名的浙江、辽宁和四川并非公益诉讼试点地区，但实务经验的充足为检察机关提起民事公益诉讼案件免去了后顾之忧，其每年在提起的案件数量上都处于稳定且靠前状态。重视程度越高、司法实务经验越充足地区的检察机关，提起民事公益诉讼案件数量就越多，反之则越少。

（三）惩罚性赔偿金缺乏统一明确的计算基准

以上统计数据表明，司法实践中法院创造性司法支持检察机关提起惩罚性赔偿的情形已普遍存在。我国现有实定法并未赋予检察机关提起惩罚性赔偿的请求权[①]，因此检察机关即使提起惩罚性赔偿也仅为形式上的惩罚性赔偿请求权，其实质仍由与损害有直接利害关系的被侵权者享有。由于检察机关缺乏专门的请求权基础，因此在惩罚性赔偿金的倍数确定上不得不援引《消费者权益保护法》和《食品安全法》等法律中有关消费者惩罚性赔偿请求权的规定。

在笔者对2020年和2021年检察机关提起惩罚性赔偿金的计算标准的统计中，发现法院在惩罚性赔偿金的基数确定上存在如下四个问题。第一，以刑事认定的销售额作为惩罚性赔偿的计算依据降低了惩罚性赔偿的额度。刑事诉讼的证明标准高于民事诉讼的证明标准，在销售额范围的认定上必然会窄于民事诉讼认定的销售额，如果以刑事判决书确认的销售额作为计算基准，实则是降低了惩罚性赔偿金的额度，遗漏了部分达到民事诉讼认定标准的事实。[②] 第二，处于上下游的经营者因同一瑕疵商品被重复主张惩罚性赔

[①] 2021年《人民检察院公益诉讼办案规则》第98条提到检察机关可以就被告污染环境、破坏生态以及食品药品安全领域案件提起惩罚性赔偿。但该办案规则只是检察机关的一个内部规则，自2012年《民事诉讼法》确立公益诉讼概念以来，无论是相继修改的单行法还是2020年生效的《民法典》都没有为检察机关提起惩罚性赔偿提供立法支撑，立法者至今都未将检察机关视为提起惩罚性赔偿的适格主体。

[②] 如（2021）辽12民初52号、（2020）皖06民初86号等判决书。

偿。在这类案件中①，侵权行为人之间为上下游关系，不管瑕疵商品几经周转，最终对应消费者的个数为一定的，每个消费者也只能产生一个惩罚性赔偿请求权，不能就受到的侵害既向侵害者 A 主张惩罚性赔偿，又向 A 的前者 B 或者 B 的前者 C 等依此类推重复主张惩罚性赔偿。该重复赔偿方式不仅有违惩罚性赔偿的立法目的，也会使侵权者遭受不公平的责任承担。第三，以当天销售额为基数计算惩罚性赔偿金不足以对侵权行为人产生威慑力。在笔者统计的消费民事公益诉讼案件中，绝大多数惩罚性赔偿额的计算基准为经营者持续违法行为期间取得的损失，但也有部分案件是以侵权行为人当天的营业额作为惩罚性赔偿的计算基准。② 以抽检当日的营业额作为惩罚性赔偿的计算基准不能发挥惩罚性赔偿所具有的威慑和预防等公益效果。第四，多数案件的共同点为忽视了小额损害的最低赔偿标准。按照日常生活经验能够确定绝大多数单个消费者购买的不符合安全标准的食品赔偿的最高额度不足 1000 元③，因此理论上惩罚性赔偿金 = 1000×购买人数。但是实践中检察机关提起惩罚性赔偿金为经营者销售总额的 10 倍，这明显违反了我国《食品安全法》和《消费者权益保护法》对最低惩罚性赔偿金额度规定。④

（四）公告期间不灵活且公告地点过于抽象

检察机关进行诉前公告的目的在于督促法定的机关和组织就损害公共利益的行为提起民事公益诉讼，这一目的是否实现关乎公共利益能否得到及时保护。在笔者统计的检察机关进行诉前公告的裁判文书中，检察机关提起民事公益诉讼的理由一致为"公告期内未有法律规定的机关和有关组织提起公益民事诉讼"。笔者认为对此需要区分两种情况：一种是不存在符合条件的机关或者组织；另一种是存在符合条件的机关或者组织，但符合条件的机

---

① 如（2020）川 32 民初 2 号、（2020）皖 1103 民初 1332 号等判决书。
② 如（2020）皖 06 民初 111 号、（2020）皖 06 民初 94 号等判决书。
③ 如（2019）浙 08 民初 549 号、（2020）皖 06 民初 4 号、（2020）皖 06 民初 110 号等判决书。
④ 黄忠顺：《惩罚性赔偿消费公益诉讼研究》，《中国法学》2020 年第 1 期。

关或者组织因为某些原因放弃提起诉讼的权利。对于第一种情况，公告的目的将无从实现，此时如果要求检察机关严格按照法律规定在公告期间届满后提起公益诉讼，无异于给侵权行为人留下了"证据洗白期"，侵权行为人可以利用这一期间转移或者隐匿、销毁证据。即使侵权行为人在这期间不转移、隐匿、销毁证据，这种迟延诉讼的行为最终也会导致损害结果的继续扩大。对于第二种情况，在司法实践中经常会遇到符合条件的机关或组织因法律专业知识的欠缺、收集证据能力较弱、诉讼成本较高等理由放弃提起诉讼的权利或者将提起诉讼的权利让位于检察机关。此时，检察机关已经接收到符合条件的机关和组织不提起民事公益诉讼的信息，再按照法律的规定至30日公告期间届满后才提起民事公益诉讼将会面临与前述第一种情况一样的结果。因此，这种"一刀切"的规定30日的公告期间过于简单粗暴，不利于损害的及时解决，应予以变通，设置弹性的公告期间。

此外笔者对2020年度和2021年度检察机关进行诉前公告的224件案件分析，发现有16件裁判文书虽然只是在文书中写明检察机关进行了诉前公告，但是对公告的媒体并未提及[①]；有2件文书只是表明在新闻媒体上发布，并未提及是对全国具有影响的媒体[②]；还有部分案件只是在地方晚报、省级媒体、地方法制报上进行公布。[③] 以上事实表明，实践中仍存在不少比例的检察机关对公告的媒体没有给予足够重视，部分检察机关认为只要在媒体上公布即尽到了督促义务，有的检察机关在地方有影响的媒体进行公告，甚至还有一些检察机关未在裁判文书中注明公告地点。实践中各地检察机关

---

① （2020）吉08民初18号、（2020）浙05民初115号、（2020）浙05民初124号、（2020）浙05民初135号、（2021）浙72民初573号等案件，均在判决书中标明检察机关进行了诉前公告，但是并未对公告的媒体进行说明。

② （2020）辽13民初3号、（2020）辽13民初14号等案件，都只是在判决书中提到检察机关在新闻媒体上公告，却有意忽略"具有全国影响"这一前提条件。

③ （2019）渝01民初1218号判决书中提到检察机关在《重庆晚报》上进行公告。笔者在《重庆晚报》获得荣誉一栏中得知其为重庆最具影响力且发行量最大的报纸，但是并不能以此作为有全国影响的标准。（2020）川20民初55号中检察机关公告的媒体为四川省级媒体，但并未具体提及媒体类型，（2020）川05民初8号中检察机关公告的媒体是《四川法制报》。

公告地点不一致的做法不利于符合条件的机关或者有关组织及时了解案情并提起民事公益诉讼，特别是对于一些跨地区作案的案件，如果检察机关只是在地方媒体上进行公告或者在一些不知名媒体上进行公告，就会使得公告期已经结束但符合条件的机关和组织可能不知晓相关案件公告的情况。目前我国关于公告地点仅在《人民检察院公益诉讼办案规则》（以下简称《公益诉讼办案规则》）第 91 条第 2 款中有规定，要求公告应当在具有全国影响的媒体发布。然而对什么样的媒体为具有全国影响的媒体并无具体明确的列举，这一抽象的规定必然引发实践的乱象，因此有必要对公告的媒体进行具体和明确化的列举。

（五）中级人民法院作为一审法院有违诉讼经济原则

根据最高人民法院《关于适用〈中华人民共和国民事诉讼法〉的解释》（以下简称《民诉法解释》）第 283 条以及最高人民法院印发的《人民法院审理人民检察院提起公益诉讼案件试点工作实施办法》（以下简称《公益诉讼案件实施办法》）第 5 条①对人民检察院提起的第一审民事公益诉讼管辖法院的规定，检察机关提起的民事公益诉讼案件原则上由中级人民法院管辖。民事公益诉讼案件具有专业性强、社会关注度高、审执难度大等特点，在试点初期，由中级人民法院审理公益诉讼案件取得了很好的社会效果，有效地解决了公益诉讼案件审执难度大等问题。但随着检察机关近年来办理公益诉讼案件数量的增多②，由中级人民法院审理所有公益诉讼一审案件弊端也在不断凸显。案多人少的司法现状已经使得此种管辖模式在实践中发生各种形式的变通。例如有学者在进行调研过程中发现，地市级人民检察院在办理公益诉讼案件时比较依赖基层人民检察院。③ 这一操作在司法实践中就会

---

① 《人民法院审理人民检察院提起公益诉讼案件试点工作实施办法》第 5 条："人民检察院提起的第一审民事公益诉讼案件由侵害行为发生地、损害结果地或者被告住所地的中级人民法院管辖，但法律、司法解释另有规定的除外。"

② 这里不仅仅是指进入诉讼程序的案件，还包括通过诉前程序解决的公益诉讼案件。

③ 张嘉军、付翔宇：《检察民事公益诉讼管辖的困境及其未来走向》，《郑州大学学报》（哲学社会科学版）2020 年第 7 期。

造成这样一种现象：下级人民检察院基于检察系统领导与被领导的关系，参与公益诉讼案件事实的调查以及证据的收集工作，但是以上一级人民检察院的名义向人民法院起诉，这将极大地打击基层人民检察院办理案件的积极性。同时以长远的眼光看中级人民法院作为原则性管辖法院有违诉讼经济原则①，也与我国级别管辖的基本法理相违背。这一点在环境民事公益诉讼案件里尤为明显，由于部分基层人民法院已经建立了环境资源审判庭和合议庭，且符合审理环境资源类公益诉讼案件的专业性和技术性要求，无须将案件交由中级人民法院审理。对裁判文书进行分析，不难发现实践中已经存在基层人民法院直接审理公益诉讼的先例，因此有必要对我国现有的公益诉讼原则性管辖法院规定进行反思。

（六）被告诉讼代理人严重缺位

在检察民事公益诉讼中，检察机关较被告在诉讼地位上具有天然优势。检察机关作为国家司法机关背后依仗的是国家的司法资源，不仅自身拥有强大的取证能力，还会与一切可能出现在诉讼中的部门和单位建立联系获取证据线索。② 因此想要实现庭审的平等对抗，就必须保证每个被告都有诉讼代理人。实践中诉讼代理人的缺位以及被告法学专业知识的不足，无形中使天平的一方倾斜于检察机关。一旦审判过程流于形式，诉讼将不再是实现公平正义的救命稻草，而是加速不公的"催化剂"。笔者并不否认在某些领域被告具有更大的专业优势，但其不等同于被告具有更强的辩护能力，不能因为被告具有更大的专业优势而忽略诉讼双方当事人地位的差异。检察机关无论是在举证还是质证方面相对于被告一方来说可谓"满格强度"，虽然被告举证质证能力有强弱之分，但相对于检察机关的"满格强度"则仍处于弱势地位，司法实践中诉讼代理人的严重缺位使得被告方的举证质证能力一直处于弱势地位。

---

① 邵俊：《个人信息的检察公益诉讼保护路径研究》，《法治研究》2021年第5期。
② 刘学在、王静：《民事诉讼中"排除合理怀疑"证明标准评析》，《法治研究》2016年第4期。

（七）鉴定费用高

对于民事公益诉讼中损害行为、损害结果以及损害行为与损害结果之间的关系问题，除了要用到基本的逻辑推理之外，司法鉴定活动也在其中发挥着重要作用。随着鉴定技术在公益诉讼中的广泛使用，与之伴随的鉴定难、鉴定费用高昂等问题也广受理论界和实务界诟病。在笔者对鉴定费用统计的过程中，发现有些案件的鉴定费用与被告造成的损失相当甚至超过被告造成的损失。例如聊城市人民检察院诉被告雷某、陈某宾、徐某坤环境污染责任纠纷案①、湖州市吴兴区人民检察院诉朱某伟环境污染责任纠纷民事公益诉讼案。② 还有一些案件被告处在被羁押状态③，并无稳定的经济来源，巨额的鉴定费用只能由其服完刑之后再去负担。这不仅给被告造成了巨大的心理负担，还有可能引发被告的再次犯罪。面对高额的鉴定费用，被告即使对检察机关委托的鉴定机构出具的鉴定意见有异议，也无力委托其他鉴定机构进行鉴定，只能承担败诉的诉讼结果。

三 检察民事公益诉讼的完善建议

（一）加快新领域公益诉讼的立法及相关程序和制度的细化，积极推进指导性案例和典型案例的发布

公益诉讼与传统的民事诉讼相比，实践优先于立法的特点更为突出，因此更应及时关注人民群众之热切呼吁的公共利益问题，不断加快对新领域的探索并完善相关领域的立法。目前我国《英雄烈士保护法》《个人信息保护法》《未成年人保护法》《互联网法院若干问题规定》中已经有关于新类型公益诉讼的规定，但公益诉讼"等外领域"的探索只是刚开始，还需要不

---

① （2021）鲁15民初144号判决书。
② （2021）浙05民初5号判决书。
③ （2020）黔0181民初1426号、（2020）京04民初276号等判决书。

断加快新领域公益诉讼立法的进程，缩短新领域公益诉讼立法的空白期。此外我国新类型公益诉讼的立法仍处于初创阶段，在具体的制度规则和程序设计上存在明显不足，如上述提到的《英雄烈士保护法》和《互联网法院若干问题规定》中存在的概念界定不清晰、审理程序范围不明确以及证明责任等问题，有待进一步细化和完善。在个人信息保护公益诉讼领域，以2021年颁布实施的《个人信息保护法》为例，网络犯罪与传统的现实空间犯罪不同，在证据的收集和固定上对检察机关的要求更高。在这种情况下一味地遵循"谁主张、谁举证"的证明责任规则，势必会有放纵犯罪的危险，不利于犯罪的及时制止。因此应根据网络犯罪的性质、技术水平的高低、收集证据的难易程度将犯罪行为区分不同情况，对于犯罪性质严重、技术水平要求较高、收集证据难度大的案件适用举证责任倒置的规定，将证明责任倒置给侵权行为人一方。

我国作为成文法国家，注重法的安定性与可预见性。法律的制定和修改程序十分严格，每一部法律的修改实施都要经过征询意见以及审批程序，并由全国人民代表大会讨论通过，不可避免地具有一定的滞后性。即使实践中某个或者某些行为已经严重危及多数人利益（尤其是在一些突发性事件中），并且这些行为或者事件已经引起了立法者的关注，但修改和制定法律并不是一蹴而就的，都需要时间。因此为了更好地应对立法的滞后现象，应加快指导案例和典型案例的发布，为地方法院审理新类型公益诉讼案件提供指导和参考，以解决地方审判经验不足的问题，进而推动新类型公益诉讼案件的不断发展和创新。

（二）能动性地减小区域化差异

由2015年的检察公益诉讼试点地区分布可知，试点地区遍布了我国疆域的东西南北，最为理想的状态即以试点地区带动邻近省份，最终带动我国整体检察公益诉讼的推进。但观察近几年中国裁判文书网公开的各省份检察民事公益诉讼数据，会发现实行得比较好的地区集中在东部或沿海地区，如浙江、安徽、山东等。西部地区和中部地区则试点效果不佳。为

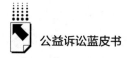

了缓解区域化差异的现状，笔者认为可以采取以下几方面措施。一是举办全国性的检察公益诉讼案例评选活动，引起各个省份检察机关的重视。最高人民检察院可以联合高校举办全国性的检察公益诉讼赛事活动，对于最终评选为"优秀案例"或者"精品案例"的检察机关给予奖励并作为年度考核的重要指标。二是定期在检察机关或者法院开展公益诉讼培训和学习活动，尤其是对于中部和西部公益诉讼试点发展缓慢的地区。三是司法机关可以派驻专门人员去实务经验丰富的浙江、安徽、辽宁等地学习。派驻的人员通过参与或者旁听实务经验充足的地区办理检察公益诉讼案件，能够准确和高效地获取办案经验和司法技能，同时也会结合所在省（区、市）的具体情况因地制宜地选择适合本土发展的方式。四是对实务经验充足的浙江、安徽等地，着重鼓励其对新领域公益诉讼的创新。鼓励司法实践对新领域公益诉讼的拓展，并将该项指标作为奖励机制或者年度考核的重要标准。

（三）明晰惩罚性赔偿金的计算基准

当前学术界关于惩罚性赔偿金的基准问题研究并不是很多，大多数学者都热衷于探讨惩罚性赔偿金的提起主体和属性问题，诚然对惩罚性赔偿金的主体和属性的探讨关乎惩罚性赔偿金在公益诉讼中的适用基础和去向问题，但中间阶段的惩罚性赔偿金的计算基准确定也尤为重要，不仅关乎惩罚性赔偿金的目的实现问题，还事关当事人的利益问题。首先，民事诉讼中惩罚性赔偿以刑事认定的销售额为基准必然会使得被告承担的损失低于全部损失。对此有学者从威慑功能体系化的角度分析，认为行政罚款、刑事罚金、没收财产等可以弥补惩罚性赔偿对公益诉讼被告威慑的不足，不必再耗时耗力地去查明具体的损失额度。[①] 虽然笔者不否认多项平行且独立的处罚能够对被告产生足够的威慑，进而达到制止和预防公益诉讼被告实施违法行为的效

① 杜乐其：《消费公益诉讼惩罚性赔偿解释论》，《南京大学学报》2022 年第 1 期。

果，但据此削弱民事惩罚性赔偿金的强度显然不具说服力，有损害私人权利之嫌①，且与惩罚性赔偿金的设立目的不符。笔者认为刑事判决认定的销售额只能作为民事诉讼判定销售额的子集，民事部分除去刑事部分认定销售额的剩余部分元素集合则为达到高度盖然性证明标准的销售额，在计算惩罚性赔偿时仅计算刑事判决认定的部分显然不足以弥补受害消费者的损失。其次，对于司法实践中出现的让处于上下游经营者对同一瑕疵商品重复承担对应销售额为基准的惩罚性赔偿显然有违责任承担的公平性。实践中有法院在审理类似案例上采取让处于关联关系的经营者相互之间承担连带责任②，以避免惩罚性赔偿力度的过度扩张和滥用，对于该法院的做法笔者表示赞同。此外，对于上文提到的案例中有检察机关以抽检当日违法经营者的销售额为基准计算惩罚性赔偿额，显然忽视了违法行为的连续性，不能对公益诉讼被告产生足够大的威慑力。因此，在这种情况下应以违法经营者连续实施侵权行为时间内的销售总额作为惩罚性赔偿的计算基准才能实现过罚相当。最后，小额损害案件常见于一些自然人或者个体工商户经营的产品或者服务案件中，例如早餐店经营的油条或者包子等不符合安全食品标准。小额损害案件的消费者包括购买单次或者连续多次购买但要求经营者支付赔偿金小于1000 元的消费者。此类消费者呈现分散和小额的特点，电子付款方式能够为部分消费者购买产品或者服务提供证据，但是线下付款的方式则很难统计和发现。因此笔者建议将这部分权利交由受害的消费者去行使，由消费者决定是否提起私人侵权之诉。检察机关目前采用的以销售总额作为基准计算惩罚性赔偿的方式虽然有违相关单行法的规定，但确实是合理且具有可操作性的。

---

① 根据《民法典》第 1185、1207、1232 条规定，在知识产权、产品责任、污染环境以及生态破坏领域，被侵权人有权提起惩罚性赔偿。根据相关单行法例如《食品安全法》和《消费者权益保护法》等规定，消费者可以提起惩罚性赔偿。由上述实定法可知，检察机关或者省级以上消费者协会组织只是享有形式上的惩罚性赔偿的请求权，实质上惩罚性赔偿金应为受害的消费者所有。如果采用刑事认定标准必然会使那些证明标准可以达到高度盖然性的消费者无法得到赔偿。

② （2020）鲁 15 民初 11 号判决书。

（四）设立弹性的公告期间及明确公告地点

《关于检察公益诉讼案件适用法律若干问题的解释》第 12 条规定了检察机关提起公益诉讼的公告期间为 30 日。这种不加区分将公告期间一律设置为 30 日的规定在理论上会出现三种结果：一是公告期间过短；二是公告期间正合实践；三是公告期间过长。在检察民事公益诉讼中几乎不会出现第一种公告期间过短的情况，检察民事公益诉讼不同于行政公益诉讼，民事公益诉讼的诉前公告期间只代表时间经过且符合条件的机关和组织是否提起民事公益诉讼具有很大的不确定性①，因此应以 30 日为最大限度并结合不同情形设置弹性公告期间。

第一，检察机关能够确定不存在符合条件的机关和组织提起民事公益诉讼的，无须进行诉前公告，避免因诉讼拖延而导致危险的继续扩大。第二，对于能够确定符合条件的机关和组织的情形，应当在检察机关进行诉前公告前增加咨询符合条件的机关和组织对提起民事公益诉讼态度这一前提。此时需要区分三种情形。（1）符合条件的机关和组织明确表示放弃提起诉讼权利的，无须进行诉前公告。例如《海洋环境保护法》第 89 条规定了明确的诉讼主体，如果该主体明确表示放弃提起民事公益诉讼的，检察机关就无须进行诉前公告。（2）符合条件的机关和组织开始并未表示放弃提起诉讼的权利，但后来由于其他各种因素如专业技术的欠缺或者诉讼成本等原因放弃的，应规定检察机关可以在符合条件的机关和组织放弃之日起提起民事公益诉讼。（3）符合条件的机关和组织既不表示放弃也不表示提起公益诉讼的，应推定其放弃提起公益诉讼，在这种情况下，检察机关也无须进行诉前公告。第三，对于检察机关不确定是否存在符合条件的机关和组织，但又不能推定不存在符合条件的机关和组织时，此时适用 30 日的公告期，在这种情况下符合条件的机关和组织是不确定的，30 日的公告期能够确保符合条件

---

① 刘建新：《论检察环境公益诉讼的职能定位及程序优化》，《中国地质大学学报》（社会科学版）2021 年第 4 期。

的机关和组织看到此类公告的消息并为提起民事公益诉讼做好准备。

实践中绝大多数检察机关进行诉前公告都是在《检察日报》、"正义网"上进行，也有部分检察机关没有明确公告的媒体，有的在地方报纸上进行公告。由于《公益诉讼办案规则》中"有全国影响的媒体"规定得过于抽象，实践中各地检察机关在办理公益诉讼案件时对此解释不一，有的认为只要在媒体上进行公布即可，还有一些认为在地方报纸上公布即可。实践中公告媒体不一致的现象不利于符合条件的机关或组织及时发现公告信息，尤其在一些跨区域案件中。笔者认为应在《公益诉讼办案规则》中以明确列举的方式对公告的媒体进行限制，如《检察日报》《法制日报》、"正义网"。

（五）将基层法院设置为原则性管辖法院

基层人民法院审理公益诉讼案件在 2015 年最高人民法院《关于审理环境民事公益诉讼案件适用法律若干问题的解释》第 6 条中有规定，2020 年并未对该条作出修改。将管辖权转移规则引入环境民事公益诉讼，是对由中级人民法院审理公益诉讼案件原则性规定的一个突破。这一规则的引入虽然没有改变由中级人民法院审理民事公益诉讼一审案件的现状，但至少在立法上已经有了进步。对 2020 年度检察机关提起的民事公益诉讼案件进行分析，不难发现实践中已经有基层人民法院直接办理民事公益诉讼案件的情形。基于此，笔者认为应将基层人民法院作为检察机关办理公益诉讼案件的原则性规定法院，主要原因如下。第一，由基层人民法院审理案件能够充分发挥基层办案经验丰富的优势。在我国"金字塔"形的司法管辖体系下，基层人民法院审理案件的数量要远远多于中级人民法院的数量，由基层人民法院审理公益诉讼案件能够充分发挥基层办案经验丰富的优势。此外，基层人民法院在人员组成上相对于中级人民法院具有绝对优势，能够促进案件的及时解决。第二，有助于区县级人民检察院办案积极性的发挥。区县级人民检察院相较于地市级人民检察院在案件的发现上具有一定的优势，能够收集第一手的办案线索。第三，将中级人民法院作为公益诉讼一审法院，不符合诉讼经济原则。近年来随着检察机关办理公益诉讼的案件数量的逐年倍增，案多人

少的现象已经很明显，再按照《民诉法解释》以及《公益诉讼案件实施办法》的规定由中级人民法院审理一审案件，显然不利于纠纷的及时解决。在具体的程序设定上，可以将诉讼标的、案件性质、影响程度作为基层法院和中级人民法院办理第一审公益诉讼案件的考虑要素，那些案件性质严重、影响范围大，且诉讼标的额大的案件应交由中级人民法院管辖。

（六）保障被告充分行使辩护权

就公益诉讼被告而言，单方面降低其证明标准可在一定程度上提高其对抗力量，但因当事人一方举证能力弱而降低证明标准的行为显然与法的逻辑不符且有违公平，同样地，法律也不会因为一方当事人举证能力强而提高证明标准。因此单方面降低证明标准以提高被告举证质证能力的方法并不可行。为了弥补被告举证能力弱之现状，有必要保证被告充分地行使辩护权，确保每个被告至少有一名辩护人为其提供辩护。具体方法为：第一，对于确实有经济困难的被告，本人和近亲属可以向法律援助机构提出申请，由法律援助机构指派律师为其提供法律援助；第二，对于被告为盲、聋、哑，或者尚未完全丧失辨认或者控制自己行为能力的精神病人，人民法院或者检察机关应当通知法律援助机构为被告提供辩护；第三，对于不符合前述情形，被告由于其他原因没有聘请诉讼代理人的，人民法院可以通知其近亲属为其聘请诉讼代理人，被告没有近亲属或者近亲属不明的应当通知法律援助机构为其提供辩护。笔者提出此种建议只为提高公益诉讼被告的举证质证能力，尽管辩护律师并非提高被告举证质证能力的充要条件，但缺少此项条件即无法实现被告平等对抗的目的，此举也可缓解当前诉讼代理人严重缺位的现状。

（七）统一收费标准并建立鉴定费用保险制度

当前鉴定费用的收费方式有两种：政府指导价和市场调节价。根据目前各个省份发布的司法鉴定政府指导价收费项目和收费标准，以北京、山东、湖南、海南为代表，政府指导价仅局限于法医类、物证类和声像类三大传统司法鉴定，对于没有列入政府指导价收费项目的司法鉴定项目则实行市场调节价，公益诉讼中相关鉴定多采用市场调节价。市场调节价有利于发挥市场机制的调节作用，经营者在定价时可以考虑当地经济的发展水平、鉴定的难易程度等多种因素，与政府指导价相比更具灵活性。但司法鉴定机构价格上的裁量权很有可能促使其基于经济利益的考量而随意抬高鉴定价格，最终导致诉讼当事人因无力承担鉴定费用而放弃这一关键证据。笔者认为公益诉讼较于传统诉讼更具复杂性，鉴定范围更加广泛，且考虑到其保护公共利益的诉讼目的，有必要对公益诉讼领域的相关鉴定采用政府指导价的收费标准，从而遏制部分鉴定机构定价偏高的现象。

公益诉讼鉴定费用高昂的原因除了上述提到的缺乏统一明确的收费标准外，还包括鉴定费用自身成本高。为了解决鉴定费用高昂的问题，发达国家如英国、美国、德国、日本等都将鉴定费用纳入保险行列，通过规定强制责任险以及任意责任险的方式来保证鉴定过程的顺利进行。笔者认为，我国也有必要探索建立鉴定费用的保险垫付制度。应明确各个类型公益诉讼的哪些领域属于必须投保范围，哪些属于可以投保范围，哪些属于禁止投保范围。诉讼当事人通过向保险机构缴纳一定的保费，确保诉讼中鉴定工作的顺利推进。这种以较小资金投入应对高额鉴定费用的方法，可以缓解地方基层检察院财政以及被告负担过重的现状。

B.4
中国检察刑事附带民事公益诉讼发展年度报告

崔　玮*

摘　要： 在检察刑事附带民事公益诉讼普遍推广实施的背景下，针对其具体实施状况开展系统性的实证研究具有重要意义。通过对 1566份检察刑事附带民事公益诉讼案件裁判文书的分析，可以发现 2021 年检察刑事附带民事公益诉讼在充分发挥基层司法机关办案能力、扩展公益诉讼保护范围、有效保障国家和社会公共利益上取得了长足的发展。具体表现为，在案由范围上，较上一年度涉案罪名呈现"四降一升"的变化态势；在区域分布上，覆盖了港澳台之外的所有省级地区，但省域之间办案数量差距较大；在办案机关和审理程序上，基层检察机关是办案主力军，绝大部分案件在一审程序定分止争。进一步的分析发现，检察刑事附带民事公益诉讼在审判组织构成、恢复原状的法律依据适用、附带民事诉讼提起标准、惩罚性赔偿金的适用、赔礼道歉的启动适用、从业禁止的适用、鉴定费用承担、附带民事公益诉讼请求实现后的处理等方面存在一定的实践混乱。未来，有必要针对上述问题采取有效措施，以保障检察刑事附带民事公益诉讼的良性发展。

关键词： 公益诉讼　检察刑事附带民事公益诉讼　惩罚性赔偿金

＊ 崔玮，法学博士，郑州大学法学院讲师，郑州大学检察公益诉讼研究院研究员。本报告受到最高人民检察院检察理论研究一般课题"海洋检察监督机制研究"（项目编号：GJ2021C04）的资助。

　　自 2018 年 3 月，最高人民法院和最高人民检察院发布《关于检察公益诉讼案件适用法律若干问题的解释》创设检察刑事附带民事公益诉讼[①]类型以来，刑事附带民事检察公益诉讼在全国范围内迅速推广普及，案件数量占据公益诉讼案件的绝对多数，呈现刑事附带民事检察公益诉讼"一家独大"的局面。在这种背景下，通过实证分析的角度了解司法实践中刑事附带民事检察公益诉讼案件的具体情况，探究我国刑事附带民事检察公益诉讼制度适用情况无疑具有重要的理论价值和实际意义。

一　刑事附带民事检察公益诉讼的整体状况

　　笔者根据"北大法宝"司法案例数据库，以案件类型是"刑事案件"，全文（同篇）中包括"刑事附带民事公益诉讼""公益诉讼起诉人"[②]、审结日期是"2021.01.01~2021.12.31"为检索条件，共获得裁判文书 1603 份。经过人工复核、数据清洗，获得有效裁判文书 1566 份，所涉罪名 1584 个。分别为：一审程序裁判文书 1460 份，二审程序裁判文书 105 份，再审程序裁判文书 1 份。其中，一审程序适用速裁程序作出裁判文书 17 份，适用简易程序作出裁判文书 314 份。较上一年度刑事附带民事检察公益诉讼裁判文书减少 646 份，下降 29.20%。[③]

　　收集到的裁判文书中，提起刑事附带民事公益诉讼的均为检察机关。通过对裁判文书的系统梳理，可以管窥 2021 年度我国刑事附带民事检察公益诉讼的整体情况。

---

① 因关于检察机关是不是提起刑事附带民事公益诉讼的唯一主体存在争议，实践中也存在其他主体提起的案例，下文统称为刑事附带民事检察公益诉讼。

② 以"刑事附带民事公益诉讼"和"公益诉讼起诉人"为检索条件，可以较为准确地检索出刑事附带民事检察公益诉讼裁判文书。不可否认的是，也可能导致少量刑事附带民事公益诉讼裁判文书由于撰写不规范而被剔除。但在裁判文书质量普遍提升的背景下，被剔除的应是少数，不会产生实质性影响。

③ 为对比刑事附带民事公益诉讼案件年度变化，课题组也对 2020 年刑事附带民事公益诉讼案件裁判文书进行了收集。即根据"北大法宝"司法案例数据库，以案件类型是"刑事案件"、全文（同篇）中包括"刑事附带民事公益诉讼""公益诉讼起诉人"、审结日期是"2020.01.01~2020.12.31"为检索条件获得有效文书 2212 份，分别是一审程序裁判文书 2042 份，二审程序裁判文书 166 份、再审程序裁判文书 4 份。

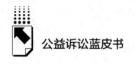

（一）案由情况

经统计，2021 年全国人民法院审结的刑事附带民事检察公益诉讼案件罪名涵盖了危害公共安全罪，破坏社会主义市场经济秩序罪，侵犯公民人身权利、民主权利罪，侵犯财产罪，妨害社会管理秩序罪五大类刑事罪名。具体数量和比例分布如下：危害公共安全罪罪名数为 45 个，占罪名总数的 2.84%；破坏社会主义市场经济秩序罪罪名数为 307 个，占罪名总数的 19.38%；侵犯公民人身权利、民主权利罪罪名数为 64 个，占罪名总数的 4.04%；侵犯财产罪罪名数为 7 个，占罪名总数的 0.44%；妨害社会管理秩序罪罪名数为 1161 个，占罪名总数的 73.30%（见图 1）。[①]

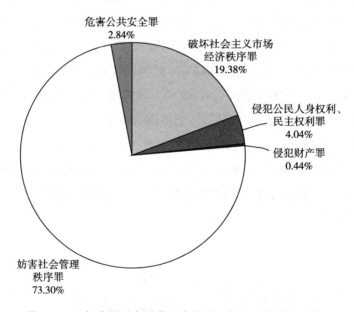

图 1　2021 年我国刑事附带民事检察公益诉讼案件案由情况

[①] 2020 年全国人民法院审结的刑事附带民事公益诉讼案件涉及危害公共安全罪罪名 92 个，破坏社会主义市场经济秩序罪罪名 402 个，侵犯公民人身权利、民主权利罪罪名 37 个，侵犯财产罪罪名 11 个，妨害社会管理秩序罪罪名 1723 个。

　　较上一年度，刑事附带民事检察公益诉讼案件罪名变化呈现"四降一升"态势。其中，"四降"指有四种刑事附带民事检察公益诉讼案件的罪名数呈下降趋势。其中危害公共安全罪罪名数降幅为 51.09%，妨害社会管理秩序罪罪名数降幅为 32.62%，破坏社会主义市场经济秩序罪罪名数降幅为 23.63%。"一升"指侵犯公民人身权利、民主权利罪罪名数从 37 个上涨到 64 个，增幅达 72.97%。

　　可以看出，我国刑事附带民事检察公益诉讼案件的案由情况分布并不均衡，集中在妨害社会管理秩序罪和破坏社会主义市场经济秩序罪。其中，罪名数排在第一位的是妨害社会管理秩序罪，大约为罪名总数的 3/4。破坏社会主义市场经济秩序罪排名第二，占罪名总数的近 1/5。排名后三位的是危害公共安全罪，侵犯公民人身权利、民主权利罪，侵犯财产罪，三者合计只占罪名总数的 7.32%。

　　为进一步揭示刑事附带民事检察公益诉讼案件的案由情况，笔者统计分析了案件涉及罪名的具体情况（见表 1）。

表 1　2021 年我国刑事附带民事检察公益诉讼案件涉及罪名情况

一类罪名	次类罪名	具体罪名	数量（个）	所占比例（%）
危害公共安全罪		放火罪	3	0.19
		失火罪	37	2.34
		非法制造、买卖、运输、存储危险物质罪	5	0.32
破坏社会主义市场经济秩序罪	生产、销售伪劣商品罪	生产、销售伪劣产品罪	9	0.57
		生产、销售假药罪	9	0.57
		生产、销售有毒、有害食品罪	167	10.54
		生产、销售不符合标准的医用器材罪	2	0.13
		生产、销售不符合安全标准的食品罪	93	5.87
		生产、销售、提供假药罪	10	0.63
	走私罪	走私珍贵动物、珍贵动物制品罪	3	0.19
		走私国家禁止进出口的货物、物品罪	2	0.13

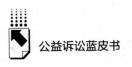

续表

一类罪名	次类罪名	具体罪名	数量（个）	所占比例（%）
破坏社会主义市场经济秩序罪	侵犯知识产权罪	假冒注册商标罪	2	0.13
		销售假冒注册商标的商品罪	6	0.38
		非法制造、销售非法制造的注册商标标识罪	1	0.06
	扰乱市场秩序罪	非法经营罪	3	0.19
侵犯公民人身权利、民主权利罪		侵犯公民个人信息罪	64	4.04
侵犯财产罪		盗窃罪	3	0.19
		故意毁坏财物罪	4	0.25
妨害社会管理秩序罪	妨害文物管理罪	盗掘古文化遗址、古墓葬罪	10	0.63
		盗掘古人类化石、古脊椎动物化石罪	1	0.06
	扰乱公共秩序罪	非法利用信息网络罪	1	0.06
		帮助信息网络犯罪活动罪	1	0.06
		高空抛物罪	1	0.06
		侵害英雄烈士名誉、荣誉罪	1	0.06
	危害公共卫生罪	非法行医罪	8	0.51
		妨害动植物防疫、检疫罪	2	0.13
	妨害司法罪	掩饰、隐瞒犯罪所得、犯罪所得收益罪	1	0.06
	破坏环境资源保护罪	非法捕捞水产品罪	385	24.31
		非法猎捕、杀害珍贵、濒危野生动物罪	39	2.46
		非法收购、运输、出售珍贵、濒危野生动物、珍贵、濒危野生动物制品罪	52	3.28
		非法狩猎罪	205	12.94
		非法占用农用地罪	73	4.61
		非法采矿罪	108	6.82
		非法采伐、毁坏国家重点保护植物罪	12	0.76
		非法收购、运输、加工、出售国家重点保护植物、国家重点保护植物制品罪	1	0.06
		盗伐林木罪	22	1.39
		滥伐林木罪	29	1.83
		非法收购、运输盗伐、滥伐的林木罪	88	5.56
		污染环境罪	77	4.86

一类罪名	次类罪名	具体罪名	数量（个）	所占比例（%）
妨害社会管理秩序罪	破坏环境资源保护罪	危害珍贵、濒危野生动物罪	29	1.83
		非法猎捕、收购、运输、出售陆生野生动物罪	4	0.25
		危害国家重点保护植物罪	11	0.69
合　　计			1584	100

经统计分析可知，2021 年我国刑事附带民事检察公益诉讼涉及具体罪名总数量为 1584 个。但从罪名分布情况来看，刑事附带民事检察公益诉讼案件涉及的罪名分布较为集中，只涵盖了 42 个具体罪名。以这 42 个具体罪名为统计口径，可以发现 2021 年我国刑事附带民事检察公益诉讼案件罪名分布呈现了显著的"阶层式"分布。

首先，处于"最高阶层"的是罪名数在 100 个以上的 4 个具体罪名，分别是非法捕捞水产品罪（385 个，占比 24.31%）、非法狩猎罪（205 个，占比 12.94%）、生产、销售有毒、有害食品罪（167 个，占比 10.54%）、非法采矿罪（108 个，占比 6.82%）。[①] 这四个罪名数量合计为 865 个，占罪名总数比达 54.61%。

其次，处于"第二阶层"的是罪名数在 10~99 之间的 15 个具体罪名，包括生产、销售不符合安全标准的食品罪（93 个，占比 5.87%），非法收购、运输盗伐、滥伐的林木罪（88 个，占比 5.56%），污染环境罪（77 个，占比 4.86%），非法占用农用地罪（73 个，占比 4.61%），侵犯公民个人信息罪（64 个，占比 4.04%），非法收购、运输、出售珍贵、濒危野生动物、珍贵、濒危野生动物制品罪（52 个，占比 3.28%）等罪名。上述罪名总数是 646 个，占比 40.78%。[②]

---

① 其中，非法捕捞水产品罪，非法狩猎罪，生产、销售有毒、有害食品罪也是 2020 年度刑事附带民事检察公益诉讼罪名的前三名。

② 需要指出的是，对比去年刑事附带民事检察公益诉讼罪名数量，处于"第二阶层"中的非法占用农用地罪，非法猎捕、杀害珍贵、濒危野生动物罪，污染环境罪，（转下页注）

最后，处于"第三阶层"是生产、销售伪劣产品罪等 23 个具体罪名。每个罪名的数量均低于 10 个，合计罪名总数也只有 73 个，占罪名总数的 4.61%。相较于去年，高空抛物罪，侵害英雄烈士名誉、荣誉罪，非法利用信息网络罪，帮助信息网络犯罪活动罪等罪名开始成为刑事附带民事检察公益诉讼案件的涉案罪名。高空抛物罪，侵害英雄烈士名誉、荣誉罪是《中华人民共和国刑法修正案（十一）》新增设的罪名。非法利用信息网络罪和帮助信息网络犯罪活动罪则得益于国家打击治理电信网络新型违法犯罪工作的"断卡行动"。

破坏国家自然资源和生态环境的破坏环境资源保护罪、危害不特定消费者的人身健康权益的生产销售伪劣商品罪是刑事附带民事检察公益诉讼的常见罪名。同时，由于刑事犯罪情况的客观发展和国家刑事立法以及司法政策的调整，刑事附带民事检察公益诉讼涉案罪名范围进一步拓展延伸，刑事附带民事检察公益诉讼案件罪名更加多样化。

（二）区域分布情况

2021 年，我国刑事附带民事检察公益诉讼案件的区域分布非常广泛，覆盖了除港澳台地区以外的 31 个省、自治区、直辖市（见表 2）。

表 2　2021 年我国刑事附带民事检察公益诉讼案件区域分布情况

序号	地区名称	案件数量(件)	所占比例(%)
1	四川省	149	9.51
2	湖南省	139	8.88
3	贵州省	118	7.54
4	辽宁省	108	6.90

（接上页注②）盗伐林木罪，非法收购、运输、出售珍贵、濒危野生动物、珍贵、濒危野生动物制品罪罪名数量较去年降幅较大，分别达到了 61.17%、75%、40.77%、82.95% 和 58.06%。如此巨大的下降幅度，应该是公安、司法机关打击相关刑事犯罪、进行犯罪预防宣传工作取得了良好的教育、预防和威慑的效果。

续表

序号	地区名称	案件数量(件)	所占比例(%)
5	江苏省	94	6.00
6	安徽省	93	5.94
7	广东省	87	5.56
8	山东省	83	5.30
9	广西壮族自治区	73	4.66
10	福建省	62	3.96
11	浙江省	62	3.96
12	江西省	55	3.51
13	河南省	50	3.19
14	黑龙江省	49	3.13
15	河北省	48	3.07
16	陕西省	47	3.00
17	湖北省	41	2.62
18	云南省	39	2.49
19	吉林省	38	2.43
20	上海市	37	2.36
21	甘肃省	33	2.11
22	山西省	19	1.21
23	重庆市	14	0.89
24	内蒙古自治区	7	0.45
25	天津市	6	0.38
26	北京市	5	0.32
27	青海省	3	0.19
28	新疆维吾尔自治区	3	0.19
29	海南省	2	0.13
30	宁夏回族自治区	1	0.06
31	西藏自治区	1	0.06
合　计		1566	100

可以发现，我国刑事附带民事检察公益诉讼案件的区域分布极不均衡。年审结刑事附带民事检察公益案件数量在 100 件以上的地区有 4 个，

合计案件数量是 514 件，占案件总数的32.82%。① 其中，审结数量第一的四川省高达 149 件，占案件总数的 9.51%。排名第二至四位的分别是湖南省、贵州省、辽宁省。② 年审结刑事附带民事检察公益诉讼案件数量低于 50 件的地区有 18 个，案件数量合计只有 393 件。其中，部分地区年审结刑事附带民事检察公益诉讼案件数保持在个位数。

进一步结合前文关于我国刑事附带民事检察公益诉讼案件的案由情况介绍可以发现，在地区分布上，自然生态资源禀赋较高的地区往往成为我国刑事附带民事检察公益诉讼案件的多发地。其中，四川省、湖南省、贵州省等地区因水产品资源、森林资源、野生动物资源丰富，易发生非法捕捞水产品、非法狩猎、盗伐林木等侵害自然资源的刑事犯罪案件。当地检察机关在办理案件过程中，提起刑事附带民事检察公益诉讼案件，对社会公共利益受侵害的状态及时进行修复，实现对生态环境和国家资源的有效保护。

（三）办结机关和审理程序情况

检察机关对于刑事附带民事检察公益诉讼具有重要作用，承担了启动附带民事公益诉讼程序、提起并证明诉讼请求的功能。总体来看，基层检察机关是办结刑事附带民事检察公益诉讼案件的主力军。2021 年，基层检察机关办结案件 1461 件，占比 93.3%；市级检察机关办结案件 105 件，占比 6.7%；省级及以上检察机关未办理刑事附带民事检察公益诉讼案件（见表3）。较上一年度，基层检察机关和市级检察机关办理案件比例分布情况变化不大。③

---

① 2020 年审结刑事附带民事检察公益案件数量在 100 件以上的地区有 10 个，合计案件数量是 1409 件，占案件总数的 69.7%。

② 2020 年审结刑事附带民事检察公益案件数量前两位也是四川省和湖南省。

③ 2020 年，全国基层检察机关办结案件 2036 件，占比 92.04%；市级检察机关办结案件 174 件，占比 7.87%；省级检察机关和高级人民法院办结 2 件，占比 0.09%。

表3　2021年我国刑事附带民事检察公益诉讼案件办理机关和审理程序情况

类别		案件数量（件）	所占比例（%）
检察机关	基层检察机关	1461	93.3
			92.04
	市级检察机关	105	6.7
			7.87
	合计	1566	100.00
审理程序	一审程序	1460	93.23
	二审程序	105	6.7
	再审程序	1	0.06
	合　计	1566	100

审结程序是刑事案件在诉讼程序中的终结程序或暂时性中止程序，反映了案件在司法程序中的"历程"。在2021年全国各级检察机关办理的1566件刑事附带民事检察公益案件中，绝大部分案件适用一审程序审结，少量案件适用二审程序和再审程序审结。具体是：适用一审程序审结1460件，占比93.23%；适用二审程序审结105件，占比6.7%；适用再审程序审结1件，占比0.06%。相对于2020年，刑事附带民事检察公益诉讼案件适用审理程序情况也基本保持稳定。①

（四）上诉、抗诉及申诉案件情况

在刑事附带民事检察公益诉讼样本案例中，有105件二审案件和1件再审案件。先来看刑事附带民事检察公益诉讼案件二审情况（见表4）。

在二审程序提起主体及方式方面，被告人不服一审判决提起上诉是二审程序启动的主要方式，检察机关抗诉、检察机关提起上诉是少数二审程序启动的原因。具体来讲，共有88件刑事附带民事检察公益诉讼二审案件是被

---

① 2020年，全国刑事附带民事检察公益诉讼案件适用一审程序审结2042件，占比92.31%；适用二审程序审结166件，占比7.5%；适用再审程序审结4件，占比0.18%。

告人提起上诉引起，占二审案件总数的 83.81%。另有 3 件是由被告人提起上诉、检察机关抗诉启动二审程序，1 件是由被告人和检察机关同时提起上诉启动二审程序。由检察机关提起抗诉或者上诉启动的刑事附带民事检察公益诉讼二审案件共 12 件，占二审案件总数的 11.43%。其中，检察机关提起抗诉 5 件，提起上诉 6 件，同时提起抗诉、上诉 1 件。此外，一审附带民事诉讼原告提起上诉启动二审程序案件 1 件。

表 4 2021 年我国刑事附带民事检察公益诉讼二审案件情况

类　　别		数量（件）	所占比例（%）
提起主体及方式	被告人上诉	88	83.81
	被告人上诉、检察机关抗诉	3	2.86
	被告人上诉、检察机关上诉	1	0.95
	检察机关抗诉	5	4.76
	检察机关上诉	6	5.71
	检察机关同时抗诉、上诉	1	0.95
	原审附带民事诉讼原告	1	0.95
提起理由	不服刑事判决部分	52	49.52
	不服民事判决部分	11	10.48
	不服刑事、民事判决部分	31	29.52
	不明	11	10.48
终审结果	驳回上诉或抗诉,维持原判	71	67.62
	准许撤回上诉或抗诉	11	10.48
	撤销原裁判,发回重审	12	11.43
	撤销原判,直接改判	11	10.48

在提起理由方面，被告人、检察机关等不服刑事判决部分，进而提起上诉或抗诉是主要提起理由情形。因不服刑事判决部分而启动的二审案件数是 52 件，占二审案件总数的 49.52%。同时不服刑事判决和民事判决而启动的二审案件是 31 件，占二审案件总数的 29.52%。不服民事判决部分而启动的二审案件是 11 件，占二审案件总数的 10.48%。①

---

①　另有 11 件案件因裁判文书未明确记载，被告人、检察机关等提起上诉或抗诉理由不明。

在终审结果方面，经历二审程序后，刑事附带民事检察公益诉讼案件的裁判结果未予更改是主要情形。其中，二审法院裁定驳回上诉或者抗诉，维持原判的案件有 71 件，占二审案件总数的 67.62%。二审法院准许上诉人撤回上诉以及检察机关撤回抗诉，原裁判自送达之日起生效案件有 11 件，占二审案件总数的 10.48%。二审法院撤销原裁判，发回重审的案件有 12 件，占二审案件总数的 11.43%。二审法院撤销原判，直接改判的案件有 11 件，占二审案件总数的 10.48%。从主体角度来看，检察机关共提出抗诉、上诉的案件数是 16 件，二审法院采纳或部分采纳的案件数是 12 件，意见采纳率为 75%。检察机关撤回抗诉、上诉 4 件。单纯由被告人提起上诉案件数是 88 件，二审法院采纳或部分采纳的案件数是 8 件，意见采纳率为 9.09%。从二审程序启动理由角度来看，被告人、检察机关以不服民事判决部分启动二审程序的案件数是 42 件，二审法院采纳以及部分采纳的案件数是 7 件，意见采纳率是 16.67%。被告人、检察机关以不服刑事判决部分启动二审程序的案件数是 83 件，二审法院采纳以及部分采纳的案件数是 11 件，意见采纳率是 13.25%。

再来看刑事附带民事检察公益诉讼再审案件。在收集到的裁判文书中，只有 1 件刑事附带民事检察公益诉讼再审案件。一审判决生效后，检察机关提起再审抗诉，法院再审后作出从重处罚。[①]

二 刑事附带民事检察公益诉讼的问题探析

（一）审判组织构成存在程序违法现象

根据《人民陪审员法》第 14、16 条，人民法院审理根据民事诉讼法

[①] 原审被告人涉嫌生产、销售有毒、有害食品，一审法院作出生效判决后，检察机关提出抗诉。一审法院的上级法院指令一审法院再审。再审法院在原判决基础上判处增加对被告人在缓刑考验期内从事食品生产、销售及相关活动的从业限制。参见贵州省毕节市七星关区人民法院刑事附带民事判决书（2021）黔 0502 刑再 3 号。

提起的公益诉讼案件，应由法官三人与人民陪审员四人组成七人合议庭进行审理。进一步来看刑事附带民事检察公益诉讼提起的法律依据。虽然检察机关可以依据《刑事诉讼法》第101条提出附带民事诉讼，但是该条并未涉及民事公益诉讼的内容。① 2017年《民事诉讼法》第55条正式确立检察机关提起民事公益诉讼。② 该条确立检察机关对于破坏生态环境和资源保护、食品药品安全领域侵害众多消费者合法权益等损害社会公共利益的行为，在没有适格主体提起诉讼的情况下，可以向人民法院提起公益诉讼。③

综上所述，检察机关提起刑事附带民事检察公益诉讼的法律依据具有复合性，包括刑事诉讼法和民事诉讼法双重法律规范。从宽泛角度来看，检察机关提起刑事附带民事检察公益诉讼，符合《人民陪审员法》第16条"依照民事诉讼法"提起公益诉讼的要求。法院审理检察机关提起的附带民事检察公益诉讼案件时，应由法官和人民陪审员组成七人合议庭。而在收集到的案例中，合议庭组成符合七人合议庭要求的案件只有592件④，仅占案件总数的37.37%，且部分案件合议庭中法官人数少于三人。⑤ 也就意味着，有近6成的刑事附带民事检察公益诉讼案件的合议庭组成违反了《人民陪审

---

① 《刑事诉讼法》第101条规定："被害人由于被告人的犯罪行为而遭受物质损失的，在刑事诉讼过程中，有权提起附带民事诉讼。被害人死亡或者丧失行为能力的，被害人的法定代理人、近亲属有权提起附带民事诉讼。如果是国家财产、集体财产遭受损失的，人民检察院在提起公诉的时候，可以提起附带民事诉讼。"

② 由于本报告分析的事件区间是2021年度，故以当时具有法律效力的2017年《民事诉讼法》为依据。

③ 2017年《民事诉讼法》第55条规定："对污染环境、侵害众多消费者合法权益等损害社会公共利益的行为，法律规定的机关和有关组织可以向人民法院提起诉讼。人民检察院在履行职责中发现破坏生态环境和资源保护、食品药品安全领域侵害众多消费者合法权益等损害社会公共利益的行为，在没有前款规定的机关和组织或者前款规定的机关和组织不提起诉讼的情况下，可以向人民法院提起诉讼。前款规定的机关或者组织提起诉讼的，人民检察院可以支持起诉。"

④ 如广东省江门市新会区人民法院刑事附带民事判决书（2021）粤0705刑初708号、河南省项城市人民法院刑事附带民事判决书（2021）豫1681刑初663号、湖南省桃江县人民法院刑事附带民事判决书（2021）湘0922刑初189号。

⑤ 如辽宁省丹东市元宝区人民法院刑事附带民事判决书（2021）辽0602刑初172号。

员法》，构成程序违法。这一不规范的现象也导致实践中部分二审法院以程序违法为由，裁定撤销原判，发回重审。①

（二）恢复原状的法律依据适用不当

检察机关和人民法院对于被告人如何恢复环境资源原状存在法律适用上的误区，导致刑事附带民事公益诉讼判决出现适用法律不当问题。以滥伐林木罪为例，检察机关在提起刑事附带民事公益诉讼时，提出要求被告人恢复被破坏的森林生态资源的诉讼请求，多以《森林法》第76条第2款②为依据，要求被告人在原地补种被滥伐树木株数3倍的树木或者承担补种被滥伐树木株数3倍树木的费用。③ 法院对于检察机关的诉讼请求，也都予以支持。④

但仔细研究《森林法》第76条第2款可以发现，检察机关依据该条款提起诉讼请求和法院作出判决存在合法性怀疑。在主体层面，该条款本质上是立法机关对于行政机关的授权规范，即全国人民代表大会常务委员会授权林业主管部门对实施特定滥伐森林行为的主体给予行政处罚。检察机关和法院作为司法机关，并不具有林业主管部门的行政机关身份，不能依据此条款对被告人进行起诉或者作出判决。在规范属性层面，《森林法》第76条第2款偏向于行政规范，并不属于裁判规范，只能作为行政机关向特定对象作出行政处罚的规范依据，而不能作为司法机关的裁判依据。如果法院直接援引该条文作为裁判依据，则属于适用法律错误。

---

① 如辽宁省锦州市中级人民法院刑事附带民事裁定书（2021）辽07刑终9号。
② 《森林法》第76条第2款规定："滥伐林木的，由县级以上人民政府林业主管部门责令限期在原地或者异地补种滥伐株数一倍以上三倍以下的树木，可以处滥伐林木价值三倍以上五倍以下的罚款。"
③ 如吉林省白山市浑江区人民法院刑事判决书（2020）吉0602刑初119号、陕西省长武县人民法院刑事附带民事判决书（2021）陕0428刑初20号、四川省广元市昭化区人民法院刑事附带民事判决书（2021）川0811刑初65号。
④ 部分法院直接在判决书中写明依据《中华人民共和国森林法》第76条第2款作出判决。如辽宁省丹东市元宝区人民法院刑事附带民事判决书（2021）辽0602刑初258号、河南省信阳市平桥区人民法院刑事附带民事判决书（2021）豫1503刑初562号、四川省通江县人民法院刑事附带民事判决书（2021）川1921刑初99号。

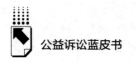

（三）附带民事公益诉讼的提起标准不一

在实践中，检察机关对于是否提起附带民事公益诉讼的标准把握不一。类似案件中，部分案件提出了附带民事公益诉讼，另有部分案件没有提出附带民事公益诉讼。[①] 而这一现象在一定程度上容易引发人们对于类案不同判的质疑，危害检察公益诉讼制度的公信力。进言之，将眼光从具体个案转移至不同地区检察机关办案：如果对于被告人实施的危害社会公共利益的犯罪行为，不同地区检察机关对于提起刑事附带民事检察公益诉讼的标准把握不一，那么会在地区之间形成明显的刑事附带民事公益诉讼案件数量差异。[②]

对此，可能存在的合理解释是，由于刑事诉讼案件或者民事公益诉讼案件疑难复杂，一并审理容易导致审理期限的拖延，所以部分检察机关选择通过提起独立的民事公益诉讼，同样可以达到维护社会公益的目的。但是，对相关案例的梳理发现，部分没有提起附带民事检察公益诉讼案件的案情较简单，并不存在疑难复杂的情形，对此，成本开支较低的附带民事检察公益诉讼应是更优的选择。

（四）惩罚性赔偿金的适用不一

在我国刑事附带民事检察公益诉讼中，惩罚性赔偿适用于破坏社会主义市场经济秩序罪领域。检察机关在办理案件过程中，对于惩罚性赔偿金的适

[①] 试举两例。侵害行为和危害后果相似的两个非法狩猎罪案件和两个非法捕捞水产品罪案件，检察机关并未都提起附带民事公益诉讼。参见江西省上饶市广丰区人民法院刑事附带民事公益诉讼判决书（2021）赣 1103 刑初 200 号、江西省南丰县人民法院刑事判决书（2021）赣 1023 刑初 161 号、河南省项城市人民法院刑事附带民事判决书（2021）豫 1681 刑初 663 号、河南省正阳县人民法院刑事判决书（2021）豫 1724 刑初 664 号。

[②] 以刑事附带民事检察公益诉讼多发的破坏环境资源保护罪为例，其中，2021 年办理非法狩猎刑事附带民事检察公益诉讼案件的前三名地区是四川省、湖南省、黑龙江省。然而，2021 年全国检察机关办理非法狩猎案件数量前三名的地区却是河南省、江西省、吉林省。可以发现，拥有刑事案件案发数量优势的三个地区，并没有将案件数量优势转化为提起附带民事检察公益诉讼优势，在提起附带民事检察公益诉讼数量上反而落后于其他地区。

用不一，呈现以下三类情形。

第一类是"十倍惩罚性赔偿金"。即检察机关主张对实施特定犯罪的被告人处以相应金额十倍的惩罚性赔偿金。具体表现为被告人涉嫌生产、销售假冒伪劣商品，检察机关提起附带民事公益诉讼，要求按照被告人生产、销售假冒伪劣商品价值总额的十倍，确定惩罚性赔偿金。① "十倍惩罚性赔偿金"的法律依据是：2013 年最高人民法院《关于审理食品药品纠纷案件适用法律若干问题的规定》第 15 条②、2018 年《食品安全法》第 148 条③、2019 年《药品管理法》第 144 条。④ 实践中，由于被告人生产、销售假冒伪劣商品对消费者造成损失情况难以确定，检察机关多以销售额的十倍为基础确定惩罚性赔偿金金额。

---

① 参见浙江省常山县人民法院刑事附带民事判决书（2021）浙 0822 刑初 287 号、安徽省宿州市中级人民法院刑事附带民事判决书（2021）皖 13 刑初 1 号、河南省南阳市宛城区人民法院刑事附带民事判决书（2021）豫 1302 刑初 847 号。

② 最高人民法院《关于审理食品药品纠纷案件适用法律若干问题的规定》第 15 条规定："生产不符合安全标准的食品或者销售明知是不符合安全标准的食品，消费者除要求赔偿损失外，向生产者、销售者主张支付价款十倍赔偿金或者依照法律规定的其他赔偿标准要求赔偿的，人民法院应予支持。"2020 年 12 月 29 日修改的最高人民法院《关于审理食品药品纠纷案件适用法律若干问题的规定》删除了十倍赔偿金直接性规定，转为消费者依据《食品安全法》《药品管理法》等法律规定向生产者、销售者主张赔偿金的，人民法院应予支持。

③ 《食品安全法》第 148 条规定："消费者因不符合食品安全标准的食品受到损害的，可以向经营者要求赔偿损失，也可以向生产者要求赔偿损失。接到消费者赔偿要求的生产经营者，应当实行首负责任制，先行赔付，不得推诿；属于生产者责任的，经营者赔偿后有权向生产者追偿；属于经营者责任的，生产者赔偿后有权向经营者追偿。生产不符合食品安全标准的食品或者经营明知是不符合食品安全标准的食品，消费者除要求赔偿损失外，还可以向生产者或者经营者要求支付价款十倍或者损失三倍的赔偿金；增加赔偿的金额不足一千元的，为一千元。但是，食品的标签、说明书存在不影响食品安全且不会对消费者造成误导的瑕疵的除外。"该条在 2021 年的修正中予以保留。

④ 《药品管理法》第 144 条规定："药品上市许可持有人、药品生产企业、药品经营企业或者医疗机构违反本法规定，给用药者造成损害的，依法承担赔偿责任。因药品质量问题受到损害的，受害人可以向药品上市许可持有人、药品生产企业请求赔偿损失，也可以向药品经营企业、医疗机构请求赔偿损失。接到受害人赔偿请求的，应当实行首负责任制，先行赔付；先行赔付后，可以依法追偿。生产假药、劣药或者明知是假药、劣药仍然销售、使用的，受害人或者其近亲属除请求赔偿损失外，还可以请求支付价款十倍或者损失三倍的赔偿金；增加赔偿的金额不足一千元的，为一千元。"

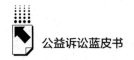

第二类是"三倍惩罚性赔偿金"。即主张对实施特定犯罪的被告人处以相应金额三倍的惩罚性赔偿金。表现为被告人涉嫌销售假冒伪劣产品罪、生产销售不符合安全标准的食品罪、生产销售假药罪等，检察机关提起附带民事公益诉讼，要求按照被告人生产销售伪劣商品销售金额的三倍判处惩罚性赔偿金。[①]"三倍惩罚性赔偿金"的法律依据是《消费者权益保护法》第55条第1款。[②] 此类案件，检察机关代表消费者提起附带民事公益诉讼，要求按照消费者购买商品或服务价款的三倍确定惩罚性赔偿金金额。

第三类是"无惩罚性赔偿金"。即检察机关提起民事公益诉讼时，没有主张被告人承担惩罚性赔偿金，法院也没有作出相应判决。[③] 在部分案件中，虽然检察机关提起惩罚性赔偿金诉讼请求，但法院认为惩罚性赔偿金不属于物质损失，不在刑事附带民事诉讼受理范围内[④]，或认为证据不足而未予支持。[⑤]

（五）赔礼道歉的启动适用不一

在刑事附带民事检察公益诉讼中，法律规范未对赔礼道歉予以明确，法检之间仍存在认识分歧，导致实践中赔礼道歉启动适用的标准不一。在赔礼道歉的诉讼请求提起方面，检察机关对于是否提起赔礼道歉的诉讼请求态度不一。

---

① 参见江苏省金湖县人民法院刑事判决书（2020）苏0831刑初264号、甘肃省榆中县人民法院刑事附带民事判决书（2021）甘0123刑初275号、江苏省淮安市清江浦区人民法院刑事附带民事判决书（2019）苏0812刑初472号。

② 《消费者权益保护法》第55条第1款规定："经营者提供商品或者服务有欺诈行为的，应当按照消费者的要求增加赔偿其受到的损失，增加赔偿的金额为消费者购买商品的价款或者接受服务的费用的三倍；增加赔偿的金额不足五百元的，为五百元。法律另有规定的，依照其规定。"

③ 参见辽宁省营口市鲅鱼圈区人民法院刑事附带民事判决书（2021）辽0804刑初16号、陕西省宁陕县人民法院刑事附带民事判决书（2021）陕0923刑初61号、山西省河曲县人民法院刑事附带民事判决书（2021）晋0930刑初40号之二。

④ 参见河北省沧州市运河区人民法院刑事附带民事裁定书（2020）冀0903刑初65号。

⑤ 参见陕西省靖边县人民法院刑事附带民事判决书（2021）陕0824刑初321号。

类似案件中，检察机关提出赔礼道歉的情况不一。① 在是否判决支持赔礼道歉的诉讼请求方面，法院的态度也并不一致，分为两种情形。一种是法院判决支持赔礼道歉的诉讼请求。法院经审理后，认为检察机关提出的赔礼道歉诉讼请求于法有据，判决要求被告人公开赔礼道歉。② 另一种是法院不支持赔礼道歉的诉讼请求。法院审理后认为，赔礼道歉的诉讼请求超出了刑事诉讼法附带民事诉讼的责任承担范围，没有法律依据，未支持赔礼道歉的诉讼请求。③

（六）被告人从业禁止的适用不一

刑法领域的从业禁止创设于 2015 年《刑法修正案（九）》。该修正案在《刑法》第 37 条后增设 1 条，规定被告人实施利用职务便利的犯罪或违背职业要求的特定义务的犯罪，人民法院可以根据实际需要，作出禁止被告人自刑罚执行完毕之日或者假释之日起从事相关职业，期限为 3~5 年。在具体的部门法领域，2015 年修订的《食品安全法》第 135 条第 2 款、2019年修订的《药品管理法》第 118 条第 1 款也新增对于特定实施食药品犯罪的责任人终身禁止从事食药品生产经营活动的规定。在实践中，从业禁止的具体适用情况呈现不一致状态。

一是从业禁止的启动适用方式不统一。主要分为检察机关提出和法院主

---

① 以非法占用农用地罪为例，有检察机关以被告人非法占用农用地造成农用地毁坏、破坏生态环境资源、损害社会公共利益为由，请求法院依法判令被告人公开赔礼道歉。但也有例外情形，在部分非法占用农用地案件中，检察机关提起附带民事公益诉讼时，没有提出要求被告人赔礼道歉的诉讼请求。参见广州市白云区人民法院刑事附带民事判决书（2021）粤 0111 刑初 3055 号、广西壮族自治区南宁市武鸣区人民法院刑事附带民事判决书（2021）桂 0122 刑初 556 号、广西壮族自治区靖西市人民法院刑事判决书（2021）桂 1081 刑初 65号、内蒙古自治区乌拉特前旗人民法院刑事附带民事判决书（2021）内 0823 刑初 173 号、黑龙江省建三江人民法院刑事附带民事判决书（2021）黑 8102 刑初 216 号、湖北省罗田县人民法院刑事附带民事判决书（2021）鄂 1123 刑初 125 号。
② 参见广西壮族自治区靖西市人民法院刑事判决书（2021）桂 1081 刑初 65 号、黑龙江省宝清县人民法院刑事附带民事判决书（2021）黑 0523 刑初 7 号。
③ 参见安徽省明光市人民法院刑事附带民事判决书（2021）皖 1182 刑初 25 号、安徽省萧县人民法院刑事附带民事判决书（2021）皖 1322 刑初 157 号、河北省沧州市运河区人民法院刑事附带民事裁定书（2020）冀 0903 刑初 65 号。

动适用两种模式。实践中，检察机关建议对被告人给予从业禁止处罚的做法分为"量刑建议""民事诉讼请求""量刑建议+民事诉讼请求"三种方式。其一，"量刑建议"提出方式是指检察机关将从业禁止作为量刑建议的组成部分。① 这种方式本质上将从业禁止作为刑法领域中的一种刑罚或者保安处分措施。② 其二，"民事诉讼请求"提出方式是指检察机关将从业禁止作为附带民事公益诉讼中的一项诉讼请求，是将从业禁止作为一项私法领域中的处罚措施。检察机关作为附带民事公益诉讼原告，要求法院一并审理民事公益诉讼，并对被告作出从业禁止的判决。③ 其三，"量刑建议+民事诉讼请求"提出方式是指检察机关同时通过量刑建议和民事诉讼请求提出从业禁止。在部分案件中，检察机关在刑事控诉的量刑建议和附带民事公益诉讼的诉讼请求中都要求法院对被告（人）予以从业禁止。④ 法院主动适用从业禁止模式，是指在检察机关没有提出从业禁止的情况下，法院审理后作出定罪量刑的判决，一并判处被告（人）在确定期限内不得从事特定的行业活动及任职。⑤

二是从业禁止适用标准不统一。具体表现为在同类案件之间，部分案件被告人被判处从业禁止，部分案件被告人没有受到从业禁止处罚的情况。以销售有害食品罪为例。在一起案件中，检察机关除建议追究被告人刑事责任之外，还建议判处被告人终身不得从事食品生产经营管理工作，不得担任食品生产经营企业管理人员。法院审理后采纳了检察机关的建议，作出从业禁止的判决。⑥ 而另一起案件中，检察机关没有建议对被告人进行从业禁止，

---

① 参见四川省米易县人民法院刑事附带民事判决书（2021）川 0421 刑初 13 号。

② 学界对于刑法领域中从业禁止的属性认识不统一，存在"刑罚说""非刑罚法律后果说"两种对立观点。其中，"非刑罚法律后果说"内部也存在从业禁止是一种预防性的保安处分措施和非刑罚性处置措施的争论。参见李兰英、熊亚文《刑事从业禁止制度的合宪性调控》，《法学》2018 年第 10 期。

③ 参见辽宁省瓦房店市人民法院刑事附带民事判决书（2021）辽 0281 刑初 292 号。

④ 参见河南省安阳县人民法院刑事附带民事公益诉讼判决书（2021）豫 0522 刑初 92 号。

⑤ 参见山东省临沂市兰山区人民法院刑事附带民事判决书（2021）鲁 1302 刑初 62 号、江苏省常州市武进区人民法院刑事附带民事判决书（2021）苏 0412 刑初 34 号、陕西省神木市人民法院刑事附带民事判决书（2020）陕 0881 刑初 743 号。

⑥ 参见陕西省宁陕县人民法院刑事附带民事判决书（2021）陕 0923 刑初 61 号。

法院判决被告人犯销售有害食品罪，未判处从业禁止。① 再如在危害珍贵、濒危野生动物案件中，一起案件的被告人犯危害珍贵、濒危野生动物罪，被判处禁止在缓刑考验期内禁止从事动物标本制作职业。② 而在另一起案件中，检察机关未建议适用从业禁止，法院判决被告人犯危害珍贵、濒危野生动物罪，判处有期徒刑 1 年 8 个月，缓刑 2 年，没有判决从业禁止的处罚。③

三是从业禁止的期限不统一。依据从业禁止期限的长短，可以分为短期型的从业禁止和终身型的从业禁止。短期型的从业禁止是有截止期限的从业禁止。实践中，短期型的从业禁止期限多依附于缓刑期限，多表现为禁止被告人在缓刑考验期限内从事相关的工作及相关活动。④ 也有未判处缓刑的被告人，法院判决在刑罚执行完毕后执行一定期限的从业禁止。⑤ 终身型的从业禁止是没有截止期限的从业禁止。终身型的从业禁止适用于生产、销售伪劣商品罪中的涉及食品、药品相关案件。在食品安全犯罪方面，检察机关建议对被告人定罪量刑，并判处终身禁止从事食品生产经营管理工作，不得担任食品生产企业食品安全管理人员。⑥ 在药品安全犯罪方面，法院审理后认为被告人构成药品安全犯罪，判处被告人终身禁止从事药品生产、销售等经营活动。⑦

---

① 参见四川省金阳县人民法院刑事判决书（2021）川 3430 刑初 52 号。
② 参见山东省平度市人民法院刑事判决书（2021）鲁 0283 刑初 14 号。
③ 参见浙江省温岭市人民法院刑事附带民事判决书（2021）浙 1081 刑初 1273 号。
④ 如在一起生产、销售有毒、有害食品案件中，法院判决被告人犯生产、销售有毒、有害食品罪，判处有期徒刑 6 个月，缓刑 1 年，禁止被告人在缓刑考验期内禁止从事食品销售活动。山东省庆云县人民法院刑事判决书（2021）鲁 1423 刑初 88 号。类似案例参见安徽省宿州市中级人民法院刑事附带民事判决书（2021）皖 13 刑初 1 号。
⑤ 如在一起生产、销售不符合安全标准的食品案件中，法院判处被告人犯生产、销售不符合安全标准的食品罪，判处拘役 2 个月，并自刑罚执行完毕之日或假释之日起 3 年内禁止从事与食品生产、销售相关的活动。参见福建省石狮市人民法院刑事判决书（2020）闽 0581 刑初 303 号。
⑥ 参见河南省安阳县人民法院刑事附带民事公益诉讼判决书（2021）豫 0522 刑初 92 号、辽宁省瓦房店市人民法院刑事附带民事判决书（2021）辽 0281 刑初 292 号、陕西省宁陕县人民法院刑事附带民事判决书（2021）陕 0923 刑初 61 号。
⑦ 参见辽宁省葫芦岛市连山区人民法院刑事附带民事判决书（2021）辽 1402 刑初 383 号、辽宁省沈阳市沈北新区人民法院刑事附带民事公益诉讼判决书（2021）辽 0113 刑初 210 号。

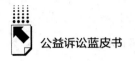

（七）附带民事公益诉讼请求部分实现后的司法处理不一①

随着案件诉讼程序的进行，附带民事公益诉讼被告人会在判决作出前，按照民事公益诉讼起诉人的诉讼请求作出相应的修复生态环境、支付赔偿金、赔礼道歉等行为，从而使得公益诉讼起诉人的部分诉讼请求得以实现。在这种情形下，检察机关和人民法院在实践中形成了如何处理附带民事公益诉讼诉讼请求的三种应对措施。其一，以"已履行"为判决做备注。该做法较为常见，具体是被告在审理程序过程中履行了检察机关的某项诉讼请求。检察机关没有撤回该诉讼请求，法院经审理后也没有驳回，而是作出支持该诉讼请求的判决，并标注"（已履行）"②。其二，检察机关撤回诉讼请求。在部分案件中，对于刑事附带民事公益诉讼被告已经履行的诉讼请求，检察机关向法院提出撤回该项诉讼请求。法院审理后准许。③ 其三，检察机关没有撤回诉讼请求，法院"忽略"该诉讼请求作出判决。在一些案件中，检察机关没有撤回附带民事公益诉讼被告已经履行的诉讼请求，法院在作出判决时，"忽略"该诉讼请求，只对其他诉讼请求作出判决。④

---

① 本部分研究不包括检察机关提出的附带民事公益诉讼的诉讼请求全部实现、检察机关撤回附带民事公益诉讼的情形。民事公益诉讼被告人按照诉讼请求作出相应行为后，检察机关以"诉讼请求已全部实现""诉讼请求已全部实现，公益受损情况已经得到弥补"等为由向法院申请撤回附带民事公益诉讼，人民法院审核后裁定准许撤回起诉。该应对方式的法律规范依据是最高人民法院、最高人民检察院《关于检察公益诉讼案件适用法律若干问题的解释》第19条、最高人民法院关于《审理环境民事公益诉讼案件适用法律若干问题的解释》第26条。

② 参见湖南省双峰县人民法院刑事附带民事判决书（2021）湘1321刑初540号、贵州省纳雍县人民法院刑事附带民事判决书（2021）黔0525刑初377号、湖北省应城市人民法院刑事附带民事判决书（2021）鄂0981刑初322号。

③ 如在一起盗伐林木案件中，检察机关提起附带民事公益诉讼，诉讼请求包括要求被告赔偿国有林森林资源直接损失。被告家属在庭前代为履行支付赔偿金后，检察机关撤回该诉讼请求，法院就其他诉讼请求作出判决。参见四川省白玉县人民法院刑事判决书（2021）川3331刑初18号。类似案件还有四川省仪陇县人民法院刑事附带民事判决书（2021）川1324刑初26号、河北省平泉市人民法院刑事附带民事判决书（2020）冀0823刑初202号。

④ 如在一起侵犯公民个人信息案件中，检察机关提起附带民事公益诉讼，诉讼请求包括要求被告赔礼道歉。被告人在庭审中已经履行，检察机关未撤回该诉讼请求，法院针对其他诉讼请求作出判决。参见湖南省蓝山县人民法院刑事附带民事判决书（2021）湘1127刑初120号。类似案件还有广东省肇庆市高要区人民法院刑事附带民事判决书（2021）粤1204刑初233号等。

（八）鉴定费用承担的司法处理不一

结合收集到的案例，检察机关和法院围绕鉴定费用承担形成了两种不同做法。第一种是"鉴定费用由被告承担"的做法。从实际来看，在大部分案件中，检察机关和法院对于鉴定费用的承担主体认识一致，即检察机关提起附带民事公益诉讼并请求被告承担鉴定费用，法院予以支持。[①] 第二种是"鉴定费用不能由被告承担"的做法。在部分案件中，法院没有支持检察机关提出的鉴定费用由被告承担的诉讼请求。法院认为检察机关提出的证据不足，或者认为委托鉴定是侦查机关行使侦查权的表现，应由侦查机关承担鉴定费用。[②]

三 刑事附带民事检察公益诉讼的展望

通过宏观层面的整体观察和微观层面的问题探究，2021 年我国刑事附带民事检察公益诉讼的总体情况已较为清晰。刑事附带民事检察公益诉讼在制度设计、司法实践方面的缺陷也在实践运行过程中充分暴露，亟待必要的分析研究，并采取有针对性的完善措施。

（一）规范合议庭的人员组成

合议庭的人员组成是司法程序中重要的程序问题。《人民陪审员法》是刑事附带民事公益诉讼合议庭人员组成的直接规范，具有优先适用性。审理刑事附带民事检察公诉案件时，法院应严格按照《人民陪审员法》的规定，由法官和人民陪审员组成 7 人合议庭。检察机关应承担检察监督职能，督促

[①] 黑龙江省建三江人民法院刑事附带民事判决书（2021）黑 8102 刑初 216 号、湖南省麻阳苗族自治县人民法院刑事附带民事判决书（2021）湘 1226 刑初 261 号、广西壮族自治区桂林市临桂区人民法院刑事附带民事判决书（2021）桂 0312 刑初 417 号。

[②] 山西省乡宁县人民法院刑事判决书（2021）晋 1029 刑初 11 号、安徽省萧县人民法院刑事附带民事判决书（2021）皖 1322 刑初 157 号。

法院依法履责。检察机关在收到法院受理通知后，发现合议庭组成不符合要求的，应及时向法院提出检察意见书。

为避免检察机关先提起刑事公诉、后提起附带民事公益诉讼导致法院组成刑事案件合议庭后面临增加审判员或人民陪审员数量的窘境，检察机关在实践办案中宜一并提起刑事公诉和附带民事公益诉讼。

（二）规范恢复原状的适用依据

对于恢复原状的诉讼请求，如果缺乏裁量依据，检察机关应通过委托专家或者专业机构作出鉴定，进而依据鉴定意见提出相应的恢复原状诉讼请求。这种做法既可以发挥专家鉴定的专业意见功能，又可以规避直接适用行政法律法规作出附带民事公益诉讼案件裁判的错误。

（三）统一刑事附带民事检察公益诉讼提起的标准

对于类似的涉及破坏国有资源、生态环境资源等社会公共利益的刑事案件，检察机关统一提起附带民事公益诉讼的标准，一方面可以避免刑事附带民事检察公益诉讼制度实施的不均衡，推动制度的统一适用，实现在低司法成本投入的基础上充分发挥检察公益诉讼的功能。另一方面可以助推同案同判，减少同一地区以及不同地区之间个案办理的差异性，维护个案之间的正义。对此，对于并非疑难复杂案件，一并审理不会造成刑事案件审理延误的，检察机关应积极承担提起附带民事公益诉讼的重担，尽职尽责履行好维护公共利益的职能职责。其一，各级检察机关及其工作人员，应正确认识刑事附带民事检察公益诉讼的重要价值和实际功能，强化刑事办案和公益诉讼办案的一体化意识，注重实践办案中的刑事案件和附带民事公益诉讼案件相结合。其二，建立完善刑事附带民事检察公益诉讼线索的内部转交机制。依据检察机关内部机构设置，刑事附带民事检察公益诉讼涉及刑事检察和公益诉讼两个内设机构。而附带民事公益诉讼案件的最初线索掌握在刑事检察部门。对此，检察机关应建立、完善刑事检察部门向公益诉讼部门转交附带民事公益诉讼线索的机制，确保公益诉讼检察部门及时提起附带民事公益诉讼。其三，强化检察机关内部刑事附带民事检察公益诉讼提起的审核。通过检察机关内部的审核机制，监督承办检察官办理附带民事诉讼案件情况。即检察机关内部领导发现应当提起附带民事公益诉讼而未提起的，应对承担承办检察官提出建议。

（四）规范附带民事责任承担方式的适用

依据现行法律规范，刑事附带民事公益诉讼被告承担民事责任的方式还存在一定的混淆。为规范附带民事责任承担方式的适用，应着重做好以下方面的工作。

其一，应对刑事附带民事赔偿的"物质损失"进行适当的扩大解释。虽然，目前《刑事诉讼法》第 101 条依旧将附带民事诉讼的起诉基点限定为"物质损失"，即"国有财产、集体财产遭受损失"[①]。但自 2015 年全国人民代表大会常务委员会关于授权最高人民检察院在部分地区开展公益诉讼试点工作，以及 2019 年党的十九届四中全会作出要"扩展公益诉讼案件范围"的新部署以来，检察公益诉讼的领域已经突破了生态环境和资源保护、食品药品安全、国有财产保护、国有土地使用权出让的领域限制，开始进行"等外等"的拓展。2020 年最高人民法院、最高人民检察院《关于检察公益诉讼案件适用法律若干问题的解释》进一步规定检察机关对于侵害英雄烈士等的姓名、肖像、名誉、荣誉等损害社会公共利益的犯罪行为提起刑事公诉时，可以提起附带民事公益诉讼。在这种背景下，固守附带民事赔偿局限于"物质损失"的观点无疑与我国公益诉讼改革发展相脱节，背离了中国法治实践的前进方向。为此，可由最高人民法院和最高人民检察院联合出台司法解释，明确检察机关可以基于被追诉人实施的犯罪行为导致国家、社会或者特定个体、群体的财产、精神等受到侵害时提起附带民事公益诉讼，要

---

① 《刑事诉讼法》第 101 条规定："被害人由于被告人的犯罪行为而遭受物质损失的，在刑事诉讼过程中，有权提起附带民事诉讼。被害人死亡或者丧失行为能力的，被害人的法定代理人、近亲属有权提起附带民事诉讼。如果是国家财产、集体财产遭受损失的，人民检察院在提起公诉的时候，可以提起附带民事诉讼。"

求被追诉人承担不局限于物质赔偿的赔偿责任。通过此项工作，可以统一附带民事诉讼中民事责任承担方式的适用门槛，杜绝附带民事公益诉讼案件中要求被告承担民事责任方式不一的现象。

其二，规范惩罚性赔偿金适用的法律依据。在前文统一附带民事公益诉讼中民事责任承担方式的适用门槛之后，惩罚性赔偿金的规范适用主要集中于适用法律规范的统一上。目前，《食品安全法》《药品管理法》《消费者权益保护法》均明确规定了惩罚性赔偿金规范。前两者与后者是特殊法律规范与普通法律规范之间的关系。如果被告人实施了食品、药品领域的犯罪，司法机关应优先适用《食品安全法》《药品管理法》中的惩罚性赔偿金规范，而不能适用《消费者权益保护法》中的惩罚性赔偿金规范。只有在非食品、药品领域，司法机关才可以适用《消费者权益保护法》作出惩罚性赔偿金的裁判。

其三，统一赔礼道歉的适用。在食品、药品等领域的刑事犯中，被告人实施的危害行为直接侵害到不特定人的身体健康，部分案件中的侵害行为持续时间长，案件涉及的危害产品难以全部追回，导致遭受侵害的对象数量众多，且多处于不知情的状态，司法机关也无法逐一进行告知。检察机关要求被告人予以一定形式的赔礼道歉具有合理性，既可以对被害人进行精神赔偿，也可以向不特定对象告知涉案食品、药品的信息和毒害作用，还可以起到防范的宣传作用，减轻犯罪行为的危害结果。故检察机关办理食品、药品等领域的刑事附带民事公益诉讼案件时，应提出要求被告人赔礼道歉的诉讼请求。

其四，规范从业禁止的适用。考虑到劳动权是公民的基本权利，剥夺或限制其劳动权会对其个人甚至家庭产生一系列的消极影响，在从业禁止的适用上，司法机关应秉持必要的谦抑性，确保从业禁止适用具有充分的必要性。一是在食品安全、药品安全领域，严格按照《食品安全法》《药品管理法》的规定进行适用，不得随意降低适用门槛。具体是，在食品安全领域适用的，应满足被告人被判处有期徒刑以上的刑罚的条件；在药品安全领域适用的，应局限于犯罪情节严重的责任人。二是在非食品、药品安全的其他领域，应严格按照刑法规范要求，即从业禁止的适用应针对被告人利用职务便利或违背职业要求特定义务实施的严重犯罪，或被告人利用职务便利或违背职业要求特定义务多次实施犯罪行为。对于实施轻微犯罪或初次犯罪的被告人，应慎重适用从业禁止。同时，从业禁止应严格遵从刑法的规定，必须具有期限性（3~5 年），不得实行无期限的终身从业禁止处罚。

（五）必要的配套完善措施

1. 规范附带民事诉讼请求实现后的司法应对

前文提及在诉讼过程中，部分刑事附带民事检察公益诉讼被告主动按照检察机关的附带民事起诉要求履行民事责任。在此情形下，司法机关形成了三种应对方法。其中，有备注"已履行"和"忽略"判决的做法并不符合法律规范和诉讼原理。首先，法院不宜以备注"已履行"的方式在判决中作出附带民事判决部分。一是检察机关提起附带民事公益诉讼的基础是民事侵权纠纷的出现，进而取得诉权。而如果被告人积极履行检察机关的诉讼请求，检察机关提起该项诉讼请求的事实基础也随之丧失。二是被告人履行检察机关提出的附带民事公益诉讼请求，检察机关的诉讼请求已经实现，如仍由法院进行审理，会产生不必要的诉累。三是被告人积极履行诉讼请求是其表明认罪悔罪的一种方式，如果法院认可该悔罪表现，并以此一并作出刑事和附带民事判决，将会出现法院裁判中民事判决部分实质成为刑事判决部分的量刑情节的逻辑冲突，造成裁判说理和裁判结果部分内容不协调，形成刑事附带民事判决的内在性矛盾。其次，法院"忽视"检察机关提出的诉讼请求并作出判决的做法，属于遗漏原告提出的诉讼请求，不符合民事诉讼法的要求。最后，规范的应对措施应是检察机关申请撤回附带民事公益诉讼被告已经履行的诉讼请求，法院审核后准许撤回相应的诉讼请求。如果附带民事公益诉讼的被告履行了检察机关提出的全部诉讼请求，那么检察机关应当撤回附带民事公益诉讼。检察机关应对公益诉讼办案考核指标予以修订，应明确将被告人积极履行检察机关民事公益诉讼请求、检察机关撤回起诉的案

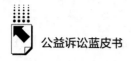

件纳入公益诉讼考核范围。

2. 明确鉴定费用承担的裁判规范

明确鉴定费用承担的原则应是依据鉴定目的而确定鉴定费用的承担主体，即鉴定服务于刑事追诉，则由控诉机关承担鉴定费用；鉴定服务于附带民事公益诉讼，则由附带民事公益诉讼被告承担。具体来讲，如果鉴定目的是用于证明被告人刑事犯罪的严重程度，进而作为判断是否入罪并开启追诉的依据，那么鉴定属于追诉机关行使国家追诉权的行为，鉴定费用应由国家追诉机关承担，不能由被告人承担。而如果鉴定目的是确定附带民事公益诉讼被告所造成的国家、社会公共利益损害的程度，以明确修复该损失所采取的必要措施或支出的费用等，则鉴定费用应由附带民事公益诉讼被告承担。

以污染环境罪为例。《刑法》第 338 条将排放、倾倒或者处置特定废物等有害物质达到"严重污染环境"程度作为入罪标准。最高人民法院、最高人民检察院《关于办理环境污染刑事案件适用法律若干问题的解释》第 1 条围绕排放、倾倒、处置废物、有毒物质的地点、数量、方式等方面对"严重污染环境"予以了进一步明确。[1] 追诉机关在办理污染环境案件时，为证明犯罪嫌疑人实施的污染环境行为达到入罪标准而进行的鉴定，属于侦查行为。委托进行鉴定活动是国家机关的公职行为，鉴定费用应由追诉机关承担。而为了确定修复生态环境所需费用而进行的鉴定，服务于环境公益诉讼的侵权赔偿，依据"两高"的司法解释，鉴定费用可以由附带民事公益

---

[1] 最高人民法院、最高人民检察院《关于办理环境污染刑事案件适用法律若干问题的解释》第 1 条认定构成"严重污染环境"的包括以下情形："（一）在饮用水水源一级保护区、自然保护区核心区排放、倾倒、处置有放射性的废物、含传染病病原体的废物、有毒物质的；（二）非法排放、倾倒、处置危险废物三吨以上的；（三）排放、倾倒、处置含铅、汞、镉、铬、砷、铊、锑的污染物，超过国家或者地方污染物排放标准三倍以上的；（四）排放、倾倒、处置含镍、铜、锌、银、钒、锰、钴的污染物，超过国家或者地方污染物排放标准十倍以上的；（五）通过暗管、渗井、渗坑、裂隙、溶洞、灌注等逃避监管的方式排放、倾倒、处置有放射性的废物、含传染病病原体的废物、有毒物质的；（转下页注）

诉讼的被告承担。再以非法狩猎罪为例,《刑法》第 341 条第 2 款将非法狩猎行为"情节严重"作为入罪标准。① 最高人民法院、最高人民检察院《关于办理破坏野生动物资源刑事案件适用法律若干问题的解释》第 7 条对"情节严重"进行了明确解释。② 追诉机关在办理非法狩猎案件过程中,依据被告人实施的犯罪工具、犯罪方法以及非法猎捕野生动物的价值即可以判定是否构成"情节严重"。而为鉴定被告人犯罪行为给野生动物资源造成的损害所产生的费用,用于证明附带民事公益诉讼的诉讼请求,该鉴定费用应由附带民事公益诉讼被告承担。

3. 附带民事公益诉讼赔偿金的使用情况

附带民事公益诉讼赔偿金的正当使用是刑事附带民事检察公益诉讼的"最后一公里"。不同于传统民事诉讼中利益受损主体可以自由处置施害方给予的财产型赔偿,附带民事公益诉讼中被告人支付的财产型赔偿的归属具有"国家性"或者"社会性"。实践中,刑事附带民事检察公益诉讼赔偿金

（接上页注①）（六）二年内曾因违反国家规定,排放、倾倒、处置有放射性的废物、含传染病病原体的废物、有毒物质受过两次以上行政处罚,又实施前列行为的;（七）重点排污单位篡改、伪造自动监测数据或者干扰自动监测设施,排放化学需氧量、氨氮、二氧化硫、氮氧化物等污染物的;（八）违法减少防治污染设施运行支出一百万元以上的;（九）违法所得或者致使公私财产损失三十万元以上的;（十）造成生态环境严重损害的;（十一）致使乡镇以上集中式饮用水水源取水中断十二小时以上的;（十二）致使基本农田、防护林地、特种用途林地五亩以上,其他农用地十亩以上,其他土地二十亩以上基本功能丧失或者遭受永久性破坏的;（十三）致使森林或者其他林木死亡五十立方米以上,或者幼树死亡二千五百株以上的;（十四）致使疏散、转移群众五千人以上的;（十五）致使三十人以上中毒的;（十六）致使三人以上轻伤、轻度残疾或者器官组织损伤导致一般功能障碍的;（十七）致使一人以上重伤、中度残疾或者器官组织损伤导致严重功能障碍的;（十八）其他严重污染环境的情形。"

① 《刑法》第 341 条第 2 款规定:"违反狩猎法规,在禁猎区、禁猎期或者使用禁用的工具、方法进行狩猎,破坏野生动物资源,情节严重的,处三年以下有期徒刑、拘役、管制或者罚金。"
② 最高人民法院《关于审理破坏野生动物资源刑事案件具体应用法律若干问题的解释》第 7 条第 1 款规定:"违反狩猎法规,在禁猎区、禁猎期或者使用禁用的工具、方法狩猎,具有下列情形之一的,属于非法狩猎'情节严重':（一）非法猎捕野生动物价值一万元以上的;（二）在禁猎区使用禁用的工具或者方法狩猎的;（三）在禁猎期使用禁用的工具或者方法狩猎的;（四）其他情节严重的情形。"

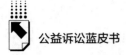

包括有食品、药品等领域不特定消费者健康权遭受侵害产生的赔偿金，野生动植物、水产品等遭受侵害而产生的赔偿金，生态环境等遭受污染侵害而产生的各项赔偿金等。申言之，适用附带民事公益诉讼赔偿金的使用应符合其本身的"国家性"或者"社会性"。惩罚并非上述各类赔偿处罚的主要目的，弥补损失、恢复原状才是根本性的追求。因此，确有必要严格依照附带民事公益诉讼的本质目的，规范各类赔偿金的使用和管理。故国家机关应构建公开透明的公益诉讼赔偿金的收支程序、公平科学的资金使用效果评估，充分发挥附带民事公益诉讼赔偿金的功能价值，为我国刑事附带民事检察公益诉讼赢得公信力。

B.5

中国检察公益诉讼理论研究发展年度报告

张 翔*

摘 要： 检察公益诉讼制度在我国发展态势良好，相关的理论研究正处在较为繁荣的时期。本报告对2021年度检察公益诉讼领域的理论研究状况进行系统梳理，以2021年度中国知网收录的36篇高下载、高被引的学术论文为研究文本，对照2020年度的研究基础，概括归纳了本年度的研究热点及主要研究成果——检察公益诉讼基础理论的完善、检察公益诉讼新领域的拓展、检察公益诉讼与刑事诉讼和生态环境损害赔偿诉讼等其他诉讼的衔接、检察公益诉讼中惩罚性赔偿的适用等，并简单展望了检察公益诉讼理论研究未来的发展趋势。

关键词： 检察公益诉讼 公益诉讼新领域 公益诉讼专门立法

2021年是中国检察公益诉讼持续繁荣发展的一年。全国检察机关立案办理公益诉讼案件的数量继续增加①，新出台的《个人信息保护法》《军人地位和权益保障法》及修订后实施的《未成年人保护法》《安全生产法》均涉及检察公益诉讼条款，《人民检察院公益诉讼办案规则》的发布规定了检

---

* 张翔，诉讼法学硕士，郑州大学法学院科研与外事办公室主任。

① 2021年，全国检察机关共立案办理公益诉讼案件16.9万件，同比上升12.3%。参见《2021年全国检察机关主要办案数据》，最高人民检察院官网，https：//www.spp.gov.cn/spp/xwfbh/wsfbt/202203/t20220308_ 547904. shtml#1，最后访问日期：2022年3月8日。

察机关办理公益诉讼案件的诸多细则。以上司法实践及立法活动为检察公益诉讼理论研究提供了丰富的样本，产出大量的成果。本报告拟对 2021 年度检察公益诉讼理论研究的情况进行梳理和归纳，概括本年度该领域的研究热点、代表性成果及核心观点，为检察公益诉讼理论研究提供较为全面翔实的基础资料。

一 2021年度检察公益诉讼理论研究概况

（一）检察公益诉讼省部级以上科研项目情况

通过查阅全国哲学社会科学工作办公室、司法部、最高人民检察院、最高人民法院、中国法学会及各省、自治区、直辖市社科工作的官方网站、媒体，笔者对查询到的 2021 年国家社科基金项目（以下简称国家社科项目）、2021 年度教育部人文社会科学研究一般项目、2021 年度法治建设与法学理论研究部级科研项目（以下简称司法部项目）、2021 年度最高人民检察院检察理论研究课题（以下简称最高检课题）、最高人民法院 2021 年度司法研究重大课题、最高人民法院 2021 年度司法案例研究课题、中国法学会 2021 年度部级法学研究课题（以下简称法学会课题）和各省级社科规划项目①进行筛选，其中标题中含有"公益诉讼"的项目共有 23 项，详细信息见表 1。

表 1 2021 年度标题含"公益诉讼"的省部级以上研究项目

序号	项目类别	项目名称	主持人	单位
1	国家社科项目	行政公益诉讼诉前程序请求权研究	张占杰	河南师范大学
2	国家社科项目	环境民事公益诉讼案例的法解释学研究	高 琪	上海交通大学

---

① 笔者通过查阅各省哲学社会科学工作网站，共查询到 19 个省级社科规划项目的立项名单，从中筛选出了表 1 中的 4 个公益诉讼相关的省社科规划项目。

续表

序号	项目类别	项目名称	主持人	单位
3	国家社科项目	检察机关办理公益诉讼案件民行刑衔接机制研究	杨雅妮	兰州大学
4	司法部项目	预防性环境行政公益诉讼的检视与完善——基于检察权适度司法化的分析	史一舒	首都经济贸易大学
5	法学会课题	检察公益诉讼的理论基础与制度完善	贾 宇	浙江省人民检察院
6	法学会课题	国家治理视野下公益诉讼制度的完善研究	肖 峰	湘潭大学
7	法学会课题	行政公益诉讼理论与实务研究	王红建	郑州大学
8	最高检课题（重点课题）	公益诉讼专门立法研究	段文龙	河南省人民检察院
9	最高检课题（自筹经费课题）	公益诉讼专门立法研究	刘清生 龙婧婧	湖南省人民检察院 中共湖南省委党校
10	最高检课题	公益诉讼检察指导性案例研究	许祥云	上海市人民检察院
11	最高检课题	民事公益诉讼惩罚性赔偿制度研究	徐全兵 杨会新	最高人民检察院 国家检察官学院
12	最高检课题	食品安全民事公益诉讼惩罚性赔偿制度研究	陈灿平	天津财经大学
13	最高检课题	检察机关请求惩罚性赔偿的环境公益诉讼机制研究	孙佑海	天津大学
14	最高检课题	检察公益诉讼指导性案例应用研究	刘 辉	国家检察官学院
15	最高检课题	新类型检察公益诉讼案件范围研究——从个人信息保护领域切入	蒋 玮	甘肃政法大学
16	最高检课题	食药品安全民事公益诉讼惩罚性赔偿制度研究	颜运秋	广东财经大学
17	最高检课题	检察机关提起预防性环境行政公益诉讼的理论和实践研究	胡帮达	华中科技大学
18	最高检课题	行政公益诉讼检察建议理论与实践研究	谭宗泽	西南政法大学
19	最高检课题	未成年人检察公益诉讼的基本法理与制度完善	夏先华 马贤兴	湘潭大学 湖南省长沙市雨花区人民检察院

续表

序号	项目类别	项目名称	主持人	单位
20	河北省社会科学基金项目	人工智能时代大数据"杀熟"民事公益诉讼制度研究	张亮	河北经贸大学
21	河南省哲学社会科学规划项目	公益诉讼视野下的河南省不可移动文物保护问题研究	冯勇	中共河南省直机关党校
22	山东省社会科学规划项目	环境刑事附带民事公益诉讼刑民衔接研究	周峨春	青岛大学
23	湖北省社会科学基金项目	检察机关提起民事公益诉讼研究	梅傲寒	中南财经政法大学

从以上 23 个项目的名称来看，表 1 中 1、4、5、6、7、8、9、17、18、23 号这 10 个项目以检察公益诉讼的基础理论为研究对象，这与我国检察公益诉讼司法实践在先、相关立法和理论研究供给不足的现状相关。值得注意的是，最高检立项了两个相同的"公益诉讼专门立法研究"课题，该课题直接面向当前我国检察公益诉讼立法碎片化的客观情况，对于解决检察公益诉讼与现行民事诉讼、行政诉讼在诉讼理念、诉讼构造和诉讼规则等方面的冲突很有现实指导意义。

表 1 中 11、12、13、16 号项目均与民事公益诉讼的惩罚性赔偿制度相关。惩罚性赔偿制度作为损失填平原则的例外，在公益保护中发挥了十分重要的作用。我国《民法典》仅概括规定了知识产权、产品缺陷和生态环境三个领域侵权责任的惩罚性赔偿①，司法实践中对于民事公益诉讼中惩罚性赔偿的适用有不同的认识，理论界也未能达成共识，亟须进行深入研究。

表 1 中 15、19、20、21 号项目主要以检察公益诉讼的新领域为研究对象，也是对 2021 年度我国新颁布或修订含有检察公益诉讼条款的《个人信息保护法》《军人地位和权益保障法》《未成年人保护法》相关法律的回应。

---

① 《民法典》第 1185 条规定："故意侵害他人知识产权，情节严重的，被侵权人有权请求相应的惩罚性赔偿。"第 1207 条规定："明知产品存在缺陷仍然生产、销售，或者没有依据前条规定采取有效补救措施，造成他人死亡或者健康严重损害的，被侵权人有权请求相应的惩罚性赔偿。"第 1232 条规定："侵权人违反法律规定故意污染环境、破坏生态造成严重后果的，被侵权人有权请求相应的惩罚性赔偿。"

2、3、10、14、22号项目涉及对检察公益诉讼指导性案例的研究和检察公益诉讼制度与传统的民事、刑事和行政诉讼制度的衔接。

通过以上的分类梳理不难看出，研究者在选题时立足司法实践、聚焦现实热点、解决实际问题。科研项目的研究工作需要一定的周期，省部级以上的科研项目从立项到完成通常需要3~5年时间，在此期间会持续有相关的学术论文、著作等成果产出，不断拓展检察公益诉讼理论研究的广度和深度，为完善我国的检察公益诉讼制度提供必要的支撑。

（二）检察公益诉讼领域学术活动情况

1.检察公益诉讼相关研究机构情况

为加强检校合作，更好地实现公益检察司法实践与理论研究的互动双赢，自2019年最高人民检察院在中国政法大学、湘潭大学、郑州大学设立检察公益诉讼研究基地以来，国内各地检察院也纷纷与本地高校联合成立检察公益诉讼研究机构。近年来全国新成立的检察公益诉讼研究机构情况见表2。

表2　国内检察公益诉讼研究机构

序号	检察院	高校	研究机构
1	最高人民检察院	中国政法大学	检察公益诉讼研究基地
2	最高人民检察院	湘潭大学	检察公益诉讼研究基地
3	最高人民检察院	郑州大学	检察公益诉讼研究院
4	海南省人民检察院	海南大学	海南自贸港民事、行政、公益诉讼检察研究基地
5	河北省人民检察院	河北经贸大学、河北地质大学、河北大学、河北农业大学	民事行政公益诉讼检察研究基地
6	青海省人民检察院	青海民族大学	民事行政公益诉讼检察研究基地
7	贵州省人民检察院	国家检察官学院贵州分院	民事、行政、公益诉讼检察研究基地
8	上海市浦东新区人民检察院	上海财经大学	检察公益诉讼研究中心
9	山东省临沂市人民检察院	临沂大学	民事、行政、公益诉讼检察综合研究基地
10	广西壮族自治区人民检察院	广西师范大学	检察公益诉讼研究基地

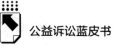

续表

序号	检察院	高校	研究机构
11	山东省济南市人民检察院	山东政法学院	公益诉讼检察研究基地
12	山西省人民检察院	山西财经大学	检察公益诉讼理论研究中心
13	重庆市人民检察院	重庆大学	公益诉讼检察研究基地
14	广东省人民检察院	暨南大学、华南理工大学	检察公益诉讼研究基地
15	广西壮族自治区钦州市人民检察院、北海市人民检察院、防城港市人民检察院	北部湾大学	检察公益诉讼研究基地
16	甘肃省人民检察院	兰州大学	公益诉讼研究中心
17	甘肃省人民检察院	甘肃政法大学	公益诉讼研究基地
18	云南省人民检察院	云南大学	民事、行政、公益诉讼检察研究基地
19	安徽省人民检察院	安徽大学	民事行政公益诉讼研究基地

研究机构的设立加强了检察机关与高校之间的良性互动，促使检察公益诉讼理论研究与实践探索有机融合、相互促进，也为开展各类学术活动奠定了良好的基础。

2. 检察公益诉讼理论研讨会情况

2021 年度检察公益诉讼各类学术研讨会的数量及规模比 2020 年度均有明显的下降，但也形成了一些重要成果。研讨会将未成年人检察公益诉讼、民事公益诉讼惩罚性赔偿、个人信息保护公益诉讼作为主要议题，呼应了 2021 年度立法和司法实践的热点。

2021 年 3 月 26 日，由最高人民检察院第九检察厅主办、宿迁市沭阳县人民检察院承办的未成年人公益诉讼检察研讨会在江苏沭阳召开。最高检和上海、重庆、山东、江苏等多个省市的检察机关，以及北京师范大学、中国政法大学等高校的专家学者围绕最有利于未成年人原则在公益诉讼检察中的理解与适用、未成年人公益诉讼检察的独特性和未成年人文身治理等消费保护领域公益诉讼探索三个主题对未成年人检察公益诉讼相关问题进行研讨。[①] 2021 年 3 月，最高检、最高法、农业农村部、海关总署、国家市场监督管理总局、国家粮食和物资储备局、中国消费者协会七个部门共同召开座谈会，探索建立食品安全民事公益诉讼惩罚性赔偿制度，印发《探索建立食品安全民事公益诉讼惩罚性赔偿制度座谈会会议纪要》。该纪要强调了惩罚性赔偿制度遏制、预防不法行为的功能，明确了惩罚性赔偿适用的要件，将损害公共利益的认定标准扩张到"重大损害风险"的情形，惩罚性赔偿金应统筹用于消费者权益保护。[②] 2021 年 9 月 25 日，最高检举办的第一期"论鉴"研讨会在京召开，研讨会以"检察技术支持惩治网络犯罪保护个人信息"为主题，约 180 余位专家学者、检察官及北京部分高校师生代表汇聚一堂，展开讨论。与会者认为《个人信息保护法》明确将个人信息保护纳入检察公益诉讼法定领域是保护网络空间公共利益的一个新路径，也是检察技术与检察履职深度融合的契机。[③]

各级检察院在办理公益诉讼新领域案件或遇到疑难问题时也会组织专家学者进行研讨，这些研讨会的举办使得检察公益诉讼理论研究与司法实践互相促进，共同发展。

3. 关于检察公益典型案例的发布和精品案件评选

司法实践中检察公益诉讼的典型案例对于探索办案领域、创新配套机制、优化制度设计都有十分重要的指导意义。2021 年，最高检先后发布了12 批公益诉讼典型案例，包括生物多样性保护、检察公益诉讼起诉、无障碍环境建设等主题，多维度展示检察公益诉讼的新探索、新技术、新机

---

① 《专家学者齐聚沭阳，这场全国未成年人公益诉讼检察研讨会研讨这些重要话题》，宿迁市人民检察院官网，http://sq.jsjc.gov.cn/yw/202103/t20210329_ 1195640. shtml，最后访问日期：2021 年 3 月 29 日。

② 《最高检等七部门印发〈会议纪要〉规范食品安全民事公益诉讼惩罚性赔偿实践探索》，最高人民检察院官网，https：//www.spp.gov.cn/spp/xwfbh/wsfbt/202106/t20210608_ 520675. shtml#1，最后访问日期：2021 年 6 月 8 日。

③ 史兆琨：《"论鉴"产生了怎样的火花——第一期"论鉴"研讨会综述》，《检察日报》2021 年 9 月 28 日，第 4 版。

制。[①] 2021 年 6 月 19 日，郑州大学检察公益诉讼研究院经评选发布"2020年度检察公益诉讼十大精品案件"，评出的精品案件涉及公民个人信息保护、野生动物保护、消防安全等新领域。有来自全国 25 个省份共计 318 家检察院参与，提交有效参评案件 458 件，评选过程中的网络投票环节，投票人数近 50 万，阅读量达百万余人次[②]，参与范围广、社会影响大，引起实务界的广泛关注讨论，这也为检察公益诉讼理论提供了鲜活的研究素材。

（三）检察公益诉讼相关研究成果情况

在中国知网以"公益诉讼"为主题、以关键词"检察院""人民检察院""检察机关""公益诉讼"（模糊）作为检索，按照被引次数和下载量对 2021 年度 CSSCI 期刊和北大核心期刊收录的论文进行筛选，并结合主要内容选出表 3 中的 36 篇论文作为主要研究对象。这些论文绝大多数被引 5次以上或下载量超过 1000 次，具有一定的代表性和影响力。

表 3　2020 年度检察公益诉讼核心期刊论文（部分）

类型	题目	期刊
检察公益诉讼基本理论	《检察公益诉讼的诉权迷思与理论重构》	《当代法学》
	《论法律监督与公益代表——兼论检察机关在公益诉讼中的主体地位》	《国家检察官学院学报》
	《检察公益诉讼制度若干问题思考》	《法治研究》
	《主体、属性与实践：公益诉讼诉前程序要义考略》	《河北法学》
环境公益诉讼	《生态环境损害多元救济机制之衔接研究》	《比较法研究》
	《论生态环境损害赔偿诉讼与环境公益诉讼之衔接》	《重庆大学学报》（社会科学版）
	《生态环境损害赔偿诉讼和环境公益诉讼的法理关系探微》	《海南大学学报》（人文社会科学版）
	《我国环境公益诉讼制度现状检视及路径优化》	《南京社会科学》
	《反思与重构：行政机关在环境民事公益诉讼中的定位》	《安徽大学学报》（哲学社会科学版）

---

① 刘洋等：《迈开稳稳的步伐　踏出精彩的回响——从最高检发布的典型案例看公益诉讼检察发展变化》，《检察日报》2021 年 12 月 30 日，第 5 版。

② 《"2020 年度检察公益诉讼十大精品案件"终评会在郑州顺利召开》，郑州大学法学院官网，http：//www5.zzu.edu.cn/newlaw/info/1080/7046.htm，最后访问日期：2021 年 6 月 25 日。

类型	题目	期刊
环境公益诉讼	《论预防性检察环境公益诉讼的性质定位》	《中国地质大学学报》(社会科学版)
	《关注治理效果:环境公益诉讼制度发展新动向》	《江西社会科学》
	《论检察环境公益诉讼的职能定位及程序优化》	《中国地质大学学报》(社会科学版)
	《检察机关提起环境民事公益诉讼之诉讼请求研究》	《湖南大学学报》(社会科学版)
	《预防性环境行政公益诉讼的理论基础与制度展开》	《行政法学研究》
行政公益诉讼	《行政公益诉讼类型化发展研究——以主观诉讼和客观诉讼划分为视角》	《国家检察官学院学报》
	《公益行政诉讼模式的理论分析与制度化建议》	《法律科学(西北政法大学学报)》
	《行政公益诉讼诉前程序的检视与完善——以检察机关干预行政事务为视角》	《求索》
	《论环境行政公益诉讼的谦抑性——以检察机关提起环境行政公益诉讼为限》	《重庆大学学报》(社会科学版)
	《行政公益诉讼中行政机关"依法履职"的认定》	《行政法学研究》
	《行政监督管理职责公益诉讼检察监督的限度分析——以 2017~2020 年行政公益诉讼判决书为研究样本》	《河北法学》
检察公益诉讼新领域	《个人信息保护公益诉讼制度的理解与适用》	《国家检察官学院学报》
	《文物保护公益诉讼与环境公益诉讼之辨析——以公共利益为中心》	《政法论丛》
	《个人信息保护领域检察公益诉讼的适用》	《河南财经政法大学学报》
	《个人信息保护救济机制的比较法分析与解释论展开》	《苏州大学学报》(法学版)
	《检察公益诉讼案件范围拓展研究》	《湘潭大学学报》(哲学社会科学版)
	《个人信息的检察公益诉讼保护路径研究》	《法治研究》
与刑事诉讼的衔接	《刑事附带民事公益诉讼研究》	《中国刑事法杂志》
	《刑事公诉与检察公益诉讼衔接问题研究》	《法学杂志》
	《论检察民事公益诉讼的"刑事化"及其消解》	《河南财经政法大学学报》
	《论刑事附带民事公益诉讼的程序实现》	《新疆社会科学》
惩罚性赔偿制度的适用	《〈民法典〉中环境污染和生态破坏责任的亮点》	《广东社会科学》
	《公害惩罚性赔偿及其请求权配置——兼论〈民法典〉第 1232 条的诉讼程序》	《中国地质大学学报》(社会科学版)

续表

类型	题目	期刊
惩罚性赔偿的适用	《公益诉讼惩罚性赔偿问题研究》	《比较法研究》
	《环境侵权惩罚性赔偿争议问题研究》	《河北法学》
	《论检察机关提起惩罚性赔偿消费公益诉讼的谦抑性——基于990份惩罚性赔偿检察消费公益诉讼一审判决的分析》	《河北法学》
	《解释论下环境侵权惩罚性赔偿的适用限制》	《南京工业大学学报》(社会科学版)

根据这些论文研究的检察公益诉讼的类型及核心问题分成六大类。其中，检察公益诉讼基本理论类论文深入探究我国检察公益诉讼的理论基础和体系，指出目前我国检察公益诉讼制度的不足和缺陷，并提出完善及推进的方案；环境公益诉讼类论文着重讨论了我国环境公益诉讼的职能定位和程序优化，特别对生态环境损害赔偿诉讼与环境民事公益诉讼二者的界分、衔接及冲突等进行了集中研究；行政公益诉讼类论文详细论证了诉讼类型和诉讼模式的选择，同时对检察公益诉前程序的设计提出了具体可行的建议；检察公益诉讼新领域类论文讨论了"公共利益"的认定与拓展受案范围的原则，并就个人信息保护、文物保护等新领域展开细致的研究；与刑事诉讼的衔接类论文立足司法实践中刑事附带民事公益诉讼的具体程序，集中研究附带民事公益诉讼制度的相关问题；惩罚性赔偿的适用类论文聚焦在检察公益诉讼中的适用范围、提起条件、赔偿金的计算及归属等司法实践中亟待解决的问题。

二 检察公益诉讼2021年度理论研究热点

随着我国检察公益诉讼制度的逐步健全和成熟，检察公益诉讼理论研究也已度过最初的"拓荒时期"，对于检察公益诉讼的功能与价值、检察机关在公益诉讼中的主体地位、检察监督权在公益诉讼中的实现机理等问题已基本达成共识。通过对表3中的论文进行概括、归纳可以发现，2021年度检察公益诉讼理论研究呈现理论研究和实践探索高度融合、研究主题丰富多元、研究更加细化和深入的特点①，研究主题也从宏观理论逐步向规则设计和制度安排等中观层面过渡。下文拟对检察公益诉讼理论研究的热点问题进行总结回顾，尽量全面地展现 2021 年度的主要研究成果和学术观点。

（一）检察公益诉讼基本理论

1. 检察机关在公益诉讼中的职能

我国检察公益诉讼制度的构建最早可溯源到党的十八届四中全会，《中共中央关于全面推进依法治国若干重大问题的决定》提出要"探索建立检察机关提起公益诉讼制度"。习近平总书记特别指出："作出这项规定，目的就是要使检察机关对在执法办案中发现的行政机关及其工作人员的违法行为及时提出建议并督促其纠正"②，这体现出检察机关在公益诉讼中的法律监督职能。此外，对一些侵害社会公共利益的案件，由检察机关作为公益代表提起诉讼，体现了检察机关的公益代表职能。由此可见，在公益诉讼中，检察机关具有法律监督和公益代表双重属性，公益代表是基本属性，而法律监督是本质属性。③

2. 检察公益诉讼系客观诉讼

客观诉讼通常是以保障法规的客观公正适用或一般公共利益为目的的诉讼④，检察机关在公益诉讼中的双重属性决定了我国的检察公益诉讼符合客观诉讼的特征。而 2018 年最高人民法院、最高人民检察院《关于检察公益诉讼案件适用法律若干问题的解释》和 2021 年《人民检察院公益诉讼办案

---

① 胡卫列、孙森森：《积极回应实践　推动制度建设——2021 年公益诉讼检察研究综述》，《人民检察》2022 年第 4 期。

② 《关于〈中共中央关于全面推进依法治国若干重大问题的决定〉的说明》，新华网，http：//www.xinhuanet.com/politics/2014−10/28/c_ 1113015372.htm，最后访问日期：2014 年 11 月 28 日。

③ 谢鹏程：《论法律监督与公益代表——兼论检察机关在公益诉讼中的主体地位》，《国家检察官学院学报》2021 年第 1 期。

④ 刘艺：《检察公益诉讼的诉权迷思与理论重构》，《当代法学》2021 年第 1 期。

规则》均未使用传统的"公诉人""民事公诉""行政公诉""抗诉"等说法，而使用了"公益诉讼起诉人""上诉"等不符合客观诉讼特征的称谓，使人民检察院在公益诉讼中的地位不明、权力压缩乃至法律监督性质淡化。[1]

3. 检察公益诉讼专门立法

作为一项实践先行的制度，检察公益诉讼制度在立法层面的规则供给不足。过去几年，我国通过简单修改《民事诉讼法》《行政诉讼法》确立了民事、行政检察公益诉讼制度，随后在单行法的制定和修改中也涉及检察公益诉讼的相关条款。但由于检察公益诉讼客观诉讼的特殊属性，将其纳入现行的民事诉讼制度和行政诉讼制度难以系统地体现公益诉讼的特点及其在程序上的要求[2]，与现行的民事、行政诉讼构造发生冲突。据此，许多学者都建议通过公益诉讼专门立法，以明确检察公益诉讼制度的法律监督性质和检察机关"民事公诉人""行政公诉人"的地位，构筑我国完整的三大公诉制度体系，进一步推动检察公益诉讼制度科学发展。[3]

此外，对检察公益诉讼基本理论的讨论还涉及诉前程序的具体安排，以及赋予检察机关在调查取证过程中必要的财产性强制措施选择[4]，甚至对被调查人不配合调查时采取拘传措施[5]等检察机关在公益诉讼中的相关职能。

（二）环境公益诉讼相关问题

自我国检察公益诉讼制度实施以来，生态环境和自然保护领域的案件一直是检察机关办理最多的。根据最高检通报的 2021 年度检察公益诉讼案件

---

① 谢鹏程：《论法律监督与公益代表——兼论检察机关在公益诉讼中的主体地位》，《国家检察官学院学报》2021 年第 1 期。

② 谢鹏程：《论法律监督与公益代表——兼论检察机关在公益诉讼中的主体地位》，《国家检察官学院学报》2021 年第 1 期。

③ 高杰：《检察公益诉讼制度若干问题思考》，《法治研究》2021 年第 1 期。

④ 赵谦、余月：《主体、属性与实践：公益诉讼诉前程序要义考略》，《河北法学》2021 年第 2 期。

⑤ 高杰：《检察公益诉讼制度若干问题思考》，《法治研究》2021 年第 1 期。

情况，全年共立案办理生态环境和资源保护领域案件 8.7 万件，占案件总量的 5 成以上①，环境公益诉讼制度的现状在很大意义上能够反映我国检察公益诉讼制度的整体状况。

1. 我国环境公益诉讼的现状和问题

《我国环境公益诉讼制度现状检视及路径优化》一文系统梳理了我国环境公益诉讼产生和发展过程，从最初以应对环境保护中的"政府失灵"为目的展开的理论研究和实践探索，到《民事诉讼法》《环境保护法》对民事公益诉讼的立法确认，再到部分检察机关的试点先行，最终通过《民事诉讼法》《行政诉讼法》的修改和相关司法解释的确认在全国范围内实施。这项特色鲜明、内容创新的中国制度产生以后在生态环境领域成效良好，成为对环境行政权的重要补充，并呈现了"行主民辅"的特点。目前，环境公益诉讼制度的法律规范散乱无章，缺乏科学性和系统性，检察机关为追求案件数量的增加任意启动程序，其在不同类型的环境公益诉讼程序中的角色不够明确，职能也十分模糊。②

此外，我国环境民事公益诉讼的诉讼请求存在预防性诉讼请求表意模糊、作用难以发挥，赔偿性诉讼请求的赔偿范围过窄、无法涵盖环境的非使用价值损失，恢复性诉讼请求缺乏配套机制、难以执行，赔礼道歉诉讼请求执行效果欠佳等问题。③ 环境行政公益诉讼诉前程序存在对行政机关是否履行法定职责的审查标准过于严苛、检察建议要求的整改期限过短、诉前公告流于形式且覆盖面和影响力均不达标的现实问题。④

---

① 闫晶晶：《最高检召开新闻发布会通报 2021 年度检察公益诉讼工作情况》，最高人民检察院官网，https://www.spp.gov.cn/zdgz/202203/t20220304_546864.shtml，最后访问日期：2022 年 3 月 4 日。

② 李义松、刘永丽：《我国环境公益诉讼制度现状检视及路径优化》，《南京社会科学》2021年第 1 期。

③ 李爱年、张小丽、张小宝：《检察机关提起环境民事公益诉讼之诉讼请求研究》，《湖南大学学报》（社会科学版）2021 年第 5 期。

④ 刘建新：《论检察环境公益诉讼的职能定位和程序优化》，《中国地质大学学报》（社会科学版）2021 年第 4 期。

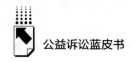

2. 环境公益诉讼制度的优化和完善

在环境公益诉讼立案前，检察机关在面临不同类型公益诉讼程序的选择时，可以通过构建诉前审查机制对环境公共利益受损的情况、风险等级和行政机关是否存在违法行为等案件情况进行审查，据此选择最佳救济途径，节约司法资源。① 在公益诉讼诉前程序中，为凸显检察机关"法律监督者"的职能定位，应当注重发挥诉前程序的独立价值，提高检察建议的质量，谨遵司法谦抑性原则，不随意提起公益诉讼。对行政机关依照检察建议作出行政行为的审查采用温和的行为标准，对《行政诉讼法》中"行政机关不依法履行职责"的理解作限缩解释。诉前程序中的整改期限应根据行政机关的履职时间和生态环境的修复时间等客观因素灵活确定。②

除了环境公益诉讼制度本身的完善，还有学者从更加宏观的角度着眼，认为注重环境治理效果是环境公益诉讼发展的新动向。应当通过完善环境修复的具体方案、提升环境评估技术、选择恰当的诉讼策略、形成互动的环境执法模式③，从实质上促进生态环境的修复，实现环境公益诉讼的最终目的。

3. 预防性环境公益诉讼

一般来说，环境公益诉讼对生态环境的保护属于事后保护，而有的环境损害一旦发生会造成不可逆转的损害后果。为提前预防环境损害的发生，最高人民法院《关于审理环境民事公益诉讼案件适用法律若干问题的解释》第1条将"具有损害社会公共利益重大风险"的污染环境、破坏生态的行为纳入案件受理范围。我国目前的预防性环境公益诉讼只存在于民事公益诉讼中，具有"单轨制"的特点，尚未纳入行政公益诉讼的范畴，导致司法

---

① 李义松、刘永丽：《我国环境公益诉讼制度现状检视及路径优化》，《南京社会科学》2021年第1期。

② 刘建新：《论检察环境公益诉讼的职能定位和程序优化》，《中国地质大学学报》（社会科学版）2021年第4期。

③ 张翔：《关注治理效果：环境公益诉讼制度发展新动向》，《江西社会科学》2021年第1期。

实践中将"重大风险"等同于"公益受到损害",环境行政公益诉讼存在以"损害"之名进行风险规制的尴尬。① 为了解决这个问题,有学者建议在尊重行政权的前提下,由检察机关着重在环境风险监管空白、监管失调的领域引入预防性环境行政公益诉讼,在监督模式上以督促执法为主、代位执法为辅。②

4. 环境公益诉讼与生态环境损害赔偿诉讼的关系和衔接

对于生态环境损害,我国现行法律框架下有多重救济途径,不同救济途径的顺位和衔接在法律规范中没有明确规定,成为理论界的研究热点。有学者对我国目前的生态环境损害多元救济途径进行系统梳理,通过对比各种救济途径的特点和属性,认为生态环境损害赔偿诉讼属于行政救济,环境公益诉讼属于司法救济,根据"行政救济优于司法救济"的原则应确立行政救济的优先性③,即由行政机关提起的环境损害赔偿诉讼在顺位上优于环保组织和检察机关提起的环境公益诉讼。以上顺位的安排主要基于三个原因:一是行政机关较环保组织和检察机关在专业技术、人员、技术方面具有明显优势;二是生态环境损害的鉴定评估等专业工作所使用的技术规范系由行政机构制定,行政机构的判断更加科学;三是从职权配置上应当遵循"行政机关优先——司法监督行政"④。也有学者提出了不同的方案,建议以有无实际损害结果发生为标准对"两诉"进行区分,环境公益诉讼制度应当以预防性为主要功能定位,而事后救济性诉讼作用则由生态环境损害赔偿制度承担⑤,这样可以从源头对两种诉讼进行划分,避免冲突和摩擦的情形。

两种诉讼制度都是根源于生态环境整体利益的保护,可以通过综合性立

① 张百灵:《预防性环境行政公益诉讼的理论基础与制度展开》,《行政法学研究》2021年第6期。
② 吴凯杰:《论预防性检察环境公益诉讼的性质定位》,《中国地质大学学报》(社会科学版)2021年第1期。
③ 吕梦醒:《生态环境损害多元救济机制之衔接研究》,《比较法研究》2021年第1期。
④ 彭中遥:《论生态环境损害赔偿诉讼与环境公益诉讼之衔接》,《重庆大学学报》(社会科学版)2021年第3期。
⑤ 任洋:《反思与重构:行政机关在环境民事公益诉讼中的定位》,《安徽大学学报》(哲学社会科学版)2021年第1期。

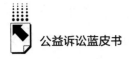

法构建具体化的生态环境损害赔偿制度，包括两种诉讼制度的互动、权责的划分、资金管理制度等①，使两种制度能够合理衔接，保障诉讼目的的实现。

（三）行政公益诉讼相关问题

从 2021 年最高检发布的公益诉讼办案数据来看，行政公益诉讼案件占全年立案总数的 88%，对行政公益诉讼的研究有着十分重大的意义。

对于行政公益诉讼的类型，有学者认为我国行政公益诉讼在创设时系为了保护特定领域的公共利益，并对行政权的运行进行监督，其究竟系主观诉讼还是客观诉讼并不明确。检察行政公益诉讼类型的模糊造成了相关制度设计上的问题：行政公益诉讼的目的定位于受损公共利益的修复，淡化了秩序公益的维护，甚至为了修复公共利益而损害秩序公益。当行政机关依法履行职责仍不能实现被损公共利益修复的情况下，如果要求被诉行政机关继续履行法定职责，就会走进政府的治理范畴。结合我国检察机关的职能，建议建构客观公益诉讼成为行政公益诉讼的主要发展方向，将保护秩序公益作为诉讼目标，在重大国家利益和社会公共利益受到侵害时，检察机关可提起补救请求之诉进行救济。②

对于行政公益诉讼的模式，有学者按照行政公益诉讼提起主体的不同对公益行政诉讼的公诉模式和私诉模式进行分析，认为在我国确立的检察机关作为唯一主体的公益行政诉讼公诉模式中，应当确认检察机关"行政公诉人"的身份，使检察机关完整享有如建议权、调查权、公诉权、抗诉权等职权③，同时建议引入普通民众或组织提起的行政公益私诉，作为在检察机关拒绝提起行政公益诉讼时的有益补充。

---

① 曹明德、马腾：《生态环境损害赔偿诉讼和环境公益诉讼的法理关系探微》，《海南大学学报》（人文社会科学版）2021 年第 2 期。

② 薛刚凌：《行政公益诉讼类型化发展研究——以主观诉讼和客观诉讼划分为视角》，《国家检察官学院学报》2021 年第 2 期。

③ 唐璨：《公益行政诉讼模式的理论分析与制度化建议》，《法律科学（西北政法大学学报）》2021 年第 1 期。

　　随着检察公益诉讼的不断发展，已经有学者开始理性反思检察机关在提起公益诉讼时应当遵循的谦抑性。以环境行政公益诉讼为例：一方面，基于司法权对行政权的尊重，加之公益诉讼在诉讼范围和事由上都受到一定的限制，司法权具有明显的有限性；另一方面，环境法的实施具有以行政机关为主导的特点，司法机关也应当秉持谦抑性，尊重行政机关的决定。[①] 检察机关的谦抑性在行政公益诉讼诉前程序中具体应体现为：检察机关在行政机关未穷尽救济手段前不能启动公益诉讼程序，检察建议发出后采用多种审查标准合理判断"是否履职"，完善诉前程序的制度设置以增强检察机关监督行政机关的实效性。[②]

　　由于对行政机关是否"依法履职"的认定贯穿行政公益诉讼的诉前阶段及法院审理阶段，该问题也一直是理论界讨论的热点。有学者选取2017~2020年的721份行政公益诉讼判决书进行研究，发现有29.96%的判决适用单一的"结果标准"，通过公共利益受到侵害的结果反向推导认定行政机关未依法履行职责；有31.76%的判决适用复合标准，结合公益受损的结果和行政机关履行职责的状况综合认定。由此可见，司法实践中超过6成的案件直接或间接适用了"结果标准"。该学者认为这种判断标准过于强调对公共利益的救济，忽略审查行政机关履行职责所采取的行政行为本身，加重行政机关的履职负担，逾越功能分立边界。[③] 有学者则通过分析我国现行法律规范中"依法履行"的基本语义，认为公益是否受损并不必然影响裁判机关对行为合法性本身的审查，属于典型的"行为标准"。此外，该学者还以行政机关未依法履行与公益受损之间非必然的因果关系情形为例，论证了此种情况下适用"结果标准"有违多因一果的客观机理，使真正的侵权者逍遥法外，存在监督越界的风险。该学者认为"行为标准"虽强调不以公益受

① 邓可祝：《论环境行政公益诉讼的谦抑性——以检察机关提起环境行政公益诉讼为限》，《重庆大学学报》（社会科学版）2021年第5期。
② 李燕林：《行政公益诉讼诉前程序的检视与完善——以检察机关干预行政事务为视角》，《求索》2021年第1期。
③ 胡婧：《行政监督管理职责公益诉讼检察监督的限度分析——以2017~2020年行政公益诉讼判决书为研究样本》，《河北法学》2021年第10期。

损状态的消除为必要条件，但也要求通过考量行政机关是否穷尽了监管措施来判断其是否"依法履行"，同时可通过行政公益诉讼的类型化发展来兼顾"结果标准"对国家或公共利益的维护。①

（四）检察公益诉讼新领域的拓展

2021年6月，《中共中央关于加强新时代检察机关法律监督工作的意见》中提出要"积极稳妥拓展公益诉讼案件范围，探索办理安全生产、公共卫生、妇女及残疾人权益保护、个人信息保护、文物和文化遗产保护等领域公益损害案件"。2021年，最高检官网发布了安全生产、食品药品安全、个人信息保护、生物多样性保护、红色资源和烈士纪念设施保护、无障碍环境建设等12批检察公益诉讼典型案件。我国在2021年颁布的《个人信息保护法》《军人地位和权益保障法》及修订后的《未成年人保护法》中均有检察公益诉讼的相关规定，拓宽了检察公益诉讼的案件范围。有学者检视了检察公益诉讼语境下"公共利益"的概念，将国家安全利益、外交利益、意识形态利益等国家利益和社会生活基础条件、环境等社会利益作为检察公益诉讼中公共利益的判断标准，遵循司法谦抑性原则、比例原则、实践可行性原则来探索拓展检察公益诉讼的案件范围。②

理论界和实务界此前就有不少关于个人信息保护的讨论，新法的颁布和实施使这个议题再次成为热点，关于个人信息保护公益诉讼的论文数量及下载量均显著高于其他方面的论文。在2021年8月《个人信息保护法》颁布前，学者们的讨论多集中在适用检察公益诉讼制度来保护个人信息的必要性及可行性：有学者基于个人信息具有的公益属性、公民认知水平和维权效率，认为在个人信息保护领域引入检察公益诉讼制度是必要的；通过我国检察机关承担的法律监督职能、检察公益诉讼制度对受案范围的规定留有余地和我国检察公益诉讼实践的积累论证了将个人信息保护纳入检察公益诉讼新

---

① 李瑰华：《行政公益诉讼中行政机关"依法履职"的认定》，《行政法学研究》2021年第5期。

② 潘剑锋、牛正浩：《检察公益诉讼案件范围拓展研究》，《湘潭大学学报》（哲学社会科学版）2021年第4期。

领域的可行性。① 在《个人信息保护法》确立了个人信息保护公益诉讼制度之后的研究多针对该制度的具体安排和规则设计展开。对于《个人信息保护法》中规定的检察机关—消费者组织—相关组织的起诉主体顺位，有学者认为在目前相关配套制度尚不完善的情况下由检察机关起引领作用是十分必要的，可以避免此类新型公益诉讼一经制度建构就进入休眠的困境。② 还有学者深入剖析了《个人信息保护法》第70条的具体实施条件，详细列举了违法处理个人信息的各种情形，建议在确定"众多受害人"的标准时参考消费者权益保护公益诉讼的启动标准和比较法的经验③，同时对于检察公益诉讼中的适格起诉主体、适格被告及应承担的法律责任均有细致的论述，为该法律条文在司法实践中的运用提供了详尽的参考。针对个人信息保护在技术上对公益诉讼制度提出的挑战，有学者还特别建议强化检察机关的调查核实权，积极运用新型调查技术和手段④，保障公益诉讼实现更好的效果。

对检察公益诉讼办案领域的研究除了新领域的拓展，还有对法定办案领域内涵的界定。我国目前尚未将文物保护纳入检察公益诉讼的范畴，但在司法实践中存在将不可移动文物归于《环境保护法》规定的"人文遗迹"，进而提起公益诉讼予以保护的做法。有学者在分析环境公益诉讼和文物公益诉讼的关系和差异后认为，二者维护的公共利益属性不同，借道环境公益诉讼仅能部分实现对不可移动文物的保护，并不能实现对文物资源的全方位保护⑤，建议在修改《文物保护法》时确立对文物保护的公益诉讼制度。

---

① 张龙、徐文瑶：《个人信息保护领域检察公益诉讼的适用》，《河南财经政法大学学报》2021年第4期。

② 张陈果：《个人信息保护救济机制的比较法分析与解释论展开》，《苏州大学学报》（法学版）2021年第4期。

③ 张新宝、赖成宇：《个人信息保护公益诉讼制度的理解与适用》，《国家检察官学院学报》2021年第5期。

④ 邵俊：《个人信息的检察公益诉讼保护路径研究》，《法治研究》2021年第5期。

⑤ 陈冬：《文物保护公益诉讼与环境公益诉讼之辨析》，《政法论丛》2021年第2期。

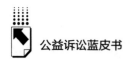

（五）检察公益诉讼与刑事诉讼的衔接问题

检察公益诉讼制度在我国尚处于确立初期，检察民事公益诉讼案件存在线索来源困难、收集证据艰苦的现状，加之部分检察机关重刑轻民的惯性理念及片面追求公益诉讼绩效的特点，导致刑事附带民事公益诉讼案件肆意扩张，部分检察民事公益诉讼呈现线索来源刑事化、证明标准刑事化的不良倾向。针对上述问题，学者建议检察机关通过转变理念、强化调查取证权、建立多元化线索来源渠道、明确检察民事公益诉讼的证明标准等途径对"刑事化"予以消解。①

如何构建刑事附带民事公益诉讼制度，使检察公益诉讼与刑事诉讼程序合理衔接，引发不少学者的探讨。有学者通过分析刑事附带民事公益诉讼制度独立性，对刑事附带民事公益诉讼的起诉主体、被告主体、责任承担等方面进行了系统设计，认为基于诉讼规范、诉讼能力、刑事附带民事公益诉讼的诉讼效率和效果等多重因素考虑，应将检察机关作为唯一起诉主体。② 关于刑事附带民事公益诉讼的诉前公告程序，出于对诉讼效率的追求和司法资源的节约，多数学者均认为检察机关在提起刑事附带民事公益诉讼前无须再进行公告。由于刑事附带民事公益诉讼制度是刑事诉讼与民事公益诉讼的有机结合，刑事公诉证据可以直接作为相关民事公益诉讼证据使用，在民事公益诉讼中检察机关调取的证据，因调取证据主体、调取证据程序的一致性，也可以直接作为刑事证据使用。③ 但二者采用的证明标准则应当有所区别：刑事诉讼的证明标准是"排除合理怀疑"；而刑事附带民事公益诉讼的本质是侵权之诉，应当遵循民事公益诉讼的一般标准，即高度盖然性标准。④

---

① 张嘉军：《论检察民事公益诉讼的"刑事化"及其消解》，《河南财经政法大学学报》2021年第3期。
② 周新：《刑事附带民事公益诉讼研究》，《中国刑事法杂志》2021年第3期。
③ 刘金林：《刑事公诉与检察公益诉讼衔接问题研究》，《法学杂志》2021年第4期。
④ 高星阁：《论刑事附带民事公益诉讼的程序实现》，《新疆社会科学》2021年第3期。

（六）惩罚性赔偿制度的适用

2019 年 5 月，中共中央、国务院发布了《关于深化改革加强食品安全工作的意见》，提出要"探索建立食品安全民事公益诉讼惩罚性赔偿制度"；2021 年 3 月最高检等七部门联合印发《探索建立食品安全民事公益诉讼惩罚性赔偿制度座谈会会议纪要》，对司法实践中在食品安全领域适用惩罚性赔偿的相关问题作出指导。2021 年 1 月 1 日《民法典》正式实施，理论界关于惩罚性赔偿制度研究的热度持续不减。

适用惩罚性赔偿制度的传统领域为消费者权益保护领域，我国相关法律虽未将主张惩罚性赔偿的权利授予检察机关或消费者协会之类的公益诉讼起诉人，司法实践中却存在大量检察机关在消费者公益诉讼中主张惩罚性赔偿并获得支持的案例。对于检察机关惩罚性赔偿的请求权来源，有学者从案例出发，分析了实践中惩罚性赔偿权集合行使和新设权利两种模式下不同之处，并结合公益诉讼惩罚性赔偿与私人行使惩罚性赔偿的功能分化，论证了集合行使模式在实践中的逻辑悖论，建议在消费者的私人惩罚性赔偿请求权之外，另外创设一个惩罚性赔偿请求权来理顺关系，实现惩罚性赔偿制度的惩罚与威慑功能。[1] 还有学者暂时搁置检察机关提起惩罚性赔偿请求权的缺失，运用实证研究的方法分析了 990 份惩罚性赔偿检察消费公益诉讼判决，指出我国惩罚性赔偿检察消费公益诉讼的"公诉化""严苛化"趋势[2]，认为检察机关在消费公益诉讼中应当保持谦抑克制，修正司法实践中出现的问题和偏差。

除了消费公益诉讼外，将惩罚性赔偿引入环境公益诉讼也有很大的呼声。我国《民法典》第 1232 条将惩罚性赔偿引入了环境侵害领域，就惩罚性赔偿在环境公益诉讼中的适用，理论界存在很大的争议。关于惩罚性赔偿请求权的配置，有学者通过论证后得出结论：私益受害者难以作为公害惩罚

---

① 杨会新：《公益诉讼惩罚性赔偿问题研究》，《比较法研究》2021 年第 4 期。
② 黄忠顺、刘宏林：《论检察机关提起惩罚性赔偿消费公益诉讼的谦抑性——基于 990 份惩罚性赔偿检察消费公益诉讼一审判决的分析》，《河北法学》2021 年第 9 期。

性赔偿的请求权主体，与检察机关等公益组织相比，应当向环境损害赔偿诉讼的赔偿权利人配置惩罚性赔偿的请求资格。① 也有不少学者认为，在环境公益诉讼中适用惩罚性赔偿缺乏理论及法律依据，王利明教授就坚持这一观点。他认为，无论是从文义解释还是从体系解释来看，《民法典》第1232条规定主要适用于私益遭受侵害的情形，关于惩罚性赔偿的规则不应适用于公益诉讼。② 还有学者认为，环境侵权惩罚性赔偿本质上为私人执法，应归属被侵权人所有，在环境民事公益诉讼中判决惩罚性赔偿缺乏依据，且会造成重复性惩罚。③ 在此前提下，为了避免环境侵权惩罚性赔偿制度在未来适用中发生分歧，有学者建议从适用的主观要件、侵权损害结果、主观过错证明责任的承担和惩罚性赔偿金额的计算四个方面对该制度进行优化和完善。④

三　检察公益诉讼理论研究发展趋势及展望

通过以上梳理和回顾可以发现，检察公益诉讼制度在我国从顶层设计、前期试点到全面展开，各项制度日趋成熟和健全，规则的可操作性不断增强，相关的理论研究也从检察公益诉讼的宏观理论逐步向规则设计和制度安排的中观层面过渡。根据目前司法实践中亟待解决的问题和理论研究热点来看，检察公益诉讼理论在未来几年仍有较大的发展空间。

（一）加强检察公益诉讼的专门立法研究

作为一项实践先行的制度，检察公益诉讼制度在立法层面的规则供给不足。过去几年，我国通过简单修改《民事诉讼法》《行政诉讼法》确立了民

① 苏伟康：《公害惩罚性赔偿及其请求权配置——兼论〈民法典〉第1232条的诉讼程序》，《中国地质大学学报》（社会科学版）2021年第4期。
② 王利明：《〈民法典〉中环境污染和生态破坏责任的亮点》，《广东社会科学》2021年第1期。
③ 王树义、龚雄艳：《环境侵权惩罚性赔偿争议问题研究》，《河北法学》2021年第10期。
④ 周勇飞：《解释论下环境侵权惩罚性赔偿的适用限制》，《南京工业大学学报》（社会科学版）2021年第6期。

事、行政检察公益诉讼制度；之后，最高人民法院与最高人民检察院联合发布了《关于检察公益诉讼案件适用法律若干问题的解释》；2021 年，《个人信息保护法》《军人地位和权益保障法》颁布实施，《未成年人保护法》《安全生产法》进行了修订，这四部法律中均涉及检察公益诉讼条款；2021年 7 月 1 日，《人民检察院公益诉讼办案规则》开始施行，这些法律和司法解释的发布为检察机关办理公益诉讼案件提供了必要的依据。随着检察公益制度日趋完善和复杂，这些零散的法律规定已经无法满足司法实践的需要，未来还需要就检察公益诉讼案件线索的获取途径、检察公益诉讼案件的管辖、检察机关调查核实权的行使、检察公益诉讼新领域的扩展、诉前检察建议的制发细则等方面制定系统的规则。制定一部专门的《公益诉讼法》势在必行，理论界对此有很高的呼声，因此未来需要加强检察公益诉讼立法方面的相关研究，为专门法的制定提供必要的理论基础。

除此之外，对于检察公益诉讼涉及的相关单行法律也需要进行必要的修改和解释，通过系统的立法活动使检察公益诉讼有章可循，且能够与周边的法律制度顺畅衔接且有效运行。

（二）夯实检察公益诉讼的理论基础

目前，理论研究中对于公益诉讼的目的、检察机关在公益诉讼中的角色定位、检察机关诉权的来源及其与行政机关行政管理权的边界等问题虽然部分形成了统一认识，但其根基还不够牢固，还有一些重大的理论分歧没有解决。这些基础理论影响检察公益诉讼的诉讼构造、审理原则、受案范围、管辖制度、诉讼模式等一系列问题的解决。为夯实这些检察公益诉讼的理论基础，不仅需要有源源不断的研究者持续投入，也需要及时将检察公益诉讼的研究成果汇编成教材进入本科法学教育，推动在法学一级学科之下设立独立的公益诉讼法学硕士点、博士点[①]，尝试在中国法学会之下设立公益诉讼法

---

① 郑州大学从 2022 年开始正式招收公益诉讼法学方向的全日制硕士生。闫晶晶：《郑州大学设立全国首个公益诉讼法学研究生招生方向》，《检察日报》2021 年 11 月 14 日，第 1 版。

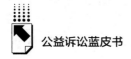

学研究会等措施，为生动鲜活的检察公益诉讼实践带来源源不断的理论滋养和人才支撑。①

（三）完善检察公益诉讼的特殊规则及与周边制度的衔接

检察公益诉讼因为其特殊的属性而需要适用特殊规则，《民事诉讼法》《行政诉讼法》中相关条文的规定很难适应检察公益诉讼司法实践的现实需求，对于检察公益诉讼诉前程序规则、行政公益诉讼检察建议的内容、民事公益诉讼诉前公告的细则等，都需要一一研究确定。另外，检察公益诉讼制度作为公益保护的中国方案，其与我国现行的民事诉讼、刑事诉讼、行政诉讼及环境领域特有的环境损害赔偿诉讼等制度怎样和谐共生，检察公益诉讼内部各种子类型案件如何无缝衔接，整个检察公益诉讼制度如何在我国的法律制度框架中高效运行，这些都需要我们进一步的研究。

---

① 田凯、张嘉军：《回顾与探讨：检察公益诉讼理论和实践的热点难点》，《检察日报》2021年1月7日，第7版。

地　方　篇
Local Reports

B.6

重庆市检察公益诉讼发展年度报告

彭劲荣　徐　贝[*]

摘　要： 2021年，重庆市三级检察机关深入贯彻习近平生态文明思想和习近平法治思想，不断提高政治站位、深化思想认识，有力地推动打好解决重点领域损害公益问题持久战，在明确办案质效基本导向、专项推动实现提质增效、构建跨区域监督新模式、强化公共关系建设拓展等方面成效显著。然而，从司法实践审视，当下还存在办案数量下降、案件分布集中、案件撤诉较多等问题亟待解决。新时代，应当从以案件质效为抓手提升公益诉讼监督效能，以改革创新为引领完善公益检察制度机制，以系统观念为指导推动公益保护协同共治等方面进行改进，务求完备，力臻实效。

关键词： 公益诉讼　检察公益诉讼　重庆市

---

[*] 彭劲荣，重庆市人民检察院检察五部主任、三级高级检察官；徐贝，重庆市人民检察院检察五部三级检察官助理。

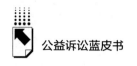

一　现状与成绩

2021 年，重庆市检察机关共发现公益诉讼线索 2408 件，立案 1968 件；开展诉前程序 1454 件，开展诉前磋商程序 343 件，行政机关回复整改 1458 件（含积存）；提起诉讼 167 件，法院审结 135 件，因实现诉求撤诉 20 件；支持行政机关、社会组织起诉 15 件。

（一）案件领域分布

生态环境和资源保护领域立案 1409 件，开展诉前程序 975 件，提起诉讼 120 件，分别占对应案件类型总数的 71.6%、67.1%、71.8%。食品药品安全领域立案 285 件，开展诉前程序 253 件，提起诉讼 21 件，分别占对应案件类型总数的 14.5%、17.4%、12.6%。国有财产保护和国有土地使用权出让领域立案 60 件，开展诉前程序 51 件，提起诉讼 8 件，分别占对应案件类型总数的 3.0%、3.5%、4.8%。新领域立案 214 件，开展诉前程序 175 件，提起诉讼 18 件，分别占对应案件类型总数的 10.9%、12.0%、10.8%。

（二）案件类型分布

公益诉讼立案案件中，民事 346 件，行政 1622 件，分别占立案总数的 17.6%、82.4%。开展诉前程序案件中，发布公告 253 件，提出检察建议 1201 件，分别占比 17.4%、82.6%。提起民事公益诉讼 121 件（其中单独提起民事公益诉讼 31 件，刑事附带民事公益诉讼 90 件），提起行政公益诉讼 46 件，分别占提起诉讼案件总数的 72.5%、27.5%。支持起诉案件 15 件。其中，支持行政机关提起生态环境损害赔偿诉讼 13 件，支持社会组织提起民事公益诉讼 2 件，分别占比 86.7%、13.3%。

（三）监督和支持对象分布

提出诉前检察建议案件涉及政府职能部门 30 个，涉及行政事项主要有

11 类。其中环境保护类 709 件，资源保护类 71 件，食品安全监管类 201 件，药品安全监管类 19 件，国有财产保护类 47 件，国有土地保护类 4 件，公共安全监管类 46 件，个人信息保护类 4 件，文物和文化遗产保护类 44 件，未成年人保护类 40 件，无障碍环境保护类 13 件。检察机关支持起诉案件中，支持生态环境部门起诉 5 件，支持规划和自然资源局 3 件，林业局 5 件，支持消费者权益保护组织起诉 2 件。

二 经验总结与问题分析

（一）做法和经验总结

1.明确办案质效基本导向

市检察院将 2021 年确定为公益诉讼"质效提升年"，以公益诉讼办案质效提升为主题召开全市检察机关公益诉讼工作会议。全市检察机关坚持以质效为基本导向，深入推进实践工作，取得明显成效。

其一，严格确保案件质量。根据《人民检察院公益诉讼办案规则》，结合实际制定进一步规范公益诉讼办案的若干规定，强化上级检察院指导办案，确保办案程序规范，以规范促精准保质量。2021 年，重庆检察机关提出诉前检察建议案件，行政机关诉前整改率 99.79%，同比上升 0.53 个百分点，提起公益诉讼案件和支持起诉案件法院判决支持率均为 100%。检察建议到期未回复整改提起诉讼率等 3 项案件质量指标居全国前列，5 个案件被评为全国典型、优秀案例。

其二，推动优化案件结构。统筹推进公益诉讼各领域办案，加大单独提起民事公益诉讼、支持起诉工作力度，案件结构得到调整优化。2021 年，食品药品安全领域案件占总量比提升 1.83 个百分点；新领域案件数量增长 30.49%，占比提升 3.63 个百分点，安全生产、英烈保护、个人信息保护等新增法定领域办案数量均大幅提升，初步实现公益诉讼"4+5+N"监督领域全面推进。公益诉讼起诉案件数量同比上升 8.44%，单独提起民事公益

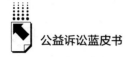

诉讼案件数量增长 24%，行政公益诉讼起诉案件数量增长 229%，占起诉案件总量比提升 18.4 个百分点。

其三，力争公益保护效果。坚持恢复性司法理念，常态化开展公益诉讼案件"回头看"，确保行政机关整改落实和公益保护取得成效。2021 年，全市通过办案，督促保护耕地林地面积 800 余亩，保护水域面积 6300 余亩，清除固体废物 16 万余吨，保护国有财产及权益价值超 2 亿元，追偿生态环境修复治理费用 3700 余万元、食品药品安全惩罚性赔偿金 360 余万元。发挥生态修复基地作用，万州林业生态司法修复基地已补植林木 1003 亩，合川渔业生态司法修复基地已放流鱼苗 92 万尾。

2.专项推动实现提质增效

其一，坚持长江保护主线，加强环资办案。2021 年 3 月《长江保护法》生效实施之际，市检察院出台贯彻落实长江保护法加强生态环境保护工作的意见，发布生态环保领域巡查指挥令。全市深化开展"保护长江母亲河"专项行动，围绕重庆市 3 个总河长令工作部署，办理非法排污案 336 件、非法侵占河道或岸线资源案 87 件、长江消落带治理案 20件。开展乌江流域矿山治理专项巡查 18 件，部署农村违建整治专项监督22 件。

其二，突出为民司法主题，加强安全监督。根据最高检统一部署，市检察院在全市开展"公益诉讼守护美好生活""为民办实事破解老大难"专项监督。食品药品安全领域办案 285 件；个人信息保护领域办案 22 件，提起诉讼 13 件，追偿赔偿金 37.5 万元；无障碍环境建设领域办案 16 件。市检察院还联合市城市管理局开展窨井盖整治专项活动，全市办理窨井盖治理公益诉讼案 20 件。

其三，落实法律监督主责，助力依法行政。立足法律监督职能，加强对行政机关违法履职和不作为的监督力度，着力拓展行政公益诉讼监督覆盖面，聚焦社会治理堵点、难点、痛点问题开展监督，其中国有财产保护和国有土地使用权出让领域办案 60 件，新领域办案 214 件，革命文物保护办案32 件，县级及以下烈士纪念设施管理保护专项监督 26 件。

3. 构建跨区域监督新模式

其一,跨区域专门管辖。2020 年 3 月,重庆市人大常委会批准设立重庆市两江地区人民检察院,主要负责办理长江流域跨区域生态环境和资源保护行政公益诉讼案件。同年 5 月,市检察院决定在两江地区检察院设立广阳岛生态检察官办公室,负责办理广阳岛片区生态环境行政公益诉讼案件。2021 年,两江地区检察院受理公益诉讼案件线索 85 件,立案 35 件,发出检察建议 8 件,收到回复 8 件,完成整改 5 件。通过会议交流发言、最高检工作简报等方式,重庆两江地区检察院跨行政区划检察改革经验向全国检察机关交流推广。

其二,跨区域检察协作。跨区域协作是破解检察公益诉讼特别是生态环境资源保护领域办案难题的关键。市检察院历来注重加强公益诉讼跨区域协作,先后参与构建长江经济带沿线 11 省市、长江上游 6 省市、乌江赤水河等跨区域协作机制,指导分院、基层检察院建立市县级跨区域协作机制 19 项。2021 年,市检察院分别与四川、湖北等省检察院联合出台有关文件,加强长江流域、酉水流域生态环境行政公益诉讼跨省管辖协作,相关检察院与邻省检察机关建立跨省协作机制 8 项,与四川检察机关共建跨界司法修复示范基地 5 个。协作各方互移案件线索 188 条,联合办理案件 41 件。

4. 强化公共关系建设拓展

其一,全面推行"三长"协作。2021 年 3 月,市检察院、市河长办会签全面推行"河长+检察长"协作机制的意见,建立完善信息共享、线索移送、联合巡查、调查协作、生态环境损害修复等七项机制。同年 7 月,市检察院总结"河长+检察长"协作经验,会同市总林长办签订"林长+检察长"协作机制,并要求在全市推行。"三长"机制全面推行以来,全市检察机关与市区县两级河(林)长办签订意见 44 份,设立派驻河(林)长办检察联络室 40 个,双方互移案件线索 136 条,联合巡查发现案件线索 87 条,有力地促进了生态环境行政执法与法律监督有效衔接。

其二,加强与行政机关协作。近年来,全市检察机关推进检行协作,建立协作机制两百余项。2021 年,市检察院进一步巩固拓展与行政机关协作,

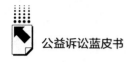

与市司法局会签机制，致力解决公益诉讼鉴定难等问题；与市规划和自然资源局会签机制，共同加强关闭矿山生态治理修复等工作；与市委督查办、市政府督查办开展座谈，达成加强公益诉讼协作有关会议纪要；与市高级人民法院沟通，在公益诉讼案件范围等多个方面达成共识。一年来，全市检察机关与行政机关互相移送案件线索 157 条，深入推进环境公益诉讼与生态环境损害赔偿衔接，支持生态环境损害赔偿起诉、磋商 216 件。

其三，加强社会参与互动。2021 年 2 月，针对检察公益诉讼制度施行初期存在的群众知晓参与不多、社会各界关注支持度不高、案件线索少等问题，市检察院出台公益诉讼观察员工作办法，明确规定观察员选任方式、人员构成、工作职责、履职方式、物质保障，推动和规范全面开展公益诉讼观察员工作。38 个区县检察院聘请观察员 1161 名，覆盖人大代表、政协委员、人民监督员、基层群众等多身份主体。观察员向检察机关反馈案件线索 107 条，协助参与检察公益诉讼办案 95 件次，参与检察公益诉讼宣传 222 件次，所反馈案件线索检察机关经核实立案 26 件。

（二）存在的问题及原因分析

1. 办案数量下降

2021 年，全市检察机关发现案件线索、立案数量分别同比下降 1.4%、13.2%，而两项指标在前几年均保持同比上升态势。经分析原因主要有三个。

其一，行政机关依法行政意识和能力逐步提高。检察公益诉讼制度已经正式建立近五年，案件数量的快速增长、监督覆盖面的不断拓展以及工作宣传力度的持续加大，都使得行政机关、社会各界对这项新的诉讼制度和检察职能有了更加深入和直观的了解。包括重庆在内的全国多地党委、政府均将行政机关落实诉前检察建议、配合检察公益诉讼工作纳入法治政府绩效考核的做法，更是推动行政机关自觉依法履职并积极按照检察建议开展整改工作。这就必然使得因行政机关违法履职或不作为导致公益受损的问题数量呈现下降趋势，检察机关发现线索和立案的难度加大，由此导致办案数量下降实则是检察公益诉讼制度发展的必然规律。

其二，检察公益诉讼办案攻坚克难趋势明显。现实中，公益受损问题既有存量，也有增量。过去几年的检察公益诉讼办案，更多注重于已经发生的公益受损问题，旨在降低"存量"，且所办案件主要涉及的是比较容易发现且应当重点解决的多发性、普遍性问题。现阶段，不论哪个领域，公益受损问题大多已经督促解决，"存量"多属于历史遗留欠账、行政监管存在盲区等深层次、复杂性问题，这些问题往往隐蔽性大、专业性强、涉及面广，检察机关很难发现案件线索，调查取证也不易。可见，检察公益诉讼实践发展必然要走上向纵深发展的道路，将办案重点从表象问题转向深层次问题，从减存量转向控增量。基于办案成本和效率考虑，检察机关办理疑难复杂案件积极性不高，检察公益诉讼朝纵深推进的力度还不大，从而在一定程度上导致办案数量下降。

其三，强调质效一定程度上制约了数量提升。市检察院自提出公益诉讼"质效提升年"目标以来，指导全市检察机关更加严格把握公益诉讼立案关、诉前关、起诉关，确保所涉事项确属公益范畴且有必要监督。比如针对非法捕捞等危害较小、情节轻微的违法犯罪，要求原则上不予立案；立案后有关主体有意愿提起民事公益诉讼或生态环境损害赔偿诉讼的，原则上转为支持起诉；多个地区普遍存在同类公益受损问题的，原则上禁止检察建议向属地政府"群发"。这意味着检察机关开展公益诉讼监督的门槛更高、要求更多、工作量更大，在办案力量十分有限的情况下，办案数量出现下降趋势也属正常。

2. 案件分布集中

其一，办案领域集中。4 个传统领域办案占比 89.1%，占据公益诉讼办案的主体位置。各类领域中的小领域办案分布也不均衡。传统领域中，生态环境领域案件占 87%；新增拓展领域中，文物和文物遗产保护、英烈纪念设施保护、未成年人保护、安全生产领域案件占比较大，其他领域尚处于个案探索中。其原因是多方面的。一是检察公益诉讼强调将生态环境和食品药品安全领域作为"主战场"，重庆更是将生态环境资源保护领域作为重中之

重。二是拓展新领域长期以来甚至至今没有明确法律依据，办案面临困难较多，部分案件法院不予受理，有的领域专业性极强。三是专项行动带动效果明显但覆盖面有限，专项监督难以覆盖公益诉讼办案全部领域。

其二，案件类型集中。民事公益诉讼立案占总量比的17.6%，单独提起民事公益诉讼案件占民事公益诉讼起诉案件总量比的25.6%，支持起诉案件占民事公益诉讼立案总量比的4.3%。原因一是加强行政公益诉讼监督办案是制度设计的必然要求，且行政公益诉讼办案多以诉前程序为主，在不涉及提起诉讼的情况下，案件证据特别是专业鉴定类证据要求相对较低，办案难度也相应较低。二是社会组织提起公益诉讼、行政机关开展生态环境损害赔偿磋商和起诉工作的积极性还不高，支持起诉工作缺乏前提。三是民事公益诉讼起诉不仅要求对当事人违法行为开展定性调查，还要求对违法行为的损害结果进行定量分析，这依赖于专业司法鉴定或专家出具意见。实践中专家意见有的得不到法院认可，委托司法鉴定则仍然存在鉴定机构少、鉴定费用高等难题，这成为现阶段检察机关提起民事公益诉讼特别是单独提起诉讼难以突破的瓶颈。

3. 案件撤诉较多

2021年，全市检察机撤回起诉13件，撤诉率9.3%。其中民事公益诉讼27件，无撤诉；刑事附带民事公益诉讼75件，撤诉4件，撤诉率5.3%；行政公益诉讼38件，撤诉9件，撤诉率23.7%。相较于往年，2019年和2020年分别撤诉1件、5件（均为刑事附带民事公益诉讼），撤诉率分别为1.2%、3.3%。上述撤诉案件无一因案件质量问题撤诉，撤诉情形主要有三类。

其一，根据办案规则合理撤诉。《人民检察院公益诉讼办案规则》明确公益诉讼起诉案件可在行政机关整改到位且公益保护目的实现的情况下撤回起诉，民事公益诉讼可以调解撤诉结案，这成为公益诉讼撤诉案件增多的主要原因。实践中，与当事人协调达成调解相对困难，故调解撤诉在民事撤诉案件中占比较低。但对于行政公益诉讼案件，检察机关在起诉后加强整改督促和协同，且被诉行政机关往往对起诉重视度高，检察机关以诉促改效果明显，整改撤诉案件相应增多。为真正落实"三赢"理念，市检察院在 2021 年考核文件中明确"因受损公益得到全面维护而撤诉的得起诉分和判决分"，从考核机制的层面鼓励依法依规撤诉，节约司法办案成本。但不能排除个别办案单位对行政机关已在履职而暂未整改到位或者社会公益损害不大的案件仍予以起诉，起诉后短期内迅速撤回。

其二，法检认识分歧导致撤诉。近 3 年，民事公益诉讼撤诉案件共 10 件，因诉讼目的实现撤诉仅 2 件。与行政公益诉讼基于整改撤诉不同，民事公益诉讼撤诉的原因更多要归结为法检认识分歧。一是部分食品药品安全领域的刑事附带民事公益诉讼案件，因法院和检察院在起诉条件、事实认定、惩罚性赔偿诉讼请求等方面存在认识分歧，造成案件撤诉，此类撤诉案件有 3 件，占比 30%。如检察机关起诉的叶某某销售有毒有害食品刑事附带民事公益诉讼案，法院根据查证属实仅有 3 笔销售事实，认为本案不涉公益，建议检察机关撤诉。二是法院认为检察机关在"等"外领域案件提起诉讼于法无据造成撤诉，此类撤诉案件共 5 件，占比 50%，涉及销售假冒伪劣口罩、销售假冒注册商标的商品、销售伪劣产品等多个办案领域。

其三，刑附民案件因"刑民不协调"而撤诉。提起附带民事公益诉讼的前提是人民检察院对损害社会公共利益的犯罪行为提起刑事诉讼，若案件刑事部分因法律发生变化导致不应当追究被告人刑事责任或因被告人发生变化等情形，附带的民事公益诉讼就面临无法进行或主体不一致的而撤诉情况。刑事附带民事公益诉讼案件因刑事部分变更而撤诉的案件有 3 件，占民事撤诉案件数量的 30%。如南川区检察院诉孙某某销售假药案和云阳县检察院诉杨某某等人销售假药案，刑事部分因法律变化不应当追究刑事责任而撤诉，致使附带民事公益诉讼相应撤诉。再如万州区检察院起诉的张某等人非法采矿案，因法院审理中将该案刑事部分与其他刑事案件合并审理，致使附带民事公益诉讼主体同刑事部分主体不一致而撤诉。实际上，刑事被告人不少为法人，法人注销不影响其成为单位犯罪的被告人，但无法作为附带民事公益诉讼的被告人，这也将导致刑民主体不一致。

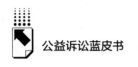

三　改革建议

检察公益诉讼制度作为一项新的诉讼制度和检察职能，各方面制度设计、机制构建还不完善，社会知晓度还不高，实践中还面临线索发现难、调查取证难、司法鉴定难等问题和困境。

（一）以案件质效为抓手提升公益诉讼监督效能

随着检察公益诉讼的深入推进，在实现一定的办案规模后，案件质量不高、效果不足等问题逐步显现。在 2022 年检察工作"质量建设年"和检察公益诉讼正式建立 5 周年的背景下，检察公益诉讼必须坚持质效导向，走高质量、精细化发展之路。

1. 以效果为"核心计"

在确保案件质量的基础上，狠抓办案效果。其一，公益保护效果。公益保护效果直接决定检察公益诉讼办案成效。必须将公益保护修复作为重心，统筹运用行政、民事公益诉讼手段，督促行政机关、当事人修复受损公益。其二，督促整改效果。公益保护往往依赖于行政机关依法履职，只有加强行政监管，相关公益受损问题才能得到有效解决。故督促依法行政必须做好跟进监督，加强整改效果科学评估，防止虚假整改、整改反弹等。其三，促进治理效果。实践中行政机关依法履职尽责仍可能产生公益受损问题，这多与行政执法效能不足、监管制度不健全有关。检察机关办理公益诉讼案件，要注重发掘行政违法、不作为等问题背后的深层次原因，紧盯行政监管职责不清、履职推诿、监管死角等问题，统筹发挥公益诉讼诉前检察建议和社会治理检察建议作用，助力提升行政执法效能。

2. 以规范为"保障计"

《人民检察院公益诉讼办案规则》从立案到诉讼明确了相关规则和程序，但规范性文本表述无法周延全部，实践中还须进一步探索完善。其一，明确立案标准。实践中公益受损问题有大有小、有严重也有轻微，并非所有问题都需要用检察公益诉讼监督的方式推动解决。因此，有必要针对不同领域案件，参考行政执法、刑事司法立案标准，制定公益诉讼立案标准。其二，规范诉前磋商。磋商程序由实践探索而生，已被合理吸纳进办案规则，成为公益诉讼办案的"可选动作"。之所以定位为"可选"，是因为实践中部分案件不适合磋商或者没必要磋商。有必要明确诉前磋商案件范围，考虑对于行政机关认可且能够立行立改的案件，可以通过磋商督促迅速整改；对于存在较大争议的案件，可以通过磋商加以明确。其三，严格结案条件。公益诉讼结案以行政机关整改到位、公益保护目的实现为实质要件，规范结案程序的关键是明确整改落实标准，考虑以制止违法行为、修复受损公益为核心，兼考虑是否穷尽行政监管措施。

3. 以结构为"支撑计"

公益诉讼办案数量越大，案件结构问题就越突出。办案数量决定力度，案件结构决定精准度。优化案件结构须考虑三点。其一，领域协调同步。县域公益受损问题突出点不尽相同，甚至区别较大，基层检察机关可以结合实际瞄准重点领域开展监督。但扩大到一省、一地市，公益受损问题往往综合、交叉存在，既要明确重点也要协调推进，特别是法定领域监督责任必须全面落实到位。为此，市级、省级检察机关要常态化开展辖区业务数据分析，有针对性、目的性地加强办案指导、督促。其二，职能按需运用。监督依法行政是检察公益诉讼制度建立的初衷，"民行交叉"案件原则上开展行政公益诉讼监督。但当行政监管效能不足或者效率低下，通过追究民事侵权责任能够更好更快地保护受损公益时，也可以优先开展民事公益诉讼监督。其三，民事起诉分流。检察机关、有关组织均属于法律授权的起诉主体，考虑案情简单、取证难度不大、社会组织有意愿和能力起诉的案件，由社会组织起诉，检察机关提供专业法律咨询等支持；针对案情复杂、涉及面广泛、起诉存在障碍的案件，检察机关应当在充分协调协商的前提下主动发挥检察公益诉权作用。

4. 以拓展为"长远计"

面对传统领域公益受损线索越来越难的困境，唯有积极拓展监督范围，

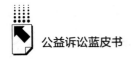

检察公益诉讼才能实现持续发展。最高检针对拓展公益诉讼案件范围，明确提出"积极、稳妥"要求。其一，心态上必须积极探索。从"大公益"保护的角度，突破传统公益保护领域思维，主动拓展监督覆盖面、深化监督触角，助推社会治理难点问题解决。探索不仅是非法定领域的探索，也包括对法定领域内非常规公益受损问题的监督。其二，方式上必须稳慎推进。必须把握好公益原则，防止公权力介入干预私益纠纷，对于不同类型公益之间存在冲突的情形，按照公益保护最大化原则处理。要把握好谦抑原则，对于目前存在争议的新生事物、历史遗留、法律制度还不完善等相关问题，检察公益诉讼介入应当慎重，民事公益诉讼办案必须充分尊重其他诉讼主体诉权位。其三，目标上立足推动立法。新领域案件不办则已、办则求效果，特别在法律未明确授权的领域要更加注重监督的必要性和精准性，更加强调办案的政治效果和社会效果，通过办案推动解决公益受损问题，努力获取被监督单位和人民群众的认可，最终推动相关领域立法授权检察机关提起公益诉讼。

（二）以改革创新为引领完善公益检察制度机制

改革创新是推动检察公益诉讼制度发展完善的核心驱动力。在制度框架基本定型的大背景下，改革创新的重点应当置于实践制度机制的构建完善上。

1. 加强"四大检察"履职衔接

加强检察各职能履职协调、衔接成为改革的重要内容。其一，建立案件联合审查机制。刑事检察部门和民行检察部门办理破坏环境资源、危害食药品安全领域审查起诉、法院裁判监督案件时，可以邀请公益诉讼部门参与，审查发现其中可能存在的公益受损问题线索。公益诉讼部门调查案件发现可能存在刑事立案监督线索的，也可以邀请刑事检察部门参与。其二，完善提前介入侦查机制。针对环资、食药品等涉及公益保护刑事案件，利用刑事检察提前介入侦查工作机制，引导公安机关加强对公益是否受损以及受损程度方面的证据收集，特别是在委托鉴定时应当明确要求做定量分析。其三，探索在特定领域建立检察办案专门机构或专业团队。针对多项检察职能分散不利于特定领域加强检察监督的问题，可以探索设立专门领域办案机构，遴选各职能部门业务骨干组成专门的检察官办案团队，一体化履行四大检察职责。

2. 加强公益诉讼起诉与审判衔接

在诉前未能督促履职整改的情况下，能不能"诉得出去"，诉后能不能"判得下来"，成为决定检察监督是否刚性有力的关键，这就依赖于高效、有力的诉审衔接。其一，解决认识分歧。通过召开专题联席会、开展联合培训等方式，深化研讨、交流意见，争取法检双方尤其是基层法检两院就分歧问题达成一致。其二，加强类案研讨。针对实践中常见的生态环境和资源保护、食品药品安全等领域的民事公益诉讼案件，联合开展实证调研，研究制定相关领域案件检察起诉和法院受案标准。针对涉及行政监管职责交叉或者不明确的案件，可以召集法检两院、行政机关、专家学者等各方开展磋商研讨，推动予以明确。其三，加强个案协调。针对个别案件事实认定、法律适用方面法检双方存在分歧意见的，应当通过联席会议、联合举办司法听证会等形式，辅助达成一致，避免在缺乏沟通的情况下法院直接判决驳回检察机关诉讼请求。在个案中探索以交办案件等形式，由基层检察院直接向基层法院单独提起民事公益诉讼。

3. 加强公益诉讼与立法、执法衔接

公益保护作为综合性工程，立法、执法、司法各方面都必须跟进。合力强不强，很大程度上取决于公益诉讼与立法、执法之间的衔接是否顺畅。其一，以信息共享为重点畅通检察公益诉讼与行政执法衔接。加快构建区域统一的行政执法信息平台、政法跨部门办案平台，统筹推进行政执法与检察公益诉讼信息共享平台建设，实现执法、司法数据共享。其二，推动代表建议、政协提案与公益诉讼检察建议衔接转化。每年各级两会中代表建议、政协提案涉及公益保护问题较多，有的直接反映基层人民群众的急难愁盼之事，这是检察公益诉讼工作重要的方向指引，甚至可以直接作为案源开展立案调查。考虑建立定期通报机制，双方在两会期间将代表建议、政协提案中

涉公益保护问题,公益诉讼案件中涉宏观制度规范构建问题进行双向通报,发挥各自职能开展处置并及时作出反馈。

(三)以系统观念为指导推动公益保护协同共治

坚持系统观念,是"十四五"时期各项工作必须遵循的基本原则。以系统观念为指导,检察公益诉讼应当立足公益保护的系统性,推动形成行政主导、司法保障、群众参与、跨区域共治的公益保护大格局。

1.以落实"三赢"理念为抓手推动职能共治

检察机关法律监督的目标并非"你输我赢",而是"双赢多赢共赢",须从三个层面予以落实。其一,坚持司法兜底。检察公益诉讼制度的建立旨在引入司法手段解决实践中公益受损无人可诉和无人去诉的问题。在行政机关依法充分履职或者其他民事诉权启动能够发挥救济作用时,检察机关不再介入。申言之,检察公益诉讼应保持必要的谦抑性,恪守司法兜底原则。其二,加强整改协同。行政公益诉讼之所以设置诉前程序,不仅体现司法兜底原则,还是基于由行政机关依法整改保护公益将更为直接、有效。故检察机关在督促行政机关整改落实的同时,应当更加注重协同、配合。对于涉及利益复杂行政执法推进受阻,抑或加强监管保护所需财政资金面临困境等情况,在认定整改落实成效时应当予以充分考虑。其三,做好支持起诉和磋商工作。注重发挥法律授权的行政机关、社会组织提起公益诉讼制度功效,在专业法律咨询、证据审查认定等方面加大支持起诉和磋商力度,真正汇聚起公益保护多方履职合力。

2.以深化检察协作为抓手推动区域共治

加强检察协作、推进区域共治是提升监督效能的重要抓手。但目前来讲,跨区域协作的成效还不明显,力度和深度还有待提高,须巩固深化。其一,统一执法司法标准。适时开展跨区域工作交流、类案研讨、规则会商,解决公益诉讼办案标准把握不一、重点把握不同等问题,组织行政监管部门、人民法院共同开展跨区域研讨,就常见多发侵害公益违法行为的行政监管和公益诉讼监督标准问题达成共识,条件成熟时联合出台规范性文件,推动实现同案同立、同案同诉、同案同判。其二，联合开展专项监督。针对跨区域公益受损问题，所涉地区检察机关可以联合开展专项监督，加强线索移送和联合办案，实现办案同步、保护同步、治理同步。其三，推动办案资源共享。建立完善跨区域联合巡查、取证协作等工作机制，加强跨区域案件线索管理和分析研判。推动检察公益诉讼专家库跨区域共享，畅通异地司法鉴定和专家咨询通道。

3. 以强化公众参与为抓手推动全民共治

实践证明，争取社会公众参与支持对于推动检察公益诉讼工作有重要作用。深化社会公众参与、发挥社会支持作用，可以从以下方面考虑。其一，发挥线索摸排作用。优化公益诉讼案件线索举报和管理平台，规范线索举报接受及调查核实结果反馈程序，加强接受举报后不予立案的反馈和释法说理工作。探索建立公益志愿者充当公益诉讼"观察员""巡查员"制度，打造"检察官+志愿者"巡查新模式。其二，发挥智力支持作用。建立完善公开听证、专家论证、第三方评估制度，根据办案专业性的需要，分领域分类型充实优化听证员库、专家库，明确公开听证、专家论证及评估结果的运用规则及其办案参考效力。建立专业建言献策平台，听取工作意见。其三，发挥舆论监督作用。邀请公众特别是公益受损地群众参与调查取证、诉前检察建议公开送达、整改效果查验评估，与媒体互动，加强对社会广泛关注案件宣传报道力度，通过舆论监督加持强化检察监督效果。

B.7
浙江省检察公益诉讼发展年度报告

浙江省人民检察院课题组*

摘　要： 在党中央的高度重视和社会各界的大力支持下，检察公益诉讼取得了快速发展，公益司法保护"中国方案"的蓬勃活力和制度优势充分显现。浙江检察机关坚持依法能动履职，切实维护国家和社会公共利益，促进法治政府建设和省域治理现代化，以自身高质量发展推动经济社会高质量发展。本报告梳理了近一年来浙江公益诉讼检察工作情况，总结了实践中的经验做法，分析了工作中存在的发展不平衡、人员力量和能力不足等问题，并提出持续推动高质量发展、加强专业化建设、强化数字检察监督等意见建议，以期更好地发挥公益诉讼检察效能，满足人民群众对公益保护的更高要求。

关键词： 公益诉讼　办案质效　数字监督　公众参与　浙江省

2021年，浙江检察机关深入贯彻习近平总书记关于检察公益诉讼的系列重要指示精神，认真落实浙江省委、最高人民检察院决策部署，主动融入党委、政府中心大局，切实履行"公共利益代表"的职责使命，不断满足人民群众新期待新需求，为浙江守好"红色根脉"，打造"重要窗口"，高质量发展建设共同富裕示范区提供坚强司法保障。浙江检察机关探索实践公益诉讼制度获评"法治浙江建设十五周年十大最佳实践"。

---

* 课题组成员：高杰，浙江省人民检察院副检察长；何成林，浙江省人民检察院二级高级检察官；应旭君，浙江省人民检察院第八检察部检察官助理。

一 2021年浙江公益诉讼检察工作总体情况

2021年，浙江检察机关共立案办理公益诉讼案件4972件（领域分布占比情况见图1），启动诉前程序案件5032件，向法院提起诉讼627件。其中，行政公益诉讼案件4023件，占立案总数的80.91%；民事公益诉讼案件949件，占立案总数的19.09%。起诉案件中，行政公益诉讼案件12件，民事公益诉讼案件280件，刑事附带民事公益诉讼案件335件。法院已经审结案件中，检察机关的诉讼请求均得到支持。全省共有22件案件入选最高检公益诉讼典型案例。

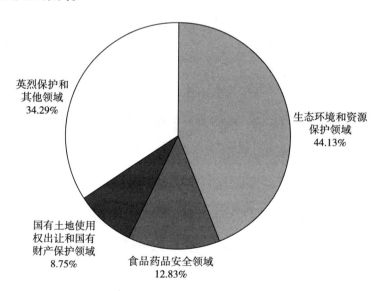

图1 2021年浙江检察公益诉讼案件领域分布占比情况

（一）聚焦生态环境和资源领域公益保护，助力"美丽浙江"建设

浙江检察机关深入践行习近平生态文明思想，围绕建设天蓝地绿水清的全要素美丽生态环境，助力打好蓝天、碧水、净土保卫战，努力让浙江更加彰显"生态之美"。一年来，共办理生态环境和资源保护领域案件2194件，

占立案总数的 44.13%。

1. 持续督促水污染防治

加大对违法排放工业废水、生活污水、倾倒工业固废等水污染问题监督力度，擦亮江河湖泊"美丽底色"。浙江省人民检察院（以下简称浙江省院）联合省生态环境厅、省水利厅等部门开展守护"美丽河湖"专项行动，共办理公益诉讼案件 836 件，推动建立跨部门、跨流域、跨区域协作机制 19 个。遂昌县人民检察院针对仙侠湖流域水污染问题，督促相关职能部门开展仙侠湖综合治理，推动出台整治方案，共拆除非法网箱面积 18 万平方米、浮排 8500 平方米，治理恢复受污染或占用水域 300 余亩。

2. 持续督促土壤污染防治

加大对违法倾倒工业废渣、违法处置危险废物、随意堆放生活垃圾等土壤污染问题监督力度，助力打造"无废城市"建设。绍兴市人民检察院开展非法倾倒工程渣土专项监督，围绕办案中发现的治理漏洞，向市政府发送检察建议，推动相关部门开展全面治理，出台处置管理等 4 项配套措施，形成全方位闭环管理长效机制。衢州市人民检察院部署全市开展农药废弃包装物回收处置专项监督行动，督促农业、属地乡镇等部门依法履职，促进农业面源污染治理。

3. 持续督促大气污染防治

加大对违法排放工业废气、城市扬尘、工业粉尘等大气污染问题监督力度，服务保障"清新空气示范区"建设。德清县人民检察院办理全国首例违法使用"氟利昂"消耗臭氧层物质环境污染民事公益诉讼案，依法追偿生态环境损害赔偿费用 74 万余元。金华市金东区人民检察院针对多家"低小散"企业违规喷漆、粉碎塑料等污染大气问题，向生态环境部门发送检察建议，督促加强整治力度，推动污染源头治理。

4. 持续督促海洋污染防治

加大对违法排污、非法捕捞、非法养殖等破坏海洋生态环境问题监督力度，守护"蓝色海洋"。嘉兴市人民检察院针对某外籍游轮在嘉兴海域发生碰撞，造成 800 余吨基础油外泄的严重污染海洋问题，支持市自然资源和规划局、生态环境局和农业农村局提起诉讼，追偿海洋环境污染损害赔偿4654万余元。温岭市人民检察院就渔船污染物直排海洋问题向相关部门发送检察建议，督促清理海洋垃圾400余吨，回收渔船废油26吨，并推动建立"海洋云仓"模式，实现船舶污染物收集处置"一站式"、全流程智慧数字化治理。

（二）聚焦食品药品安全领域公益保护，确保让人民群众吃得更放心

浙江检察机关深入贯彻落实习近平总书记关于食品药品安全"四个最严"要求，切实保障人民群众"舌尖上的安全"。一年来，共办理食品药品安全领域案件638件，占立案总数的12.83%。

1. 督促加强食品安全源头监管

围绕销售不符合安全标准食用农产品、食品溯源不清等问题加强监督。浙江省院部署开展冷鲜禽食品安全专项监督，围绕冷鲜禽缺少"一证两标"、检疫不规范等问题强化源头把控，全省共立案办理59件，发出诉前检察建议55份，推动开展执法检查近2700户次，保障了疫情防控常态化下的食品安全。义乌市人民检察院针对辖区内无合法定点屠宰牛羊肉场所、牛羊肉未经检验检疫上市销售等问题，邀请人大代表、相关职能部门、屠宰行业从业人员参加听证会，推动牛羊肉屠宰综合治理。

2. 督促加强饮用水安全监管

围绕饮用水源地保护、现制现售饮用水、城镇二次供水安全等问题加强监督。海宁市人民检察院针对现制现售饮用水设备缺乏日常维护、卫生许可证超期等问题开展专项监督，推动卫健等部门加强行业监管，规范整改现制现售饮用水设备200余台。新昌县人民检察院围绕城镇二次供水安全问题，推动职能部门对全县18个小区、酒店等单位的二次供水质量进行检测，惠及3万余名居民。

3. 督促加强食品行业新业态监管

围绕自动售货机信息公示不全、外卖食品加工环境脏乱差、网络销售食品不符合安全标准等问题加强监督。温州市瓯海区人民检察院针对本地最大

社区团购企业未建立食品进货查验记录制度、未落实食用农产品质量安全管理制度等问题，督促职能部门加强日常监管。永康市人民检察院围绕自动售货机未依法公示食品经营许可证等安全隐患问题，会同市场监管部门督促商户落实食品安全相关规定，保障食品溯源信息公开。

4.督促加强药品、保健品安全监管

围绕违规生产销售药品、保健品等问题加强监督。衢州市衢江区人民检察院针对部分个体诊所、乡村卫生室违规销售二类精神药品复方磷酸可待因糖浆的行为，向卫健部门发送检察建议，推动开展全面排查，规范精神类药品管理秩序。台州市黄岩区人民检察院与区委政法委、区法院、区市场监督局等 11 部门联合出台保健品市场乱象专项整治工作实施方案，加强保健品市场监管。

5.加大对食药领域违法主体惩罚力度

积极探索食品药品安全领域惩罚性赔偿制度，加大违法者的违法成本。松阳县人民检察院就刘某某、纪某某销售有毒有害减肥药向法院提起刑事附带民事公益诉讼，诉请销售价款 10 倍的赔偿金共计 1300 余万元，起到很好的震慑作用。湖州市人民检察院针对某饮料厂生产的包装饮用水中检测出 2B 级致癌物溴酸盐含量超标问题，依法提起民事公益诉讼，违法行为人承担 10 倍的惩罚性赔偿金 56000 余元。

（三）聚焦国有土地使用权出让和国有财产领域公益保护，切实维护国家利益

浙江检察机关围绕国有财产监管中存在的疏忽和漏洞，通过办案推动相关部门加强国有财产监管，当好国有财产"守护人"。一年来，共办理国有土地使用权出让和国有财产保护领域案件 435 件，占立案总数的 8.75%。

1.督促加强国有土地使用权出让管理

围绕国有土地使用权出让金欠缴、国有土地闲置等问题，督促相关部门规范监管。金华市婺城区人民检察院就近 13.3 万平方米国有土地出让后长期闲置未开发问题，督促自然资源和规划部门依法履职，并推动出台闲置和

低效工业用地整治提升实施方案，切实保护国有土地权益。

2. 督促加强费用类国有财产监管

围绕拖欠市政基础设施配套费、土地租赁费、人防工程易地建设费等问题，督促相关部门规范监管。景宁县人民检察院在履职中发现部分项目未按照规定缴纳市政基础设施配套费，督促住建部门挽回国有财产损失 1000 余万元。兰溪市人民检察院针对欠缴人防工程易地建设费问题，向相关职能部门制发检察建议，督促追缴 425 万余元。

3. 督促加强社保、补贴类国有财产监管

围绕违规获取最低生活保障金、养老保险金、政策补贴资金等问题，督促相关部门规范监管。温州市人民检察院针对不符合条件人员违规领取最低生活保障金的问题，在全市范围内部署专项监督，督促职能部门全面清查，依法追回最低生活保障金 300 余万元。

4. 督促加强公租房使用管理

围绕公租房违规占用、转租、闲置等乱象，督促相关部门规范监管。绍兴市柯桥区人民检察院针对公租房违规转租等问题，督促相关部门清退不符合租赁条件的住户 16 户，收回违规转租的公租房 73 套，追缴租金 31 万余元，并推动相关部门出台《关于建立公共租赁住房监管协作配合工作机制暂行办法》，实现对公租房全方位动态监管。

（四）聚焦英烈领域公益保护，用心用情用力守护"红色根脉"

认真贯彻《英雄烈士保护法》，督促保护英雄烈士纪念设施等红色资源，赓续红色血脉、传承红色基因。浙江省院联合省退役军人事务厅开展县级及以下烈士纪念设施管理保护专项行动，联合杭州军事检察院部署开展"守护红色军事文化史迹"专项行动，用心用情用力保护好、管理好、运用好红色资源，为建党百年华诞贡献检察力量。浙江检察机关共立案办理相关案件 327 件，制发检察建议 323 份，推动对 690 余处烈士纪念设施等红色资源保护。最高检会同浙江省、市、县三级检察机关一体化办理督促保护陈望道姓名、肖像权行政公益诉讼案，共同守护"真理的味道"，发挥司法对社

会风尚的引领作用，该案入选 2021 年度全国法律监督十大典型案例。开化县人民检察院针对部分革命史迹保护不善问题，加强军地检察协作，采用检察建议、磋商协调等多种形式，督促行政主管部门和属地乡镇政府加强保护，推动革命史迹全面系统保护。

（五）积极稳妥拓展办案领域，回应人民群众新期待新需求

1.加强安全生产领域公益诉讼

认真落实新修订的《安全生产法》，发挥公益诉讼检察职能，防范化解重大安全风险，助力打赢"遏重大"攻坚战。浙江省院部署开展安全生产领域公益诉讼专项行动，分两批对 22 件案件进行挂牌督办，全省检察机关共立案办理 546 件，制发诉前检察建议 567 件。衢州市人民检察院开展烟花爆竹生产经营专项监督，对全市 60 余个乡镇街道、350 余家烟花爆竹重点经营户开展排查，通过发送检察建议，督促相关职能部门及时整改。丽水市人民检察院围绕窨井盖监管问题开展专项监督，推动职能部门对 5000 余个窨井盖开展排查，更换、维护 440 余处窨井设施，守护人民群众"脚底下的安全"。湖州市南浔区人民检察院针对全区木业企业普遍存在未安装自动喷水灭火系统、消防设施不齐全等问题，向消防主管部门发出检察建议，推动职能部门开展行业消防安全隐患整治，促使全区 152 家木业企业完成整改。

2.加强个人信息保护领域公益诉讼

认真贯彻新制定的《个人信息保护法》，依法保护公民个人信息，促进个人信息合理利用。浙江省院部署开展个人信息保护领域公益诉讼专项行动，对 10 件公民个人信息保护领域公益诉讼案件进行挂牌督办，全省检察机关共办理相关案件 201 件，制发诉前检察建议 197 件。围绕政府网站公布的公民个人信息未"去标识化"问题，全省共推动规范、整改个人信息 45 万余条，助力政府信息公开规范。湖州市检察机关针对某景区违规收集、使用人脸信息，探索运用民事公益诉讼诉前检察建议，督促景区运行公司删除违规采集、存储的人脸信息 120 万余条，并会同职能部门推动企业合规建

设，保障个人信息安全。杭州市拱墅区人民检察院办理《民法典》实施后全国首例公民个人信息保护民事公益诉讼案，违法行为人被判承担损害赔偿款 3.4 万元，并公开赔礼道歉。

3. 加强特殊群体利益保护

围绕残疾人、老年人、妇女等特殊群体权益保护问题，协同相关部门开展工作，保障特殊群体平等享有参与社会生活的权利。杭州市人民检察院在全国率先系统化开展无障碍环境建设公益诉讼专项行动，督促增设、整改无障碍停车位 617 处，清除盲道障碍物 4045 处，修复破损、缺失的无障碍设施 674 处，并积极深化信息无障碍领域，让残疾人等特殊群体共享数字化改革成果。浙江省院部署全省开展专项行动，11 个地市检察院及相关基层检察院实现无障碍环境建设公益诉讼案件办理全覆盖，共立案办理相关案件 319件，发送检察建议 285 份，并被作为"浙江经验"在最高检新闻发布会上宣传推广。杭州市钱塘区人民检察院针对某街道在公开招考中限制岗位性别、损害妇女平等就业权问题，督促相关部门依法整改，有效保护妇女合法权益。

二　浙江公益诉讼检察工作的经验做法

（一）着力提升办案质效

1. 突出重特大案件办理

浙江省院在全国率先提出重特大案件标准，相关规定试行以来，对于提升办案质效发挥了积极作用。2021 年，在全省公益诉讼办案实践基础上，浙江省院对公益诉讼重特大案件标准进行了修订完善，进一步发挥重特大案件的引领作用，引导全省多办公益受损严重、人民群众反映强烈的重大疑难复杂案件。一年来，浙江公益诉讼重特大案件比例达到 28.5%，办理了一批在全国有影响力的案件。

2. 加强精品案件培育和对下指导

浙江省院印发《公益诉讼精品案件培塑工作指引》，着力构建"条

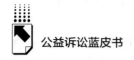

线聚力、外部借力、重点发力"的立体化精品案件培塑模式。采取重点案件挂牌督办、发布办案指引和办案提示等方式，加强对下办案指导，2021年共编发办案指引7期。围绕办案实践中的重点问题，全省成立生态环境资源保护、食品药品安全、互联网侵害等六个专业化指导小组，并以专业指导小组为依托，加强领域内重点课题研究，强化业务研究指导。

3. 进一步强化跟进监督

浙江省院印发《行政公益诉讼诉前检察建议跟进监督实施办法》，明确监督情形、监督方式、监督方式等，强化跟进监督的精准性、规范性和实效性，确保整改效果。持续开展"回头看"工作，从中发现行政公益诉讼起诉案件线索。对于行政机关未依法履职的，坚持"当诉则诉"，增强法律监督刚性。

（二）完善办案制度机制

1. 健全一体化办案机制

统筹调配全省公益诉讼办案力量，加大省市院自办案件力度，加强重点案件办理，提升办案效果和影响力。2021年，浙江省院自行立案办理7件。围绕机场、铁路旅客站"站内站外"无障碍设施衔接处以及亚运会场馆无障碍设施建设不规范问题，浙江省院直接立案办理，会同省残联和有关部门举行磋商会，在省级层面形成工作合力，推进相关问题妥善解决。

2. 推进跨区域协作机制

浙江省、上海市和江苏省人民检察院联合制定《关于环太湖流域生态环境行政公益诉讼跨省际区划管辖协作意见》，促进解决全流域、跨区域公益保护难题，打造区域协调发展新样板。宁波市人民检察院牵头召开宁波舟山港烟花爆竹非法出口检察协作磋商会，三省四地检察机关共同签订《关于加强宁波舟山港非法出口烟花爆竹综合治理的检察协作意见》，构建"五跨"协同治理机制，合力护航宁波舟山港建设。平湖市人民检察院在办理某环境污染刑事附带民事公益诉讼案件中，依托"上海—浙江湾区"公益诉讼协作机制开展调查取证，促使违法行为人主动赔偿 270 余万元并公开赔礼道歉。

3. 落实公开听证制度

公开听证有利于促进司法公开，提升公信力，形成公益保护共识和合力。浙江省院专题部署公益诉讼案件听证工作，各级院积极运用公开听证推动案件办理，一年来，浙江检察机关共开展公开听证 182 件。浙江省院贾宇检察长亲自主持召开淳安县"孤魂碑"红军烈士墓保护行政公益诉讼案公开听证会，邀请人大代表、政协委员、党史专家担任听证员，推动各方形成共识，细化落实综合保护举措，为 128 名北上抗日先遣队先烈正名，让"失落的党史"回归史册。

（三）探索推进数字监督模式

1. 推进公益诉讼指挥中心建设

部署开展公益诉讼检察指挥中心试点工作，衢州、台州等地试点单位积极实践，探索建立线索统一管理、办案上下联动、监督统筹调度的公益诉讼指挥体系。衢州市人民检察院公益诉讼指挥中心通过对农贸市场鸡鸭等家禽产品无"一证两标"等问题线索分析研判，组织全市开展排查，并将有关案件线索交由基层检察院立案办理，督促职能部门形成长效监管机制。绍兴市人民检察院通过公益诉讼指挥中心对全市"美团"外卖平台上的餐饮企业进行统计分析，形成网络餐饮专项预警报告，共发现相关案件线索 20 余件，涉及问题商家 40 余家，推动相关问题整治。

2. 推动数字化专项监督

浙江检察机关以省委数字化改革为契机，依托"大数据"等技术手段，探索多跨场景数字检察创新应用，推动公益诉讼办案从被动监督、个案监督、片面监督向主动监督、类案监督、系统监督转变。浙江省院深入开展违规使用非成品油专项监督行动，运用数字化手段督促规范成品油市场，全省检察机关共立案办理相关案件 53 件，督促查处非法改装车辆 700 余辆，督

促违法企业补缴税款 670 万余元，并推动成立由省税务局牵头、十余个省级部门参与的工作专班，共同建设"成品油综合智治"数字化多跨场景应用。杭州市人民检察院搭建"数字魔方 E 监督平台"，借助卫星遥感地图和智能视觉技术，精准查找国有土地出让领域公益诉讼线索。杭州淳安、建德等地利用该平台发现临时用地超期、毁林用地等案件线索 247 条，立案办理 10 件，向相关职能部门发送检察建议 10 份。

（四）凝聚公益保护合力

1. 积极主动争取重视支持

浙江检察机关充分运用政治智慧、法律智慧、监督智慧，主动向党委、人大等报告公益诉讼检察工作情况，争取重视支持。2021 年，浙江省院与省政府召开首次府检联席会议，通报全省公益诉讼检察工作情况，为加强法律监督，促进法治政府建设和省域治理现代化营造了良好氛围。宁波、嘉兴、湖州等市人民检察院与市政府召开府检联席会议，研究讨论公益诉讼相关议题。杭州市人民检察院主动向市人大汇报无障碍环境建设工作情况，在市人大的支持下，会同市无障碍环境建设领导小组办公室出台服务保障无障碍环境建设的"十一条意见"，推动无障碍环境建设，服务保障杭州亚残运会。

2. 加强部门之间协同

浙江检察机关牢固树立"双赢多赢共赢"理念，立足公益诉讼检察职能，充分整合监督资源，从制度和机制建设入手，推动形成多部门协同共治格局。浙江省院联合省高级人民法院、省生态环境厅等八部门会签《关于进一步完善生态环境和资源保护行政执法与司法协作机制的意见》，并先后与省治水办（河长办）、省安委办、省残联、省总工会、省妇联建立公益诉讼协作意见，加强线索移送和办案协作，构建协同联动机制。宁波市人民检察院联合市中级人民法院、农业农村局等部门会签《关于办理渔业资源损害民事公益赔偿案件的若干意见》，统一渔业资源损害民事公益诉讼赔偿案件的法律适用尺度。金华市人民检察院与市中级人民法院以及生态环境、林业等部门制定《金华市生态环境损害赔偿与检察公益诉讼衔接协作工作办法》，加强执法司法衔接，形成生态环境保护合力。

3. 强化社会公众参与

浙江省院联合团省委出台《关于加强志愿服务与检察公益诉讼协作的意见》和《公益诉讼志愿观察员制度试点工作方案》，全省共确定 18 个公益诉讼志愿观察员制度试点地区，聘任 618 名志愿观察员。部署全省开展"益心为公"检察云平台试点工作，借助民主党派、人大代表、政协委员等志愿者力量，为公益诉讼办案拓展线索来源、专业咨询、公开听证等助力。杭州、宁波市人民检察院召开"益心为公"检察云平台启动暨特邀监督员聘任仪式，推动平台试点工作落地见效。浙江省院组织召开"凝聚守护公益社会合力"新闻发布会，发布公益诉讼四周年白皮书，与团省委、省残联共同发布 10 件典型案例，增强社会参与，凝聚社会合力。举办公益诉讼检察宣传形象大使聘任大使仪式，聘请 3 位全国、省、市人大代表作为形象大使宣传公益诉讼工作，扩大社会影响力。

三　公益诉讼检察工作中存在的问题和不足

（一）各地公益诉讼检察工作发展不平衡

检察公益诉讼制度施行四年多来，浙江检察机关公益诉讼办案数量一开始突飞猛进，后逐步稳定（见图 2），办案质量则是逐年提升。① 虽然全省公益诉讼检察的整体办案质量有所进步，但各地区发展不平衡。有的地区已经走上高质量发展的道路，并呈现自己的特色，如杭州市检察机关在办理互联网、新领域公益诉讼案件方面富有成效，温州市鹿城区人民检察院 1 年内有 3 件案件入选最高检公益诉讼典型案例。但有的地区还仅仅停留在办案数

---

① 2018 年、2019 年、2020 年、2021 年浙江省检察机关入选最高检公益诉讼典型案例分别为 1 件、7 件、8 件、22 件。

量上，在办理精品案件方面方法不够，举措不多。如2021年全省入选最高检公益诉讼典型案例的22件案件中，集中在杭州、宁波、温州3个地市中，案件数占到总数近一半，其他地区入选案件相对较少，有的地区甚至没有1件。

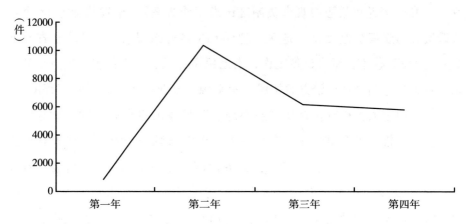

图2　浙江省检察公益诉讼办案数量情况（2017.7~2021.6）

（二）行政公益诉讼起诉案件较少

虽然浙江检察机关把诉前实现维护公益目的作为最佳司法状态，以磋商、诉前检察方式促进源头治理，绝大多数案件在诉前解决了公益损害问题，但也存在一些检察机关不敢监督、不善监督的问题，工作中过于强调协调沟通，对一些整改落实不到位，对公益损害仍然存在的问题不敢诉、不愿诉，忽略了履行公益诉讼职责的法定性、程序性、严肃性，有损检察监督权威。检察公益诉讼制度施行四年多来，浙江行政公益诉讼起诉案件仅有14件。

（三）公益诉讼检察人员力量和能力存在不足

公益诉讼部门人员特别是基层公益诉讼检察人员配备不足，多数基层检察院没有独立的公益诉讼部门，一个部门承担两到三项检察业务，一名检察人员从事行政、公益诉讼检察业务，甚至办理民事申诉、食药环刑事案件等，"缺少人手办案""没有精力办案"问题突出。目前，浙江 11 个市级检察院中有 9 个单独设立公益诉讼部门，但市级检察院公益诉讼部门政法编制数仅占市级检察院全部政法编制数的 4.07%，91 个基层检察院中单独设立公益诉讼部门的仅有 26 个，基层检察院公益诉讼部门政法编制数仅占基层检察院全部政法编制数的 8.9%。随着公益诉讼办案领域不断拓展，涉及的部门行业越来越多，公益诉讼检察人员的办案能力与人民群众的期待和关切还存在一定差距，调查取证、出庭应诉等办案能力以及法律文书质量、办案规范化建设等方面还有很大提升空间。

（四）数字化监督有待深化

数字检察是浙江打造法律监督示范省份的先行优势和鲜明标志。最高检原检察长张军曾称之为"这无异于执法司法领域一场深刻的数字革命"。浙江检察机关围绕"数字赋能监督，监督促进治理"这一法律监督模式重塑性变革，开展了积极探索，取得了一定成效。但从总体上看，运用数字监督思维和数字化手段办理公益诉讼案件还较少，大数据公益诉讼检察监督实践成果不够丰富，一些数字监督应用场景仅仅停留在数据共享的表层，没有在数据运用、线索转化上下功夫，没有深入挖掘数据背后的社会治理问题，没有转化为实实在在的深层次、高质量的监督成果，一些数字监督应用场景的实用性不强。

（五）理论研究需要加强

检察公益诉讼制度是一项新的制度，对于公益诉讼理论研究的基础比较薄弱，没有上升到理论层面，没有与检察理论良好融合，体系性、创新性、独立性不足。对于公益诉讼检察实践中遇到的问题的调查研究还不够深入，与办案实践结合不够紧密，如惩罚性赔偿制度、生态环境损害赔偿金的适用等，全省各地做法不够统一，没有通过理论调研形成规范性文件，指导公益诉讼检察办案。

四　做好公益诉讼检察工作的意见建议

（一）持续推进公益诉讼检察高质量发展

检察公益诉讼制度施行以来，办案数量持续上升，办案领域不断拓展，在公益保护体系中发挥着越来越大的作用，推动社会治理法治化的制度优势越发显现。站在新时代新起点上，公益诉讼检察必须立足更高站位，把牢正确方向，聚焦"高质量发展"这个关键，把依法能动履职作为实现高质量发展的基本路径，自觉、更优融入每个案件办理、每一项工作推进中。要充分发挥公益诉讼督促、协同作用，凝聚各方合力，推动解决行业领域内的突出问题，构建长效机制，促进补强公益保护领域治理短板。着眼于促进国家和社会治理履职尽责，努力做到办理一案、警示一片、治理一域。扎实推进"为民办实事破解老大难"公益诉讼质量提升年专项活动，办理人民群众反映强烈的"硬骨头"案件，及时有效回应人民群众的现实关切。

（二）加大行政公益诉讼起诉力度

检察机关是法律监督机关，"提起诉讼"是法律监督刚性的体现，也是法律赋予检察机关维护公共利益、助力依法行政的强有力手段。办好公益诉讼检察案件，要敢于监督、善于监督，对于"硬骨头""老大难"案件，敢于通过提起诉讼的方式强化监督效果。要进一步强化公益诉讼"诉"的意识和认识，依法能动履职，增强公益诉讼履职刚性，着力打造法律监督最有力示范省份。持续抓好诉前检察建议"回头看"，督促行政机关依法整改，对于未落实、假落实诉前检察建议的，发挥一体化办案优势，办案单位要做好证据收集、法律适用研究等工作，提出审查意见，上级检察院要加强办案指导，做好依法起诉的支持工作。进一步规范行政公益诉讼起诉案件办理，明确起诉标准、诉讼请求、撤诉条件等，确保起诉质量。

（三）加强公益诉讼检察专业化建设

人才队伍是实现公益诉讼检察高质量发展的基础。随着公益诉讼范围的不断拓展，公益诉讼检察面临的任务也越来越重，与人民群众对民主、法治、公平、正义、安全、环境等方面的更高要求相比，公益诉讼检察还存在不少差距，人员力量和能力还需不断加强。一方面，要配齐配强公益诉讼检察办案力量，增加公益诉讼人员数量和比例，推动有条件的基层检察院单独设立公益诉讼部门，对于承担有多项检察业务职能的部门，应当设立相对独立的公益诉讼检察办案组，实现专业分工。另一方面，要加强公益诉讼检察人员的素能培养，依托一体化办案机制，调配基层检察院公益诉讼人员参与重要案件办理，跟案学习，以案代训。开展公益诉讼岗位练兵，强化办案规范化建设，提升法律监督能力。

（四）强化数字检察监督

要增强大数据战略思维，运用大数据助力法律监督"本"的提升和"质"的嬗变。要深刻认识到数字检察的重大变革意义，自觉增强数字办案实战意识和提高能力，聚焦跨部门、跨层级的业务协同，推进符合公益诉讼规律的个案办理、类案监督、系统治理的监督模式。要树立审查、侦查、调查"三查融合"思维，积极从刑事案件中挖掘公益诉讼案件线索，依托侦查部门，补足案件调查中的短板，深挖个案表象下社会治理中的薄弱环节，通过类案办理及检察建议推动综合治理。围绕公益诉讼检察的重点领域，加强执法司法信息共享，强化数据分析研判和运用，形成数字监督多跨场景应用，开展公益诉讼数字检察专项监督，实现"一域突破、全省共享"，形成"数字赋能监督、监督促进治理"的规模效应。

（五）深化公益诉讼检察理论研究

理论是实践的先导。公益诉讼检察研究应当围绕解决公益诉讼实践难题、构建中国特色公益诉讼检察制度展开。特别是对于一些公益诉讼检察实

践中尚无有效解决方案、分歧较大的难题，加强理论研究的支撑和引领作用。专家学者是检察理论研究和检察工作创新的高级智库，要进一步深化检校合作，加强公益诉讼检察理论构建和实证研究，发挥"外脑"作用，推动检察机关和高等院校、科研机构合作设立公益诉讼检察理论研究基地。开展公益诉讼检察理论研讨，邀请各领域的专家学者参与，提高公益诉讼检察理论共识，指导办案实践。

河南省检察公益诉讼发展年度报告

河南省人民检察院课题组*

摘　要：　检察公益诉讼制度是以法治思维和法治方式推进国家治理体系和治理能力现代化的一项重要制度安排。河南检察机关紧紧围绕服务大局、司法为民，持续加大办案力度，积极稳妥拓展办案领域，坚持协作共治，强化规范建设，切实以检察工作高质量发展助推经济社会高质量发展。

关键词：　检察公益诉讼　服务大局　司法为民　提质增效　河南省

2021年，河南省检察机关公益诉讼检察部门坚持以习近平新时代中国特色社会主义思想为指导，积极践行习近平法治思想和生态文明思想，深入贯彻中央及省委、最高检和省检察院党组各项决策部署，以办案为中心，稳数量、调结构、抓重点、育亮点、强规范、提质效，能动履职、强化落实，扎实推动全省公益诉讼检察工作取得新成效、实现新发展。1件案件入选最高检指导性案例，30件案件入选最高检典型案例，工作得到最高检和省四套班子领导批示肯定12次。"河长+检察长"制分别列入最高检和河南省"十四五"规划。省检察院第八检察部党支部在建党百年之际被省委授予"两优一先"先进基层党组织，被省直工

---

　*　课题组成员：罗瑞，河南省人民检察院第八检察部副主任，三级高级检察官；黄玮林，河南省人民检察院第八检察部副主任，三级高级检察官；杨金锟，河南省人民检察院第八检察部副主任，四级高级检察官；李汶君，河南省人民检察院第八检察部检察官助理；李胤，河南省人民检察院第八检察部检察官助理。

委评为模范机关先进党支部，被命名为全省首批省直机关基层党建示范点。

一　河南检察公益诉讼工作开展主要情况

2021 年，全省检察机关共受理公益诉讼案件线索 7317 件，立案 5679 件，经过诉前程序办理 4385 件，向行政机关发出诉前检察建议 3718 件，行政机关纠正违法或履职 3688 件，整改率 99.2%，提起诉讼 467 件，法院已审结 379 件，其中 352 件案件检察机关的诉讼请求得到支持。

办案数量持续上升。2021 年各项办案数据均有提升。与 2020 年相比，公益诉讼案件线索受理数上升 6.49%，立案数上升 16.7%，经诉前程序办理案件数上升 22.5%，提起诉讼数上升 80.3%。市级院继续加大自立案件办理力度，全省 19 个市分院直接立案数上升 16.4%。

法定领域和新领域同步推进。检察机关在持续办好生态环境和资源保护、食品药品安全、国有财产保护、国有土地使用权出让四个传统法定领域案件的同时，积极稳慎开展英烈权益保护、未成年人保护、军人地位和权益保护、安全生产、个人信息保护、文物文化遗产保护等新领域探索，取得了良好效果。2021 年，全省共立案 5679 件，其中生态环境与资源保护领域 3631 件，占比 63.9%；食品药品安全领域 915 件，占比 16.1%；国有财产保护领域 115 件，占比 2%；国有土地领域 26 件，占比 0.5%；新领域案件数量继续增长，立案 989 件，同比上升 48.9%，占比由 2020 年的 13.7% 上升到 2021 年的 17.4%。提起诉讼的 467 件案件中，生态环境与资源保护领域 264 件，占比 56.5%；食品与药品安全领域 154 件，占比 33.0%；新领域及其他案件 49 件，占比 10.5%；除国有财产保护和国有土地使用权出让领域稍有下降外，其他领域案件数量均有大幅增长。

办案主体三级院全覆盖。2021 年，省、市、县（区）三级检察机关均有公益诉讼案件办理，以省院为龙头、以市院为中坚、以县区院为基础的办案格局逐步形成。三级院发挥不同层级的各自优势和独特作用，省检察院强化示范引领，聚焦全省范围内有重大影响、行政机关层级高、跨流域跨区域的案件线索，立案办理 4 件。全省 19 个市级院承上启下，共立案办理 116 件，平均每院立案 6 件。165 个基层院发挥办案主体作用，立案 5559 件，同比增加 791 件，平均立案 34 件。

案件结构逐步优化。从立案案件类型看，行政公益诉讼立案 4957 件，同比 2020 年增长 10.9%。民事公益诉讼（含刑事附带民事公益诉讼）立案 722 件，同比 2020 年增长 37.8%。从起诉案件类型看，诉讼结构在不断调整。刑事附带民事公益诉讼案件 411 件，同比 2020 年上升 79.5%。行政公益诉讼案件 28 件，同比 2020 年增长 75%。提起民事公益诉讼的数量增幅最大，是 2020 年的 2 倍。民事公益诉讼起诉案件，法律关系更复杂、证明责任更大，涉及鉴定等专业问题较多，其数量的增加反映出办案理念的改变和办案素能的提升，敢啃"硬骨头"的意识有所增强。

诉前实现公益保护的状态持续保持。2021 年，全省检察机关共发出诉前检察建议 3718 件，行政机关纠正违法或履职 3688 件，整改率 99.2%；逾期未纠正违法或履职 30 件，占比 0.8%。检察机关提起行政诉讼 28 件，诉前检察建议整改落实率连续多年保持在 99% 以上。实践表明，绝大多数问题在诉前阶段可以得到解决，检察机关依法发出诉前检察建议后跟踪监督，接续督促落实的效果较好。行政机关自我纠错、及时改正的意识不断增强。

二　检察公益诉讼工作开展的基本特点

（一）围绕中心大局，主动服务重大战略

主动融入党和国家中心工作，紧盯中央及省委重大战略实施，自觉在服务大局中发挥职能作用、彰显价值追求，以服务大局的成效检验公益诉讼检察工作的成效。

1. 持续服务保障黄河流域生态保护和高质量发展国家战略实施

持续服务保障黄河流域生态保护和高质量发展国家战略实施。全年共受

理涉黄河流域环境资源类案件线索 1794 件，立案 574 件，发出检察建议 342 件，整改完成 318 件，提起诉讼 6 件。督促清理污染水域面积 600 余亩，督促清理污染和非法占用河道 170 余公里，督促整改拆除违法建筑 11 万平方米，督促整治排污口 55 处。省检察院向黄委会河南黄河河务局派驻检察室，并会签《关于进一步加强协作配合推动河南黄河流域生态保护和高质量发展的意见》，充分发挥派驻检察室即时、精准、深入服务的优势，推动黄河水行政执法与检察公益诉讼协作配合取得新突破。

2. 全面推行"河长+检察长"制，推动改革落地见效

与省委改革办、省河长办共同研究，下发《关于组织开展全省全面推行"河长+检察长"制改革调研工作的通知》，联合分组分批到 18 个地市调研督导改革落实工作，推动"河长+检察长"制落实情况纳入省直成员单位和各个市级政府法治建设考核，确保制度全面落实落地，形成多方参与、部门联动的河湖治理新格局。相关做法被中央深改委刊发，被最高检评为首批检察改革典型案例，被省委深改委评为全省优秀改革成果一等奖。

3. 有力服务保障南水北调中线工程生态保护和高质量发展

一是建立省际协作，推动协同共治。组织南水北调中线 6 省（直辖市）检察院在淅川县召开"服务保障南水北调中线工程检察公益诉讼协作会"，邀请中线工程干线建设管理局等相关行政机关参加，研讨交流经验，会签协作意见，正式建立省际检察公益诉讼协作机制，推动中线工程保护向纵深发展，《人民日报》《河南日报》等主流媒体专题报道。二是持续开展南水北调中线工程生态保护公益诉讼专项监督活动。各地检察机关聚焦影响中线工程"三个安全"的突出问题，充分发挥公益诉讼检察职能，办理一批有影响、效果好的典型案例，保障一渠清水安全北送。截至 2021 年底，共立案 128 件，发出检察建议 100 件，督促清理固体废物 71000 余吨，督促整改拆除违法建筑 19000 多平方米。方城县检察院督促拆除南水北调保护区内长期存在的儿童乐园、动物园及其商业项目和店铺 40 余家，并协助做好涉案企业搬迁安置工作。辉县市院使"倒虹吸"工程地表 148 亩河床上耕种、打井的行为得到有效整治，解决存在多年的安全隐患。这些案件的办理，充分彰显了公益诉讼检察工作的价值，经验做法和典型案例被最高检和省人大转发。

4. 助力乡村振兴战略实施，做细做实涉农公益保护

聚焦"三农"短板和突出问题，部署开展服务乡村振兴专项监督活动，全省共受理涉乡村振兴公益诉讼案件线索1408件，立案1252件，发出诉前检察建议1055件，提起诉讼28件。督促清理农村固体废物23443吨，督促恢复水源地52637平方米，督促保护农用地2689亩，保护传统村落和乡村特色风貌4处。一是紧盯农村人居环境整治，提升乡村宜居水平。各地针对农村生活垃圾乱堆、乡镇污水排放、农业面源污染、农村黑臭水体等问题，加大监督力度，共受理线索843件，立案768件，发出检察建议627件。二是聚焦农用地保护，助力守牢耕地红线。针对河南农业大省、粮食大省的实际，着力办理非法占用农用地案件，保障国家粮食安全，巩固农业发展基础。全年共受理线索407件，发出检察建议272件，督促整治违法占用耕地1251亩，相关经验做法和典型案例被最高检转发，省委书记等领导对此批示肯定，省农业农村厅、自然资源厅将其作为典型经验上报相关部委。三是因地制宜，自主开展特色小专项。各地结合实际，针对辖区存在的突出问题，选取重点开展监督。商丘市检察院针对群众反映强烈的养殖污染环境、违法用地等问题，对全市生猪养殖情况摸底排查，督促整治违法养殖场44个。焦作市检察院针对农村田间地头"白色污染"、农药瓶及包装污染等问题指导辖区开展整治。驻马店驿城区检察院针对辖区酿酒作坊废渣废水直排入河问题，督促政府及其部门进行整改，并建立酒文化广场，相关做法被《检察日报》《河南法制报》报道。

5. 聚焦税费征收，防止国有财产流失

各地积极创新，开拓思路，针对各种税费、资金征收问题开展监督，助力国有财产保护。信阳市检察院针对人防工程领域国有资产流失情况开展监督，督促人防、自然资源和规划部门采取措施，防止近6千万元国有资产流失。洛阳市检察院指导汝阳县、洛宁县检察院对环境保护税、水土保持费开展监督，督促收缴40万元。滑县检察院通过持续监督，使长期拖欠的

915.625 万元土地使用权出让金被追回。西平县检察院针对税务和市场监管部门在股权交易管理中的漏洞，推动两部门建立联动机制，追回股权转让个人所得税 50 余万元。卢氏县检察院针对低保户、五保户救助资金发放把关不严问题，督促相关部门开展全面排查，发现不符合领取标准 17 人，追缴资金 5.6 万余元。这些案件的办理，进一步拓宽了办案思路，为各地国有财产保护和国有土地使用权出让领域案件办理提供了有益经验。

（二）坚持司法为民，积极守护民生民利

坚持以人民为中心、人民利益至上，聚焦生活环境、食品药品、教育、公共服务等领域直接影响生活幸福感的民之难事，部署开展专项行动，推动解决公益受损问题，守护人民美好生活。

1. 整治生活环境，助推污染防治攻坚

一是专注水体污染防治，落实落细专项行动。全省持续开展城市黑臭水体专项整治、饮用水源地保护、大运河公益监督等特色专项活动，小切口、深挖掘，推动环境污染整治，办理案件 517 件。二是防治固废污染，打击修复并重。各地认真贯彻《固体废物污染环境防治法》，全面推进固废污染监督，立案 629 件，发出检察建议 471 件，起诉 13 件，磋商结案 47 件。三是聚焦空气污染，推进源头治理。针对影响人民生产生活的化学污染问题，查找污染源头，开展系统整治。省检察院济源分院开展大气污染公益诉讼专项行动，推动市生态环境局购置溯源探测设备，查清群众反映强烈的恶臭污染来源，使污染企业停产停排，对废气治理设施和收集系统彻底整改。

2. 关注食药品质量，守护"舌尖上的安全"

落实食药品"四个最严"要求不松劲，持续开展专项监督活动，以网络餐饮、农产品、饮用水安全、餐具消毒等领域为切入点精准监督，受理线索 1039 件，立案 915 件，发出检察建议 532 件，提起诉讼 154 件。一是聚焦饮用水安全，让人民喝上"放心水"。信阳市检察院开展城镇居民二次供水质量监督，推动全市整改小区 127 个。三门峡市检察院开展饮用水安全专

项监督活动，对6个县区进行全面排查。商丘市检察院通过开展城市供水质量监督，推动商丘市出台《城市供水条例》。二是聚焦网络餐饮，规范食品经营。网络不是法外之地，针对部分网络订餐加工场所卫生差、三防设施不到位、经营资质和票据欠缺、从业人员健康证不齐全等情况，信阳、洛阳、驻马店、焦作等地对"美团外卖""饿了么"等第三方平台中订餐单位的餐饮安全问题进行排查，督促市场监管部门对问题平台及商户进行约谈，对不规范问题进行整改。三是关注校园食品安全，保障学生吃得放心。平顶山市检察院部署开展"公益诉讼守护校园食品安全"专项监督活动，联合市场监管部门对校园及周边100米范围内的餐饮及食品进行排查。临颍县检察院在办理校园食品安全案件的基础上，向县政府专题报告全县校园食品安全情况，推动对全县校长开展食品安全培训。四是推进惩罚性赔偿，提高违法成本。安阳市检察院对邢某等生产销售有毒有害猪肉的犯罪行为提起民事公益诉讼，诉请判令支付销售价款3倍的赔偿金780余万元，并将赔偿款缴入该市医疗保险账户，用于民众健康公益事业。

3. 助力"双减"政策落实，开展校外培训机构规范运营专项监督活动

以中央出台"双减"政策，部署开展减轻义务教育阶段学生作业负担和校外培训负担"双减"工作为契机，针对校外培训机构违规违法运营、损害民众利益的行为，联合未成年检察部门开展监督，重点围绕义务教育阶段校外培训机构违规审批、违规培训、违规广告宣传、侵害个人信息、培训场所及配套设施安全等突出问题，共摸排公益诉讼案件线索70件，督促职能部门依法履职，为校外培训机构治理提供有力司法保障。濮阳市华龙区检察院针对辖区内部分民办教育机构无办学许可证、聘用在职教师任教等违规行为，向教育、市场监管等部门发出检察建议。有关部门迅速开展联合执法行动，查处关停无证照培训机构29家，推动校外培训机构依法规范办学。

4. 积极回应社会关切，开展公共服务业违法违规行为专项监督

物业管理、电力保障、供气、供暖、供油行业是重要民生工程，直接关系老百姓生活质量和切身利益，受到社会各界广泛关注。根据人大代表和政

协委员反映，部署全省开展公益诉讼专项监督，针对人民群众反映强烈的物业服务不到位，供电、供暖、燃气、加油站等安全隐患问题，积极摸排线索，加大办案力度，共受理线索 63 件，立案 34 件，发出检察建议 27 件。通过督促相关行政机关严格执法，切实维护人民群众合法权益，增强获得感、幸福感、安全感。固始县检察院履职中发现瓶装液化气存在违规充装、气瓶检验流于形式、销售门店违规经营等问题，督促县市场监管和城管部门对全县 22 家充装单位、179 家换气站进行全面检查，回收问题液化气瓶 5 万个。召陵区检察院针对小区物业疏于管理"飞线充电"问题，组织相关部门召开听证会，督促联合开展专项整治，排查清除飞线充电 863 处、清除占用通道 178 处，并协调在 200 多个小区加装充电设备 1700 多个，有效化解了居民充电难题，消除了安全隐患。

（三）加大办案力度，着力提升办案质效

坚持以办案为中心、以质效为生命线，把服务大局、为民办事融入具体的公益诉讼办案工作中，不断巩固重点领域，办理重大案件，持续优化办案结构，正确引领办案方向。

1. 抓好自办案件，强化示范引领

坚持问题导向，明确工作重点，要求省、市级检察院带头办理有重大影响、行政机关层级较高、具有跨区域和跨流域特点的典型案件。省检察院自办案件 4 件，市级检察院直接立案 116 件，民事公益 36 件，行政公益 80 件，立案较多的市级检察院有济源、南阳、郑州、开封、新乡等。濮阳市检察院针对经开区村民违法建设停车场问题，向市自然资源和规划局制发检察建议，督促其迅速组织拆除建筑物 2780 平方米，采购 1600 多方土壤复耕土地。省检察院直接立案并启动一体化机制，指导郑州铁检分院和新乡市检察院办理 3 县 14 家违建制砖厂破坏黄河生态环境系列案，推动 5300 余亩滩地有序复耕。加大督办力度，推动落实见效。高度重视中央环保督察线索办理，运用一体化办案机制，每个线索明确一名部主任和员额检察官跟进督导，实地查看案件现场，走访涉案企业，了解办案情况。

2. 把牢重点领域，全力消灭立案空白

把办理生态环境和资源保护、食品药品安全领域公益诉讼案件作为基本任务，年初列入公益诉讼检察工作要点，明确要求市级检察院和基层检察院都必须办理，实行月通报和重点督导。2021年，全省165个基层检察院和19个市级检察院已全部消灭两个领域立案空白。

3. 提升起诉案件比例，增强监督刚性

加大行政和民事起诉案件办理力度，提高起诉案件数量和比重，要求各地必须办理直接起诉案件。全年共提起诉讼467件，与去年同比上升80%，居全国第9名。其中，民事公益诉讼和行政公益诉讼均为28件，分别上升100%和75%；刑事附带民事公益诉讼411件，同比上升79.5%。提起行政公益诉讼较多的有信阳、南阳等地市检察院，提起民事公益诉讼较多的地市有南阳、周口等检察院。各地通过提起诉讼，把庭审做成生动的法治课堂，增强公益诉讼刚性，有效促进依法行政，严肃追究侵权人的民事责任，警示、教育社会面。

（四）有序拓展新领域，丰富实践探索样本

认真贯彻落实最高检《关于积极稳妥拓展公益诉讼案件范围的指导意见》，坚持"积极、稳妥"的办案原则，通过办理群众反映强烈的新领域公益损害案件，不断丰富实践经验，推动相关公益领域入法，由"等"外转为"等"内。

1. 强化安全生产，防范重大风险

各地检察机关以贯彻实施《安全生产法》为契机，加强生产安全监督，协同各方推动安全隐患有效解决，共办案323件，发出诉前检察建议241件。三门峡部署开展窨井盖专项整治，联合相关机关进行排查，分别督促4500余处问题井盖完成整改。修武县检察院开展农田机井安全治理，督促封盖177个农田灌溉井，切实保障人民群众"脚下的安全"。信阳部署开展闲置工地生产安全监督，督促整改长期闲置工地16个，拆除塔吊5个，保障老百姓"身边的安全"。平顶山市检察院在全市开展幼儿园食品和消防安全专项监督活动，立案55件，发出检察建议55件。省检察院指导郑州铁检

分院办理的三门峡市违建塘坝危害高铁运营安全行政公益诉讼案入选最高检指导性案例，被中央电视台宣传报道。

2. 加强军地协作，维护国防和军事利益

与郑州军事检察院会签意见，扎实开展协作。结合党史学习教育，部署开展红色资源保护、英烈纪念设施管理保护和军用机场净空公益诉讼专项监督活动，保护与学习并重，感悟百年党史。军地联合办案 305 件，督促政府投入资金 5000 多万元，修缮文物保护和纪念设施 251 处，有 4 件入选最高检典型案例，2 件入选解放军军事检察院典型案例，得到最高检领导的批示肯定。新乡市检察院针对全市 600 多处零散烈士墓未入驻陵园、管理部门履职不到位问题制发检察建议，推动 326 处散葬烈士墓达成迁移意向，就地保护散葬墓 300 多处，督促修缮烈士陵园 11 处。桐柏县检察院与军事检察院联合排查全县 200 多处革命遗址和纪念设施，发现问题 66 处，分别对 2 个主管部门和 6 个乡镇政府发出检察建议，有效保护一大批重点革命文物，该系列案被最高检评为典型案例。

3. 保护历史文物，传承千年文脉

与省文物局联合出台《关于建立文物保护公益诉讼检察工作协作机制的意见》，专门下发通知，列出清单，部署开展文物保护专项监督活动。各地积极行动，联合文物保护部门对全省 421 处国家级和 1162 处省级文物保护单位等重点文物开展排查，发现问题线索 232 件，立案 184 件，发出检察建议 159 件，督促保护文物及周边环境 83 处。开封市检察院针对全国重点文物保护单位开封古城墙严重受损问题，督促相关部门实行精细化保护。郑州二七区检察院督促对省级重点文物明代周悼王墓和臧氏家庙进行保护。商丘梁园区检察院针对全国重点文物保护单位徐堌堆汉墓群安全问题，督促军地协作，共同完善文物及周边环境保护。

4. 保护公民信息，维护生活安宁

各地针对骚扰电话、垃圾短信等滥用个人信息、严重影响公众正常生活的行为，积极开展保护，办案 102 件。注重打好检察监督组合拳，发挥"刑事+公益诉讼"优势，依法追究违法行为人的刑事责任，同时提起附带民事公益诉讼或行政公益诉讼，要求侵权人承担民事责任，督促行政机关依法履职，完善监管制度，多角度推动消费者个人信息保护，取得良好社会效果和法律效果。濮阳市华龙区检察院、固始县检察院针对房地产及装饰装修等行业泄露消费者个人信息、电话短信推销骚扰的行为，通过诉前检察建议督促有关部门依法履行监管职责，推动行业治理，切实加强公民个人信息保护，该 2 件案件被最高检评为个人信息保护公益诉讼典型案例。

（五）坚持协作共治，凝聚公益保护合力

坚持公益诉讼督促之诉、协同之诉的职能定位，当好党委和政府的法治助手，积极与社会各界联系沟通，凝聚公益保护合力。

1. 持续深化外部协作

一是积极争取党委人大支持。不定期向党委人大汇报工作动态、经验做法和典型案例，省检察院向省"四套班子"专题报告 4 次，郑州市检察院争取市人大常委会出台《加强检察公益诉讼工作的决定》，商丘市检察院先后向市"四套班子"报送关于地下水治理和城市供水水质情况的报告，鹤壁、三门峡的工作情况得到市委书记的批示肯定。二是与行政机关深入沟通协作。与黄委会、河长办、生态环境、自然资源、南水北调运行管理等行政机关强化衔接配合，在线索移送、信息共享、调查取证、联合督办等方面开展协作。抽调业务骨干参与全省污染防治专项督察，与自然资源部门联合开展土地执法，加强协作配合试点工作，濮阳、鹤壁、南阳、郑州航空港区等四个检察院的经验做法和 11 个典型案例被最高检转发。三是与法院密切联系，加强联络沟通，积极贯彻落实《探索建立食品安全民事公益诉讼惩罚性赔偿制度座谈会会议纪要》，就惩罚性赔偿认定标准、适用范围、赔偿金管理使用等问题推动与法院达成新的共识。濮阳市检察院与市自然资源局、中级人民法院会签关于土地执法司法领域协作的意见，就生态环境修复、惩罚性赔偿等问题主动与法院对接，统一办案尺度。

2. 持续深化检察内部合作

一是加强区域协作，促进解决全流域、跨区域公益保护难题。联合周边

省份检察机关分别会签《服务保障南水北调中线工程公益诉讼检察工作协作意见》《关于深化跨省协作配合加强南四湖流域检察公益保护的意见》《关于淮河流域河南安徽段生态环境行政公益诉讼跨省际区划管辖协作意见》《关于建立桐柏山淮河源生态环境保护跨区域协作机制的意见》《关于加强南太行跨区域公益保护协作配合的实施意见》，推动建立跨区域检察公益诉讼协作机制，凝聚生态保护合力，推动生态环境检察保护走向深入。二是注重检察职能融合，加强与刑事、民事、行政检察部门的衔接配合，在线索共享、案件调查、附带民事公益诉讼提起等方面开展协作，推动四大检察一体化融合发展。信阳市检察院实行环资类刑事、公益诉讼案件一体化办理，郸城、鹿邑县检察院实行刑事、公益诉讼检察官联合办理食药、环资类刑事附带民事公益诉讼案件，有效整合了办案力量。

3. 强化公众参与工作机制

大力推广圆桌会议、公开宣告送达、整改效果第三方评估等工作机制。积极邀请人大代表、政协委员、人民监督员等社会代表参加公益诉讼听证、磋商、整改评估、案件示范庭观摩等活动，提升工作成效。全省共组织公益诉讼公开听证 394 次。省检察院指导郑州铁检分院办理的督促保护黄河湿地、饮用水水源地行政公益诉讼案被最高检评为听证典型案例。安阳市检察院针对盲道设置不规范、维护不及时等影响视障群体出行问题，邀请城管、城建、残联等单位参加听证，向社会现场直播；南乐县检察院在办理客运车辆噪声污染案件中，创新"预约式"听证，邀请听证员提前三天对行政机关整改情况进行检验监督，集中评议整改效果，受到各方积极评价。

4. 做好公益诉讼检察宣传

主动开展宣传推介，营造社会参与的良好氛围，增强公众环保意识，提升公益诉讼检察工作的社会认知度和影响力。一是利用微信、报纸、电视、专栏等多媒体平台进行常态化宣传。各地工作成效先后被中央电视台、河南电视台和《检察日报》《河南日报》《河南法制报》宣传报道，濮阳市检察院建立的公益诉讼法治教育基地被全国多地检察机关参观学习，成为亮丽名片。二是结合公益诉讼自身特点，推出专题深度报道。配合中央电视台《今日说法》栏目，对三门峡市违建塘坝危害高铁运营安全行政公益诉讼案、南阳市恐龙蛋化石保护民事公益诉讼案等进行采访报道，通过"访谈式"普法，实现三个效果有机统一。三是把握重要时间节点，组织开展主题宣传活动。省检察院在"3.15"国际消费者权益保护日，联合省消费者协会参加河南广播电视台特别节目，聚焦消费者权益保护热点问题宣传工作。洛阳、三门峡、周口检察机关在世界环境日分别开展公益诉讼守护生态环境的主题宣传，引导公众更多了解支持公益保护工作。

三　检察公益诉讼工作存在的问题和困难

2021 年，全省公益诉讼检察部门服务大局，保障民生，积极履职，能动司法，取得了一定成绩，但仍然存在一些不容忽视的问题。

一是地区发展差异大，同等条件、同等人员规模的单位，工作开展差别较大。部分地区工作主动性发挥不够，切入点、结合点找的不准，工作局面未完全打开。

二是办案结构不够优化，行政诉前多、起诉少，虽然民事、行政起诉案件数量有所上升，但刑事附带民事案件占比仍较高，结构失衡问题仍然存在。

三是办案领域比例不协调，主要集中在生态环境和资源保护、食药品安全和新领域三个方面，其他领域较少。

四是办案质效需进一步提升，"硬骨头"案件数量较少，个别地方就案办案，只求短期效果，检察建议不追踪实际效果，诉讼不考虑执行情况。

五是规范化程度不够。案件请示审批制度执行不到位，文书制作、业务系统填报不规范现象时有发生，规范办案的意识有待进一步加强。

六是文书质量不高。有的地方办案文书内容简单，审查把关不严。部分检察建议泛泛而谈，论述不充分，制发不精准。

四 检察公益诉讼工作进一步开展完善的对策建议

检察机关将深入贯彻习近平生态文明思想和法治思想，落实中央及省委决策部署，按照最高检工作"四抓"要求，围绕"争先进、创一流"的工作目标，强化"三个导向"，抓重点、抓大案、抓实效、抓拓展，推动公益诉讼检察工作提档升级。

（一）服务大局求实效

坚持高站位、重担当，紧盯中央及省委工作部署，深入落实"河长+检察长"制，以向黄委会河南河务局派驻检察室为抓手，针对黄河生态保护面临的突出问题，共同开展专项活动，做深做实做细，打造工作新亮点。强化南水北调中线工程保护，与南水北调运管部门建立协作机制，针对"三个安全"和水源地保护问题，持续开展专项活动。深入开展服务保障乡村振兴战略实施专项活动，以粮食安全、耕地保护、农村人居环境整治、传统村落民居保护为重点强化监督，争取办理一批典型案件。助力深入推进污染防治攻坚战，协同有关部门开展水体、矿山、土壤、固废专项整治，推进生态修复。助推国家公园建设，开展长城、长征、大运河公益保护专项监督活动。加强军地协作，服务备战打仗，以军用机场净空、军营周边环境、英烈设施保护、红色资源保护等领域为重点，协同军事检察院持续开展专项监督。

（二）守护民生抓拓展

围绕解决人民群众"急难愁盼"问题开展监督，持续开展公益诉讼守护美好生活专项行动。积极稳慎拓展新领域，着重办理《中共中央关于加强新时代检察机关法律监督工作的意见》要求、最高检明确部署和省人大常委会授权的产品质量安全、公共卫生、网络治理、知识产权、生物安全、文物和文化遗产保护、妇女及残疾人权益保护等领域公益损害案件。回应社会关切，对物业、电力、燃气、暖气、加油站等公共服务行业违法违规行为开展专项监督。针对电动车规范管理、交通安全、充电安全等问题进行监督，促进城市精细化治理。开展校外培训机构规范运营专项监督活动，助力"双减"政策落实见效。加大对文物特别是城区小遗迹、小故居、古城墙的保护力度。

（三）对标问题抓重点

进一步扩大办案规模，争先进位，提高各项办案指标在全国的位次。继续推动生态环境和资源保护、食药品领域全覆盖，其他领域有突破，打造国有财产保护、国有土地使用权出让和公共安全等领域新的增长极。继续要求省、市级检察院加大自立案件和起诉案件办理力度，强化重点案件办理，提高"硬骨头案"和"大案"数量，发挥好示范引领作用。加强重点业务指标的研究分析，坚持月通报、季讲评，更好地发挥数据引导作用。分类指导，结合各地实际选准突破点，打造特色品牌。

（四）抓好队伍强素能

进一步推动党建与业务融合发展，以"大学习、大研讨、大培训、大练兵"和最高检"质量建设年"为契机，全面开展公益诉讼办案规则学习培训；组织优秀检察建议评选和案件评查活动，提升法律文书质量，促进办案规范化；开展典型案例评选和公益诉讼质量提升年活动，积极参与"千案展示、百案评析、十案示范"，增强精品意识，引导形成重质重效的办案氛围。向智慧检务要动力，积极推进省、市公益诉讼检察指挥中心建设，推动公益诉讼检察工作提档次、上台阶。

B.9
甘肃省检察公益诉讼发展年度报告

丁宝玺*

摘　要： 本报告从省域和实证的角度，围绕检察公益诉讼工作发展主题，基于对甘肃省 2020 年度、2021 年度的检察公益诉讼业务数据对比分析，主要从开展工作情况、经验做法及问题不足、未来发展方向等方面，总体分析了甘肃省各市、州检察机关 2021 年度开展检察公益诉讼的各项办案数据、指标数值，总结体现甘肃省特色的工作做法、机制、成效，全面梳理客观存在的主要问题，整体评估检察公益诉讼发展态势，研判未来发展方向。

关键词： 甘肃检察　公益诉讼　省域实证分析

2021 年，甘肃省公益诉讼检察部门聚焦全省经济社会发展中心大局、聚焦公益诉讼检察主责主业，抓重点、稳数量、调结构、提质效、拓领域，扎实推进检察公益诉讼工作持续健康发展，服务生态环境司法保护重点工作实现新作为，公共安全和文物保护领域检察公益诉讼工作成为甘肃检察新特色。

一　工作开展情况

（一）案件线索受理和立案数量下降，地区发展不均衡

2021 年，甘肃省检察机关共发现公益诉讼案件线索 3790 件，同比下降

---

　* 丁宝玺，甘肃省人民检察院第八检察部四级高级检察官助理。

8.23%。其中，民事公益诉讼案件线索 433 件，占线索总数的 11.42%，同比增加 2.2 个百分点；行政公益诉讼案件线索 3357 件，占线索总数的 88.58%，同比减少 2.2 个百分点。立案 3546 件，同比下降 8.98%，同比减少 0.77 个百分点。其中，民事公益诉讼立案 367 件，占立案总数的 10.35%，同比增加 0.99 个百分点；行政公益诉讼立案 3179 件，占立案总数的 89.65%，同比减少 1.76 个百分点。

从地域分布看，立案数较多的地区是：张掖 417 件、白银 396 件、兰州 393 件、定西 326 件、平凉 320 件；较少的地区（分院）是：甘肃省检察院矿区分院 5 件、嘉峪关 27 件、甘肃省检察院兰州铁路运输分院（以下简称兰铁）34 件、金昌 43 件、甘肃省检察院林区分院 47 件。

（二）公益诉讼案件各领域占比变化明显，新领域案件不断拓展

1. 生态环境和资源保护领域案件占比小幅增长

生态环境和资源保护领域立案 1910 件，同比下降 6.32%；占立案总数的 53.86%，同比增加 1.53 个百分点。生态环境和资源保护领域办案数量小幅下降，但是占比仍在增加，反映出公益诉讼在生态环境和资源保护领域的办案规模不断扩大。

2. 食品药品安全领域案件数量下降

食品药品安全领域立案 468 件，同比下降 29.41%；占立案总数的 13.20%，同比增加 5.93 个百分点。该领域立案数量较多的地区是：庆阳 92 件、白银 77 件、陇南 51 件、张掖 45 件。立案数量较少的地区是：嘉峪关 5 件、金昌 6 件。

3. 国有财产保护领域案件数量明显下降

国有财产保护领域立案 66 件，同比下降 53.20%。国有土地使用权出让领域立案 22 件，同比持平。还需加大与审计、自然资源等行政机关的协作，拓宽线索来源，确保对国有财产和国有土地使用权的保护力度不减。下降幅度较大的地区是：天水 0 件，2020 年同期 2 件；武威 1 件，2020 年同期 6 件；张掖 1 件，2020 年同期 3 件；陇南 1 件，2020 年同期 29 件；甘南 1 件，2020 年同期 6 件。

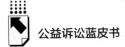

4. 新领域拓展案件办理力度持续增强

在公共安全、文物保护等新领域（包括新增安全生产法定领域）立案 1068 件，同比上升 3.98%，占立案总数的 30.12%；同比增加 3.73 个百分点。新领域案件涉及面较广，文物和文化遗产保护领域，小区高空坠物、游乐场所、窖井盖等公共安全领域案件数量较多。新领域立案较多的地区是：兰州 119 件、白银 116 件、陇南 115 件、张掖 108 件、定西 102 件，其中白银、定西增幅较大，同比分别上升 63.10%、68.30%。在积极稳妥探索新领域案件办理的同时，也要注意提升案件质量，避免出现盲目追求数量的倾向。

（三）诉前程序数量小幅下降，主要集中在生态环境和资源保护领域

2021 年，甘肃省检察机关办理公益诉讼案件共履行诉前程序 3292 件，同比下降 0.78%。其中，行政公益诉前程序 2978 件，同比下降 2.71%，占 90.46%，同比减少 1.79 个百分点；民事公益诉前程序 314 件，同比上升 22.18%，占 9.54%，同比增加 1.79 个百分点。诉前程序数量较多的地区是：张掖 415 件、兰州 387 件、白银 369 件、定西 319 件、平凉 318 件。从各领域来看，生态环境和资源保护领域履行诉前程序 1645 件，占比最高，为 49.97%；新领域 922 件，占 28%；食品药品安全领域 349 件，占 10.60%；国有财产保护领域 67 件，占 2.04%；国有土地使用权出让领域 13 件，占 0.39%。

经过行政公益诉前程序，督促行政机关纠正违法或履行职责 2983 件，同比上升 0.20%。检察机关在诉前运用圆桌会议、听证、磋商、检察建议等方式督促行政机关履职，在诉前实现公益恢复、保护目的，取得良好成效。

（四）提起公益诉讼案件数量明显上升，地区发展不平衡

2021 年，甘肃省检察机关共提起公益诉讼 226 件，同比上升 29.89%；

占立案数的 6.37%，同比增加 1.91 个百分点。主要集中在：生态环境和资源保护领域 152 件，占比最高，为 67.26%，同比减少 16.08 个百分点；食品药品安全领域 42 件，占 18.58%，同比增加 5.37 个百分点；国有土地使用权出让领域 2 件，占 0.88%，2020 年同期 0 件；新领域 28 件，占 12.39%，同比增加 10.09 个百分点。

1. 刑事附带民事公益诉讼占比有所提高

提起民事公益诉讼 212 件，同比上升 29.27%，占提起公益诉讼总数的 93.81%，其中刑事附带民事公益诉讼 178 件，占民事公益诉讼的 83.96%，同比增加 4.69 个百分点。

2. 行政公益诉讼占比有所上升

提起行政公益诉讼 14 件，同比上升 40.00%，占提起公益诉讼的 6.19%，较之 2020 年同期 5.74%的占比有所上升。

3. 提起公益诉讼地区分布不平衡

提起公益诉讼较多的地区是：兰州 44 件、陇南 30 件、天水 22 件、林区 19 件。较少的地区是：兰铁 0 件，嘉峪关、金昌各 2 件，甘南 3 件，武威、矿区各 4 件。

4. 一审裁判支持率保持高位

对于提起诉讼的公益诉讼案件，法院作出一审裁判 179 件，其中判决支持 179 件，占裁判案件的 100.00%，同比持平。其中，民事公益诉讼一审判决支持 167 件，行政公益诉讼一审判决支持 12 件。

（五）办案效果总体明显，部分领域相关数据下滑

1. 生态环境和资源保护领域

通过办案共挽回、督促修复被损毁的林地、耕地、湿地、草原 4.72 万亩，同比上升 1.61 倍；清理污染和非法占用的河道 433.64 公里，同比上升 7.31 倍；清理被污染水域面积 378.23 亩，同比上升 19.28 倍；保护被污染土壤 6.75 万亩，同比上升 60.60 倍；督促清除处理违法堆放的各类生活垃圾、生产类固体废物 10.28 万吨，同比上升 5.94 倍；督促关停和整治造成

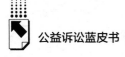

环境污染的企业 65 家，同比上升 20.66 倍；向污染企业和个人索赔环境损害赔偿金 3.85 万元，同比下降 88.50%，治理恢复费用 2322.49 万元，同比下降 88.87%。

2. 国有财产保护和国有土地使用权出让领域

督促收回被欠缴的城镇国有土地使用权出让金 5700.64 万元，同比上升 281.43%；督促收回人防工程易地建设费 1014.58 万元。

3. 食品药品安全领域

督促查处销售假冒伪劣食品 4315.80 千克，同比上升 4.73 倍。督促查处销售假药和走私药品 37 种，督促收回流通中的假药和走私药品 10 种、207 千克。

二 经验做法和存在的问题

（一）生态环保领域优先保护

一是将深化生态环境司法保护作为必须持续抓好的重点工作。"强化生态环境检察司法保护"被甘肃省委依法治省办列为 2021 年十件法治为民办实事省级项目之一，全省三级检察院持续发力，共立案 1910 件，履行诉前程序 1850 件，提起诉讼 152 件。从推进省、市、县三级检察院全覆盖办案等方面制定十项具体落实措施和"四大检察"分工责任清单，突出生态环境领域公益诉讼优先保护，协同推动生态环境高水平保护。重点关注黄河、祁连山等大山大河的生态环境治理，强化以黄河干支流为重点的河湖水体保护力度，聚焦河湖"四乱"和饮用水水源污染、生产生活废水超标排放等河湖生态突出问题，督促治理恢复被污染水源地 2419 亩，清理污染和非法占用的河道 433.64 公里，清理被污染水域 378.23 亩。定西市检察院就洮河、迭藏河岷县城区段生活污水直排问题，向岷县人民政府公开宣告送达检察建议。对祁连山区 179 项生态环境问题整治工作进行"回头看"监督，重点对 8 项中央环保督察反馈意见、32 项省级环保督察反馈意见中与祁连山区相关的 30 项生态环境问题实施检察监督，发出检察建议 2 件。在祁连山自然保护区设立检察公益诉讼生态修复基地，基地占地 480.75 亩，完成补植苗木 9420 株，被《检察日报》头版报道。林区两级检察机关新建生态修复基地 4 个，目前林区生态修复基地达到 22 个。

二是聚焦重点案件解决生态治理难点问题。将办好最高检督办案件作为重大任务，成功办理中国建材（漳县）祁连山水泥有限公司越界开采破坏生态环境和资源保护系列案，运用一体化办案机制，全面启动委托鉴定、公开听证、赔偿磋商等程序，对涉案企业在甘肃省内首次适用生态环境损害惩罚性赔偿，对行政机关制发检察建议，与行业主管部门建立生态损害赔偿与检察公益诉讼协作衔接工作机制。酒泉市肃州区检察院办理的楚雄矿业公司非法占用农用地刑事附带民事公益诉讼案经二审终审，法院判令被告赔偿修复治理等费用 3758 万余元。酒泉市肃州区检察院诉天亿化工、鑫海源化工、董某某等人污染环境刑事附带民事公益诉讼案，被告赔偿污染应急处置、生态环境损害恢复等费用 2280.1 万元，该案入选最高检"公益诉讼守护美好生活"专项监督活动典型案例。

三是紧盯环保督察通报问题持续跟进监督。扎实开展"为民办实事破解老大难"公益诉讼质量提升年专项活动，对最高检和甘肃省直相关部门移交的生态环保督察线索逐条梳理，整合调查 195 件生态环保类公益诉讼案件线索作为重点案件逐件突破，立案 62 件，将办案重点集中到"硬骨头"案件上。

四是引导各地部署地方特色专项监督。融入乡村振兴战略实施，结合地域实际，推进耕地资源保护、农业面源污染治理、农村人居环境整治等专项监督。甘南州检察机关开展了黄河上游水源涵养地草原生态资源保护公益诉讼专项监督。酒泉市检察机关围绕中心大局以"小切口"展示"大作为"，有针对性地开展了种子安全、林草保护、农村水源保护与污水处理、乡镇污水处理等特色专项监督。

（二）做实法定领域全面保护

一是持续开展"公益诉讼守护美好生活"专项监督，市州、县区检察

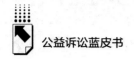
院生态环境和资源保护、食品药品安全领域公益诉讼办案实现全覆盖。2021年，立案办理食品药品安全领域公益诉讼案件 468 件，履行诉前程序 387件，其中民事公告 58 件，发出检察建议 329 件；提起检察公益诉讼 42 件，其中民事公益诉讼 8 件，刑事附带民事公益诉讼 34 件。

二是突出办好校园周边、农贸市场等重点区域销售有毒有害食品或不合格食品，网络餐饮领域违规经营等案件，对违法行为探索提起惩罚性损害赔偿之诉。通过"点"上问题的解决推动"面"上工作的规范，确保人民群众食品药品安全。兰州新区检察院对生产、销售有毒、有害食品案，适用惩罚性赔偿提起刑事附带民事公益诉讼，兰州新区人民法院判令被告承担其销售有毒、有害食品价款 10 倍的惩罚性赔偿金 41370 元。嘉峪关市城区检察院对黄某某销售假药的行为，诉请法院判令支付销售假药价款 3 倍的赔偿金88068 元，法院予以支持。

三是有重点地办理国有财产保护和国有土地使用权出让领域案件，加强对国有土地使用权出让金、人防工程易地建设费等行政事业性收费，政策性补贴，社保金、养老金等专项资金的监督。2021年，立案办理国有财产和国土出让领域公益诉讼案件 88 件，发出检察建议 75 件，督促保护、收回国家所有财产和权益价值 6.21 亿元。张掖市检察机关开展为期 2 年的国有财产保护公益诉讼专项行动，重点对城乡建设基础设施配套费、人防易地工程建设费、水资源费、国有土地使用权出让金等开展专项监督，督促法院开庭审结提起诉讼的山丹县城建局不依法履行收缴人防易地工程建设费 2200 万元案。平凉市检察机关培育"公益诉讼守护国有财产安全"亮点工作，解决国有财产保护线索发现难、调查取证难、追回损失难等问题，针对农村违规发放粮食补助，违规套取退耕还林款、危房改造金等问题，向监管单位发出检察建议 13 件，督促收回资金 90 万余元。

（三）积极稳妥拓展公益诉讼案件范围

全面准确把握拓展案件范围的内涵，既包括新领域的拓展，也包括法定领域内案件范围的拓展。2021年，甘肃省检察机关推进公共安全、文物保护等专项监督，立案新领域案件 1068 件，发出检察建议 932 件，发布民事公告 39 件，提起行政公益诉讼 2 件，提起刑事附带民事公益诉讼 26 件。兰州市检察院以大数据应用平台为依托，精确判断线索，开展"森林防火""古树名木保护""汽修企业废弃机油处置""道路公共设施安全"等专项监督。兰州市检察院《创新大数据研判与衔接平台建设　推进公益诉讼工作机制创新》入选最高检首批检察改革典型案例。兰州军铁两级检察机关充分发挥军事、铁路两个专门检察院跨省级行政区划优势，推动甘青宁三省（区）对军人出行依法优先权负有法定职责的铁路站段全面整改，"军铁共建"维护国防利益和军人合法权益。

（四）推进专项监督，打造甘肃检察公益诉讼特色亮点

一是部署开展公共安全专项监督。部署开展为期两年的甘肃省检察机关公共安全领域公益诉讼专项监督，围绕消防、道路交通、城市建设、公共卫生、信息安全等八个公共安全领域，聚焦公共安全监管漏洞和治理难题，共审查线索 671 条，立案 618 件，发出检察建议 582 件，提起诉讼 17 件，立案数和检察建议数分别占全省总数的 19.2% 和 22.1%，占新领域办案总数的 63.1% 和 71.6%。助力防范化解安全风险，推动源头治理、系统治理和综合治理，取得积极效果。

二是持续开展文物保护专项监督。2021 年以石窟寺、历史遗迹和革命文物等红色文化资源保护为重点，形成甘肃检察公益诉讼工作特色，《检察日报》刊发甘肃省检察院朱玉检察长署名文章《检察监督介入，激活文物保护法律统一实施》。共发现文物保护案件线索 766 件，立案 715 件，发出诉前检察建议 624 件，提起公益诉讼 8 件，立案数、检察建议数、起诉数分别占新领域总数的 35.6%、35.5% 和 28.6%。通过深化专项监督，助推完善了文物保护长效机制。

三是组织开展废旧农膜回收利用专项监督。根据 2020 年公布的《农药包装废弃物回收处理管理办法》，针对甘肃省生态环保督察办函告的废旧农膜回收利用问题线索，组织各地检察机关对废旧农膜回收利用工作开展专项

监督。甘肃省检察院针对全省废旧农膜回收利用工作中存在的普遍性问题，向甘肃省农业农村厅发出检察建议。平凉市检察机关开展废旧农膜污染环境检察公益诉讼专项行动，发出检察建议 31 件。酒泉市肃州区检察院开展农村"白色污染"公益诉讼专项行动，发出检察建议 14 件。

（五）落实制度机制，推进检察公益诉讼工作纵深发展

一是按照用行动、事实、数据、案例"四个说话"要求提升办案质效。坚持质量优先，优化办案结构，提高民事和行政公益诉讼起诉案件占比。评选出 2020 年度甘肃省检察公益诉讼典型案例 12 件、优秀法律文书 9 份，将 2019 年、2020 年甘肃省检察公益诉讼典型案例汇编成册后呈送甘肃省委、省委政法委，分送人大代表，作为宣传检察工作的重要资料。按季度通报全省检察公益诉讼工作。持续做好案例挖掘培育推荐工作，建立"逐案总结、定时上报、集中研讨、好中选优、定期通报"的案例上报选拔机制，各地区共上报案例 255 件，向最高检及其他有关机关、部门推荐 136 件。2021 年甘肃省检察机关在生态环境保护、服务乡村振兴、大数据创新应用机制、个人信息保护、红色资源保护、烈士纪念设施保护等领域有 6 件公益诉讼案例入选最高检典型案例。

二是全面落实公开听证制度。聚焦生态环境和资源保护、食品药品安全以及新领域案件，对于群众诉求强烈、矛盾纠纷突出和疑难、复杂、引领性公益保护问题，围绕行政机关履职是否到位、社会公共利益是否受到侵害等议题进行公开听证，充分听取听证意见，切实做到"应听证尽听证"。累计共组织公益诉讼案件公开听证 404 件，其中检察长、副检察长等院领导主持听证 352 件，占 87.1%。邀请人大代表、政协委员和人民监督员、群众代表等担任听证员参与听证 356 件，邀请新闻媒体参与听证 28 件，开展检察听证互联网直播 22 件。兰州市检察机关探索"听证+调查""听证+磋商""听证+提起诉讼""听证+跟进监督"监督模式，将公益诉讼检察听证贯穿于办案全流程。定西市检察院以公开听证释法说理，组织听证员和行政机关代表实地查看生态环境受侵害状况。玉门市检察院制定《民事、行政公益

诉讼公开听证办案指引》，规范公益诉讼案件听证程序。

三是进一步加强协作机制建设。甘肃省检察院与省河长办印发《关于建立"河（湖）长+检察长"工作机制的意见》，省、市、县三级全面建立机制。在2021年甘肃省河湖长制工作会议上，甘肃省检察院朱玉检察长围绕"河（湖）长+检察长"主题作了交流发言。机制建立以来，各地共开展联合行动162次，发现案件线索217件，立案187件，发出诉前检察建议168件。在实践基础上，甘肃省检察院与省生态环境厅建立生态环境损害赔偿与检察公益诉讼工作协作机制。强化检察协作，与四川、陕西、西藏、青海等省（区）建立跨区划检察协作机制，与西部战区第二军事检察院建立军地检察机关红色资源保护公益诉讼协作配合机制。完善公众参与协作机制。甘肃省检察院对40件公益诉讼案件线索的举报人发放奖励金4万元。各地推广公益观察员和志愿者制度，选聘"两代表一委员"担任公益观察员。平凉市检察院持续深化志愿者试点工作，先后招募两批志愿者152人，与5家志愿者协会初步建立协作关系。

四是探索践行恢复性司法理念。将恢复性司法理念引入办理生态环境保护领域具体案件中，持续巩固"专业化法律监督+恢复性司法实践+社会化综合治理"生态检察新模式，探索建立生态修复基地，在办案中积极督促侵权人主动修复受损环境，构建以消除公益损害为主，兼顾赔偿、劳务代偿、易地补植修复的公益保护模式，不断提升生态环境治理法治化水平。兰州、庆阳、平凉、白银、张掖等地检察机关与行政机关协作建立9个生态环境修复基地。

（六）注重强基导向，提升检察公益诉讼队伍专业化能力

一是持续强化业务督导指导力度。甘肃省检察院发挥分片指导作用，通过"抓两头带中间"等方法解决区域不平衡问题。落实分类指导制度，甘肃省检察院指定检察官对生态环保、食品药品安全、文物保护、公共安全等领域进行专人指导。

二是着力提升检察公益诉讼专业能力。坚持实务办案与理论研究相结

合,《关于全省检察机关公益诉讼工作情况的调研报告》被甘肃省人大常委会评选为调研报告"优秀奖";《数字技术助力公益诉讼检察的探索实践》被评为"数字治理与检察实践"主题征文"三等奖",并被《中国检察官》杂志采用。甘肃省检察院与兰州大学公益诉讼研究中心、甘肃政法大学公益诉讼研究基地围绕公益诉讼检察理论与实务主题,联合征文49篇。

(七)存在的主要问题

2021年以来,甘肃省检察公益诉讼工作有了新作为,取得了新成效,但仍存在以下主要问题和不足。

一是全省检察公益诉讼工作发展不平衡问题仍较为突出。主要表现在案件领域、案件诉讼类型和地区发展不平衡三个方面。多数地区案件领域单一,国有财产保护领域案件明显下降,同比下降53.2%,一些地区没有实现法定领域办案全覆盖。国有财产保护、国有土地使用权出让、英烈保护3个领域公益诉讼案件比重持续走低,总共占比仅为2.5%,与2020年相比减少1.7个百分点。起诉案件中刑事附带民事公益诉讼占比高,民事、行政公益诉讼占比偏低。226件提起诉讼的案件中,刑事附带民事公益诉讼案件178件,占比达78.8%,行政公益诉案件仅有14件。案件线索受理和立案数量下降,地区发展不均衡。从办案规模看,14个市州中,兰州、张掖、定西、陇南、平凉5个市的立案数占到全省立案总数的48.9%,其他市州总和占比偏低。从办案趋势看,部分地区案件线索数、立案数保持较好的上升势头,部分地区下降明显。

二是服务中心大局措施力度不够。"携手清四乱 保护母亲河"等工作开展后劲不足,各地工作与土地沙化、草场退化、水土流失等甘肃生态突出问题结合不够紧密,在重点工作措施落实上乏力。调查取证质量不高,多数案件办理中立案前的初查、立案后的调查工作缺少统筹,取证不扎实不深入,案件办理较多依赖于行政规定或行政机关的调查意见。最高检与甘肃省检察院部署的专项监督各有侧重,有的地区在开展专项工作中没有契合当地实际,往往只追求数量,导致办案类型单一,特色亮点不足,专项不专。

三是部分地区协作机制运行不畅。自检察公益诉讼工作开展以来，各级检察机关积极衔接相关行政机关、相邻地区检察机关建立协作机制，但部分检察院与行政机关、相邻检察机关的协作机制落实不到位、联系不紧密，跨区域跨流域案件办理较少。刑事检察和公益诉讼检察协同度不高，惩治违法的系统合力比较弱。部分地区存在市、县两级检察院工作脱节问题，上级检察院缺乏统一规划，全域办案力量分散，案件数量偏少，办理重大疑难有影响力案件能力不足、力量匮乏。

四是办案质效需要进一步提升。侧重于扩大办案规模，多数案件满足于"蜻蜓点水"式的浅表监督，对党委和政府关注、人民群众反映强烈的公益保护"老大难""硬骨头"案件，不敢监督、不愿监督、不会监督的问题仍然比较突出，办理的有影响力案件数量相对偏少。公益诉讼案件线索数量少、质量低的问题依然存在。监督对象集中，典型案件数量偏少，无指导性案例。检察公益诉讼起诉案件仍以刑事附带民事公益诉讼案件为主，诉讼类型、结构不合理。

五是工作探索创新能力不足。在助力解决公益受损顽疾问题上，主动研究工作方法不够。个别地区对于上级检察院交办督办案件线索反应较慢，对行政法律法规学习不够，监督对象不够精准，诉前检察建议内容含糊笼统。民事公益诉讼案件损失计算随意性大，多数刑事附带民事公益诉讼案件直接把刑事司法鉴定确定的损失作为公益诉讼案件的赔偿数额或者基数。跨区域线索的协同调查、联合办理方面缺少尝试。

六是基层基础建设、理论调研能力还较弱。检察公益诉讼人员素质能力等工作基础薄弱的问题依然突出，在办案理念、知识储备、业务能力等方面还不能完全适应工作发展要求。运用检察一体化办案机制不够充分。纵向看，省检察院和多数市级检察院在线索研判、案件指导、人员调配、协同办案等方面统筹还不够有力；横向看，业务部门信息互通、协调配合机制运转还不够高效。对检察公益诉讼基础理论、运行规律以及类案研究还不够深入，形成的研究成果偏少，特别是通过办案发现司法规律性问题少。案例总结提炼不够及时有效，案例中不同程度存在表述不规范严谨、办案经验总结

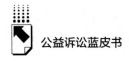

不深入、典型意义提炼不透彻等问题。

七是检察机关业务应用系统案件填录不规范。集中表现为应当填录内容而没有填入，导致系统无法抓取相关数据；不应当填写而填写，造成数据抓取错误。如将刑事附带民事公益诉讼案件错填为支持起诉案件，随意更改相关数据等。

三 未来发展方向

结合最高检、甘肃省检察院党组对检察公益诉讼工作的部署安排以及2021年检察公益诉讼工作实际，未来需要围绕以下几个方面开展工作。

一是突出办案重点，稳控办案数量。认真贯彻落实《中共中央关于加强新时代检察机关法律监督工作的意见》对检察公益诉讼工作的总体要求，推进落实最高检提出的"抓重点、稳数量、调结构、提质效、拓领域"工作要求，确保检察公益诉讼工作从"做起来"向"做好做优"转变。持续将生态环境和食品药品安全领域作为市州、县区检察院必办案件领域，将生态环境和资源保护领域案件办理作为公益诉讼制度完善及保障体系建设的先锋队、试验田、突破口，将国有财产保护和国有土地使用权出让领域作为市级检察院必办案件领域，统筹"4+5"其他公益诉讼法定领域。认真贯彻最高检部署要求和甘肃省人大常委会《关于加强检察公益诉讼工作的决定》，积极开展新领域探索。稳控案件数量，对于最高检和甘肃省检察院明确要求的硬性任务坚决完成，摒弃唯数量论的错误政绩观，坚决杜绝为片面追求办案数量而牺牲质效的问题。

二是优化案件结构，提升案件质量。落实办案质量优先工作要求，持续加大办案力度，优化案件领域结构，统筹做好做实法定领域和新领域案件办理。优化诉讼类型结构，起诉案件中，刑事附带民事公益诉讼占比较大，起诉案件"搭顺风车"多、"啃硬骨头"少，应提升提起行政公益诉讼和单独提起民事公益诉讼案件数量。以公益诉讼案件质量评价指标为引领，更加注重案件比、行政公益诉讼案件官方媒体宣传情况、民事公益诉讼起诉案件数量和生态损害赔偿金数量、公益诉讼诉前程序案件公开听证率等评价依据，查漏补缺，固强补弱，全面提高案件质量。

三是加大上级检察院办案及指导力度，发挥示范带动作用。省检察院充分发挥引领指导作用，集合优化力量，加强分类分片指导。规范案件报批工作，除最高检、省检察院督办的案件，在全国全省范围内具有重大影响的案件，在发出诉前检察建议、公告及提起诉讼前需要层报省检察院审批的外，其他案件向省检察院备案审查，不再逐件报批。市级检察院充分发挥主动性，除办理自办案件外，通过异地管辖、集中管辖、组建联合办案组等形式，有效地解决基层检察院人员不足、力量分散、专业化程度不高等问题，确保辖区基层检察院有案办、能办案。强化省、市两级检察院督办力度，对基层检察院办理难度大的案件，省、市级检察院强化担当意识，协调解决困难问题，有效地夯实检察公益诉讼工作基础。

四是专项带动全局，巩固深化监督成果。坚持以人民为中心，落实更优民生保障措施，认真落实"公益诉讼守护美好生活"专项监督部署安排，稳步推进。常态化开展"携手清四乱　保护母亲河"、祁连山生态环境治理、"回头看"等工作。充分总结国有文物保护领域专项监督活动工作经验，以石窟寺、历史遗迹和红色文化资源的保护为重点，深化开展监督。结合甘肃实际和甘肃省人大常委会《关于加强检察公益诉讼工作的决定》内容，部署开展检察公益诉讼助力乡村振兴专项监督，深化开展公共安全公益诉讼专项监督。鼓励各地结合工作实际，开展乡村振兴、特殊群体利益保护等具有地方特色的小专项行动。

五是加强内外协作，凝聚保护共识。认真贯彻落实最高检与相关部委会签的《关于在检察公益诉讼中加强协作配合依法打好污染防治攻坚战的意见》《关于在检察公益诉讼工作中加强协作配合依法保障食品药品安全的意见》，积极推动省级层面的协作配合，落实好已建立的各项机制。加强与人民法院的沟通，建立日常联络机制，规范案件办理。牵头落实"服务保障'丝绸之路经济带'（国内西北段）建设　加强区域检察协作第一次联席会议"精神，强化西北"五地六方"检察机关内部协作，推动检察工作与

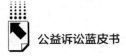

"丝绸之路经济带"建设深度融合。完善检察公益诉讼专家咨询制度，衔接好生态环境损害赔偿制度，落实公益诉讼观察员与志愿者制度，全面推进公开听证制度。充分运用一体化办案机制，积极整合资源，统一调配人员参与案件办理，形成工作合力。

六是强化自身建设，提升能力水平。牢固树立"干中学、学中干""边干边学"理念，着力提升专业能力，以求极致的态度锤炼专业素质、追求专业精神。推广"培训+办案+研究"实训模式，坚持跟案学习，以案代训，提升一线办案人员发现线索、调查取证、庭审应对等方面的能力。坚持业务培训向一线办案人员倾斜，以解决问题为导向，帮助基层解决、解答一些困难和问题。适时举办全省检察公益诉讼业务竞赛。完善公益诉讼专门人才选拔、培养、使用机制，发挥骨干人才中坚带动作用。提升理论调研分析能力，从实践中发现问题、总结规律，鼓励各地区对系列案件、重大疑难复杂案件深入分析研判，发现检察公益诉讼的司法特点、价值意义，以及程序、实体中存在的普遍问题，以理论成果巩固办案经验。充分发挥兰州大学公益诉讼研究中心和甘肃政法大学公益诉讼研究基地的积极作用，树立智慧借助理念，为做好检察公益诉讼工作提供理论帮助和业务支持。

B.10
贵州省检察公益诉讼发展年度报告

贵州省人民检察院公益诉讼检察课题组*

摘　要： 本报告从省域和实证的视角，深入分析了 2021 年贵州省检察机关开展公益诉讼检察工作的现状与成绩、面临的困难和挑战，较为全面、系统地总结了贵州检察"五个以"全链条提质增效拓面的经验做法，从一域一年的角度展现了公益诉讼检察走过的不平凡的发展历程。

关键词： 贵州检察　公益诉讼检察　"五个一批"

2021 年，贵州省检察机关深入贯彻习近平生态文明思想和习近平法治思想，认真落实最高人民检察院和贵州省委的工作部署，始终牢记"检察官是公共利益代表"的职责和使命，充分发挥公益诉讼检察职能作用，以案件办理为中心全方位维护公益、以系统整治为重点广角度溯源治理、以畅通壁垒为抓手多层次建章立制、以"五个一批"为载体立体式精准培训、以接受监督为契机最大化凝聚合力，努力全链条提质增效拓面，贵州省公益诉讼检察工作取得新成效。

一　现状与成绩

2021 年，贵州省检察机关共受理公益诉讼案件线索 6271 件，立案 6043 件，

---

* 课题组负责人：杜树生，贵州省人民检察院党组成员、副检察长。课题组成员：肖俊，贵州省人民检察院第八检察部主任；宋国强，贵州省人民检察院第八检察部四级高级检察官；宋锡清，贵州省人民检察院第八检察部检察官助理。执笔人：宋国强、宋锡清。

履行诉前程序 5988 件，提起公益诉讼 783 件。法院审结 588 件，均支持检察机关诉讼请求；调解结案 60 件；因实现公益保护目的而撤回起诉 10 件（见图 1）。

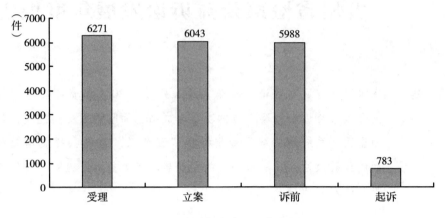

图 1　2021 年度主要业务数据

（一）领域分布情况

立案办理生态环境和资源保护领域公益诉讼案件 3545 件，履行诉前程序 3540 件，提起公益诉讼 594 件。立案办理食品药品安全领域公益诉讼案件 811 件，履行诉前程序 816 件，提起公益诉讼 107 件。立案办理国有土地使用权出让领域公益诉讼案件 13 件，履行诉前程序 15 件，提起公益诉讼 3 件。立案办理国有财产保护领域公益诉讼案件 155 件，履行诉前程序 159 件，提起公益诉讼 9 件。立案办理新领域公益诉讼案件 1267 件，履行诉前程序 1250 件，提起公益诉讼 36 件（见图 2）。

（二）类型分布情况

受理行政公益诉讼案件线索 4955 件，立案 4828 件，发出行政诉前检察建议 4771 件，提起行政公益诉讼 120 件。受理民事公益诉讼案件线索 1316 件，立案 1215 件，履行诉前公告程序 1217 件，提起民事公益诉讼 160 件，提起刑事附带民事公益诉讼 503 件。

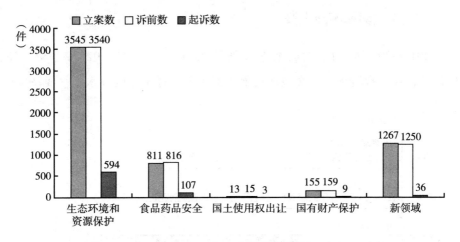

图 2 2021 年度主要领域数据

（三）区域分布情况

立案数前两名地区是黔东南、遵义，分别为 895 件和 875 件；较少的是安顺、六盘水，分别为 468 件和 378 件。提起公益诉讼案件数较多的地区是黔东南、铜仁，分别为 119 件和 112 件；较少的是安顺、黔西南，分别为 52 件和 48 件（见图 3）。

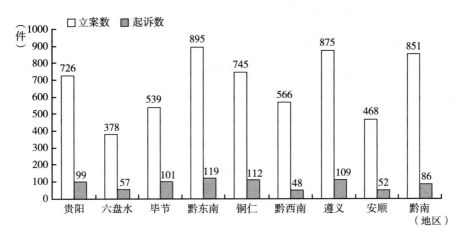

图 3 2021 年度地区分布

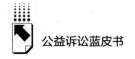
（四）成案率不断上升

2017~2021 年的线索成案率分别是 78.1%、94.5%、92.7%、96.4%、96.4%，线索数转化为立案数的比例不断上升并稳定在较高水平（见图 4）。

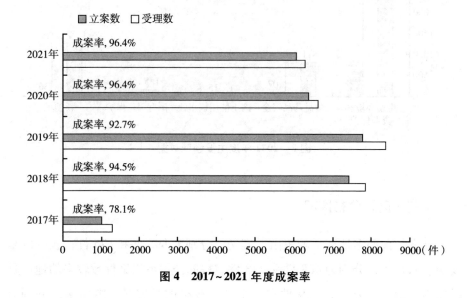

图 4　2017~2021 年度成案率

（五）领域占比更趋合理

生态环境和资源保护领域立案 3545 件，占 58.7%；食品药品安全领域立案 811 件，占 13.4%；国有财产保护领域立案 155 件，占 2.6%；国有土地使用权出让领域立案 13 件，占 0.2%。

（六）新领域案件增长明显

受理新领域公益诉讼案件线索 1287 件，同比增长 18.0%，占案件总数的 20.5%；立案 1267 件，同比增长 19.5%，占案件总数的 21.0%；履行诉前程序 1250 件，同比增长 19.4%，占案件总数的 20.9%；提起公益诉讼 36 件，同比增长 200%，占案件总数的 4.6%（见图 5）。

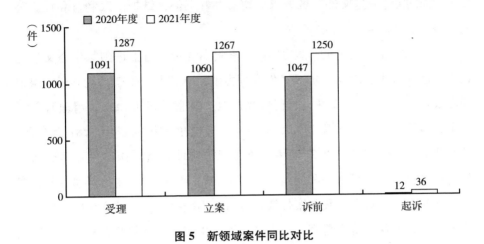

图 5　新领域案件同比对比

（七）诉前检察建议整改率总体平稳

2017～2021 年行政诉前检察建议整改率分别是 75.9%、97.3%、95.2%、96.7%、97.5%，总体维持在 95% 到 98% 之间。

二　问题分析与经验总结

近年来，公益诉讼检察工作虽然取得了显著成效，但与宪法、法律赋予的职责和人民群众的期待相比还存在一些不足，主要有：公益诉讼工作的力度、广度、深度还不够；办案人员数量、专业能力与新要求不相匹配；科技运用程度不够高；配套制度还不完善等。2021 年，贵州省检察机关针对这些问题，深刻剖析原因，秉持系统思维，以"五个以"全链条提质增效拓面，推进公益诉讼检察工作。

（一）以案件办理为中心，全方位维护社会公益

自觉融入、服务和保障大局，找准与生态文明建设、脱贫攻坚、长征文化公园建设等重大战略的契合点，坚持双赢多赢共赢监督理念，深入落实

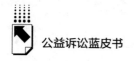

"一个案例胜过一打文件"的要求,切实办好案件,维护国家利益和社会公共利益。

一是织密生态安全的"防护网"。紧紧围绕贵州省推进国家生态文件建设先行区和大生态战略,加大案件办理力度,立案办理生态环境和资源保护领域公益诉讼案件3545件,督促恢复林地、湿地等9450余亩,清理河道95公里,清运垃圾和固体废物43839余吨,追偿生态修复费用1287万余元。部署开展2019~2021年生态环境和资源保护领域公益诉讼案件逐案分析工作,提高规范化办案水平和质量。梳理第二轮第二批中央生态环境保护督察发现问题清单,对涉及我省案件线索进行全面摸排,逐一建立台账并实行销号管理,开展现场检查督查,与省公安厅、生态环境厅等联合对重大污染违法案件进行挂牌督办,依法提起刑事附带民事公益诉讼408件。遵义市检察机关在办理肖某开、肖某波刑事犯罪案件中,发现两人违法改造溶洞建成山庄,造成部分石芽、钟乳石永久性损毁,溶洞生态系统功能破坏后,借助"外脑""智库",创造性地采用虚拟成本计算法破解溶洞生态环境损害难以量化的难题,并依法提起民事公益诉讼,成功追偿生态修复费用160万余元、服务功能损失费79613.8元、评估费12.8万元,该案入选2021年最高检公益诉讼起诉典型案例。

持续对环境问题"回头看"跟进监督,组织案涉市州检察长、县区检察长召开案情通报会议,责成检察长亲自实地查看、亲自督促整改落实。2020年7月,六盘水市钟山区检察院对龙家海坝垃圾污染问题开展"回头看",发现木果镇政府仍继续在龙家海坝同一地点倾倒垃圾,且体量更大,垃圾成分更为复杂,污染问题"反弹回潮"。钟山区检察院遂重新启动调查核实工作,依法提起行政公益诉讼,2021年4月经法院公开审理完全采纳检察机关意见并当庭宣判,促成木果镇政府制定整改治理方案,清运垃圾3000余吨,恢复污染土壤5亩,该案入选2022年最高检公益诉讼"回头看"跟进监督典型案例。

二是构筑食药安全的"防火墙"。深入贯彻落实食品安全"四个最严"要求,以网络餐饮、校园周边食品安全、饮用水源地、乡镇肉类产品、小作坊等为监督重点，加大对涉及食药领域特别是有毒有害、网络餐饮加工以及农贸市场、校园周边、饮用水源、保健领域、速冻行业"七类案件"的办理力度，受理线索 829 件，同比上升 28.53%；立案 811 件，同比上升 27.92%；发出诉前检察建议 816 件，同比上升 60.31%；提起诉讼 107 件，同比上升 42.67%。安顺市院针对"消"字号婴儿抗（抑）菌制剂违规添加禁用成分，销售市场缺乏有效监管、违法行为处罚力度不足等问题，依法能动履职，推动卫生健康部门开展全市排查清理，对 662 家母婴用品店、药店和月子中心进行集中检查，下架不合格的婴儿抗（抑）菌制剂。该案入选 2022 年最高检"3.15"检察机关食品药品安全公益诉讼典型案例。毕节市检察院在办理戚某等生产、销售毒豆芽民事公益诉讼案过程中，主动聚焦群众关心关注的"身边小案"，推动落实惩罚性赔偿制度，成功诉请被告支付惩罚性赔偿金 72.97 万元，成功实现被告承担"判处有期徒刑+罚金+追缴违法所得+十倍赔偿金+公开赔礼道歉+从业禁令"的六重责任。

紧盯"互联网+餐饮服务"新兴业态，开展网络餐饮线上线下信息比对，进行营业执照、经营许可、平台备案等交叉验证审查。2020 年，毕节市黔西县某甲网络餐饮平台代理商要求黔西县多家网络餐饮经营者只能接受其一家提供的平台服务，如果餐饮经营者坚持在某乙或其他网络餐饮平台经营，甲平台将对其作下线处理，或提高服务费收取标准、下调星级指数、通过技术手段限制交易，强制商家在甲乙平台之间进行"二选一"。黔西县检察院在履职中发现该线索后，立案调查核实，向黔西县市场监督管理局发出诉前检察建议，督促该局对甲平台代理商涉嫌实施不正当竞争行为查证后依法处理，对辖区内网络餐饮平台存在的不正当竞争违法行为开展全面排查整治。该市场监督管理局成立专项执法调查组展开调查，对甲平台代理商开展行政约谈，送达行政告诫书，要求其依法尽快自行整改，取消"二选一"限制。为巩固治理成效，黔西县检察院联合县市场监督管理局对辖区内网络餐饮平台企业开展守法合规培训。该案不仅入选 2021 年最高检检察机关推进网络空间治理典型案例，而且该案工作经验被写入 2021 年度最高检工作报告。

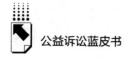

三是拉起国财安全的"警戒线"。聚焦重大项目建设资金、惠民惠农财政补贴资金、养老基金、医保基金、科研经费等被骗取、冒领，以及群众反映强烈的一些企业和个人偷逃税款，侵占国有财产的案件，主动出击、深入摸排。聚焦恶意拖欠土地出让金、长期闲置土地、未批先建等违法行为怠于监管的情况，加强对国土资源部门、人防部门的监督，持续跟进督促。贵州省检察机关通过诉前磋商、诉前检察建议、提起诉讼等方式，共督促收回国有土地出让金、人防工程异地建设费等12亿余元。2021年11月，德江县检察院在履职中发现，德江县自然资源局未依法履行德江县某房地产开发有限公司商品房项目土地出让金违约金及利息征收职责，经诉前程序督促后，依法向法院提起行政公益诉讼，督促该县自然资源局收缴土地出让违约金及利息443.55万元。

四是拓展公益领域"保护圈"。牢牢把握解决突出问题、推动完善国家治理的导向，出台《关于办理新领域公益诉讼案件的工作意见（试行）》，结合长征国家文化公园建设、文物和文化遗产保护、新业态劳动者权益保障等热点难点问题，积极稳妥探索新领域，共办理新领域案件1267件。继续深化残疾人、妇女、老年人等特定群体权益保护，推动无障碍环境建设法治化进程。罗甸县检察院针对县城区盲道缺失毁损，配电箱、消防栓占道等问题依法监督行政机关整改，并联合县残联邀请盲人代表等对整改情况举行公开听证，推动盲道"有碍"变无碍。2021年，贵州检察机关立案办理盲道障碍案件38件。

积极推进耕地保护民事公益诉讼试点工作。2020年7月29日，最高检确定贵州为耕地保护民事公益诉讼试点地区，贵州省高检院迅速与省自然资源厅联系，共同安排部署试点工作，联合制定下发了《自然资源主管部门与检察机关在土地执法查处领域加强协作配合试点工作实施方案》，选择毕节市七星关区、黔西县作为本省试点县，副检察长杜树生同志直接挂帅统筹推进，第八检察部负责同志多次前往试点县检察院现场督导，推动试点工作。截至2021年底，贵州省立案办理耕地保护公益诉讼案件273件，提起民事公益诉讼25件，发出行政公益诉讼诉前检察建议245份，发出行业治理检察建议 65 份。毕节市检察院办理全国推动试点工作以来首例耕地保护公益诉讼案，提出复垦土地的诉讼请求，得到法院当庭判决支持，2021 年 4 月 23 日，最高检张雪樵副检察长对该案作出批示肯定，新华社、《法制日报》、《检察日报》等主流媒体对该案进行宣传报道。

（二）以系统整治为重点，广角度推动溯源治理

坚持系统思维，注意发现领域、行业系统案件规律，紧盯一个领域、行业深挖细查，力争办理有影响的典型案件，由个案推进系统类案办理，再到推动行业系统问题整治，以"1＋1＞2"的功效使公益诉讼检察效果倍增。

一是开展检察保护专项行动，推动"老大难"问题集中治理。认真落实最高检"公益诉讼守护美好生活"专项监督，把目光聚焦到老百姓身边的难事、揪心事上，紧盯水污染、水饮用水安全、食用农产品、保健食品等问题，攻坚克难，集中力量推动问题集中治理。各市州、县区检察院以"小专项"撬动"大专项"，部署开展地方特色专项 23 个，办理各类专项案件 2208 件，督促清理垃圾、固体废物 7 万余吨，督促清理中小学周边持证经营卷烟零售点 511 个，督促查处假冒伪劣食药品 1 万余千克。

2021 年 2 月，在持续巩固"碧水润家园""农村人居环境整治"等公益保护检察专项的基础上，贵州省检察院牵头与省住建厅、应急管理厅等 6 个部门联合开展"安全生产守夜人"专项行动，配套制定《关于办理安全生产领域公益诉讼案件的指导意见（试行）》，以落实"四号检察建议"为切入点，指导全省检察机关积极探索办理道路交通安全、消防安全、窨井盖安全、河道安全等安全生产领域公益诉讼案件。贵州省检察机关以专项为依托，挂账督办安全生产领域案件 653 件，在群众关心关怀的"关键小案"上心怀大格局、大情怀。

二是发挥自办案件示范作用，引领"新常态"问题规范治理。以自办案件为抓手突出重大案件办理，贵州省检察院直接立案办理公益诉讼案件 2 件，三级检察院上下联动、一体化办案，推动问题有效解决。如时任检察长

傅信平同志亲自主办红色文化资源检察公益保护 1 号案，不仅督促播州区政府、文化旅游局等就刀靶水红色资源进行抢救性保护及开发利用，而且推动公益诉讼检察保护红色文化资源写入《遵义历史文化名城保护条例》，引领全省检察机关积极探索红色文化资源公益保护。该案入选 2021 年最高检红色资源保护公益诉讼典型案例。

三是创新执法办案工作模式，强化"深层次"问题源头治理。抓前端治未病，在全省推动"执法办案+调研分析+立法规章检察建议→制度机制建设"的工作模式。结合办案，不断强化类案发现与研究意识，深入挖掘公益诉讼检察建议促进治理的独特制度价值，加强对治理漏洞、短板的梳理总结，治理难点、痛点的分析及趋势性预判，形成专题调研报告，推动立法、建章立制，从源头上助推公益问题综合解决。例如，黔东南州检察院在指导台江县检察院办理的一件行政公益诉讼案件中，发现农业农村局怠于履行定点屠宰场屠宰活动监管职责的情形普遍存在，遂在全州部署开展了为期3 个月的定点屠宰场专项监督。专项监督后，该院就屠宰场日常监管不力、检验检疫流于形式、对病害猪无害化处理监督不到位等突出问题，向该州农业农村局发出社会治理类检察建议。该州人民政府高度重视，2021 年 1 月，该州在贵州省率先出台《关于推行白条家禽上市的实施意见（试行）》，加强禽产品市场准入管理和检疫检验监管等工作，从源头上切实保障人民群众食品安全。2021 年 12 月，该检察建议入选最高检全国检察机关社会治理类优秀检察建议。

（三）以打通壁垒为突破，多层次丰富制度实践

坚持问题导向，敢于"第一个吃螃蟹"，直面"基层办案力量不足""上下游不同行、左右岸不同步""执法司法存在信息壁垒"等问题，积极探索创新工作机制，不断丰富公益诉讼检察制度和实践。

一是建立一体化办案机制，畅通上下。出台一体化办案指导意见，探索建立省院为主导、市（州）院为龙头、基层院为主体统一研判办案策略，统一指定案件管辖、统一调配办案力量、统一案件调查协调的一体化办案机

制，通过督办、参办、交办等方式有效整合办案力量。贵州省检察院、市（州）检察院统筹协调全省、本地区公益诉讼工作，加强对办案工作的指导，通过重大、疑难、复杂案件的办理，推动检察机关上下级之间、检察部门之间的工作协作配合，提升办案整体效果。

二是搭建跨区域检察协作机制，畅通左右。牵头召开渝川滇黔四省市检察机关赤水河、乌江流域生态保护联席会议，会签跨区域保护检察协作机制。积极参与建立渝川滇黔青藏六省（市、自治区）长江上游生态保护检察协作机制。围绕乌江、赤水河、红水河、万峰湖等跨省河流湖库，与渝、川、滇、桂、湘等省检察机关建立跨省协作机制 15 个，跨区域协作、跨区域治理已经成为常态。在开展长江流域非法捕捞专项整治中，通过与湖南、四川共建的协作机制，办理公益诉讼案件 1068 件，形成跨区域保护合力。启动省内 7 个市州乌江流域保护检察协作行动，推动全省围绕大江大湖大库生态保护，会签省内跨区域协作机制 17 个，实现跨区域流域协作向基层延伸和细化。

三是探索公益诉讼"检察+"机制，畅通内外。探索建立公益保护"检察长+"机制，常态化开展"检察长+河长"护河巡河活动，通过现场走访、实地查看、座谈交流等方式，共同促成 3000 余个环境问题得到整治，形成书面报告 200 余份。与省林长办研究建立"检察长+林长"工作机制，充分发挥检察机关惩治、预防、监督、保护等司法职能，进一步压实依法管林护林责任，形成森林草原资源保护合力。探索构建"司法办案+生态修复"机制，落实生态恢复性司法，以"原地修复+异地修复+替代修复"多种方式，通过支持起诉、诉前程序、提起公益诉讼、刑事附带民事公益诉讼等检察公益诉讼途径，督促恢复植被、修复受损生态。与有关部门共建"补植复绿"基地 160 个，在双龙航空港经济区，贵州省检察院、贵阳市检察院挂牌落成全国首个省级层面生态修复示范基地。进一步强化"公益诉讼检察+科技"的智能运用，采用无人机、卫星遥感等协助公益诉讼调查取证，推进无人机辅助公益诉讼平台建设，强化图像数据的收集汇总、分析处理及证据转换，实现传统"平面化"取证向"立体化"转变。

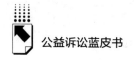

（四）以"五个一批"为抓手，立体式精准培训赋能

在最高检第八检察厅的直接指导下，以"研发一批规范课程、产生一批调研成果、办理一批典型案件、推广一批办案经验、培养一批骨干人才"为抓手，进行"培训+办案+研究"立体化精准培训的探索与实践，打造公益诉讼检察业务能力建设新模式。

一是征集评选打造规范课程。制定《贵州省人民检察院关于落实"五个一批"的工作方案》，向全省征集一批公益诉讼检察课程，明确要求获选全国典型案例的，必须研发成课程。邀请检察业务部门、研究部门、国家检察官学院贵州分院联合对报送课程的政治立场、课程内容进行审核把关，聘请专家打造规范课程，对师资人才进行授课技巧、课件制作等专业培训，实现精品课程与精品教学的有机集合。目前已有2门公益诉讼检察微课程被最高检和国家检察官学院采用。傅信平检察长主编的《检察公益诉讼研究——贵州司法实务样本》《民事行政公益诉讼检察实务案例精义》，获得学术界和实务界的高度评价肯定。

二是建立"培训+办案+研究"实践基地。2020年7月以来，依托国家检察官学院贵州分院挂牌成立教育实践基地，特聘法学教授、行政执法业务专家、检察业务骨干等57名作为研究人员。采取一对一导师制，实时将案件培育、办理情况推送给教育实践基地课题研究人员，邀请其全程参与指导。在立案办理的遵义刀靶水红色资源保护案中，依托基地的人才资源，培训、办案、研究一体推进，三级院同步参与。在该案案结事了之时，同步形成"刀靶水红色资源保护案例课程"，纳入国家检察官学院贵州分院的教育培训内容。

三是推动成果转化及素能提升。深入总结贵州公益诉讼检察工作中的做法、经验，充分发挥基地平台的作用，形成富有特色亮点办案经验、做法、模式，将研究成果转化为贵州经验。立足贵州办案实际，加大对典型案例、基础理论、法律适用、工作机制等方面的研究，发挥引领作用，将研究成果转化为办案指引。通过办案收集制约社会经济社会发展中的热点、难点、盲点、痛点问题，开展专题研究，为某类制度的全国性立法、地方性立法提供建议，将研究成果转化为决策参考。例如，黔东南州检察院立足传统村落保护办案，开展专题调研，促进地方人大立法。该案入选最高检第二十九批指导性案例。

（五）以接受监督为契机，最大化凝聚社会合力

强化公益诉讼检察工作的人大监督、民主监督、社会监督和新闻舆论监督，推进公益诉讼检察与社会各界的交流和协作，立足案件讲好公益保护检察故事，把公益诉讼案件办理做成生动法治课堂，提升全社会公益保护意识。

一是自觉接受人大代表、政协委员监督。多次邀请人大代表、政协委员深入铜仁、黔东南、六盘水等地，视察异地补植复绿基地、垃圾填埋场恢复整改、古树名木挂牌、古镇和湿地公园保护等情况，监督指导公益诉讼检察工作。各市州、各县区检察院积极向人大常委会报告公益诉讼检察重要工作，获得人大代表充分肯定。在省政协召开的协商座谈会上，及时向政协委员汇报检察公益诉讼工作最新进展，认真听取委员意见建议，把自觉接受民主监督落到实处。

二是实行重大疑难案件公开听证办理。认真落实最高检关于检察听证工作的要求，主动接受社会监督，广泛邀请人大代表、政协委员、人民监督员开展检察听证，以公开促公正赢公信。在办理高寨水库饮用水源环境污染案过程中，贵州省检察院举行公开听证，听证会由杜树生副检察长主持，邀请案涉地省、县人大代表、人民监督员作为听证员，被监督的五家行政机关当事人参与，案涉地党委、政府领导，其他相关行政部门领导、社会各界人士等参加旁听，开展公开听证。听证人员对检察机关履行法律监督职能，推动高寨水库环境污染问题得到彻底整治给予高度评价。截至目前，贵州省共就公益诉讼案件开展公开听证167次。

三是加强新闻宣传报道。强化检媒互动，探索更加符合传播规律和公益诉讼自身特点的宣传方式。注重宣传策划，推出一批专题化深度报道，擅于

把握重要时间节点扩大宣传效果。运用好融媒体，让公益检察故事更加大众化和打动人心。《检察日报》（公益周刊）以"关乎群众利益，哪有什么'小案'——贵州：公益诉讼聚焦'急难愁盼'变难点为亮点"为题，整版报道了贵州检察机关守护人民美好生活的做法。2021 年 3 月，钟山区院针对水城河保护问题，拍摄《凉都河变奏曲》微视频，宣传讲述检察机关水源污染公益保护工作，在中央政法委举办的全国第五届平安中国"三微"比赛中荣获"最佳微视频奖"和"最佳摄影（影片）"奖。

三 改革建议

立足新发展阶段、贯彻新发展理念、融入新发展格局，进一步聚焦服务大局和司法为民，落实"十四五"规划，围绕"四新"抓"四化"，充分发挥公益诉讼在参与国家治理中具有的独特价值和重大作用，服务新时代经济社会高质量发展。

一是在提高政治站位、强化责任担当上持续发力。认真贯彻《中国共产党政法工作条例》，重大工作安排、重大工作进展、重大问题及时向各级党委、党委政法委请示报告，确保检察公益诉讼工作正确的发展方向。紧紧围绕国务院《关于支持贵州在新时代西部大开发上闯新路的意见》（国发〔2022〕2 号）赋予贵州的战略定位和省委"四新""四化"战略部署，能动依法履职，从全局和战略的高度，主动对接贵州重大战略实施，找准公益诉讼检察工作的切入点和着力点，聚焦办案履职尽责。坚持以人民为中心，在办案中监督、在监督中办案，敢于较真，敢啃"硬骨头"，加大公益诉讼工作力度，多办案、办大案、办难案，办特色案，起诉一件、警示一片、教育社会面，在一个个具体案件中把以人民为中心的发展思想落实好。

二是在突出办案重点、打造特色亮点上持续发力。坚持系统抓、抓系统，形成公益诉讼案件办理与乡村振兴、民生保障、化解防范重大风险等行业领域的高度融合。紧紧围绕贵州省推进国家生态文明建设先行区和大生态战略、安全生产"打非治违"专项行动等，进一步畅通案件线索渠道，落实"两个必办"要求，在污染防治、耕地资源保护、农业面源污染治理、农村人居环境整治、传统村落和乡村特色风貌保护等领域进一步发挥公益诉讼作用。结合贵州特色和各地资源禀赋，探索开展老年人权益保护、乡村特色风貌保护、非遗保护、长征国家文化公园建设保护等领域公益诉讼检察工作，在服务大局、保护"两益"中打造"检察+"的"网红打卡点"，推动形成富有贵州特色的"品牌矩阵"。

三是在强化协作联动、凝聚保护合力上持续发力。主动接受人大监督，将推动公益诉讼拓展案件范围、检察建议落实、办案配套制度等纳入地方立法。加强与人民法院会商，在检察公益诉讼案件受理范围与管辖、诉讼程序、生效裁判执行等方面达成共识。与行政机关建立公益诉讼案件磋商程序，发挥提醒、沟通、督促功能，推动行政机关主动履职整改。坚持"执法办案+调研分析+立法规章检察建议→推动制度机制建设"的工作思路，结合办案，加强对地方治理重点的分析及趋势性预判，做好党委、政府法治参谋。坚持上下一体一盘棋，开展员额检察官分片指导，加强对部分工作滞后地区的调研指导，推动工作均衡发展。

四是在打造科技强检、提升办案质效上持续发力。进一步强化科技赋能意识，通过大数据、卫星遥感、无人机等技术运用提升重大案件办理质效，充分运用现代技术的最新成果，加大科技力量、经费的投入，推动公益诉讼与互联网、大数据、人工智能的深度融合，引入无人机取证平台，探索构建技术初检模式，形成以调查取证为基础、智能辅助为支撑、兼顾检验鉴定和线索发现的技术调查取证体系，全面提升执法办案质效，做到既要敢于监督，又要善于监督、精于监督。及时总结检察公益监督好做法、好经验，充分利用"两微一端"、App、官方网站，举行新闻发布会，通报典型案例等，用鲜活案例讲好法治故事，发出贵州公益检察好声音，增进群众对公益保护检察监督的知晓度，营造公益保护良好氛围。

五是在强化队伍建设、提升履职能力上持续发力。深入落实"质量建设年"活动要求，深入开展"为民办实事 破解老大难"公益诉讼质量提

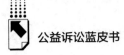

升年专项活动，融合推进政治和业务建设，把讲政治落实在具体的检察业务工作中，做到为大局服务有作为、为人民司法有温度。继续推广"培训+办案+研究"立体化精准培训模式，以案代训、以训促研、以研提质。积极推动与行政机关、审判机关开展有针对性的同堂培训。认真落实人才库管理办法，促进和带动队伍整体素质和监督能力全面提高，努力锻造一支公益诉讼检察铁军，不断推动公益诉讼检察工作迈上新台阶。

B.11
河南省检察机关办理刑事附带民事
公益诉讼案件分析报告

姜保忠　宋卓航　王洁琛　殷玉敏　周子昂　姜新平*

摘　要： 刑事附带民事公益诉讼是刑事附带民事诉讼和民事公益诉讼两种诉讼制度的有机结合。当前，我国检察机关的职能发生重大转型，刑事附带民事公益诉讼制度在推进中遇到了适用困境，例如检察机关诉讼地位不明、法律适用标准不一、被告主体责任承担方式单一等问题。本报告以2021年度河南省刑事附带民事公益诉讼裁判文书为样本依托，以2020年相关裁判文书为比较研究对象，围绕刑事附带民事公益诉讼制度本质，针对上述问题提出相应改革路径，以期为各级检察机关开展附刑事带民事公益诉讼工作提供有益借鉴。

关键词： 河南省　刑事附带民事公益诉讼　检察机关

一　河南省检察机关办理刑事附带民事公益诉讼案件总体情况概述

（一）案件数量

笔者以中国裁判文书网为依托，以"附带民事公益诉讼""裁判日期：

---

* 姜保忠，河南财经政法大学刑事司法学院院长、教授，最高人民检察院司法案例研究基地——河南财经政法大学司法案例研究院研究员；宋卓航、王洁琛、殷玉敏、周子昂，河南财经政法大学法律硕士专业硕士生；姜新平，贵州民族大学法学院博士生。

2021"进行高级检索，共得到 56 份裁判文书。再以"附带民事公益诉讼""裁判日期：2020"进行高级检索，共得到 175 份能作为研究样本的裁判文书。

（二）案件分布

如图 1 所示，2021 年度河南省共审结 56 件刑事附带民事公益诉讼案件，一共分布在 14 个地级市中，审结案件最多的市为周口市与洛阳市，均共 8 件。与 2020 年度相比，审结的案件相对减少。

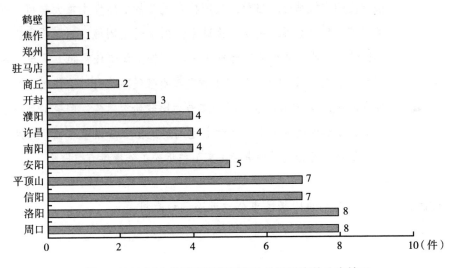

图 1　2021 河南省刑事附带民事公益诉讼案件分布情况

（三）起诉机关称谓

由图 2 可以看出，2021 年的刑事附带民事公益诉讼审结案件较 2020 年明显减少，且相比之下起诉机关称谓的数据占比变化不大。在 2021 年 56 份裁判文书中，称起诉机关为附带民事公益诉讼起诉人的最多，一共 41 份；称起诉机关为公益诉讼起诉人的有 7 份；称公益诉讼机关的有 4 份；称附带民事公益诉讼原告人的有 2 份；还有 2 份为其他名称（如称公诉机关等）。

由此可见，在实践中对起诉机关在刑事附带民事公益诉讼中的称谓并不统一，体现了各地对公益诉讼性质的不同认识。

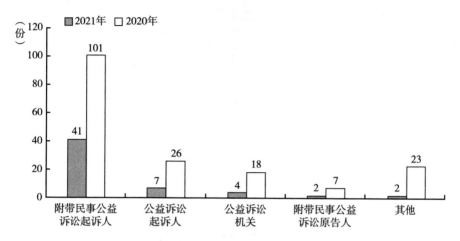

图2　河南省刑事附带民事公益诉讼案件中起诉机关称谓统计

（四）审判主体

1. 级别管辖

在 2021 年的 56 份裁判文书中，有 49 份为一审判决，其全部由基层人民法院管辖；有 7 份二审判决，全部由中级人民法院管辖。2020 年的 175 份判决中有 166 份一审判决，都由基层人民法院管辖；有 9 份二审判决，全部由中级人民法院管辖。

2. 审判组织

如图 3 所示，2021 年 56 件案例中，有 98% 的案件（55 件）都是合议制，只有 2% 的案件（共 1 件）是独任制；2020 年的 175 件案例中，有 97% 的案件（170 件）都是合议制，只有 3% 的案件（5 件）是独任制。

图 4 显示，2021 年，在合议制的案件中有 38 件为 3 人合议庭，17 件为 7 人合议庭，并未组成 5 人合议庭；2020 年的合议庭类型数据占比与 2021 年大致相同。

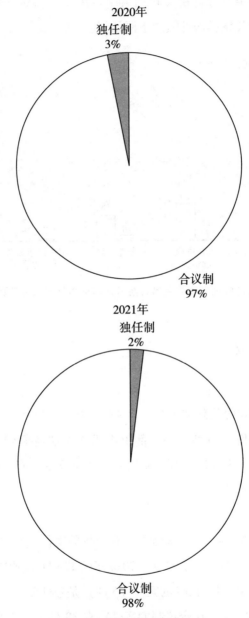

图 3　审判组织类型分布

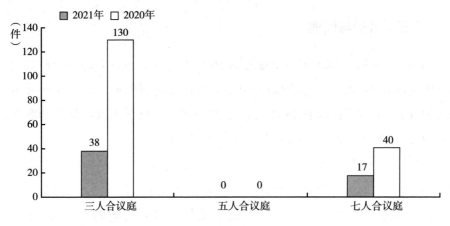

图 4   合议庭类型分布

3. 人民陪审员参加案件审理的情况

如图 5 所示，在 2021 年的 55 件采用合议制裁判的案件中，只有 11 件没有人民陪审员参与审判，人民陪审员参与了 44 件案件审判；2020 年 170 件采用合议制裁判的案件中，只有 49 件没有人民陪审员参与审判。这说明在刑事附带民事公益诉讼案件中，大部分都有人民陪审员参与并且监督案件的审理，这与刑事附带民事公益诉讼案件的性质是相符合的，因为此类案件主要是对公共利益的侵犯，让民众参与案件的审判自然更有利于体现司法正义。

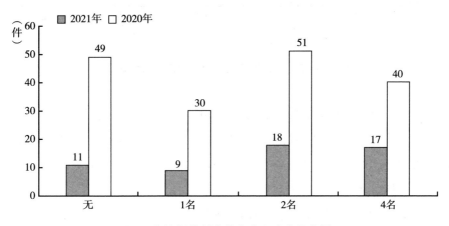

图 5   合议制裁判案件中人民陪审员数量

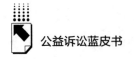

（五）辩护与代理

如图 6 所示，2021 年可供参考的 56 件案件中，被告人聘请辩护人的有 23 件（占比 41.07%），共同被告中部分被告人聘请辩护人的有 6 件（占比 10.71%），指定辩护的有 15 件（占比 26.79%），被告人自行辩护的有 7 件（占比 12.50%），未知的有 5 件（占比 8.93%）。

而 2020 年的 175 件案件中，被告人聘请辩护人的有 62 件（占比 35.43%），共同被告中部分被告人聘请辩护人的有 22 件（占比 12.57%），指定辩护的有 57 件（占比 32.57%），被告人自行辩护的有 33 件（占比 18.86%），未知的有 1 件（占比 0.06%）。

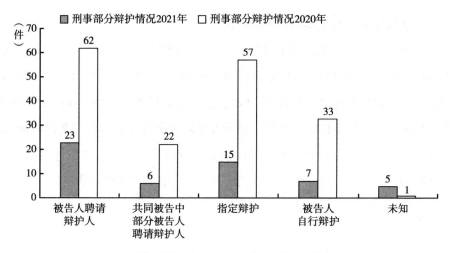

图 6 刑事附带民事公益诉讼案件辩护人聘请情况

如图 7 所示，相关的民事部分中，2021 年被告人聘请代理人的有 3 件（占比 5.36%），共同被告人部分聘请代理人的有 3 件（占比 5.36%），指派代理人的有 1 件（占比 1.79%），无代理人的有 44 件（占比 78.57%），未知的有 5 件（占比 8.93%）。

2020 年被告人聘请代理人的有 10 件（占比 5.71%），共同被告人部分聘请代理人的有 5 件（占比 2.86%），指派代理人的有 3 件（占比

1.71%），无代理人的有 156 件（占比 89.14%），未知的有 1 件（占比 0.06%）。

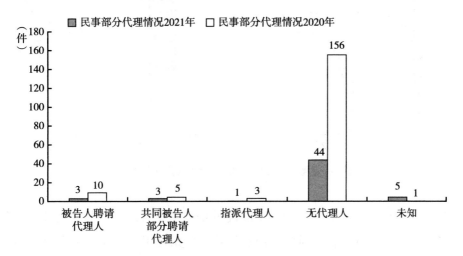

图 7　刑事附带民事公益诉讼案件代理人聘请情况

如图 8 所示，2021 年在聘请代理人的案件中，律师身份的有 7 件（占比 100%），没有公民代理的案件。2020 年在聘请代理人的案件中，律师身份的有 17 件（占比 94.44%），公民代理的有 1 件（占比 5.56%）。可见，在刑事附带民事公益诉讼案件中，大部分当事人对于民事公益诉讼部分的重视程度并不高。

刑事案件中，2020 年和 2021 年被告人聘请辩护人的案件占比 48.92%，而民事部分聘请代理人的案件仅占比 9.09%，基本上是刑事案件数量的 1/5。

从代理人的身份构成看，2020 年和 2021 年总共有 96% 的案件是由律师代理，公民代理的案件仅占 4%，远高于普通民事案件中律师代理比率。

（六）法律依据

据所统计的裁判文书内容可知，法院判决的主要法律依据仍然是"两高"《关于检察公益诉讼案件适用法律若干问题的解释》（以下简称《检察公益诉讼解释》）第 20 条、《刑事诉讼法》第 101 条以及 2017 年《民事诉

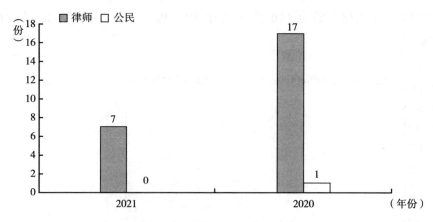

图 8　刑事附带民事公益诉讼代理人身份类型

讼法》第 55 条。其中，《检察公益诉讼解释》第 20 条援引率达到了
38.67%，共计 145 件；《刑事诉讼法》第 101 条援引率为 11.73%，共计 44
件；2017 年《民事诉讼法》第 55 条援引率为 19.20%，共计 72 件。其中包括
交叉援引的情况（如图 9 所示）。除此之外，《检察公益诉讼解释》中关于检
察机关诉讼地位和诉前公告的规定即第 4 条以及第 13 条的援引率也相对较高。

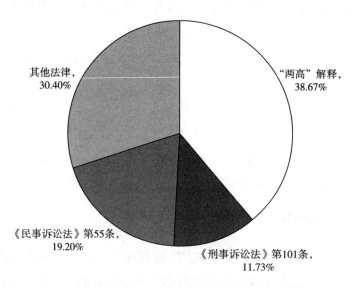

图 9　刑事附带民事公益诉讼案件法律援引情况统计一

如图 10 所示，各地区法院在刑事裁判部分所援引的法律文件还包括"两高"办理关于环境污染、药品安全、森林资源以及突发疫情防治等领域刑事案件的相关司法解释。而在民事裁判部分，所援引的其他法律文件包括最高人民法院关于审理环境公益诉讼、消费民事公益诉讼以及食品药品纠纷案件的相关司法解释。由此可见，刑事附带民事公益诉讼案件类型呈多样化分布，但主要集中于破坏生态环境、食品药品安全以及资源保护领域。

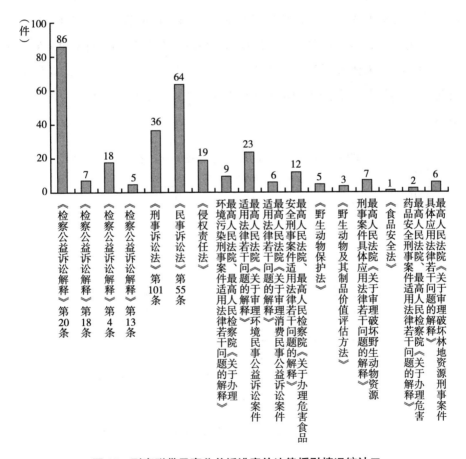

图 10　刑事附带民事公益诉讼案件法律援引情况统计二

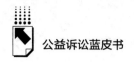
二 河南省检察机关办理刑事附带民事公益诉讼案件 第一审审理情况

（一）2020~2021年度河南省刑事附带民事公益诉讼案件诉前公告程序总体情况

如图 11 所示，2021 年裁判文书中，体现履行诉前公告程序的案件有 19 件（占比 33.93%），未体现履行诉前公告程序的案件有 37 件（占比 66.07%）。2020 年裁判文书中，体现履行诉前公告程序的案件有 48 件（占比 27.43%），未体现履行诉前公告程序的案件有 127 件（占比 72.57%）。由此可见，实践中对于刑事附带民事公益诉讼是否需要进行诉前公告程序认识不一。

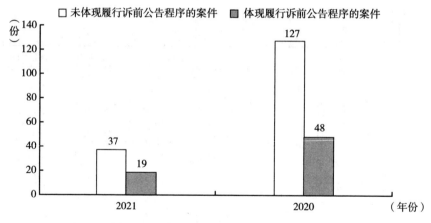

图 11　刑事附带民事公益诉讼案件诉前公告程序履行情况

（二）2021年河南省刑事附带民事公益诉讼案件一审审理结果

1. 罪名与量刑

从刑事案件所涉及的罪名来看，数量排名前 10 的罪名分别为"生产、销售有毒、有害食品罪""非法捕捞水产品罪""非法采矿罪""污染环境罪"
"滥伐林木罪""盗掘古墓葬罪""生产、销售不符合安全标准的食品罪""非
法狩猎罪""非法占用农用地罪""侵犯公民个人信息罪"(见图12)。

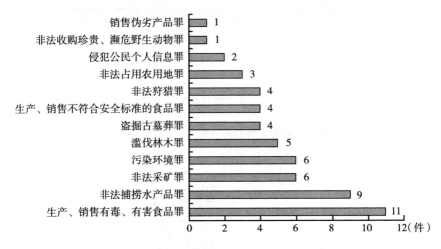

图 12 刑事案件部分涉及的主要罪名统计

量刑上,以轻罪案件居多,其中单处罚金 1 件(占比 1.79%),拘役 10
件(占比 17.86%),3 年以下有期徒刑 35 件(占比 62.5%),3 年以上 10 年
以下有期徒刑 7 件(占比 12.5%),10 年以上有期徒刑 3 件(占比 5.36%)
(见图 13)。

2. 缓刑

未判处缓刑的案件居多,共 36 件(占比 64.29%)。判处缓刑的共 20
件(占比 35.71%)(见图 14)。

3. 惩罚性赔偿金

惩罚性赔偿金的请求主要在食品领域,主要涉及的罪名是"生产、销售
不符合安全标准的食品罪""生产、销售有毒、有害食品罪"。未诉请惩罚性
赔偿金的有 42 件(占比 75%);诉请惩罚性赔偿金的有 14 件(占比 25%),
全部获得支持,其中支持 3 倍赔偿金的有 3 件(占比 5%),支持 10 倍赔偿金
的有 10 件(占比 18%),具体赔偿金不明确的有 1 件(占比 2%)(见图 15)。

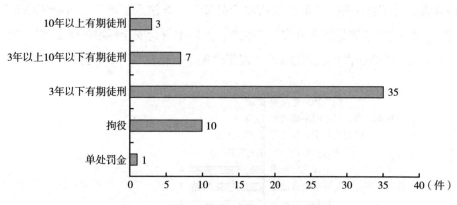

图 13　刑事案件部分所判处刑罚类型统计

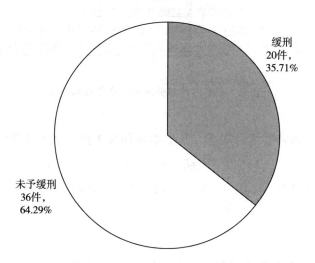

图 14　刑事附带民事公益诉讼案件缓刑处理情况

4. 鉴定费用

　　未体现鉴定费用的 50 件。出现鉴定费用的 6 件，其中具体费用未知的 1 件（占比 16.67%）；鉴定费用 0~1 万元的 3 件（占比 50%）；1 万~5 万元的 1 件（占比 16.67%）；5 万元以上的 1 件（占比 16.67%）（见图 16）。

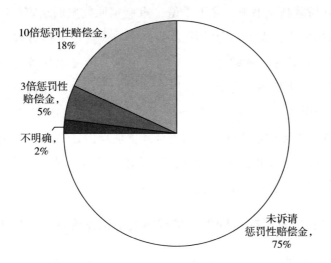

图15 惩罚性赔偿金的诉请及支持情况

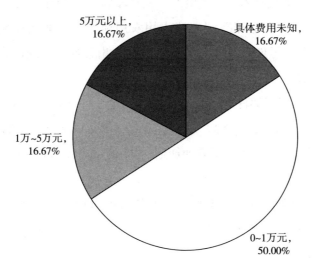

图16 刑事附带民事公益诉讼案件鉴定费用概览

5. 责任承担方式

在笔者统计的 56 份裁判文书中，责任承担方式不尽相同，包括赔偿损失、赔礼道歉、恢复原状、消除危险等，体现出多元化的特点。

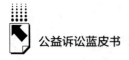

在这 56 份裁判文书中，除了 1 份二审撤销原判发回重审的以外，共有七种责任承担方式，大致可分为两大类：单一式责任承担方式（在责任承担方式中仅选择其一，如赔偿损失、赔礼道歉、恢复原状等）与复合式责任承担方式（在责任承担方式中选择两种或以上组合并用的方式，如赔偿损失并赔礼道歉等）。其中，采用单一式责任承担方式的有 27 件，包括赔偿损失 18 件，恢复原状 9 件。采用复合式责任承担方式的有 28 件，包括赔偿损失并赔礼道歉 19 件，恢复原状并赔礼道歉 5 件，消除危险、赔礼道歉并赔偿损失 3 件，排除妨碍并赔礼道歉 1 件。

（三）2020年河南省刑事附带民事公益诉讼案件一审审理结果

1. 罪名与量刑

从刑事案件所涉及的罪名来看，数量排名前 10 的罪名分别为"非法狩猎罪""滥伐、盗伐林木罪""生产、销售不符合安全标准的食品罪""生产、销售有毒有害食品罪""非法占用农用地罪""非法捕捞水产品罪""非法采矿罪""污染环境罪""非法收购、出售珍贵、濒危野生动物罪""生产、销售假药罪"。

量刑上，以轻罪案件居多，其中单处罚金 2 件（占比 1.14%），管制 3 件（占比 1.71%），拘役 35 件（占比 20%），3 年以下有期徒刑 112 件（占比 64%），3 年以上 10 年以下有期徒刑的 23 件（占比 13.14%）（见图 17）。

2. 缓刑

判处缓刑的案件居多，共 107 件（占比 61.14%），未判处缓刑的共 68 件（占比 38.86%）（见图 18）。

3. 惩罚性赔偿金

惩罚性赔偿金的请求主要在药品、食品领域，主要涉及的罪名是"生产、销售假药罪""生产、销售不符合安全标准的食品罪"以及"生产、销售有毒、有害食品罪"。未诉请惩罚性赔偿金的 139 件（占比 79.43%）；是否诉请惩罚性赔偿金不明确的有 3 件（占比 1.71%）；诉请惩罚性赔偿金的 33 件（占比 18.86%），全部获得支持，其中支持 3 倍赔偿金的 5 件占比，

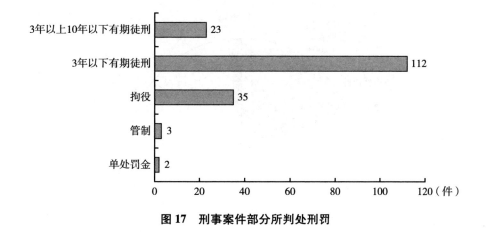

图 17　刑事案件部分所判处刑罚

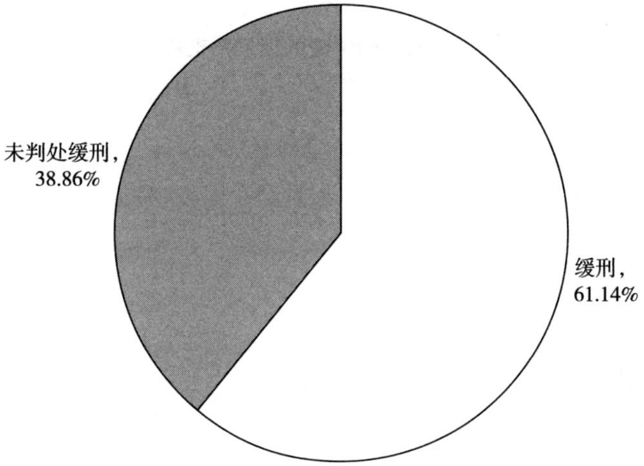

图 18　刑事附带民事公益诉讼案件缓刑处理情况

支持 10 倍赔偿金的 28 件（见图 19）。

4. 鉴定费用

未体现鉴定费用的 143 件。出现鉴定费用的 32 件，其中具体费用未知的 5 件；鉴定费用 0~1 万元的 13 件；1 万~3 万元的 5 件；3 万~10 万元的 5 件；10 万元以上的 4 件（见图 20）。

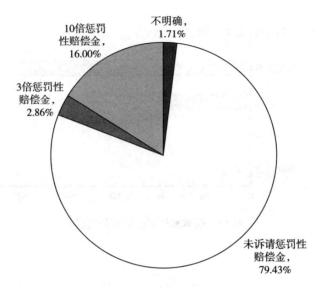

图 19　惩罚性赔偿金的诉请及支持情况

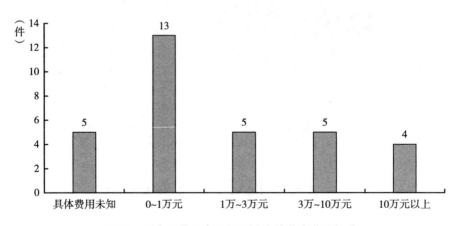

图 20　刑事附带民事公益诉讼案件鉴定费用概览

5. 责任承担方式

在笔者统计的 175 份裁判文书中，责任承担方式不尽相同，包括赔偿损失、赔礼道歉、恢复原状、消除危险等，体现出多元化的特点。

三 河南省检察机关办理刑事附带民事公益诉讼案件第二审审理情况

下文以 2021 年河南省人民法院刑事附带民事公益诉讼的二审裁判文书为样本，以 2020 年二审裁判文书为比较对象，选择"中国裁判文书网"为数据库，收集到 16 份刑事附带民事公益诉讼的二审裁判文书。

（一）上（抗）诉人身份

通过对样本的上（抗）诉人身份进行分析可以发现，在 2021 年刑事附带民事公益诉讼中，原审被告人上诉案件共 7 件，占比 100%；无检察机关抗诉案件。在 2020 年刑事附带民事公益诉讼中，原审被告人上诉案件 8 件，占比 88.89%；检察机关抗诉 1 件。可以看出，在刑事附带民事公益诉讼中，原审被告人上诉居多，检察机关提起抗诉的较少，且原审的起诉机关以及起诉人对于裁判结果大多较为满意。

（二）上级检察院是否派员出庭

在 2021 年的 7 件样本中，有 6 件上级检察院未派员出庭（占比 85.7%），有 1 件上级检察院派员是否出庭未知。在 2020 年的 9 件样本中，上级检察院未派员出庭的 7 件（占比 77.78%）；上级检察院派员出庭的 2 件。总结得出：在刑事附带民事公益诉讼二审裁判中，对绝大多数案件上级检察院未派员出庭。根据《检察公益诉讼解释》第 11 条的规定，人民法院审理的检察公益诉讼第二审案件，上级检察院可以派员出庭。因此实践中大多数的刑事附带民事公益诉讼二审案件中，上级检察院未派员出庭可能是司法解释未作出强制性规定而致。

（三）是否撤回上（抗）诉

在 2021 年的 7 件样本中，都未撤回上（抗）诉。在 2020 年的 9 件样本中，检察机关撤回抗诉 1 件，其余 8 件未撤回上（抗）诉。

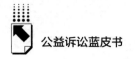
（四）是否开庭

在 2021 年的 7 件样本中，未开庭审理的案件 6 件（占比 85.71%），未知是否开庭审理的案件 1 件（占比 14.29%）。在 2020 年的 9 件样本中，未开庭审理的案件为 7 件（占比 77.78%），开庭审理的案件为 2 件（占比 22.22%）。由此可以看出，实践中多数刑事附带民事公益诉讼案件为未开庭审理案件。

（五）是否提交新证据

两年共 16 件案例均未提交新证据。

（六）二审裁判结果

2021 年的 7 件二审样本中，第二审人民法院的裁判结果维持原判 6 件（占比 85.71%），发回重审 1 件（占比 14.29%）。2020 年的 9 件样本中，维持原判的案件中全部维持原判 8 件（占比 88.89%），部分维持原判 1 件（占比 11.11%）。部分维持原判的案件，例如"（2020）豫 04 刑终 556 号"案件中，第二审法院对于第一审法院的裁判结果予以维持，只是对关于附带民事公益诉讼判赔部分的表述不当予以纠正。因此在实践中对于第一审法院的裁判结果，第二审法院大多是予以认可的。

四 河南省检察机关办理刑事附带民事公益诉讼实践中存在的主要问题

（一）刑事附带民事公益诉讼制度性质尚未明确

刑事附带民事公益诉讼作为一种新型诉讼制度，囊括了刑事诉讼、民事诉讼、公益诉讼三重制度结构。自该制度诞生以来，学界对其性质问题以及刑民衔接配合问题便争议不断，在司法实务界亦有法律适用困难之惑。在提炼学界争议焦点并结合实证调查数据后，笔者针对刑事附带民事公益诉讼制度的性质问题，主要存在以下两类观点。其一，有学者指出，刑事附带民事公益诉讼是刑事诉讼与民事公益诉讼的制度集合，其性质类型归属于民事公益诉讼制度，与刑事附带民事诉讼制度本身并无太大关联。[①] 其理论依据为此制度的保护对象即"公共利益"与《刑事诉讼法》第 101 条第 2 款中所涉及的"国家财产与集体财产"在范围上存在明显差别，如果将刑事附带民事公益诉讼当成刑事附带民事诉讼的另一形式，就是对"国家财产与集体财产"概念的扩张解读。其二，有学者指出，刑事附带民事公益诉讼与刑事附带民事诉讼并非对立关系，刑事附带民事诉讼是刑事附带民事公益诉讼存在的前提条件，此制度本质上是刑事附带民事诉讼向社会公共利益的延伸。[②] 学界与司法实务界对刑事附带民事公益诉讼制度性质的争议也导致本省各地区法院在作出相应判决时所依据的法律规定不一致。因此，明确刑事附带民事公益诉讼制度的本质属性是现今学界与司法实务界亟待解决的首要问题。

（二）检察机关诉讼地位不明

根据上述调查样本可以得知，检察机关在附带民事公益诉讼中有着各种各样的称谓，其诉讼地位不确定。虽然《检察公益诉讼解释》曾明确规定，检察院应以"公益诉讼起诉人"的身份提起公益诉讼，但是在司法实践当中，仍然有检察机关以其他身份提起诉讼。本报告认为，出现上述案例中起诉机关称谓不一、检察机关诉讼地位不明的情况，原因有二。首先，《检察公益诉讼解释》第 4 条只规定了检察院在公益诉讼中的诉讼地位，但公益诉讼包括民事公益诉讼、行政公益诉讼和刑事附带民事公益诉讼，每种公益诉讼的性质和内容不尽相同，此条款对于刑事附带民事公益诉讼中检察院究

---

① 王栋：《刑事附带民事公益诉讼也应注重客观公正义务》，《检察日报》2018 年 5 月 30 日，第 3 版。

② 姜保忠、姜新平：《检察机关提起刑事附带民事公益诉讼问题研究》，《河南财经政法大学学报》2019 年第 2 期。

竟应以何种称谓附带起诉并未给出合理规定。其次，学理层面对于检察机关的起诉称谓问题也有争议。持"民事公诉人"说的学者认为，检察机关作为国家法律监督机关，为了国家利益提起诉讼，在民事公诉中的诉讼地位为民事公诉人。[1] 持"公益诉讼起诉人"说的学者认为，应遵循"两高"发布的司法解释，以现有立法为指导，从而保证司法统一性。[2] 也有学者认为应将检察机关作为"民事原告人"，认为检察机关为原告能够准确反映检察机关实际的诉讼地位。[3] 可见，在检察机关起诉称谓问题上未形成统一意见，这也导致本省司法机关在具体实践中难以达成共识。

（三）法律适用标准不一

根据上述样本数据可以得知，检察机关提起刑事附带民事公益诉讼的法律依据并不能保持相对统一。例如，在河南省安阳市龙安区人民法院（2020）豫 0506 刑初 96 号刑事附带民事判决书中，法院依照《刑事诉讼法》第 101 条第 2 款、《检察公益诉讼解释》第 20 条作出相应判决。而在河南省偃师市人民法院（2020）豫 0381 刑初 480 号刑事附带民事判决书中，法院根据《环境保护法》、《侵权责任法》相关条款、《民事诉讼法》第 55 条第 2 款、《检察公益诉讼解释》第 20 条之规定作出判决。如此法律适用不一的情况在实证调查过程当中并不少见，而其背后所隐含的根本原因，则在于理论界和实务部门对刑事附带民事公益诉讼的性质认识不一致：如若认为刑事附带民事公益诉讼是民事公益诉讼制度的另一形式，则案件处理所依据的法律规定必然回归到民事诉讼法部分；如若认为刑事附带民事公益诉讼是刑事附带民事诉讼和民事公益诉讼两种诉讼制度的集合或是刑事附带民事诉讼制度的创新发展，则案件处理依据即为《刑事诉讼法》第 101 条。

---

① 邓思清：《论检察机关的民事公诉权》，《法商研究》2004 年第 5 期。
② 赵吟：《检察民事公益诉讼的功能定位及实现路径》，《法治研究》2019 年第 5 期。
③ 李浩：《论检察机关在民事公益诉讼中的地位》，《法学》2017 年第 11 期。

（四）责任承担方式单一

在本次所统计的231份裁判文书中，被告主体责任承担方式各不相同，单一式责任承担方式和复合式责任承担方式并存，涵盖了赔偿损失、赔礼道歉、恢复原状、消除危险等多种责任承担方式，体现出差异化、多元化的特点。但经过进一步归纳整理后发现，被告主体所面临的主要责任承担方式仍然是"赔偿损失"，在所统计的裁判文书中，被告人需要承担赔偿损失责任的案件达到了169件，占比73.16%。可见，"赔偿损失"是刑事附带民事公益诉讼中的主要责任承担方式，此种责任承担方式虽然能够较好地弥补犯罪人行为所造成的物质损失且充分发挥法的惩戒作用，但相对于赔礼道歉或惩罚性赔偿等责任承担方式而言，并不能充分发挥法的教育作用，且单独适用的时候难免显得过于单一化。此外，关于诉讼赔偿金的受偿对象问题以及资金管理问题，目前并未有具体法律规定，在司法实践中也往往难以操作。① 具体而言，检察机关作为民事公益诉讼的代表机关，并不对最终的赔偿金拥有支配权，而刑事附带民事公益诉讼作为一种全新的诉讼模式，是否应该适用民事诉讼法相关条款？被告人所支付的损害赔偿究竟应该由谁来支配、管理？纵览本报告所收集的裁判文书可以发现，上述问题并不能找到明确的答案。而要想充分发挥刑事附带民事公益诉讼维护公共利益的目的，让人民群众能够通过这种新型诉讼模式获得切实的安全感和公正感，就应重视且解决此问题。

五　河南省检察机关办理刑事附带民事公益诉讼路径优化

（一）明晰刑事附带民事公益诉讼制度的本质属性

明确刑事附带民事公益诉讼制度性质是该制度不断深入推进与优化发展

---

① 石晓波：《检察机关提起刑事附带民事公益诉讼制度的检视与完善》，《政法论丛》2019年第5期。

的基础，也是法律适用标准化、统一化的前提条件。笔者认为，将刑事附带民事公益诉讼视为刑事诉讼制度与民事公益诉讼制度之集合的观点理论逻辑上缺乏一定合理性，其仅仅关注了刑事附带民事公益诉讼的制度形式，却没有参透此制度的内涵。从制度本身来看，"附带"一词即意味着民事公益诉讼的运行始终是在刑事诉讼制度的框架之内，并无脱离刑事诉讼制度而独立运转的可能性，刑事附带民事诉讼制度就是刑事附带民事公益诉讼制度存在的前提与基础。再者，从《刑事诉讼法》第 101 条第 2 款规定的内涵上来看，环境资源、食品安全属于国家利益或集体利益，侵害国家生态或环境资源均属于检察机关提起民事公益诉讼的范畴，而上述利益是可以视为《刑事诉讼法》第 101 条第 2 款所规定的"国家财产"与"集体财产"的具体表现形式。因此《刑事诉讼法》第 101 条第 2 款的相关规定本身就属于刑事附带民事公益诉讼的范畴，刑事附带民事公益诉讼概念的诞生反映的是刑事附带民事诉讼向社会公益方向以及国家利益方向的扩展。

（二）明确检察机关诉讼地位

笔者较为赞同将起诉机关称谓明确为"刑事附带民事公益诉讼原告人"。此前也有学者认为，应将检察机关在一审中的诉讼地位规定为此，其认为该制度作为一种刑事与民事诉讼相融合的产物，对起诉机关的称谓进行融合具备合理性，可以更好地实现立法衔接。[①] 笔者认为，将起诉机关称为"刑事附带民事公益诉讼原告人"，既可以准确反映检察机关的诉讼地位，也更契合程序正义原则，体现公益诉讼制度的目的与本源。

（三）统一法律适用标准

据调查样本显示，共计 44 份裁判文书在作出刑事附带民事公益诉讼裁决时援引《刑事诉讼法》第 101 条，72 份裁判文书援引《民事诉讼法》第 55

---

① 石晓波：《检察机关提起刑事附带民事公益诉讼制度的检视与完善》，《政法论丛》2019 年第 5 期。

条，各地法院在刑事附带民事公益诉讼法律依据问题上认识不一，同类型案件所援引的法律依据各不相同，如何做到刑事附带民事公益诉讼中法律依据的标准化、统一化适用是当下亟待解决的重点问题。笔者认为，该制度虽然在形式上是刑事诉讼与民事公益诉讼的相加，但本质上却是刑事附带民事诉讼向国家与社会公共权益的延展。刑事附带民事诉讼必然是此诉讼制度存在的前提条件，因此《刑事诉讼法》第 101 条在相关立法缺位的情况下可以作为刑事附带民事公益诉讼判决时的法律依据。此外，由于《刑事诉讼法》第101 条以及《检察公益诉讼解释》第 20 条等相关规定多是原则性规范，司法实践中缺乏具体规范的指导，因此还需在立法层面完善补充具体性、可操作性规范，完善刑事附带民事公益诉讼的制度体系。"两高"也可以相继出台刑事附带民事公益诉讼领域的指导性案例，以此来确保法律适用的统一。

（四）优化责任承担方式

首先，应完善惩罚性赔偿的适用。根据调查数据可知，对于惩罚性赔偿的适用主要集中在食品药品安全以及消费者权益保护方面，诉请惩罚性赔偿金的案件仅有33 件，占比 18.86%，而未申请惩罚性赔偿以及申请不明确的案件占比 81.14%，二者差异巨大，因此可以适当扩大惩罚性赔偿的适用范围。其次，扩大赔礼道歉的适用范围，相较于经济赔偿方式，要求被告人赔礼道歉更能体现法的教育作用。经济上的损失对赔偿义务人来说可能是暂时的，但要求被告人在公众面前向此前破坏社会公共利益的犯罪行为进行忏悔与道歉所产生的影响却是深远且持久的。不仅如此，重视赔礼道歉这一责任承担方式的适用也可以更有效地树立公众对公益诉讼的信任感与认同感，对于宣传这一新型诉讼制度也是极为有利的。

（五）完善管辖制度

首先，从法理解释角度出发，根据《检察公益诉讼解释》第 5 条的规定，检察机关提起的民事公益诉讼案件原则上由中级人民法院管辖。刑事附带民事公益诉讼案件通常来说要比一般的民事公益诉讼案件更为复杂，也更

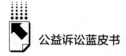
为重要，但在实践当中却往往要降低一个审级来处理，这导致了审级与案件性质之间的矛盾与冲突。其次，从司法实务角度出发，刑事附带民事公益诉讼案件日益增多，凭借现有的人员组织结构与案件办理能力，基层人民法院是否能够承载公益诉讼案件审理工作所带来的压力，值得深思。

有学者指出，为解决刑事附带民事公益诉讼案件中存在的管辖冲突，应确立"刑从民"的管辖原则。① 其理由为：从此类案件的发案逻辑上而言，公益诉讼先于刑事诉讼，民事公益诉讼所涉及的问题才是此类案件的核心问题。但笔者认为，此类观点虽能在一定程度上解决现今刑事附带民事公益诉讼案件中存在的级别管辖矛盾问题，但有悖于刑事附带民事公益诉讼的制度本源与本质属性。在管辖问题上，仍应遵循"以民附刑"的原则，但可根据个案事实，将涉案范围广、社会影响大的重大疑难案件交由上级检察院处理。首先，以刑事诉讼为前提，将附带民事公益诉讼案件交由审理刑事案件的法院一并审理，能够提升此类案件办理效率，也遵循刑事附带民事公益诉讼的制度价值。其次，随着刑事附带民事公益诉讼理论基础与实践经验的积累，基层人民法院对于此类案件的审理能力会逐步提升，将一般的刑事附带民事公益诉讼案件交由基层人民法院审理并无不当。最后，将涉案范围广、社会影响重大且复杂疑难的案件交由上级检察院处理，为中级人民法院保留重大关键案件的管辖权，在保证个案司法正义的同时，提升公益诉讼案件的社会影响力与扩大社会教化效果。

---

① 汤维建：《刑事附带民事公益诉讼研究》，《上海政法学院学报》2022 年第 1 期。

B.12
云南省昆明市检察机关提起
行政公益诉讼诉前程序报告

摘　要： 诉前程序是行政公益诉讼检察监督的必经程序，对促进行政机关依法全面履行职责、降低维护公益的司法成本有着重要作用。目前实践中公益诉讼案件多以发出诉前检察建议行政机关整改终结，办案周期短，案件效果好，但在办案中普遍存在收集线索调查核实证据困难、检察建议不够规范、刚性不强以及行政机关是否履职认定标准不一等问题，有碍于行政公益诉讼诉前程序的进一步发展。据此，本报告将通过实证研究，从线索收集调查取证、检察建议效力、行政机关履职评判标准、案件办理外部环境等方面对完善行政公益诉讼诉前程序提出改革建议。

关键词： 行政公益诉讼　诉前程序　检察建议

2015年，我国开始开展检察机关提起公益诉讼试点工作，试点期间，各地对行政公益诉讼的诉前程序各自进行处理。2017年，全国人大常委会对《行政诉讼法》第25条作出修订，以立法的方式肯定了试点工作效果，明确诉前程序是检察机关提起行政公益诉讼的必经程序，这为检察机关开展行政公益诉讼检察工作提供了法律依据。2018年3月，最高人民法院、最

---

* 课题组成员：朱立，五华区人民检察院检察长；黄波克，五华区人民检察院副检察长；王志强，五华区人民检察院检察官；马香彦，五华区人民检察院检察官助理。

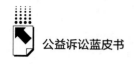

高人民检察院出台《关于检察公益诉讼案件适用法律若干问题的解释》，对办理检察公益诉讼案件的程序、检察机关的诉讼权利义务等内容作出了规定，提供了办理检察公益诉讼案件的统一规范。但由于相关条款具有高度概括性、原则性的特点，诉前程序在实践中出现了规范程度低、案件质效参差不齐等情况。本报告将结合昆明市两级检察机关行政公益诉讼诉前案件办理情况，对诉前程序实践现状进行定性和定量分析，有针对性地提出行政公益诉讼诉前程序的完善建议，力求使诉前程序在实践中更好地运行。

一 昆明市行政公益诉讼诉前程序适用现状及特点

（一）行政公益诉讼案件概况

自 2017 年公益诉讼制度正式确立以来，昆明市两级检察机关办理公益诉讼案件数量出现了大幅增长。2018 年全市公益诉讼立案 442 件，其中行政公益诉讼立案 431 件，以食品药品领域案件居多。2019 年随着《云南省人民代表大会常务委员会关于加强检察机关公益诉讼工作的决定》《昆明市人民代表大会常务委员会关于加强检察机关公益诉讼工作的决定》《关于支持检察机关开展公益诉讼工作推动全市生态文明建设和法治昆明建设的实施意见》等文件的出台，公益诉讼立案数增长至 1249 件，较 2018 年增长了182.58%，其中行政公益诉讼立案 1223 件，以食品药品领域案件居多。2020 年，公益诉讼立案 644 件，其中行政公益诉讼立案 604 件，以环境资源领域案件居多。①

在实践中，行政公益诉讼案件占了公益诉讼案件的绝大多数，案件领域多集中于环境资源及食品药品领域，呈现案件领域狭窄且不平衡的状态。案件线索主要通过检察机关内部其他业务部门的移送、检察机关的专项整治活动发现，均为检察机关在履行职责中发现，较少有外部力量提供线索。对于

---

① 参见昆明市人民检察院统计数据。

是否立案、是否发出检察建议的分析研判与释法说理，各检察机关做法不一，但在请示及检察建议书等重要文书中都有说理性较弱的倾向。在检察建议书中，对于回复期限的设置，大多数案件直接选择了 2 个月，没有根据案件不同情形区分设置，较为僵硬。对于行政机关回复后是否起诉，存在不同的考量标准，主要有行为标准与结果标准。在行为标准中，检察机关更注重行政机关的主动性与配合度，如果行政机关积极配合及时整改，通常不会受到检察机关的起诉。在结果标准中，检察机关对行政机关的要求更高，不仅要求行政机关积极采取措施整改，还要求行政机关修复受损公益，如果最终公益未得到修复，行政机关将受到检察机关的起诉。结果标准主要关注的是案件实现的效果及国家利益和社会公共利益受保护的程度。目前实践中采用率较高的是行为标准。经起诉作出判决后，部分检察机关仍由公益诉讼部门进行跟进监督，还有部分检察机关不再由公益诉讼部门对裁判结果执行情况进行监督，而是交由行政检察部门处理。

全市两级检察机关普遍会在某一时期内就特定领域开展专项监督行动，在专项行动中发现线索并现场取证。如市院开展的守护人民群众"舌尖上的安全"专项行动、四个最严专项行动、生物多样性保护专项行动以及基层院开展的历史文物专项保护行动、旅游沿线环境整治专项行动、中小学周边整治专项行动等，在开展过程中均取得良好社会效果，部分专项行动获得党委、政府支持与认可。但通过调研发现，调查取证过程中普遍存在欠缺保障措施、取证设备、程序规范等问题。

（二）行政公益诉讼案件特点

1. 行政公益诉讼案件占比高

经对昆明市两级检察机关办案数据进行分析，发现行政公益诉讼案件在公益诉讼全部案件中的占比在 2018～2020 年均超过了 90%（见表1）。该数据反映出行政公益诉讼制度在实践中运用广泛，行政公益诉讼也成为检察机关维护国家利益和社会公共利益的重要方式。

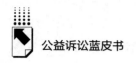

表1　2018~2021年昆明市公益诉讼案件占比情况

年度	立案总数 （件）	民事公益诉讼案件 占比（%）	行政公益诉讼案件 占比（%）
2018	442	2.49	97.51
2019	1397	1.72	98.28
2020	644	6.21	93.79
2021	887	15.11	84.89

资料来源：昆明市人民检察院统计数据。

2. 诉前检察建议采纳率较高

通过行政公益诉讼回头看数据梳理，昆明市两级检察机关诉前检察建议采纳率较高，在2019年达到100%，2020年达到98.1%，2021年为96.9%，表明检察机关发出诉前检察建议的效果较好，行政机关主动纠错积极性强，对检察建议的重视度和整改率都较高，但仍有少量行政机关对检察建议重视不够。

3. 诉前结案的案件占大多数

近几年昆明市检察机关提起行政公益诉讼的案件较少（见表2），大量行政公益诉讼案件在诉前程序结案，更高效地维护了受损公益，大大节约了司法成本。

表2　2018~2021年昆明市行政公益诉讼案件结案情况

单位：件

结案方式	2018年	2019年	2020年	2021年
起诉	1	1	2	4
诉前整改	359	351	548	719
其他	71	150	54	27

资料来源：昆明市人民检察院统计数据。

4. 线索来源单一且类案较多

实践中，行政公益诉讼诉前程序案件多是源自在检察机关履职过程中发现的，同时存在案件"批量生产"的情形。这些现象一定程度上反映出检察机关在线索收集中存在主观能动性不强、发现线索途径单一、缺乏外部力量支持等情况。同时反映出行政公益诉讼制度的社会公开宣传力度不足、人民群众参与程度较低、社会公众知晓率不高。

5. 案件领域少且分布不平衡

通过对昆明市两级检察机关近几年行政公益诉讼案件领域进行分析，发现昆明市两级检察机关对于行政公益诉讼受案范围持较为保守的态度，案件范围几乎被限定在明确列举的几项领域内，此外案件数量也呈现分布不平衡的态势，主要集中于食药与生态环境领域（见图1）。

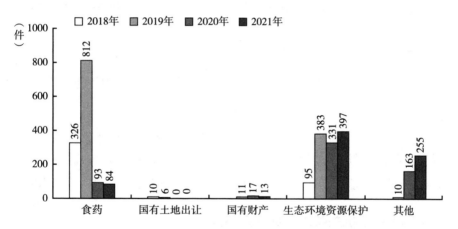

图1　2018～2020年昆明市行政公益诉讼诉前案件领域分布

资料来源：昆明市人民检察院统计数据。

二　行政公益诉讼诉前程序实践问题分析

（一）收集线索调查核实证据困难

部分基层检察院未实现办案团队专业化建设，存在办案力量不足的情形。公益诉讼案件线索通常较为隐蔽，需要大量时间搜寻线索并调查核实，

但检察院受限于人员力量，线索收集及调查核实存在一定困难。此外，对于行政公益诉讼案件，部分地区存在行政机关不配合的情况，因法律未赋予检察机关充足的调查取证权，欠缺强制调查措施，在进行调查核实时检察机关处于相对弱势的地位。

（二）诉前检察建议刚性效力不足

部分检察机关的检察建议书内容不够规范，缺乏精准性与说理性，在一定程度上影响了检察建议的刚性。此外，因检察建议书并不具备强制效力，存在部分行政机关拒绝接收、拒不回复、拒不履行的情况。此情形的发生除立法供给不足外，公益诉讼办案力量与人员素质的欠缺也是一重要内因。

（三）检察建议适用范围认定不一

在检察建议的适用上，存在建议对象认定不明、公益损害程度认定标准不一等情形。部分检察机关发出检察建议后，存在部分行政机关以不具有法定监管职责为由进行抗辩的情形，反映出在实践中对"适格"建议对象的认定并未形成统一规范的做法。另外昆明市大部分检察机关办案中均以国家利益或社会公共利益有损害危险为由，制发诉前检察建议，但对损害危险的存在并未证明。

（四）行政机关整改完成认定不同

昆明市大部分案件在收到行政机关回复后，作出了终结审查决定，但也有部分案件收到回复后仍提起诉讼。各检察机关对行政机关履职情况判定不一，通常存在行为标准与结果标准两种认定方式，前者以行政机关作出履职行为认定整改完成，后者以公益损害已修复认定整改完成。目前适用率较高的是行为标准，但不顾公益修复结果仅以行为标准认定，极有可能会减损国家利益和社会公共利益受保护的程度。

（五）诉前程序封闭性强、规范度低

正义不仅要实现，而且要以看得见的方式实现。但在行政公益诉讼诉前

程序中，公开度和透明度明显不足，大部分检察机关是"关起门来办案"，从线索搜寻、调查取证到发出诉前检察建议都在内部完成，呈现较为封闭的态势。另外由于规范不足等原因，检察机关在进行调查取证时没有法律规范性，容易在程序上出现证据效力瑕疵，影响后续监督工作的进行。

三　行政公益诉讼诉前程序的完善建议

（一）强化检察机关的调查取证权

检察机关的调查取证权规定于"两高"2018 年出台的《关于检察公益诉讼案件适用法律若干问题的解释》第 6 条，规定中只要求相关机关予以配合，对拒不配合行为缺乏否定评价，未从立法层面保障检察机关调查取证权。建议增加法律供给，对公益诉讼案件办理单独立法，强化检察机关的调查措施，同时对调查取证过程进行程序性规定，以确保调查取证结果的证据效力，为检察机关行使法律监督权提供法律后盾。除加强立法外，检察机关应积极提高自身主观能动性，增强调查意识，结合职务犯罪侦查工作经验，充分运用调查取证措施，积极借助检察技术等力量，不断提高自身调查取证能力。对行政机关拒不配合等情况，可以探索采取移送纪委监委监督、向上级机关或主管部门通报等手段，督促其配合调查，排除调查障碍。

（二）加强诉前程序的适度司法化

检察权司法化的本质是权力运行的司法化，是一种程序司法化。相较于行政的上下一体统筹决策，司法在程序上具有被动性、多方参与性、亲历性、集中性、终结性、公开性和透明性等特点。[①] 笔者认为加强诉前程序的适度司法化主要有两种途经。首先，应当加强公益诉讼诉前听证制度。听证制度派生于英国的"自然公正原则"，该原则要求权力行使应当公正，作出

---

① 骆绪：《检察权司法化的内涵》，中国法制出版社，2017，第 7 页。

对他人不利的决定应当听取其意见。在诉前听证程序中,应尽量提高诉前听证过程的案件公开度、行政机关及社会的参与度,组织听证时应当广泛邀请人民监督员、专家、社会法律工作者等社会人士参加,并可将听证情况依法在指定平台进行直播,增强案件传播力度。诉前听证程序的设置,有助于检察机关全面充分了解行政机关履职的情况,广泛听取社会意见和专家意见,以办案透明化彰显司法公正。其次,应当强化诉前检察建议的宣告送达。宣告送达不仅能为检察机关与行政机关搭建有效沟通平台,促进行政机关采纳检察建议并积极履职,还能在公开的过程中借助外部力量进行监督督促,提升行政机关对检察建议的接受度和采纳率,同时有助于提升社会对公益诉讼检察职能的知晓率与认同度。[①]

(三)强化检察建议书的刚性效力

制发检察建议书是实现诉前程序制度功能的重要方式,笔者认为规范内容、提高质量是提升检察建议书刚性效力的前提。检察建议书是启动行政机关自我纠错积极履职的重要依据,因此其制作应当符合以下要求。首先,应当依照法定程序制作发出,以彰显检察建议的严肃性和权威性。其次,检察建议书的内容应当精准,证据应当确实充分,法律法规应适用正确,不仅要阐明行政机关违法情形及公益损害情形,还应加强说理性,以促进行政机关的认可与接受。整改建议内容应切实可行、具有可操作性,但应为行政机关留出自主决策空间,以发挥行政权的执法优势。对于回复期限的设置,应当结合案件实际情况,如在生态环境领域由于生态修复进程缓慢等客观原因难以短期完成的,应当给予更多整改时间。相应地,应要求行政机关将履职及公益恢复情况及时回复,以便于检察机关开展后续监督并决定起诉与否。在提升检察建议书质量之外,还可借助外部力量加强检察建议刚性,如采取公告送达、宣告送达等方式发送检察建议,实现社会监督;积极建议党委、政

---

① 胡卫列、迟晓燕:《从试点情况看行政公益诉讼诉前程序》,《国家检察官学院学报》2017年第 2 期。

府将公益诉讼检察建议回复整改率计入行政机关年度绩效考核范围；积极争取两级人大及政府对公益诉讼的监督和支持，逐步建立行政公益诉讼诉前检察建议和检察建议落实情况报送同级人大常委会备案的制度①，提高诉前程序的公信力和执行力。

（四）明确行政机关履职评判标准

根据现行立法，发出诉前检察建议后，行政机关未依法履行职责的，检察机关可依法向法院提起诉讼。故对行政机关是否依法履职的认定，直接决定了诉讼的发生与否，对行政机关的影响较大，因此在进行认定时应采取更为合理科学的方式。结合最高检指导性案例及实务经验，笔者总结出以下认定标准。

1. 行政机关已采取有效措施制止违法行为，公益损害状态已停止

"法不强人所难"，在公益损害不可逆转无法恢复时，不应强求行政机关恢复受损公益；在行政机关已采取救济措施或已制定工作计划，但受限于客观条件尚未达到效果的，不应直接认定为行政机关未依法履职，而应采取跟进监督的方式，定期核查计划执行及公益恢复情况（如在昆明市某基层院办理的某局对国家级文物怠于履职案中，因国家级文物的修缮需层报审批历时较久，该检察机关未直接认定其未全面履职）。

2. 行政机关已全面履职，救济措施已穷尽

针对行政机关作出的已全面履职的说明，检察机关不可片面采信，应当对照行政机关的权责清单进行认定。

3. 行政机关已经履行职责且公共利益已经得到修复

针对即时整改就能消除公益受损状态的，应当更注重效率，发出检察建议后及时跟进监督，确保公益得到最迅捷有效地保护（如在一涉及公共安全案件中实现了当天立案发检察建议，当天整改回复）。对于因客观规律，

---

① 天津市北辰区人民检察院重点课题组：《完善检察机关行政公益诉讼工作机制研究》，《中国检察官》2019 年第 1 期。

公益损害需要较长时间恢复的，应当跟进监督并定期核查，在公益修复后方可认定行政机关确已履职到位。

（五）优化诉前案件办理外部环境

优化外部环境，首先应当加强公益诉讼案件的公开程度。案件信息公开不仅能提高公益诉讼的知晓率，提升公民保护公益的意识，同时也有助于形成全社会同参与、共行动保护公益的良好局面。其次，检察机关应当充分调动相关职能部门和社会团体共同参与公益保护的积极性，将问题在诉前程序中尽快解决，以最快效率维护公益。再次，应积极与行政机关建立工作协作机制，在沟通联络、线索移送、协作取证、协同监督、宣传联动等方面建立公益诉讼协作机制。此外在诉前程序中，可以充分运用联席会议、圆桌会议、听证会等形式，加强与行政机关的沟通协商，牢牢把握维护公益的核心，发挥诉前程序的灵活性优势，督促其积极主动依法全面履职。最后，应积极争取人大的支持，建立重大案件向人大汇报备案的制度，通过外部力量促进诉前程序的良好运行。

B.13
河南省南阳市环境检察
公益诉讼专题报告

刘　昕*

摘　要： 环境检察公益诉讼是党中央决策部署的重大改革任务，也是司法体制改革、监察体制改革、检察工作格局变革叠加形势下检察职能的新拓展，环境公益诉讼为环境资源侵权案件提供了救济手段。生态环境资源公益诉讼制度长远的发展，有赖于当下的努力，离不开各项基础工作和实践探索。通过对南阳市 2021 年环境检察公益诉讼工作进行全面梳理，总结环境资源保护领域检察工作的现状与成绩，结合办案过程中面临的系统内部机制联动机制缺乏、办案人员素能不足、环境损害赔偿机制不健全、宣传力度不足等问题，从检察机关的视角，通过加强制度机制建设、做好内外宣传、"诉前预判"与"诉后跟进"相结合、强化源头治理标准、加强部门协作五个大的层面探讨生态环境与资源保护公益诉讼发展中应当把握的原则和对未来检察工作的思考与展望。

关键词： 环境公益诉讼　预防性机制　南阳市

一　南阳市环境检察公益诉讼工作现状与成绩

南阳市公益诉讼检察部门自正式成立以来，深入贯彻习近平生态文明思

---

* 刘昕，河南省南阳市人民检察院检察官助理。

想和习近平法治思想，始终牢记习近平总书记对新时代政法工作、检察工作的要求，紧紧围绕党和国家中心工作坚持"以维护国家利益和社会公共利益"为使命，在环境保护制度与法律支撑的引领下，切实担负起"公共利益代表"的神圣职责，认真履行公益诉讼检察职能，持续加大办案力度，努力提高办案质效，逐步完善工作机制，积极参与社会治理，及时回应社会关切，积极推动南阳生态文明建设，扎实推动南阳市环境检察公益诉讼工作取得新成效、实现新发展，为推进全域旅游和生态环境建设作出了应有的贡献。

（一）南阳环境检察公益诉讼工作现状

从办案领域分布看，2021 年 1~12 月份，南阳市公益诉讼诉前程序共办理案件 280 件，其中生态环境和资源保护领域 143 件，占比 51.07%；食品药品安全领域 29 件，占比 10.36%；国有财产保护领域 9 件，占比 3.21%；国有土地使用权出让领域 0 件；其他领域 99 件，占比 35.36%。南阳市检察机关共发现公益诉讼案件线索 398 件，立案 294 件，同比增长 6.52%。其中，涉及生态环境与资源保护领域案件线索 237 件，占比 59.55%。市本级立案 11 件，其中行政公益诉讼案件 1 件，民事公益诉讼案件 10 件，均为生态环境与资源保护领域案件。行政公益诉讼和民事公益诉讼两个领域统计情况分别如表 1、表 2 所示。

表 1　南阳检察机关 2021 年行政公益诉讼办案情况统计

单位：件

	案件线索受理	立案	诉前程序	起诉
生态环境领域	135	89	82	5
资源保护领域	34	26	25	
食品安全领域	24	19	17	1
药品安全领域	5	4	4	
国有财产保护领域	15	10	9	
国有土地使用权出让领域				
其他	89	80	82	2
合　　计	302	228	219	8

资料来源：南阳检察机关 2021 年办案系统统计数据。

表 2 南阳检察机关 2021 年民事公益诉讼办案情况

单位：件

	案件线索受理	立案	诉前程序合计	起诉情况		
				起诉合计	民事	刑事附带民事
生态环境领域	29	12	10	14	4	10
资源保护领域	39	30	26	22	6	16
食品安全领域	11	10	8	5		5
药品安全领域						
英烈保护领域						
其他领域	17	14	17	9		9
合　　计	96	66	61	50	10	40

资料来源：南阳检察机关 2021 年办案系统统计数据。

从数据分布上来看，生态环境和资源保护领域诉前办案数占总办案数量的一半以上，之所以出现数据倾斜，主要原因是南阳地区特殊地形地势为生态环境与资源保护领域办案提供了得天独厚的优势条件。南阳山多地广，生态资源物质丰富，加上人口较多，导致生态环境与资源保护领域的问题较为突出，如矿山整治系列案件、非法捕捞水产品类案件、非法捕杀野生动物类案件、滥伐林木类案件较多。在南阳检察机关发现的生态环境与资源保护领域的案件中，涉及南水北调中线工程的环境类问题、直接起诉的行政公益诉讼案件 8 件。南阳独特的地域优势使得该领域案件线索较多，办案人员在排查过程中更易发现。良好的生态环境是最普惠的民生福祉，作为公益诉讼职能部门，也应当切实充分发挥监督职能，大力解决生态环境问题，在推进国家治理体系和治理能力现代化中发挥应有的作用。

（二）取得的办案成效及创新举措

自开展生态环保公益诉讼工作开展以来，南阳检察机关以高度的政治责任感和使命感，切实履行法律监督职责，积极稳妥推进生态环保公益诉讼，促进依法行政和严格执法，着力维护社会公共利益，取得了较好成效。2021

年在生态环境与资源保护领域，挽回各级集体林地生态公益林共计 170 余亩；挽回、复垦被非法改变用途和占用的耕地共计 5786 余亩，另外种植树木 5.9 万余棵，督促企业植绿 18.9 万棵，拆除厂房 15 万平方米，清除废料 80 多万吨，捣毁炭窑 89 处；在矿产资源领域，共立案查处环境违法行为 100 余起，挽回被非法开采的矿产资源总案值 380 余万元，排查历史非法遗留案件 42 宗，立案查处 5 宗，有厂无矿的 68 个加工企业已拆除取缔到位，对 30 个过期矿山和 83 个历史遗留矿山和非法开采点进行修复。恢复治理废弃矿山土地 3.6 万亩，拆除厂房 226 间，设备 78 台，清理废石 30.9 万吨，入库矿石 8.3 万吨，复绿 4822 亩，复耕 3231 亩，植树 69.7 万棵，种草 1151 亩；督促治理恢复被污染水源地、清理污染和非法占用河道、清理被污染水域面积共计 200 余亩，督促整治土壤和固体废弃物污染物共计 1200 余吨。

南阳检察机关通过"建立机制，联合联动，促进工作落实见长效""开展专项活动，突出解决热点问题""依法刚性监督，聚焦案件整改效果""打造精品案件，注重提升办案质效""注重内外宣传，擦亮公益诉讼名片"五大助力生态资源与环境保护领域，实际办案效果回应社会关切，为环境与生态资源保护贡献检察力量。

1. 注重机制建设，促进工作落实见长效

一是进一步巩固完善现有机制。认真梳理"豫鄂陕丹江口水库毗连区生态环境检察协作机制"建立两年来的工作经验，精心准备，成功承办了"服务保障南水北调中线工程检察公益诉讼协作会"，将原机制升级为"服务保障南水北调中线工程检察公益诉讼协作机制"；联合湖北省随州市院，与沿淮河源两省六市检察院共同举办"两省六市桐柏山淮河源生态环境保护跨区域协作会"，将原来的县级协作机制升级为市级，协作层次不断提升，协作模式进一步完善，在推进落实南水北调中线工程沿线和淮河源流域生态保护中发挥了积极作用。二是认真落实"河长+检察长+警长"服务河湖管理联动工作机制，主动对接市河长办，加强协作配合，联系公安、生态环境、自然资源、林业、住建、农业农村等相关职能部门，巩固完善信息共享、线索移送、联席会议等协作机制，合力推进全市河流、湖泊等重要水域的整治工作，实现了双赢、多赢、共赢，市河长办专程送来感谢信表示感谢，并赠予八部"同心共携手，河湖保安澜"锦旗。三是积极推动公益诉讼指挥中心建设，围绕检察技术如何支持保障公益诉讼检察工作的课题，探索了一条行之有效的实践路径。环境问题往往涉及领域广，运用传统的调查取证方式难以获得良好的效果，因此，南阳市检察机关与时俱进，以信息化、智能化手段加强对环境公益诉讼案件线索的收集和研判，以检察科技装备创新提升调查取证能力，以检测鉴定技术服务破解"鉴定难"问题，以指挥中心为平台强化公益诉讼办案一体化，强化对基层院开展环境公益诉讼工作的协调指导，充分发挥检察内部合力，缓解基层力量薄弱办案压力，打好环境公益诉讼组合拳。

2. 开展专项活动，突出解决热点问题

2021 年，南阳市检察机关在生态环境与资源保护领域精准发力，充分响应上级机关工作指示要求，在结合自身市域特点的情况下，积极开展各类专项活动，解决社会热点问题。一是充分发挥公益诉讼检察职能，助力英雄烈士权益保护。为解决全市范围内红色资源数量多、遗址损毁严重、保护利用少、保护机制不健全、人员配备不到位、展示陈列质量不高等问题，结合党史学习教育活动，开展红色资源保护专项检察监督活动，共立案 49 件，发出检察建议 49 份，其中英烈保护领域 23 件，文物保护领域 26 件，监督修缮红色遗迹 100 余处，勒石纪念碑 8 座，收集文献资料 1000 余份，督促建立纪念馆 5 处，并对未完善的地方持续监督整改。二是服务保障乡村振兴战略，聚焦"三农"短板和突出问题，区分 6 类 32 项问题开展专项监督活动，全年共办理相关案件 23 件，共挽回、复垦被非法改变用途和占用的耕地 6075 亩，保护被污染土壤 600 余亩，督促清除处理违法堆放的各类生活垃圾 200 余吨。

3. 依法刚性监督，聚焦案件整改效果

南阳市人民检察院在指导基层院办案时，针对各基层院办理行政公益诉讼案件中遇到的检察建议发出后，行政机关不回复、不整改、整改不力等问题，组成专案组，逐案排源，分别到各涉案基层院了解情况，协调涉案各方

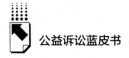

进行磋商。对仍然没有效果的，南阳市人民检察院逐案督导指导；对符合起诉条件的，依法支持提起诉讼，共办理了6起行政起诉案件。起诉后，被告行政机关均在诉讼过程中积极整改到位，效果明显。较为典型的有卧龙区人民检察院办理的潦河镇政府对辖区大官庄村违法占地怠于履职案。2020年11月10日上午，卧龙区人民检察院会同区"两委办"、区自然资源局到卧龙区某镇对辖区近年来土地卫片执法显示的违法占用耕地部分项目进行实地调查核实，发现卧龙区张某的饭店违法占地4亩多未拆除。卧龙区人民检察院就该违法占地事实向潦河镇政府发出检察建议，直至2021年7月28日，该违法占地现象依然存在，遂向卧龙区法院提起行政起诉。开庭后，潦河镇政府立即组织人员处理涉案问题，积极做通占地农民的思想工作，在占地农民激烈情绪平复后，依法对占地违法建筑予以拆除，恢复耕地4亩（基本农田），长达10余年的违法占地问题得到解决。

4. 打造精品案件，注重提升办案质效

南阳检察机关紧紧围绕党委、政府的工作大局，在办案过程中，牢固树立质效理念，坚持质量优先导向，通过扎扎实实的高质量办案和实实在在的办案成效为环境与资源保护公益诉讼持续健康发展营造良好氛围，取得了良好的法律效果和社会效果。一是淅川县人民检察院督促拆除违建别墅行政公益诉讼案获领导批示。该案在检察机关监督下，由县政府组织力量，彻底拆除了4栋违建别墅，既实现了对耕地资源的保护，又有效保护了南水北调干渠沿线环境，起到了很好的普法宣传效果。二是方城县院督促整治违建游乐设施行政公益诉讼案、淅川县人民检察院督促整治污水处置行政公益诉讼案获最高检领导批示肯定。方城县院督促整治违建游乐设施行政公益诉讼案督促拆除了南水北调一、二级保护区内涉案企业违法建筑，并协助做好涉案企业搬迁安置工作，既保护南水北调中线工程生态安全，又保障和促进企业依法健康发展。淅川县人民检察院督促整治污水处置行政公益诉讼案督促淅川县第二污水处理厂升级改造乡镇污水管网配套设施，当地政府整合3363万元资金投入污水管网建设项目，有效保护了南水北调中线工程水源地水质安全。三是西峡县恐龙蛋化石群保护民事公益诉讼案被《今日说法》"两会特别报道"播出。该案件的办理,不仅使自然保护区被破坏的生态环境得以修复,同时进行了法制宣传,提升了公众对古生物化石的保护意识,也对盗挖、买卖恐龙蛋化石的违法活动起到警示作用。

5. 注重内外宣传,擦亮公益诉讼名片

南阳市检察机关在办案过程中始终秉持着"办理一件、治理一片"的全局理念,争取通过个案的办理,将其法律效果和社会效果扩大化。一是充分运用活动牵引,牵头中共南阳市委党史研究室、南阳市文化广电旅游局,共同在解放广场举办检察公益诉讼专项监督活动成果展,现场展出"公益诉讼十大典型案例"等宣传册200余册,接待群众咨询百余人次。市电视台进行了现场直播,直播点击量破百万。二是注重总结提炼,对工作中好的经验做法、有亮点的案件进行深挖,分批编撰工作信息、典型案例,并积极向省院报送,共报送7批16篇工作信息、19篇典型案例,有5篇工作信息、7篇典型案例被省院采纳转发。三是通过媒体,扩大宣传效果。将社会效果好,有影响力的案件,编写成新闻稿件,并加强与宣传部门沟通协调,向社会刊发。《法制日报》刊发1篇;《检察日报》刊发7篇,其中头条1篇;《河南日报》刊发3篇;《河南法制报》刊发5篇;正义网发表4篇。

二　问题分析与经验总结

南阳检察机关公益诉讼部门自成立以来,依法全面履职,在生态环境与资源保护领域取得良好的办案效果和社会治理效果。与此同时,也面临相关配套制度不健全导致内部联动不足,办案人员"能"而不"专"等问题,笔者通过自身在办案过程中面临的实际问题,主要从以下几个方面进行阐述。

(一)系统内部联动机制缺乏

维护公共利益,人人有责。做好公益诉讼保护工作,需要形成合力,政府的配合支持是环境治理工作开展的助推器,要建立健全联席会议制度和协作配合工作机制，在信息共享、调查取证、专业支持、联合督办、调研培训等方面深入协作，不断扩大公益诉讼"朋友圈"。结合南阳地区工作实践，首先，系统内部联动不足是阻碍工作推动的重要原因。对外检察机关与行政执法机关联系互动较少，行政执法和检察监督各自为营，没有形成合力，会直接影响到环境公益诉讼案件的办理效果。① 其次，检察机关内部各部门业务划分明确，部门之间缺乏线索移送、信息共享等制度支撑，线索基本都来源于公益诉讼部门在自身履行监督职责中的发现，由于缺乏联动机制，对于可能涉及环境公益诉讼的案件线索未能及时移送，尤其是部分刑事案件，往往都是在刑事案件办结以后才得到线索，导致刑事案件与刑附民公益诉讼案件的判决结果可能存在重合，难以把握环境公益诉讼案件办理的诉求。

（二）办案人员素能亟待提高

主要体现在检察机关内部专业人才缺失，基层办案人手不足等问题。公益诉讼检察属于新的职能范围，办案力量总体薄弱，目前有的基层检察院专门办案组不"专"，专业化的人才储备不足，难以适应特定的办案领域。在对基层县（区）院公益诉讼部门内设机构配置统计的过程中发现，南阳基层院均未单独设立公益诉讼部门，基本归属于第四检察部门或者第五检察部门，办案人员无具体明确分工，导致公益诉讼领域缺乏专业的办案检察官及辅助人员。公益诉讼所涉及的部门法律法规庞杂，新到公益诉讼检察部门的同志缺乏经验②，在办案思维、知识储备、专业能力、专业精神层面都有待提高，需要在司法理念、业务素能、庭审应对能力等方面不断强化，以适应生态环境与资源保护领域公益诉讼检察业务带来的新挑战。

（三）取证方面存在困难

调查取证权缺失的情况下，在需要其他行政机关及人员配合调查时，或

---

① 杨海龙：《我国环境行政公益诉讼的原告资格问题研究》，硕士学位论文，大连海事大学，2020。
② 章钰：《检察机关提起环境民事公益诉讼的现实困境与对策》，硕士学位论文，江西财经大学，2019。

许会面临权利受阻、工作冲突等困境。首先，在目前环境公益诉讼的条文中没有明确的涉及生态环境的证据规则，存在立法空白，检察机关只有调查权没有取证权，存在巨大的理论和实践障碍。检察取证权建立在相关权力相对具体和完善的基础之上，对此应当赋予检察机关深度的调查权、强制权、举证权、论证权等，保障环境检察公益诉讼工作得以顺利开展。[①] 其次，环境公益诉讼办案过程中，鉴定费用过高的等因素的影响，使得取证工作难度增加，如2021年南阳检察机关在办理矿山修复系列案件中，矿山所处位置地形复杂，面积较大，需要聘请专业的鉴定机构进行环境修复鉴定，且目前具有相应资质的鉴定机构并不多[②]，这就导致鉴定成本增加，且因为鉴定周期长，会对案件办理的进度和精准度产生一定的影响。

（四）环境公益诉讼宣传力度不足

环境公益诉讼的目的不仅仅在于惩罚犯罪，还在于通过办案向公众警示，起到预防治理的作用。在南阳市域范围内，对工作经验、典型案例的培育、总结、推介、宣传的力度不够。检察公益诉讼社会认知度和参与度还不高。如南阳检察机关在办理多起涉及滥伐林木类案件、非法捕捞水产品类案件以及非法捕获野生动物类案件的过程中，在对涉案当事人进行询问的过程中发现，他们对环境检察公益诉讼并不了解，对环境保护领域的相关法律规定并不知悉，甚至诸多当事人并不知道其行为已经触及刑法并对国家利益和社会公共利益造成严重损害。群众对于检察工作的不理解，那么即使案件顺利办理达到了法律效果，也难以实现与社会效果的统一。不仅如此，因为公益诉讼是检察机关的新型职能，公益诉讼部门正式成立时间不长，加上宣传力度不足等原因，在办案过程中，大多数行政机关不了解检察机关在检察公益诉讼工作中的职能定位，一些部门领导存在单位面子观念和怕影响单位形象，在取证调查过程中难免出现不愿意积极配合的情形，有的甚至抵制民行

---

① 商艺涵：《检察机关提起行政公益诉讼诉前阶段的检察监督机制研究》，《常州工学院学报》（社科版）2022年2月28日。

② 南阳地区目前没有具备专业鉴定资质的环境鉴定机构。

部门调查取证、收集案件线索。这在一定程度上也会影响环境公益诉讼案件的办理。

三 环境检察公益诉讼工作的改革建议

相信或近或远的未来，环境公益诉讼通过不断发展将成为检察机关的核心职能和社会治理的重要力量，并在国家权力监督制约体系中发挥更重要作用。作为代表国家和群众利益履行公益诉讼职能的检察部门，下一步，南阳检察机关将进一步统一思想、把准方向、明确任务、狠抓落实，坚持以办案为中心，重点聚焦环境与生态资源保护领域，树牢公益协同保护和质效第一的理念，推动环境公益诉讼发挥更好的法律作用和社会效果。笔者在总结过去环境公益诉讼办案工作中积累的经验，以及在办案中面临的实际困境的基础上，结合当前中国的国情，准确把握"当好党委、政府的法治助手"的定位，提出未来中国应对环境公益诉讼领域问题应采取改革措施，期待为推动中国环境检察公益诉讼工作的良性发展贡献更多力量，以下是一些不成熟的设想和愿景。

（一）加强制度机制建设，完善办案机制，强化对下指导

首先，对内应当强化实行以市院为主体、基层院为基础的上下一体、区域联动、指挥有力、协调高效的一体化办案机制。根据需要，采取督办、参办、领办等多种办案模式，提高办案质效。对外强化外部协作机制，凝聚公益保护共识，打造社会治理共同体。织牢织密公益诉讼检察制度网，深化与行政执法、司法审判有效衔接，争取社会公众参与和支持。其次，充实检察机关的公益诉讼办案力量，在可能的情况下成立相对独立的办理生态环境公益诉讼内设机构。[①] 在环境司法专门化进一步加强、法院系统加强环境资源审判内设机构建设的情况下，可以考虑在各级检察机关试点成立专门办理环

---

① 林潇潇：《环境检察公益诉讼的制度现状与问题》，《实证法学研究》2021 年第 5 期。

境公益诉讼案件的内设机构，以增强其办案能力，推广办案经验，提高环境检察公益诉讼工作的效率，提升群众对环境问题的关注度，有助于达成广泛的社会共识。最后，应当提升环境资源领域检察人员的办案素养。环境公益诉讼案件的办理涉及的专业知识较多，复合性强，且往往需要鉴定技术的支持。对此，应当通过开展环境专题培训班、典型案件专题讲座等形式对检察官进行系统的教育和培训，提升办案人员专业素养。

（二）做好内外宣传，培养环境保护意识、参与意识

作为公益诉讼检察机关，不仅仅是为了惩罚犯罪，更多的是要秉持着能动履职，更好地维护国家利益和社会公共利益，保障群众的生存环境安全。在办案过程中，更要注重进行多渠道的宣传环境理念，倡导公民积极参、共同维护环境安全。结合南阳特色，打造精品典型，全面展示公益诉讼检察工作成效，提高社会影响力和公众知晓度，营造协同保护公益良好氛围。首先，对外可以通过微信公众号、新闻媒体等媒介宣传公益诉讼职能、办案经验和典型案例，讲好检察院公益诉讼故事。对外可以将社会效果好、有影响力的案件，编写成新闻稿件，并加强与宣传部门沟通协调，向社会刊发。其次，加大环境公益诉讼信息公开力度，对于重大的环境问题，利用网络媒体与传统媒体配合机制，加强对网络舆论的主动性和正面性的引导；对环境犯罪的形式和后果等相关知识进行普及，提高全民对环境污染行为的举报意识。[1] 此外，需要畅通环境公益诉讼线索举报渠道，让群众能够利用合理合法的方法表达诉求，对此可以考虑单独设立公益诉讼举报平台，且对不同领域设置相应的线索登记台账。比如南阳市院办理的"主城区二次供水案"就是收到群众举报反映居民楼存在用水安全问题，市院联合其他相关部门，集中整治，获得群众的大力认可。最后，要创新办案举措，提升社会认可度。对重大、典型的案件，办案和检察建议送达现场邀请人大代表、政协委

---

[1] 刘海鸥、罗珊：《中美环境公益诉讼立法比较研究》，《湘潭大学学报》（哲学社会科学版）2017 年 5 月 15 日。

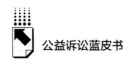

员、行政执法人员、当地群众代表等社会各界参与，公开送达检察建议书，能达到"办理一案、教育一片、治理一方"的办案效果。

（三）"诉前预判"与"诉后跟进"相结合，共促环境难题治理

1. 通过"诉前"，整体预判和把控案件的走向及办理效果

在发现案件线索前期对案件走向、法律效果和社会效果进行预判，准确把握案件最佳介入时间点。牢固树立"诉前实现维护公益目的是最佳司法状态"的理念，定期开展"公益诉讼回头看"活动，跟进监督案件整改情况，督促行政机关积极主动履行法定职责，最大限度地提高行政机关主动纠错积极性，保证整改措施落地见效，防止问题反弹回潮。这就要求检察人员在进行初步调查环境问题案件线索时就要做到"三必须"：检察人员必须亲自到现场进行实地取证，必须亲自与当事人见面核实具体情况，必须亲自走访群众得到反馈意见。我们需要用办理刑事案件的证据标准去规范环境公益诉讼案件的取证工作，用起诉的标准去要求每一个环节的取证工作。要想提前介入制度在环境公益诉讼检察工作中得以运用，检察机关应当加大内部相关部门以及与公安机关的信息共享，建立良性的案情沟通机制。① 在刑事案件立案侦查、审查逮捕阶段，对于可能涉及环境公益诉讼的案件线索，提前与公益诉讼检察部门沟通，符合立案条件的移交线索，进行公益诉讼立案处理。适当引导侦查机关侦查取证时兼顾公益诉讼案件的证据要求，并及时固定和保全相关证据，为后续公益诉讼工作的顺利开展奠定证据基础。坚持并完善"向前看"长效机制，让环境公益诉讼检察能真正地充分发挥维护公共利益的作用。

2. 通过"诉后跟进"提升办案整体质效，保障环境治理效果的常态化

公益诉讼其特殊性就在于案件本身触及的是不特定利益，在时间线上具有持续性、不确定性等特点。落实整改与依法监督同等重要，越是向前进，

---

① 许瑛、李佳乐：《刑事检察与公益诉讼检察衔接机制探索——以生态环境和资源保护领域为视角》，《人民检察》2019 年第 22 期。

越有必要定期"回头看"。针对"回头看"反映出的整改落实不到位、先行整改事后"反弹回潮"、裁判结果执行不到位等问题,要求检察机关有针对性地加大监督力度。可以采取为整改工作划分期限、对整改不到位的责任再调查再追究等方法,必要时还可以与有关行政机关协同履职,切实践行"为民办实事,破解老大难"的总体要求。生态环境与资源保护领域的相关诉讼对专业知识要求高、工作量大,案件办理容易出现纰漏,这提示我们要更进一步完善和落实督办督导机制,消除个别当事人的惰性,跨越治理障碍。

(四)强化源头治理标准,建立预防性环境公益诉讼工作机制

当前环境检察公益诉讼工作的开展主要以事后救济为主,绝大部分案件都是发生在对环境造成实质性损害之后,对环境保护具有滞后性。建立预防性环境公益诉讼工作机制,强化源头治理,牢固树立"诉前实现维护公益目的是最佳司法状态"的理念,灵活运用诉前检察建议、公开听证、公开宣告送达等机制,督促行政机关依法履职,一方面,预防性环境公益诉讼是落实预防为主原则的重要体现,提前介入生态环境保护阶段,能够有效防止生态环境的污染破坏,避免损害的进一步扩大。另一方面,预防性环境公益诉讼也是我国对于环境保护禁止令制度的具体实践。① 这也为检察公益诉讼部门办理环境治理案件拓宽了思路,采用"提前介入"的模式进行环境问题预防,避免危害后果的进一步扩大化。

(五)加强部门协作,拓宽环境公益诉讼案件线索来源渠道

生态环境与资源保护领域案件线索一般涉及领域较广,存在"取证难"的问题,且部分线索位置偏僻,不易发现。为畅通线索来源渠道,公益诉讼部门与刑事部门及其他行政单位之间应当加强协作,建立健全检察机关内部

---

① 乔文心:《充分发挥审判职能作用 促进长江流域绿色发展》,《人民法院报》2021年2月26日,第4版。

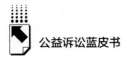

案件线索移送机制，将案件线索信息共享和移送制度化、规范化。可依托互联网大数据平台自动报送案件线索。通过公益诉讼部门与系统内其他部门之间建立线索移送机制，首先由其他检察部门将案件信息录入检察统一业务应用系统，同时将案件是否涉及环境与资源保护这一要素设置为案件录入的必选项，如果其他部门在填报的过程中认为该案属于生态环境与资源保护类案件且涉及公共利益或者国家利益，进行相关线索的移送，公益诉讼检察部门就将自动获取相关线索，再对线索进行甄别能否作为环境公益诉讼进行立案处理，适时进行监督，从而有效地拓宽环境公益诉讼案件线索来源渠道。

B.14
河北省张家口市桥西区
检察公益诉讼报告

高　磊*

摘　要： 公益诉讼工作开展以来，张家口市桥西区人民检察院坚持以习近平新时代中国特色社会主义思想为指导，高标准贯彻落实最高检的部署安排，积极开展公益诉讼专项行动，服务保障冬奥，保卫蓝天碧水净土，助力污染防治攻坚，守护人民群众美好生活，积极稳妥探索新领域案件，当好最高检战略落实落地的先头兵，为公益诉讼发展积累了实务经验。

关键词： 公益诉讼　服务保障冬奥　生态文明　张家口市

一　检察公益诉讼工作开展现状

2021 年，张家口市桥西区人民检察院坚持以习近平新时代中国特色社会主义思想为指导，高标准贯彻落实最高检的部署安排，积极开展公益诉讼专项行动，共办理公益诉讼案件 64 件，其中行政公益诉讼 63 件、刑事附带民事公益诉讼 1 件。发出检察建议 60 件，发出磋商函 3 件，发出公告 1 件。涉及生态环境和资源保护、食品药品安全、国有财产保护、未成年人保护、安全生产、个人信息保护等多个领域，作出了不少亮点工作。其经验做法被《检察日报》、学习强国等多家新闻媒体报道，受到了上级检察院的一致好评。

---

* 高磊，河北省张家口市桥西区检察院检察官助理。

（一）聚焦党和国家中心大局，服务保障冬奥

完善无障碍建设，助力冬奥举办。北京携手张家口申办和举办北京冬奥会、冬残奥会，是以习近平同志为核心的党中央作出的重大战略部署。习近平总书记亲自谋划推动，先后 5 次实地考察筹办情况，多次听取筹办工作汇报，作出了一系列重要指示。张家口市桥西区人民检察院深入贯彻落实习近平总书记重要指示精神，以服务保障冬奥会、冬残奥会为契机，积极开展无障碍设施公益诉讼专项行动。对检查中发现的部分无障碍盲道中断或被占用问题，桥西区检察院督促区住建局进行了整改，后又以个案推动类案，联合区残联、区住建局进行常态化整治，对辖区无障碍设施维护进行全面排查，同时积极向区委和上级检察机关做专题汇报。截至冬奥会开幕前，共新增改设盲道 310 米，改造人行道坡口 33 处，维护护栏 17 处，形成了无障碍设施系统治理，提升了"创造全国无障碍环境示范市"的城市品质，保障了残疾人特殊群体的出行安全，助力了冬奥会和冬残奥会的举办。

开展知识产权保护，维护正版"冰墩墩"。冬奥会吉祥物"冰墩墩"火遍国内外甚至出现一"墩"难求的局面，以致产生了许多盗版商家。桥西区检察院联合区市场监督管理局积极开展了涉奥知识产权保护专项行动，对违规售卖奥运会吉祥物以及印制有奥运吉祥物"冰墩墩""雪容融"形象的侵权物品进行严厉打击。在查处的同时，进行公益诉讼和知识产权普法教育，提高人民法律意识，维护"奥运之城"国际形象，助力冬奥会和冬残奥会的举办。

（二）保卫蓝天碧水净土，助力污染防治攻坚

习近平总书记指出，绿水青山就是金山银山。桥西区检察院坚持以习近平生态文明思想为指导，扎实推动生态文明建设，坚定不移走生态优先、绿色发展之路，加快张家口"首都两区"建设，筑牢绿色生态安全屏障。桥西区检察院积极开展扬尘污染专项治理，联合区城市管理行政执法局对辖区建筑施工工地开展扬尘污染专项监督，针对施工企业随意丢弃建筑垃圾、建

筑渣土未完全覆盖、施工过程中未除湿作业、施工现场出口未安装清洗设备、部分工地渣土运输车未采取密闭措施等可能造成扬尘污染的行为，共发出检察建议 13 份，所涉行为全部完成整改，有效地促进辖区大气环境质量持续好转，守护辖区美丽蓝天。

河清、水畅、岸绿、景美是人民群众对美好生活的向往。清水河——张家口的母亲河发源于崇礼桦皮岭南麓，全长 109 公里，流域总面积 2380 平方公里。它贯穿全市，将城市分为桥东、桥西，在市区南部汇入洋河。洋河汇入永定河，之后汇到海河。这条河流将张家口与北京、天津紧紧联系在一起。桥西区检察院与河长制办公室共同印发《桥西区"河长"+"检察长"协作机制方案》，检察长带领干警多次开展巡河工作，通过调查走访、宣传引导、线索通报、联合巡河等方式，认真摸排污染水体、占用河道、非法捕捞、防洪堤坝毁损等破坏水资源公益诉讼案件线索。为推进水生态环境保护、提升河湖水库管护水平提供强有力的司法保障，桥西区检察院努力践行习近平总书记生态文明思想，让水更清、河更畅、岸更绿、景更美，为全面建成首都水源涵养功能区和生态环境支撑区不断贡献检察力量。

（三）以人民为中心，守护人民群众美好生活

为助推"健康中国"战略，回应人民群众对美好生活新需求，桥西区检察院开展"保障千家万户舌尖上的安全"公益诉讼专项行动，联合区市场监督管理局对辖区农贸市场、超市、学校周边、网络餐饮等进行专项检查，重点检查经营者营业执照、进货记录、食品保质期、标签标识等。全年共出动人员 1100 次，检查商家 320 家，发出诉前检察建议 11 份，所涉行为全部完成整改，切实维护了消费者的合法权益，保障了千家万户舌尖上的安全。

饮用水安全关系人民群众的身体健康，党和国家非常重视人民群众饮用水安全保护工作，更是将这项工作提升到社会稳定和民生工程的高度。桥西区检察院深入开展"我为群众办实事"实践活动，从使用率极高的居民小

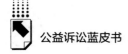

区内直饮水机出发，开展饮用水安全保护专项监督行动，针对个别居民小区饮水机距离公共厕所和垃圾堆放处理场所等有毒有害物质污染源较近，部分饮水机无水质监测、清洗消毒、维护记录等问题，督促行政执法机关严格执法，提升居民饮用水安全监督管理能力和水平，切实保障人民群众生命健康安全。

保障性住房政策是党和国家为解决困难群众"住房难"问题推出的一项重大惠民政策，体现了党心系困难群众、情寄民生问题的为民情怀。桥西区检察院针对贫困人口保障性住房监督管理中存在的诸多问题，如不再符合保障标准的人仍长期实际占用保障性住房甚至转租、出借，导致保障性住房流转停滞，国有资产被非法占用等情况，开展了专项监督行动。督促行政机关依法履行监管职责，堵塞管理漏洞，加强动态管理，已成功清退不符合条件的保障性住房20户，为国家挽回经济损失，有力地保护了国有资产，解决了民生领域的突出问题。

（四）积极稳妥探索新领域案件

1. 安全生产领域

新的《安全生产法》自2021年9月1日修订实施。桥西区检察院根据最高检积极稳妥探索新领域案件部署要求，充分发挥公益诉讼在助力安全生产方面的职能作用，开展了安全生产领域公益诉讼专项监督活动。

①电动车整治。近些年来电动车在楼道或电梯内自燃引发火灾致人伤亡的事件在全国各地时有发生，引发社会各界的关注和讨论。桥西区检察院联合区消防救援大队对辖区住宅小区开展了消防安全监督检查，对检查中发现的电动车进楼入户、人车同屋、飞线充电等现象，积极与区消防大队磋商，建议其积极履行消防安全检查职责，同时敦促物业服务企业完善相应的服务。通过联查，共清理占用疏散通道、安全出口的电动自行车800余辆，对20余家违规停放充电单位和50余人进行口头教育警告，并积极开展专项消防知识宣传，共发放宣传资料3000余份，敦促物业服务企业及时制作并悬挂警示牌，引导有条件的小区建立电动自行车集中固定存放点并设置充电

桩，全力守护人民群众生命财产安全。

②窨井盖整治。窨井盖虽小，但关系到人民群众"脚底下的安全"。近年来，窨井盖破损、被盗、坠人事件频发，为贯彻落实最高检"四号检察建议"精神，推动窨井盖综合治理，解决人民群众身边的烦心事、揪心事，桥西区检察院积极履行检察监督职能，对辖区内主要干道及居民区的窨井盖开展安全排查工作，切实保障人民群众"脚底下的安全"。通过对窨井展开的专项实地走访摸排，了解到辖区街道窨井盖整体情况较好，但仍有个别窨井盖存在破损、松动、错位的迹象，存在不同程度的安全隐患。针对这些问题，桥西区检察院与区住建局取得了联系，沟通情况，建议整改。收到建议后，区住建局非常重视，积极谋划，制订了切实有效的整改方案。市政部门自行研发一款新型五防可提升文化井盖，不仅具备防盗、防异响跳动、防坠落、防位移、防沉降五大功能，还绘有张家口市标志建筑大境门及市花大丽花图案，体现当地文化特色，目前已在辖区部分主干道试用，效果良好，下一步将在全区逐步推广使用。为确保"四号检察建议"精神落地见效，桥西区检察院不仅积极"走出去"，现场调研排查隐患，还主动"请进来"，组织召开专题联席会，积极提出合理化建议，促进相关部门更好地履职尽责，形成了责任明晰、运行有效的窨井盖问题治理体系。

③隧道消防整治。城市隧道是一座城市的咽喉，是重要的交通枢纽。桥西区检察院积极开展公路隧道交通安全公益诉讼专项行动，发现位于桥西区快速路北环线上的西太平山隧道未配备消防器材。桥西区检察院通过走访区消防大队、区住建局，厘清了行政机关主体责任，向区住建局送达了检察建议，建议其及时配备消防器材，并对隧道消防设施进行检查，消除安全隐患。区住建局收到检察建议后，立刻进行整改。目前，区住建局共对太平山隧道全程 30 个消防点配备了 60 个手提式消防灭火器，对消防设施进行了全面系统排查，自行整改了多处，并及时向检察机关进行了书面回复，表示今后将加强对消防设施的维护管理。桥西区检察院对隧道消防设施组织了"回头看"。通过办理该案，桥西区检察院充分发挥了检察机关公益诉讼监

督职能，坚持双赢多赢共赢和精准监督的理念，督促治理了一条城市重要隧道的消防安全隐患，有效维护了人民群众生命财产安全，保护了国家利益和社会公共利益。

2. 个人信息领域

近年来，因个人信息泄露引发的骚扰电话、精准诈骗，给老百姓生活造成了极大困扰。《个人信息保护法》于 2021 年 11 月 1 日起施行，明确将个人信息保护纳入检察公益诉讼法定领域。桥西区检察院积极开展个人信息保护公益诉讼专项行动，发现区住建局在区政府"政府信息公开"栏目公示了 2021 年申请公租房人员名单，公示内容中含有申请人及其家庭成员姓名和未经去标识化处理的身份证号、手机号码、家庭情况等个人信息，涉及低保户 50 人、低收入 14 人、中等偏下收入 26 人、特殊家庭（含残疾、失独、大病）6 人，共计 96 人，公民个人信息安全堪忧。桥西区检察院向区住建局发送检察建议，建议其加强对政府信息公开内容的审查，及时撤回或采取去标识化处理泄露公民个人信息内容的政府信息。收到检察建议后，区住建局及时将公示信息从政府网站撤回。办案过程中，桥西区检察院以个案推动类案，又发现区医疗保障局存在同样问题，于是向区医疗保障局发送检察建议，该局积极履职。桥西区检察院还与区网络安全和信息化委员会办公室进行磋商，在各自职责范围加强内对辖区网络个人信息安全保护的监督管理，形成个人信息保护监督合力，努力实现双赢多赢共赢。

3. 文化遗产和文物保护领域

大境门段长城是张家口的标志性古建筑，距今已有 600 余年的历史，与嘉峪关、山海关、居庸关并称为万里长城四大雄关，被誉为"万里长城第一门"，是张家口的名片。桥西区检察院积极开展长城保护公益诉讼专项活动，针对检查中发现的长城墙体出现不同程度的裂缝、返潮、鼓包、砖块松动，还有部分野长城被人为毁损的问题，向区文化广电与旅游局发送检察建议，建议其积极履行长城维护职责。收到检察建议后，区文化广电与旅游局对大境门段长城进行了一次全面的专业检测，并根据检测结果制定了修复和保护措施，现已完成修复。通过办理该案，凝聚了检察公益诉讼、文化执法和社会群众多方力量，在社会形成保护长城的共识，推动凝聚保护长城合力，齐心协力守住文化根脉，守住民族之魂。

二 检察公益诉讼工作开展中取得的经验和不足

（一）采取的主要做法

一是牢固树立大局意识。习近平总书记强调："必须牢固树立高度自觉的大局意识，自觉从大局看问题，把工作放到大局中去思考、定位、摆布，做到正确认识大局、自觉服从大局、坚决维护大局。"桥西区检察院坚持高度自觉的大局意识，自觉将检察工作放到大局中去，围绕习近平同志为核心的党中央作出的重大战略部署，发现公益诉讼线索，办理了一批高质量案件，充分发挥了公益诉讼检察监督职能，有效地维护了国家利益和社会公共利益。

二是践行双赢多赢共赢理念。习近平总书记强调，要双赢、多赢、共赢而不要单赢。与时代同行，作为参与国家治理的一分子，最高检党组贯彻落实新发展理念，提出了"双赢多赢共赢"的法律监督理念，强调监督不是你错我对的零和博弈，监督机关与被监督机关责任是共同的，目标是一致的，赢则共赢，损则同损。桥西区检察院践行双赢多赢共赢理念，积极与行政机关沟通协作，成立驻行政机关检察官联络室，聘任行政机关工作人员兼任检察官助理，制定长效机制，采取联合检查、"圆桌会议"等方式，形成工作合力，努力实现双赢多赢共赢的社会效果。

三是注重时效性。新的《安全生产法》自2021年9月1日起实施，新的《个人信息保护法》自2021年11月1日起施行，桥西区检察院在新法实施后，第一时间寻找相关线索并及时办理，充分发挥公益诉讼监督职能，当好最高检战略落实落地的"先头兵"，为公益诉讼发展积累宝贵经验。除此之外，桥西区检察院还在服务保障奥运期间注重时效性，积极办理涉奥案

件。时刻关注新闻媒体，一旦发现公益诉讼案件线索，及时办理。

四是加强宣传教育。宣传是不断提升政策知晓率的有效手段。桥西区检察院在办理案件的同时，还注重加强公益诉讼检察工作的宣传。桥西区检察院公益诉讼工作信息经常被省、市院微信公众号和《检察日报》、《河北法制报》等多家新闻媒体刊发报道，有效地提升了公益诉讼检察工作的知名度，同时也给人民群众进行了普法教育。

（二）存在的问题与不足

1.线索发现难

对于基层检察机关来说，线索发现难的问题依然存在。虽然检察机关不断加强线索发现机制建设和加大投入，打造智慧检务、开通 12309 检察服务中心、在微信公众号下增设公益诉讼随手拍等，但线索发现情况还是很不理想。一方面平台虽然推送了大量的数据，可有价值的数据信息很少，在海量信息里面快速过滤掉无用信息、抓取有价值的案件线索的能力有待进一步提升；另一方面由于缺乏有效的宣传，人民群众对于公益诉讼工作还不熟悉，不能很好地利用 12309 检察服务中心和公益诉讼随手拍及时向检察机关提供案件线索。

2.调查核实权刚性不足

虽然《人民检察院公益诉讼办案规则》明确赋予了检察机关调查收集证据材料的权力，可以使用查阅、调取、复制、询问、鉴定等调查方式，但由于缺乏强制性保障，检察机关调查核实权刚性不足。对于拒不配合检察机关调查的行政机关、公民和其他组织，检察机关基本上束手无策。实践中一些行政机关、公民和其他组织拒不配备调查取证的问题时有发生，且检察人员在调查核实过程中还可能面临人身危险，公益诉讼案件办理受到一定制约。

3.与行政执法机关联系协调不够

近年来，检察机关在开展公益诉讼检察工作中坚持双赢多赢共赢理念，积极与行政执法机关沟通协调，得到了一些行政机关积极配合和有力支持。

但由于公益诉讼还处于发展阶段，仍有一部分行政执法机关对检察机关公益诉讼工作不是很了解，以为检察机关公益诉讼工作就是找行政执法机关的麻烦，以至于一些行政执法机关对检察机关心存戒备，甚至抵触，不愿配合，影响了公益诉讼案件办理效果。

4. 队伍建设和人员素能亟待提高

虽然基层院按照上级院的要求专门成立公益诉讼办案机构，但由于基层院人员编制少，人员结构配备不合理，公益诉讼工作的深入开展受到一定限制。再加上公益诉讼所涉及的部门法律法规庞杂，随着公益诉讼新领域的不断拓展，办案人员需要学习和掌握的法律越来越多，公益诉讼检察干警的办案思维有待转变，知识储备有待提高。

三　改革建议

（一）完善发现线索机制

继续加大线索发现机制建设和投入，拓宽检察公益诉讼案源渠道。充分利用互联网大数据平台建设，积极争取检察技术部门的有力支持，依托智慧检务建设目标，优化数据信息过滤和推送机制，进一步提升有价值的案件线索抓取的能力。持续优化 12309 检察服务中心，逐渐完善公益诉讼随手拍等案件线索反映渠道，加大公益诉讼检察工作和线索反映渠道在人民群众中的宣传力度，用鲜活案例讲好法治故事，扩大公众对公益诉讼检察的知晓度、参与度，鼓励人民群众向检察机关反映公益诉讼案件线索。

（二）提升调查核实权刚性

加强顶层设计，完善相关立法，对检察机关调查核实权予以强制性保障。完善检察机关内部一体化办案和外部协作配合机制，统筹提升调查核实权的权威性、刚性和效果。对于阻碍和不配合检察机关调查取证的违法行为的法律责任予以明确。

（三）加强与行政机关沟通协调

检察机关在开展公益诉讼工作中，虽然与行政机关是监督与被监督的关系，但公益诉讼检察的本质是助力依法行政，共同维护人民根本利益，这与行政执法的最终目标具有高度的一致性。要坚决贯彻最高检提出的双赢多赢共赢理念，积极主动加强与行政机关的沟通协调，与生态环境、自然资源、医疗卫生、市场监管、工信、公安、农业、林业、水利等部门实现信息共享、线索移送。在沟通协作中宣传公益诉讼检察工作，争取行政机关的态度转变，共同维护国家利益和社会公共利益。

（四）加强队伍建设，提高人员素能

加强基层公益诉讼机构建设和人员配备，充实一线办案力量，适当提高基层检察机关公益诉讼干警入额比例，加强公益诉讼专业化办案团队建设，注重专业化人才培养，发挥骨干人才的中坚带动作用，加强队伍建设。经常性举办专题培训班、"检答网"答疑、发布典型案例，转变公益诉讼检察干警的办案思维，提高干警的知识储备。

专 题 篇
Special Reports

B.15
检察环境行政公益诉讼发展报告

梁增然　张玉洁*

摘　要： 检察环境行政公益诉讼作为重要的司法救济手段，对维护国家与社会的环境公共利益至关重要。检察机关作为起诉主体的环境行政公益诉讼制度，是我国环境治理体制改革的一项重大举措。检察环境行政公益诉讼在环境保护工作中起到了很大的推动作用，但是当前仍然存在起诉主体单一、检察建议威慑力低、法院裁判不自洽、受案范围狭窄、法院裁判标准不统一等问题，需要通过拓展起诉主体范围、合理优化诉前程序、规范法院判决方式、进一步拓展受案范围、统一认定行政机关全面依法履职的标准措施予以解决，从而使环境行政公益诉讼更好地发挥其应有的功能和作用。

关键词： 环境行政公益诉讼　检察机关　环保案件

---

* 梁增然，郑州大学法学院讲师，硕士生导师，法学博士；张玉洁，郑州大学法学院硕士生。

行政机关作为生态环境治理的首要责任人，在实际工作中违法行使职权与不作为的现象时有发生。检察环境行政公益诉讼就是由检察机关督促行政机关依法全面履行环境监管职责，强化审判权对行政机关的违法环境行政管理行为的制约作用，拓宽环境公共利益保护渠道。检察机关对行政机关提起环境行政公益诉讼这一制度，根植于中国社会经济发展与环境保护治理的深厚土壤，对缓解中国严峻的生态环境问题发挥着不可替代的作用，极具中国发展的特色。检察环境行政公益诉讼自2015年试点并于2017年在全国范围内推行以来，取得了丰硕的成果。但是，检察环境行政公益诉讼在实践中也暴露出一些弊端，亟待进一步的改革。

一　检察环境行政公益诉讼立法概况

中央与地方积极颁行与修改了相关法律和政策，检察环境行政公益诉讼制度日益完善。以"公益诉讼""行政公益诉讼"等关键词在"北大法宝"司法案例数据库及相关部门官方网站进行检索，中央相关法律法规与政策如表1所示。

表1　中央相关法律与政策

发布日期	名称	发布部门	发文字号	效力级别
2014.4.24	《环境保护法》(修订)	全国人大常委会	中华人民共和国主席令第9号	法律
2014.10.23	《中共中央关于全面推进依法治国若干重大问题的决定》	十八届四中全会	中国共产党第十八届中央委员会第四次全体会议通过	政策
2015.7.2	《检察机关提起公益诉讼试点改革方案》	最高人民检察院		司法解释
2015.12.24	《人民检察院提起公益诉讼试点工作实施办法》(失效)	最高人民检察院	高检发释字〔2015〕6号	司法解释
2016.2.25	《人民法院审理人民检察院提起公益诉讼案件试点工作实施办法》	最高人民法院	法发〔2016〕6号	司法解释

发布日期	名称	发布部门	发文字号	效力级别
2017.6.27	《行政诉讼法》(修正)	全国人大常委会	中华人民共和国主席令第71号	法律
2018.3.2	《关于检察公益诉讼案件适用法律若干问题的解释》	最高人民法院最高人民检察院	法释〔2018〕6号	司法解释
2018.3.12	《检察机关行政公益诉讼案件办案指南(试行)》	最高人民检察院	高检民〔2018〕9号	司法解释
2020.12.29	《关于检察公益诉讼案件适用法律若干问题的解释》(2020修正)	最高人民法院最高人民检察院	法释〔2020〕20号	司法解释
2021.06.29	《人民检察院公益诉讼办案规则》	最高人民检察院	高检发释字〔2021〕2号	司法解释

（一）检察环境行政公益诉讼相关法律与政策

1. 发布时间

从检察环境行政公益诉讼相关法律法规与政策发布的时间来看，主要集中于2014~2021年，始于2014年《环境保护法》的修改，其后几年发布数量维持在每年1~2部的频率。相关法律与政策不断更新颁行，为检察环境行政公益诉讼实践发展开拓了新的道路。

2. 发布部门

在颁布检察环境行政公益诉讼相关法律法规与政策的部门方面，最高人民检察院的作用极为突出，发布的相关法律与政策方面有一半以上是由其制定或参与的。此外，全国人大常委会的立法与中央发布的政策也对环境保护公益诉讼的发展起到了很大的促进作用。

3. 效力级别

从检察环境行政公益诉讼相关法律与政策的效力级别来看，主要有法

律、司法解释类的文件以及中央政策性文件，其中主要是司法解释类的文件。其中，在实践中，中央出台的政策性文件主要起到了"价值导向"的功能，为检察机关的环境行政公益诉讼提供了一个顶层设计，但往往不能直接适用。《关于检察公益诉讼案件适用法律若干问题的解释》这一司法解释于 2018 年 3 月发布，是当前诉讼实践中被广泛引用的司法裁判依据。除此之外，其他的司法解释类文件仅发挥指导性的作用。在法律方面，由于《行政诉讼法》在生态环境方面有直接的立法规定，并且效力级别最高，因此被司法实践广泛引用。

（二）相关地方性法规

1. 分布及数量

从地方性法规的发布部门来看，全国共有 18 个省级行政区发布了公益诉讼法规，占省级行政区的一半以上，公益诉讼在全国范围内得到了广泛重视，同时也为环境行政公益诉讼在全国范围内普及与推广提供了较为完备的法律保障。从数量上来看，除广东省发布 4 部公益诉讼地方性法规外，其余省级行政区发布的公益诉讼地方性法规均为 1 部。

2. 发布时间

地方性法规发布的时间集中于 2019～2021 年，其中 2020 年数量最多，共有 14 部。从公益诉讼地方性法规发布的趋势来看，预测将来会有更多的地方性法规发布，总体数量应当呈上升趋势。环境行政公益诉讼制度逐步得到各级单位的重视，在全国范围内不断推行与演进，其发展前景也将更加光明。

总体而言，当前中国检察环境行政公益诉讼制度的立法方面取得了一定的成效，但是仍然需要不断地根据实践进行总结与完善。检察环境行政公益诉讼正在全国范围内大力推进，为回应司法实践的现实需求，亟须更加详细的法律规范予以保障与支撑。

二 检察环境行政公益诉讼的司法实践

我国环境行政公益诉讼实践最早可追溯到 21 世纪初，经历了先行先试、试点推广、立法确认等几个主要阶段，并最终确立了由检察机关提起环境行政公益诉讼的制度，充分发挥了检察机关作为法律监督者的职能。检察环境行政公益诉讼制度通过诉讼手段对行政机关依法全面履职情况进行监督与督促，在生态环境与自然资源的保护方面发挥了独特的作用。

（一）检察环境行政公益诉讼的司法实践概况

1. 案件数量及趋势

裁判文书是司法实践的重要载体，以裁判文书网、北大法宝司法案例数据库为主要渠道检索，以"生态环境""行政公益诉讼"作为关键词，剔除无关案例，可以检索到检察环境行政公益诉讼案例数如下：2016 年 11 件，2017 年 293 件，2018 年 118 件，2019 年 103 件，2020 年 73 件，2021 年有 39 件。检察环境行政公益诉讼制度试点自推行以来，得到了全国各地热烈的响应，充分说明该项制度迎合了当前我国环境保护工作的现实需求。

2. 审判层级

根据 2021 年检察环境行政公益诉讼公布的裁判文书，从审判案件的法院层级来看，主要是基层人民法院与中级人民法院。其中，有 37 件案件由基层法院审判，占全部案件数量的 95%，仅有 2 件案件由中级人民法院审判，占全部案件数量的 5%。由此可见，基层法院审判的案件数量所占比重较大。从案件审判程序来看，中级人民法院审判的案件中有 1 件二审案件，其余全部是一审案件，可见检察环境行政公益诉讼主要是一审案件，二审案件则较为罕见。

3. 裁判文书的类型

从裁判文书的类型来看，有 17 件案件是由裁定的方式结案，占全部案件的 44%；有 22 件案件是由判决方式结案，占全部案件的 56%。其中以裁

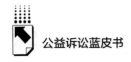

定方式结案的案件中，仅有 1 件是法院依职权裁定终结诉讼程序，其余均为检察院主动申请案件终结诉讼，法院认为公益诉讼目的已经实现，予以准许。可见在诉讼过程中，行政机关在面临行为违法或不作为的指控时，大部分都能积极主动地改正违法行为，而至于改正行为的效果如何，则需要司法机关的鉴定与裁量。

4. 受案范围

从 2021 年检察环境行政公益诉讼的受案范围来看，主要集中于以下几个领域：垃圾倾倒、堆放、焚烧，违建垃圾场 6 件；排放不合格废水、非法取水 16 件；排放空气污染物 2 件；违法开矿、采石行为 3 件；违法建设行为 5 件；破坏林地 4 件；以及其他领域 3 件。通过概括与总结，案件类型较为固定，且种类有限。

5. 诉讼请求

从检察机关的诉求来看，主要有"判令行政机关继续依法全面履职""确认行政机关行为违法""判令行政机关继续依法全面履职及确认行政机关行为违法"复合请求这三种类型。除去司法文书中未提及诉讼请求的案件 1 件，单独请求判令继续履职的案件有 25 件，单独请求判令确认行为违法的案件有 4 件，同时请求判令继续履职和确认行为违法的案件有 7 件。上述统计包括检察机关在审理过程中请求变更诉讼请求的情形。另有 2 件诉讼请求不清晰。①

6. 审判结果

从案件审判结果来看，裁定终结的案件有 18 件；在以判决方式结案的案件中，检察机关胜诉的案件有 20 件，行政机关胜诉的案件仅有 1 件。可见在实践中，检察机关的胜诉率很高，这是否与现实情形相符有待进一步考量。

（二）检察环境行政公益诉讼的司法实践特点

1. 环境行政公益诉讼起诉主体的唯一性

我国行政公益诉讼制度自始确立了检察机关为唯一的起诉主体。作为法

---

① 裁判文书仅说明了检察机关撤回起诉的概况，未载明诉讼请求等具体内容。

律监督机构，检察机关在促进行政机关依法行使环境职能方面起着举足轻重的作用，有利于维护国家和社会的环境公共利益。从 2021 年检察环境行政公益诉讼审判结果来看，检察机关的胜诉率极高，同时在审判过程中，行政机关迫于诉讼的巨大压力，往往会积极对违法行为进行整改，当环境行政违法行为得到有效矫正、环境公益得到保障时，检察机关也会根据现实情况申请撤回起诉，法院裁定终结诉讼，这也是以裁定方式结案比重如此之高的原因。

通过司法实践来看，检察机关作为起诉主体的效果良好，充分发挥了自身的职能。但是不可忽视的是，随着环境行政公益诉讼逐渐趋于流行与成熟，"一元制"的起诉主体也暴露出一些弊端，甚至会阻碍诉讼的发展，因此探索多元化的起诉主体是必要的。

2. 检察环境行政公益诉讼的受案范围不断扩展

从 2021 年检察环境行政公益诉讼案件来看，受案范围涉及领域十分广泛，不仅有对环境造成污染的活动，并且涉及对自然资源的节约与维护；不仅关注人类日常生活领域，而且聚焦于重大的生产建设活动。例如，在某县人民检察院诉县环境保护局未依法全面履行法定环境监管职责一案[①]中，检察院就是通过对引绰济辽工程的关注，发现了当地环保局未采取有效措施，遂督促中铁四局引绰济辽工程项目部严格按照环境影响报告书要求排放施工污水，并及时修复受到污染的水及土壤等生态环境，及时对环境公共利益进行了救济。

行政诉讼法明确界定了环境行政公益诉讼被诉的两种行为类型，即行政机关违法行使职权与行政不作为。在当前实践中，则主要围绕垃圾倾倒、堆放、焚烧、违建垃圾场，排放不合格废水、非法取水，违法开矿、采石，违法建设，破坏林地等具体领域提起诉讼。我国检察机关在环境行政公益诉讼中，因行政机关侵害环境公益的潜在违法行为表现类型众多，尚有较大的可诉空间。

---

① 内蒙古自治区突泉县人民法院（2020）内 2224 行初 11 号行政裁定书。

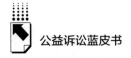

3.案件诉讼请求趋同

检察机关的诉讼请求的内容具有很强的相似性，大致可总结归纳为三种类型。第一，请求确认行政机关行为违法。例如在湖北省公安县人民检察院诉湖北洪湖国家级自然保护区管理局未依法履行监督管理法定职责违法一案[①]中，诉讼请求为"确认被告未对云雾公司的上述违法行为履行监督管理法定职责违法"。第二，请求判令行政机关全面、继续履行职责。例如在抚顺市新抚区人民检察院诉抚顺市生态环境局履行法定职责案[②]中，检察院的诉讼请求为"请求判令被告依法有效履行职责"。第三，请求确认行政机关行为违法的同时，请求判令行政机关全面、继续履行职责。例如在六盘水市钟山区人民检察院诉六盘水市钟山区木果镇人民政府不履行环境资源管理职责案[③]中，诉讼请求一是确认木果镇人民政府垃圾集中堆放的行为违法，二是责令木果镇人民政府依法履行垃圾管理职责、消除环境污染。

4.争议焦点主要为行政机关是否全面、依法履行职责

生态环境行政公益诉讼作为司法救济手段，对维护国家与社会的环境公共利益至关重要。在当前生态环境行政公益诉讼实践中，行政主体违法作为与完全不作为的案件较少，绝大多数的案件都是由行政机关不依法全面履职而引起诉讼的。生态环境行政公益诉讼中的争议焦点常常集中在行政机关是否依法、全面地履行环境保护职责上。检察机关常常认为行政机关未达到履职要求。

行政主体依法全面履职的标准该如何界定，现有法律法规、司法解释等法律文件并未予以明确。明确行政机关的工作标准，提高工作效能，增强检察机关的监督效能，防止检察机关权力滥用，提升法院审判效率以及节约司法资源，更好地维护国家与社会的公共利益，都需要对认定"全面履职"的标准进行统一。因此，明确行政机关履职标准对推动此类诉讼的发展至关重要。

---

① 湖北省公安县人民法院（2020）鄂1022行初22号行政判决书。
② 辽宁省抚顺市新抚区人民法院（2021）辽0402行初33号行政判决书。
③ 贵州省六盘水市钟山区人民法院（2021）黔0221行初40号行政判决书。

5.生态保护的目的得以凸显

例如在乌审旗人民检察院诉被告乌审旗林业和草原局未全面依法履行监管职责一案①中，其中一项诉讼请求就是判令乌审旗林业和草原局实际有效督促曹某承担生态恢复责任，恢复区域内的植被。而在法院判决中，也明确要求被告乌审旗林业和草原局继续依法全面履行监管职责，监管被告曹某毁坏的林地治理及地表植被恢复，直到恢复的植被符合有关验收条件，保证森林资源和生态环境的健康、可持续发展。该案件充分体现对生态修复价值取向的关注。

当前生态修复被提及甚广，这与生态修复本身的优益性是分不开的。若想实现生态与经济的可持续发展，生态修复是必需的。在检察环境公益诉讼中充分贯彻生态修复的理念，能够引领众多环境主体参与到生态恢复之中，真正做到功在当代、利在千秋。

三　检察环境行政公益诉讼中的困难与挑战

（一）起诉主体单一，难以满足现实需求

在现有制度设计中，检察机关是环境行政公益诉讼的唯一起诉主体。起诉主体的主要作用就是发现实践中破坏环境行政公益诉讼的线索，进而对破坏环境公益的行为进行司法审查。当前检察机关的线索主要来源于在履行职责中发现的问题，行政执法、刑事司法衔接案件和行政检察衔接案件也成为重要来源。但是检察机关因自身的职权限制以及履职限制，所能发现的诉讼线索是非常局限的，仅靠检察机关在职权范围内发现问题，会忽略检察机关职权范围之外的环境保护漏洞，导致环境公共利益得不到全面保护。通过统计，近几年检察环境行政公益诉讼案件的数量有逐渐下降的趋势，特别是2021年案件量明显下降，可见仅靠检察机关的力量推动制度的发展可能有

---

① 内蒙古自治区乌审旗人民法院（2020）内 0626 行初 1 号行政公益诉讼附带民事判决书。

局限性。

随着社会公众环境保护意识的提高以及专业化环保组织专业技能的精进，他们在实践中常常表露出参与环境行政公益诉讼的强烈愿望，这一需求不能被忽视。我国现行有关法律规定，公民有权对环境侵权行为进行监督和举报，但公民个人尚未具备原告的资格，在环境行政公益诉讼中的作用有限，仅能通过配合检察机关提供证据、旁听庭审等方式参与其中。原因在于我国法律认为行政诉讼属于主观诉讼，公民仅能在涉及自身利益的情形下才能提起诉讼。而公益诉讼中的公共利益涉及不特定多数人的利益，虽然其中也包含个人利益，但仅仅是反射利益，个人对此种利益没有诉权，由此否定了公民的起诉主体资格。在社会组织层面，中国立法对环境公益诉讼提起主体的规制采用"环境基本法+诉讼法"模式。① 其中，《环境保护法》明确了社会组织可以参与环境公益诉讼，《民事诉讼法》则明确了在环境民事公益诉讼方面可以由相关组织提起诉讼，然而我国《行政诉讼法》并没有赋予社会团体提起环境行政公益诉讼的权利。环保团体不能直接介入环境行政公益诉讼，难以发挥其资源优势，这打击了其参与环保事业的积极性，限制了环境行政公益诉讼的受案范围。

（二）检察建议威慑力低，难以充分发挥效应

根据法律规定，在诉前程序阶段，行政机关若存在"违法行使职权或者不作为"，检察机关需要先提出检察建议。诉前程序是环境行政公益诉讼的必经诉讼阶段。在提出诉前检察建议后，如果行政机关不能依法行使职权那么，检察机关将会启动行政公益诉讼。"双阶构造"是中国行政公益诉讼的一种"谦抑"与"效率"，这是一种有利于维护公众利益、减少讼累的制度。② 检察建议前置这一制度设计，有利于行政机关实现充分的自我纠错，同时也避免了司法资源的不必要浪费。

---

① 丁国民、贾丹丹：《环境行政公益诉讼提起主体之拓展》，《东南学术》2021 年第 6 期。
② 张旭勇：《行政公益诉讼中"不依法履行职责"的认定》，《浙江社会科学》2020 年第 1 期。

　　实践中，检察建议制度存在一些局限。大部分行政机关在收到检察建议后会对环境履职行为进行整改，及时回复检察建议，但也不乏一些行政机关在收到检察建议后置若罔闻，不积极纠正自身违法行为，继而触发了诉讼程序。究其原因，就在于诉前程序的独立价值未能发挥与彰显。诉前提起检察建议，应当作为一种与诉讼并举的独立程序①，发挥其独特的制度作用。例如，在2021年某县人民检察院诉县环境保护局不履行法定职责纠纷一案②中，检察建议要求环保局对第三人排放污水、污染土壤等破坏环境行为履行监管职责，但检察建议发出后被告未在法定期限内回复，并且不能依法行使监管职能，导致公众的利益受到持续损害。诉前程序未能充分发挥作用，在发出检察建议后缺乏对行政机关的约束与督促，导致诉前程序被虚置，引发了后续的诉讼程序。因此，要充分发挥好诉前程序的独立制度价值，需要增强检察建议的后续监督，对监督行政机关纠正违法环境行政行为发挥积极的推动作用。

（三）法院裁判不自洽，存在冲突与分歧

　　通过对2021年环境行政公益诉讼判决的内容进行分析，法院支持"判令行政机关继续依法全面履职"或者"确认行政机关行为违法"这两个单独的诉讼请求不存在问题与冲突，但是有法院同时判令"判令行政机关继续依法全面履职及确认行政机关行为违法"这一复合请求存在内在的冲突与分歧。

　　如在某地人民检察院诉自然资源局未履行监管职责案③中，检察院请求判令：（1）确认自然资源局对宝力根苏木界内非法采石行为未依法履行监管职责的行为违法；（2）判令自然资源局依法继续履行监管职责，对已经破坏的草原生态环境进行恢复治理。法院支持了检察院的"确认行政机关行为违法及判令行政机关继续依法全面履职"的复合诉讼请求。

---

① 刘超：《环境行政公益诉讼诉前程序省思》，《法学》2018年第1期。
② 内蒙古自治区突泉县人民法院（2020）内2224行初11号行政裁定书。
③ 内蒙古自治区锡林浩特市人民法院（2020）内2502行初65号行政判决书。

事实上，法院判决行政机关继续履行环境职责时，就已经暗含了对行政机关履职行为的否定评价，若再确认行为违法恐有重复之嫌。首先，根据确认之诉本身的特点，其本身就是一种补充性的诉讼类型，当其他诉讼类型不能适应案件的具体情形时，一般才会提起确认之诉。其次，根据《行政诉讼法》的规定，不需要判决继续履行行政行为的，人民法院判决确认违法；判决行政机关继续履行职责后，就无须再判决确认违法。最后，确认违法主要是针对行政机关的违法作为类的行政行为，若行政行为违法则行为当然不应当继续履行，而针对行政机关不作为的情形，法院判决行政机关继续履行。

（四）受案范围狭窄，案件类型局限

2021 年检察环境行政公益诉讼案件主要集中于垃圾倾倒、堆放、焚烧、违建垃圾场，排放不合格废水、非法取水，排放空气污染物，违法开矿、采石行为，违法建设行为，破坏林地等领域，放眼于中国当前环境公共利益受损的现状，仅仅关注这些领域过于狭隘，对环境公共利益的保护有限。案件类型单一会导致检察机关眼界局限，难以对实践中的迫切问题作出回应。例如，野生动物的保护逐渐进入大众的视野，引起了社会各界的广泛关注。迫于现实问题的压力，立法机关也不得不对《野生动物法》启动修订。但是作为保护社会环境公共利益的行政公益诉讼制度，却鲜将视线转移至此，检察机关也没有在此范围内进行进一步探索。

同时，现实中尚未凸显的但是违法行政行为造成的间接的环境损害，尚没有被纳入受案范围。实践中违法环境行政行为对环境造成的间接损害不同于直接损害，往往被忽视，隐藏着更大的风险。针对尚未发生实际损害结果的环境风险，若能够未雨绸缪，对其进行规制，能够避免不可挽回的破坏后果。因此，预防性环境行政公益诉讼制度可能是必要的。

（五）法院裁判标准不统一，行政机关是否依法履职难认定

在当前的实践中，行政机关违法行使职权或者完全拒绝职权的情形少之

又少，而行政机关是否"全面履职"往往成为诉讼中的争议焦点。当前司法实践中判断行政机关是否全面履职的标准主要包括两种。一是"行为标准"。"行为标准"指只考虑行政机关的履职行为，而不考虑行为所产生的结果①。二是"结果标准"。"结果标准"指既要考察行政机关是否完全行使其法定权力，又要确定行使权力后的现实效果，也就是国家和社会公众利益受到损害的状况能否得以消除。"行为标准"与"结果标准"主要的分歧在于，"行为标准"认为"结果标准"对行政机关的要求过于严苛。原因在于，行政机关受职权法定和基于生态环境与自然资源特殊条件的限制而往往无法"达标"。另外，与"结果标准"相比，行为标准判断行政机关的履职行为是否合法的标准主要是审查行政机关是否穷尽了所有的行政手段，其客观性和便捷性更强。而"结果标准"则认为，"行为标准"仅关注行政机关是否作为，忽略了最终要实现公共利益得到维护的效果，诉讼的目的会落空。"结果标准"认为解除社会环境公共利益受侵害的状态是环境行政公益诉讼制度的出发点和落脚点。

在当前行政机关全面依法履职的判断标准尚未统一的情况下，实践中不同法院采用的标准也并不统一。若不对裁判标准进行统一，往往会导致"同案不同判"的法律后果，会对司法的稳定性与公信力会产生不良影响。

分析2021年的检察环境行政公益诉讼案件可以发现，有法院采取"行为标准"。例如在苍溪县人民检察院诉苍溪县自然资源局未依法履行土地复垦和矿山地质环境保护监督管理职责一案②中，法院充分认可与肯定了自然资源局在接到起诉人的检察建议后一直积极地采取的复垦复绿措施，并且对新梁砖厂所损毁的土地和矿山资源已代履行基本复垦复绿到位；对违法使用土地的砖厂立案进行查处；最终认可了行政机关积极履职的行为，没有判决其履职行为

① 刘学涛、潘昆仑：《行政公益诉讼中诉前程序职责履行的认定标准》，《中共山西省委党校学报》2020年第3期。
② 四川省苍溪县人民法院（2021）川0824行初5号行政判决书。

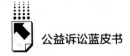

违法。因此，"行为标准"的重点是行政机关应穷尽相应的行为。[①]

而有的法院则采取"结果标准"来衡量行政机关是否依法全面履行职责。在锡林浩特市人民检察院诉锡林浩特市自然资源局未履行监管职责案[②]中，自然资源局在收到检察建议书后，积极开展动态巡查，治理采坑，推动采坑项目立项治理争取项目资金，会同相关职能部门打击了部分盗、采、挖等违法行为，已经通过多种努力积极主动履行了监管职责，但是法院仍然以危害事实的结果现实存在为由，以结果为导向，最终认定其怠于履行法定职责。可见，"结果标准"比"行为标准"的要求更加严格。作为一种双重标准，"结果标准"不仅对履职行为进行认定，并且在结果未达成的情况下，要求行政机关承担不利的法律后果。

四 检察环境行政公益诉讼制度的完善建议

（一）拓展起诉主体范围

理论上，环境公共利益是全体社会公民的共同利益，政府履行职责的行为是一种公共行政，基于公共信托理论，公民当然有权对政府的公共行政行为进行监督。诉讼作为一种司法救济形式，公民有权通过诉讼手段监督政府的行政行为。根据诉讼法原理，起诉主体必须证明自身权利与利益受到损害才能得到诉讼救济，而环境公共利益作为全体公民享有的权利内容，当行政机关的不当环境行政行为侵害不特定多数人的利益时，公民应当有权直接提起环境行政公益诉讼。当前我国法律虽未明确规定环境权这一概念，但是国家保障公民享有良好生存与发展的环境的权利，环境公共利益与每个社会公民息息相关。实践中，相较于一般社会公民与环保组织，检察机关往往不是直接遭受环境行政损害的主体。在实践中，环境问题的发生往往是局部性的

---

① 刘学涛、潘昆仑：《行政公益诉讼中诉前程序职责履行的认定标准》，《中共山西省委党校学报》2020年第3期。

② 内蒙古自治区锡林浩特市人民法院（2020）内2502行初65号行政判决书。

而且是隐蔽的，从检察机关所处的地理位置以及具体的工作人员来看，往往不能及时发现重大环境问题，难以避免酿成环境损害大祸。而公民个人与环保组织作为社会生产生活的直接参与者，能够及时发觉隐藏的环境风险，并且由于利益驱动作用，很多情况下社会组织与个人能够给环境问题的解决施加更迫切的压力。

关于拓展环境行政公益诉讼起诉主体的具体方式，首先是增加起诉主体的类型。第一，将公民个人纳入起诉主体当中。若行政机关的侵害环境公共利益行政行为在一定程度上影响了公民个人，或者公民个人对保护环境公共利益十分热衷，并且具备一定的能力、掌握足够的证据能够参与诉讼，应赋予其最广泛的监督权。公民参与公益诉讼主要是为了弥补行政机关监管工作的不足。[①] 至于公民个人作为起诉主体引起滥诉的隐忧，可以通过限制公民利益相关性以及通过规定合理的诉讼顺位加以限制。第二，授予相关社会组织起诉主体资格。相关社会组织应当限定为环保公益组织。环保公益组织的成立宗旨就是致力于环境保护，捍卫环境公共利益是其当然的职责与使命。社会组织作为一个合力行动的组织，在提起诉讼方面能够充分发挥其自身的优势，发扬群体的智慧。应参考中国的民事公益诉讼制度，为社会组织作为起诉主体提起诉讼设定条件。

将相关社会组织与公民个人纳入起诉主体范围后，还应当规范诉讼程序，设置诉前程序。公民与社会组织在提起环境行政公益诉讼时，有必要先向相关行政机关发出告知函，督促其在合理期限内全面履行监管职责，充分尊重行政机关的自主行政权，争取将问题解决于诉前。若行政机关在一定期限内无法达到诉前告知的要求，公民与社会组织则可正式提起诉讼。

（二）合理优化诉前程序

在实践中，检察建议存在威慑力低、制约力低等问题，要充分发挥其独

---

① 刘汉天、刘俊：《公民环境公益诉讼主体资格的法理基础及路径选择》，《江海学刊》2018年第3期。

立的价值，提高行政机关对检察建议的重视。诉前程序与诉讼程序作为既并列又衔接的两个程序，具有各自独立的程序价值，应当充分发挥诉前检察建议对行政机关纠正违法行为的监督作用。若行政机关在诉前程序中积极纠正了自身的违法行为，全面履行了法定职责，则案件就得以在诉前阶段解决。这不仅能够及时有效地保护环境公共利益，同时也极大地减轻了各方的讼累。

发挥诉前程序的独立作用，需要通过更具强制力的手段对行政机关进行制约。首先，应当加强行政机关不及时全面履行检察建议的惩戒，虽然在这一过程中行政机关与检察机关难免存在一些冲突，但是为了整体的环境公共利益，行政机关应当积极配合检察机关的工作。对行政机关及其工作人员适度施压，充分发挥检察建议的作用。其次，当行政机关不履行检察建议时，检察机关可以向行政机关的主管部门或上级机关进行检举，同时，检察建议也应当向社会大众公开，让关心社会公益的公民个人或组织监督行政机关的行政行为。检察机关与行政机关都应当十分重视并且充分发挥检察建议这一程序的作用，发挥诉前程序事半功倍的效果，将环境问题解决于诉前程序之中。

（三）规范法院判决方式

在实践中，针对检察机关提起的"判令行政机关继续依法全面履职及确认行政机关行为违法"这一复合请求，法院往往持支持态度，作出继续履行判决与确认违法判决，忽视了这两类判决存在的内在冲突。换言之，"判令行政机关继续依法全面履职"与"确认行政机关行为违法"这两项诉讼请求不能针对同一违法行政行为同时提起，它们彼此之间是一种排斥关系。从法律的规定来看，判决履行职责与确认行为违法只能单独适用而不能复合适用。此外，确认行为违法是判决履职职责的替代形式，也即当案件不适用判决履行职责时，可以替代适用确认行为违法。

因此，检察机关要在诉讼实践中准确判断应具体提起何种诉讼请求，才能更好地维护环境公共利益。法院更应该严格按照法律规范，审查检察机关的诉讼请求与行政机关的履职行为，作出合理的判决结果。首先，如果法院认为判决行政机关继续履职会更好地维护环境公共利益，则应判决行政机关继续履行环境监管职责。其次，如果判决行政机关继续履行职能会更加损害环境公共利益，或者保护环境公共利益的目的已经实现时，则作出确认行政机关违法判决足矣。如在 2021 年"武汉市东西湖区人民检察院诉武汉市东西湖区自然资源和规划局不履行法定职责"一案中，在东西湖区检察院提起公益诉讼后，被告立即督促东山街道办事处完成了张某农庄房屋的农业设施备案手续，检察机关变更诉讼，请求确认被告前期怠于履行林地监管的法律职责违法。此种情形下，判令行政机关继续履职已无必要，可以根据具体情形判决行政机关的行政行为是否违法。因此，法院在作出判决时，必须清晰地认定继续履行与确认违法的关系，不宜将两类判决并行适用，而应当根据行政机关履职的效果，作出单独的判决。

（四）进一步拓展受案范围

实践中最常出现的几种案件类型主要是垃圾倾倒、堆放、焚烧，违建垃圾场，排放不合格废水、非法取水，违法开矿、采石，破坏林地等具体环境行政监管行为展开，这些案件固然是现实中环境问题的真实写照，但也应当注意其他领域。要善于倾听实践中的不同声音，进一步拓宽受案范围。例如野生动植物保护领域，涉及自然保护区的案件等也需要给予更多关注。

同时，建议构建预防性检察环境行政公益诉讼制度。当行政机关违法作为或不作为而使环境利益有受到损害的风险时，为防范环境风险对环境造成损害，提起环境行政公益诉讼。起诉前，由检察机关对行政机关的不当行政行为造成的环境风险进行审查，若有科学可信度的研究报告或者实验数据证明不可逆的或者重大程度的损害发生具有高度盖然性，就可以认定为存在重大环境风险，则可向行政机关发出诉前检察建议。

在行政机关不履行法定职责时，检察机关起诉要求法院判令行政机关履行法定职责并承担相应的预防性法律责任。[①] 在诉讼过程中，法院应当合理

① 宋福敏、管金平：《论预防性检察环境行政公益诉讼的制度确立与具体推进》，《齐鲁学刊》2022 年第 1 期。

分配双方的举证责任，根据诉讼双方提供的专家意见书、鉴定报告等文件，听取双方在庭审过程中的充分辩论，最后由法官作出中立判断。通过构建与完善预防性检察环境行政公益诉讼制度，更多的环境风险得到提前解除，有效防止环境风险进一步演化为重大环境损害结果，充分发挥风险防范的作用。

（五）统一认定行政机关全面依法履职的标准

统一行政机关履职的标准，对行政机关与司法机关都具有重要意义。一是有利于行政机关明确履职标准，提高履职效率。确立行政机关全面履职的标准，有利于行政主体在履职的过程中更加科学规范，在能够履行职责的基础上做到全面完整。行政机关在履职过程中规划详细的步骤，细化自身的权责标准，避免仅仅关注行政行为本身，而不结合实际需求和现实效果。二是有利于提高检察机关检察监督的效率。合理履职标准，有利于促进检察机关对行政机关是否全面履职进行正确的判断，对行政机关的履职有针对性地进行监督。检察机关对行政机关是否履职情况的判断关乎整个诉讼过程的走向。在实践中各个地区的检察机关对行政主体履职的判断尚无统一明确的认定标准，统一行政机关全面履职的标准，将极大地提升检察监督的有效性、针对性。此外，全面履行标准的整合有助于检察机关快速判断被监督的行政主体能否全面履行职责，从而达到办案质量与数量的双重提升。三是有利于厘清检察机关和行政机关的关系，节约司法资源。检察机关和行政机关有着明确的职能分工，检察机关应该在其履行职责的过程中保持谦抑性，不得干预行政机关正当范围内的自由裁量权。行政监督的重点在于法律的监督，而非对其正常行政活动的干涉。① 四是对法院裁判的直接影响，不同法院采取统一的裁判标准，能够稳定司法裁判预期，减少实践中裁判结果的冲突，提升司法公信力。

前述分析可知，"行为标准"和"结果标准"各存在利弊，虽然没有一

---

① 王春业：《行政公益诉讼"诉前程序"检视》，《社会科学》2018 年第 6 期。

个统一的规范，但很明显的是，单一的判决标准并不适用于所有案件。通过对法院审理情况的分析发现，在有些案件中法院不仅要对行政机关是否履职进行考察，同时也要全面地考察政府机关履行的内容是否合法以及考量履行职责的效果，采取的是"结果标准"。而有些案件则考虑到其他机关的配合以及生态环境与资源保护的特殊性限制而采取"行为标准"。

在当前采用何种标准并未统一的情况下，不妨采用"行为标准"为主、"结果标准"为辅。一方面，行政机关在履职过程中面临的客观条件和专业能力限制不应被忽视。生态环境与自然资源公共利益受损后，行政机关履行职责恢复环境与资源不受损状态受到很多客观条件的限制。在生态环境和资源保护案件中，采用"行为标准"具有可监测、可量化等优点，如植树造林、增殖放流等行为可以通过测控技术予以锁定，但植树造林、增殖放流给森林、流域等区域生态服务功能造成的结果却不能通过技术手段计算。① 比如，通过植树方式恢复植被，解决水土流失等环境问题，但从幼苗种植环节到植物能够发挥环境调节作用，需要很长时间的生长过程，其结果不可能一蹴而就，在这种情形下，要求负有监督管理职责的行政机关在履职期限内完全解除社会公益受侵害的状态显然不现实。另一方面，行政机关也不能为达到维护环境社会公共利益而超越自身职权履职。行政机关在履职过程中必须依法行政，采取法律规定的措施和手段，遵守法定的程序，而不能越权行事。在生态环境行政公益诉讼中，不能因为国家与社会环境公共利益而要求行政机关超越自身的职权范围。此外，应该充分考虑行政机关的专业能力。在某些环境利益受损的情形下，行政机关只能先行作出行政处罚，而对于之后的环境资源恢复工作，自身没有能力履行，这时候可能就需要多个行政机关联合处理，也可能需要行政相对人的配合。充分考虑行政机关全面履行职责所面临的困难和阻力，才更具有科学性和合理性，只要行政机关依法履行自身的行政职责，就应判断其已经依法全面履职，而不问审查履职的结果

---

① 王清军：《作为治理工具的生态环境考评——基于水环境考评制度而展开》，《华中师范大学学报》（人文社会科学版）2018 年第 5 期。

为何。

　　同时，也应注意到单独采用"行为标准"有时并不能使环境公益得到最佳实现，"结果标准"也有一定的适用空间。一方面，"结果标准"能够弥补"行为标准"的缺陷，如在无法确定行政相对人的情况下，就算行政机关已经积极依法全面履职，违法行为可能仍未被纠正，社会公共利益仍然处于受侵害的状态。另一方面，"行为标准"仅以行政机关是否作为为判断标准，没有考虑环境公益是否得到恢复，可能会出现"形式作为而实质不作为"① 的情形。联想该类诉讼设置初衷，"行为标准"难以满足行政公益诉讼促进国家治理、保护公共利益的制度期待。因此，尽管"结果标准"既要审查行政机关是否依法穷尽所有行政行为，又要考察履职行为的结果，此双重判断会加重行政机关的履职负担，但是其效果也是显而易见的，能够督促行政机关更加积极依法全面履职。在对环境公共利益造成持续伤害的情况下，一味地坚持"行为标准"，很容易导致相关机构懈怠，从而无法有效地保障环境公共利益。② 因此，应当合理、适当、实事求是地考虑行政行为的履职结果，实现环境公共利益保护的最大化。

---

① 胡卫列：《国家治理视野下的公益诉讼检察制度》，《国家检察官学院学报》2020 年第 2 期。
② 古雨尧：《行政公益诉讼中行政机关"依法履职"的认定标准》，《新西部》2020 年第 18 期。

B.16
公益诉讼地方立法困境与改革路径

—— 基于 23 部地方法规文本的考察*

李大勇 钟瑞友**

摘　要： 针对公益诉讼立法的制度供应不足，"两高"和地方立法机关纷纷对此进行探索，形成了"司法模式"与"地方模式"。本报告以 20 个省级地方法规作为分析样本，对中央与地方在公益诉讼立法事项的权力配置问题进行探讨。地方立法实践呈现了拓展公益诉讼案件类型、突出地方特色、探索多元化检察方式、明确有关单位配合与协作义务等优势，也存在立法内容重复、易导致同案不同处理、强化司法地方化趋势等问题。地方立法须符合法制统一和自主性的双重要求，公益诉讼统一立法是必然趋势。应充分释放地方立法的试验作用，回应现实需求。同时要具有整体思维，通过建立地方立法协调机制与完善配套制度，使得事前监管与事后监督救济结合起来，转化为社会治理效能。

关键词： 公益诉讼　地方立法　立法体制　诉前程序

＊ 本报告系教育部人文社会科学研究规划基金项目"行政诉讼视域下的司法批复研究"（19YJA820025）阶段性成果；浙江省金华市人民检察院横向合作项目"行政检察问题研究"阶段性成果。
** 李大勇，西北政法大学行政法学院教授，博士生导师；钟瑞友，浙江省金华市人民检察院检察长，法学博士。

检察机关提起公益诉讼改革完整经历了顶层设计、法律授权、试点先行、立法保障、全面推进五个阶段，成为全面深化改革的一个典型样本。[①]2017年6月28日，《行政诉讼法》《民事诉讼法》分别设立一般公益诉讼条款，检察机关提起公益诉讼制度以法律形式予以确立。《行政诉讼法》第25条第4款规定，人民检察院在履行职责中发现特定领域负有监管职责的行政机关违法行使职权或者不作为，致使国家利益或者社会公共利益受到侵害的，应提出检察建议督促其依法履职。行政机关不依法履职的，人民检察院依法提起诉讼。《民事诉讼法》第55条第2款规定了对于破坏生态环境和资源保护、食品药品安全领域侵害诸多消费者合法权益等损害公共利益的行为，检察院可以向法院起诉。此次修法尚不足以涵盖公益诉讼制度的全部内容，未从根本上解决检察机关开展公益诉讼时遇到的诸如案件线索发现难、受案范围窄、调查核实证据难、社会配合与支持不够、赔偿费用如何支付、专业队伍建设不足等法律问题和现实困境。由此可见，此次修订的条文仅属于概括性、原则性规定，属于立法的权宜之计。这也契合了2011年全国人大常委会在总结中国特色社会主义法律体系的形成经验所总结的："对实践经验尚不成熟但现实中又需要法律进行规范的，先规定得原则一些，为引导实践提供规范和保障，并为深化改革留下空间，待条件成熟后再修改补充。"[②]"摸着石头过河"的分阶段分步骤的立法模式已成为基本共识。

2019年10月，党的十九届四中全会在现有立法基础之上提出"拓展公益诉讼案件范围""完善生态环境公益诉讼制度"。2021年新出台的《法治中国建设规划（2020~2025年）》提出要"拓展公益诉讼案件范围，完善公益诉讼法律制度"。公益诉讼立法仍然面临巨大的制度供给不足。我国法律确立了"统一、分层次"的立法体制，中央与地方都拥有立法权限。公

---

① 曹建明：《最高人民检察院关于人民检察院全面深化司法改革情况的报告——2017年11月1日在第十二届全国人民代表大会常务委员会第三十次会议上》。
② 吴邦国：《全国人民代表大会常务委员会工作报告——2011年3月10日在第十一届全国人民代表大会第四次会议上》，中国政府网，http://www.gov.cn/2011lh/content_1827143.html，最后访问日期：2021年2月1日。

益诉讼的立法事项分配，涉及中央与地方、司法与立法等不同立法主体与立法层级之间的分配。针对公益诉讼立法供给不足，目前已经形成了两种模式：司法模式与地方模式。司法模式是最高人民法院、最高人民检察院通过制定司法解释进行细化，以便给地方司法机关更精准的业务指导。最高人民法院、最高人民检察院《关于检察公益诉讼案件适用法律若干问题的解释》，最高人民法院《关于审理环境民事公益诉讼案件适用法律若干问题的解释》，最高人民法院《关于审理消费民事公益诉讼案件适用法律若干问题的解释》先后出台并修订等，有效缓解了制度供给不足带来的弊端。"地方模式"则是在中央奠定制度性框架之后，各省、自治区、直辖市等地方立法机关纷纷出台加强检察公益诉讼工作的决定，为本区域先行改革发展以及上位法实施的"最后一公里"提供制度保障。

截至 2021 年底，23 个省级人大常委会陆续出台了《关于加强检察公益诉讼工作的决定》或《关于加强公益诉讼检察工作的决定》，呈现集中制定趋势。① 通过地方立法的试验，发现错误、总结经验，然后根据地方实践得失，为国家进行科学合理的公益诉讼立法积累经验。那么如何认识地方在行政公益诉讼立法过程中的作用与功能？是地方立法权的扩张，还是地方对中央政策的一种响应与执行？在打破"全国一盘棋"和中央"一刀切"的格局之下，如何进一步整合中央与地方的法治资源，形成制度合力？公益诉讼立法场域的"央地关系"，是国家治理层面央地关系的一个缩影。在国家治理体系与国家治理能力现代化的背景下，理顺公益诉讼制度中的央地关系，既是科学立法的必然要求，也能够为其他领域处理央地关系提供有益的范本。本报告尝试通过 23 个省级人大常委会出台的《关于加强检察公益诉讼的决定》或《关于加强公益诉讼检察工作的决定》为样本，探讨地方立法对于公益诉讼调整的空间，以对公益诉讼的专门立法有所裨益。

---

① 这 23 个省、市、自治区分别是：上海市、重庆市、安徽省、甘肃省、广东省、海南省、河北省、河南省、黑龙江省、湖北省、山西省、吉林省、辽宁省、青海省、陕西省、四川省、云南省、江苏省、浙江省、广西壮族自治区、内蒙古自治区、宁夏回族自治区、新疆维吾尔自治区。

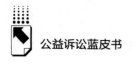
一 我国公益诉讼地方立法的考察梳理

"中央立法要在全国范围内制定统一的法律法规，以之具体地规定地方范围内三个或四个层级的权责关系，可能还有一个探索与试验的过程。在这样的背景下，地方立法创造性地开展工作，是优化地方治理体系的基础性工作，能够对地方治理体系的完善作出不可替代的贡献。"[①] 国家统一立法供给不足，加上法律文本与地方法治实践之间存在不可避免的张力，这都为地方立法提供了作为的空间。基于以上 23 个省级人大常委会的立法，将其所规定的内容按照案件类型、地方特色、检察方式、配合与协助义务四个方面进行梳理，整理出差异性与共性。这些规定是对《行政诉讼法》第 25 条、《民事诉讼法》第 55 条以及相关规定的细化，但内容更为明确和具体。

（一）公益诉讼案件类型

公益诉讼所适用的范围是否仅拘泥于生态环境和资源保护、食品药品安全、国有财产保护、国有土地使用权出让等领域。此处的"等"是"等内等"还是"等外等"？有学者认为尽管该条为拓展行政公益诉讼的范围留下了制度空间，但该条无论是概括语与列举项的文字含义还是列举项之间的关系都过于模糊，无法运用同类规则进行拓展归纳。[②] 十九届四中全会之后，全国各级检察机关对拓展行政公益诉讼的范围展开了积极的探索，从实践结果来看，检察机关的关注点聚焦于公众反映强烈的安全生产、互联网服务等领域，具有较强的选择性和随机性，针对这些领域的违法或不当行使行政职权的行为是否有必要都纳入行政公益诉讼的监督范围，缺乏立法层面的标准。因此，地方立法对此进行明确规定就显得尤为重要。

对于检察公益诉讼案件类型的规定，是每一个省份的决定当中必不可少

---

① 喻中：《地方立法的人类学考察》，《法律科学（西北政法大学学报）》2020 年第 6 期。
② 温辉：《行政公益诉讼"等外"刍议》，《河北法学》2009 年第 9 期。

的内容。而且，各个省份的决定均采用了列举式的描述方式，规定了应当办理的公益诉讼案件类型。所有省份的地方立法文本都明文规定了生态环境和资源保护、食品药品安全、国有财产保护、国有土地使用权出让、英雄烈士名誉荣誉保护领域的公益诉讼案件类型。"地方性法规的细化与具体化程度，直接影响其对行政或司法的实际规范效力。"① 从具体内容看，部分省份还对上述五类案件所涉的具体方面进行了细化。以甘肃、黑龙江、内蒙古三省份文本中对生态环境和资源保护领域的列举规定为例，可以看到不同省份对该领域理解和认识的差异。甘肃省生态领域范围包括大气、水体、土壤、固体废物、放射性、噪声、农业面源等；自然保护区、风景名胜区、水源地、湿地及其他资源（包括土地、矿产、林业、草原、水等）。黑龙江在该领域的范围包括黑土地、大气、水、固体废物污染，自然保护地、饮用水水源地、湿地及其他资源（土地、矿产、林业、草原等）。内蒙古在该领域的范围包括自然保护地、水源地、湿地、土壤、大气、水、固体废物污染及其他资源（林业、草原、土地、矿产）等。

各省、自治区、直辖市还结合了本区域的实际情况，规定了本区域应当积极探索以及重点办理的案件。这其中有共性也有差异性。积极探索的案件大多涉及了安全生产、文物和文化遗产、个人信息保护、互联网等领域。也有个别省份如河北省把弘扬社会主义核心价值观、防灾减灾、应急救援的案件，宁夏把生物安全、扶贫、弱势人群权益保护也纳入扩大范围之中，总体而言，各省份对于检察公益诉讼案件类型的规定整体表现出拓宽的趋势。

（二）充分突出地方特色

地方性是地方立法的精髓，体现了地方立法中的地方特色，充分反映出本地区域的特殊性。"地方立法在我国法律体系中特有的价值是，地方立法机关结合本地实际情况，作出更接近于本地现状的规定，弥补法律规定过于

---

① 丁祖年、郑春燕：《中国地方立法的现实与转型》，《地方立法研究》2016 年第 1 期。

原则、缺少可操作性的弊端。"① 地方性意味着地方立法只有充分体现并适应本地实际，才能具有旺盛的制度生命力，否则就会发生"橘生淮南则为橘，生于淮北则为枳"的现象。地方性还强调地方立法必须具有精准的问题意识，针对那些无法由中央立法解决或不适宜由中央立法解决的本地问题进行立法。通过对文本的梳理，可以看到地方立法文本强调对本土资源的挖掘和利用，尤其是将行政区划内与公益诉讼案件类型紧密相关的有特色的领域纳入立法保护范围之内。

1. 公益诉讼的领域

陕西省加强秦岭生态环境保护、黄河流域生态环境保护、汾渭平原大气污染防治以及人民群众关注的切身利益等领域公益诉讼。新疆持续聚焦丝绸之路经济带核心区建设、生态环境保护、经济高质量发展和人民群众关注的切身利益问题，服务自治区发展大局，依法办理雪山冰川、戈壁沙漠、绿洲草原、野生动植物等生态环境案件。黑龙江重点办理的生态环境和资源保护领域的公益诉讼案件中包括黑土地保护。海南省围绕海南自由贸易港建设，拓展旅游消费等领域的公益诉讼。

2. 跨区域协作

公共利益具有关联性，尤其是涉及区域性的环境治理更是需要多个不同区域进行合作与协调。广东、广西都涉及粤港澳大湾区、周边省份检察机关公益诉讼的协作。安徽、浙江、上海都涉及长江三角洲区域检察机关的协作配合。重庆检察机关应当加强与长江流域、乌江流域、嘉陵江流域内其他省（区、市）检察机关的交流与协作。广西还涉及加强与东盟国家在公益诉讼领域的交流。

（三）探索多元化检察方式

各省、自治区、直辖市均强调了检察机关要加强公益诉讼队伍的专业化和职业化建设，不断提高办案能力和质量。运用检察建议、起诉、支持起

---

① 向立力：《地方立法发展的权限困境与出路试探》，《政治与法律》2015 年第 1 期。

诉、督促起诉等方式，依法履行法律监督职能，规范监督程序，完善办案流程。对于提高办案质效，并非所有省份对其均有规定。但凡有所规定的，基本都是相似的表述：应当加强信息化建设，充分运用信息科技手段，提高数据获取和线索发现能力，提高办案质效。所存在的多元性主要表现在。

1.调查取证

调查取证是检察机关启动公益诉讼的前提条件。没有充分的调查取证权，必然是"巧妇难为无米之炊"，这是保障检察机关依法履行公益诉讼职责的客观需要。同时也要规定有关单位与个人的配合与协助义务，以及相应的法律责任。尽管《人民检察院组织法》第21条规定人民检察院行使法律监督职权，可以进行调查核实。但该规定过于笼统、概括，不便于实际操作。因此，细化上位法的规定就成为当务之急。各省份在规定检察机关的调查取证职能时，采用了列举式的方式，涉及查阅、复制、摘抄有关数据、卷宗材料；询问违法行为人、受害人、行政相对人、证人等；收集书证、物证、视听资料、电子数据；委托第三方进行鉴定、评估、审计、检测、监测、检验；勘验和检查物证、勘验现场；咨询、听取相关单位的意见。并附以"其他合法的调查方式"作为兜底条款。但并非所有的决定都涉及检察机关自行调查取证的原则、措施手段。各文本也提及了行政机关、各级人民政府及其部门等单位与个人对于检察机关调查取证的支持与配合义务，不得拒绝、推诿、妨碍。但均未明确规定检察机关在遇到不配合、不尊重、妨碍调查等情况时可以使用的救济手段，仅有部分文本规定必要时公安机关应当及时依法处理等。

2.检察建议

关于检察建议的规定较为细致，各决定均充分指出了诉前检察建议的前置性程序的重要作用，从而增加公益诉讼的预防功能和提高治理效能。检察建议的区别涉及送达方式、抄送情形与对象、定期跟踪监督等方面的规定。（1）检察建议的送达方式。公开或者宣告送达是各省份共同规定的送达方式。当然，对该种方式的送达场所也具有一致性，"在检察机关、被建议单位或者其他适宜场所进行"。除此以外，不少省份还规定了可以采取直接送达、现场送达、书面送达、留置送达等方式。（2）检察建议的抄送情形与对象。绝大部分省份规定在必要时才进行抄送，这个"必要"的条件，除个别省份没有明确解释，安徽省在重大、典型行政公益诉讼案件的诉前检察建议报送同级人大常委会之外，其他省份都强调的是在对社会影响大、群众关注度高、违法情形具有典型性、所涉问题应当引起有关部门重视的情况下，可以抄送。绝大部分地方决定规定的抄送对象包括同级党委、人大常委会、政府、监察机关以及上级主管机关。（3）检察建议提出前后程序。对于诉前检察建议提出之前，仅有2个省份指出了可以运用诉前磋商、工作建议函、公开听证等方式，听取行政机关的意见。对于诉前检察建议提出之后，并非所有省份都明文规定了检察机关应对政府部门落实检察建议的情况予以跟踪监督。

3. 创新手段

（1）很多省份诸如青海、宁夏规定在审理生态保护领域公益诉讼案件，可采用补植复绿、劳务代偿、增殖放流等替代性修复责任，促进受损生态环境及时有效修复，确保生效裁判执行。（2）损害赔偿资金如何支付，也是现实中的一个难题。云南省就明文规定损害赔偿资金应缴入责任地所在财政部门，按照一案一议的原则申领并组织生态修复，实行专款专账管理。（3）生态环境和资源保护公益诉讼案件鉴定费用往往数额较大，在诉前程序中由行政机关承担还是由检察机关来承担在实践中也是争论不休。多个省份明确规定要积极探索建立检察公益诉讼案件先鉴定后收费的服务保障机制。

（四）明确有关单位配合与协作义务

各省份均倡导各级国家机关、企事业单位、人民团体和社会组织积极配合和支持检察公益诉讼工作。因而，对不同主体关于检察公益诉讼的工作要求均有详尽的规定，主要表现为两种方式：一是各机关通过确立完善自己的相关制度来实现对检察公益诉讼工作的支持与配合；二是与人民检察院之间建立公益诉讼案件的协作机制。但其中也存在一些差别，主要体现如下。

1. 主体范围

几乎所有决定中都会明示各级人民政府及其部门或者行政机关、审判机关（有些决定中的表述为各级人民法院）、监察机关、各级人大及其常委会这五种主体。然而，公安机关、司法行政机关、财政部门、公证机构、律师等主体，并非都规定了。

2. 协作机制与合作方式

各省份结合任务目标、实际情况、地理位置，规定了专属于自己的协作机制或者工作配合方式，其中共性的协作机制如下。（1）检察机关与其他部门建立办案线索双向移送和办案协作机制。监察机关、公安机关发现的案件线索，应移送检察机关依法处理；检察机关在办理公益诉讼案件中发现职务违法和职务犯罪、刑事犯罪案件问题线索，监察机关与公安机关应当依法及时查处。（2）财政部门应当为检察机关开展公益诉讼工作提供必要的财政保障。（3）司法行政机关应加强对司法鉴定机构的管理，提供高效便捷的司法鉴定保障。（4）各级行政机关应依法支持和配合检察公益诉讼的工作，积极配合调查取证；落实诉前检察建议；建立公益诉讼案件信息共享平台；向检察机关开放相关行政执法信息和数据库，加强沟通联系协作。（5）各级人大及其常委会应依法通过执法检查、听取和审议专项报告、组织人大代表视察和旁听庭审等方式，监督有关机关共同推进检察公益诉讼工作。

二 公益诉讼地方立法的困境

（一）立法内容重复

《立法法》第 72 条第 3 款规定："制定地方性法规，对法律、行政法规已经明确规定的内容，一般不作重复性规定。"该条意味着国家对于下位法重复规定上位法内容的现象是明确不予认可的。全国人大常委会法制工作委员会反复强调"哪些方面需要规定就规定哪些方面，不要构筑体系，对

上位法的规定不要作不必要的重复"①。《行政诉讼法》第 25 条第 4 款规定公益诉讼涉及生态环境和资源保护、食品药品安全、国有财产保护、国有土地使用权出让等领域。《英雄烈士保护法》第 25 条规定对侵害英雄烈士的姓名、肖像、名誉、荣誉，损害社会公共利益的行为，人民检察院有权提起诉讼。《未成年人保护法》第 106 条规定，针对侵犯未成年人合法权益涉及公共利益的，人民检察院有权提起公益诉讼。

地方立法对上位法的重复规定，表现为在事项内容和立法形式上都是上位法的显性或隐性重复，在内容上并无特殊之处，通常被称为"立法重复"或"立法抄袭"。该现象客观上是"完全不经过任何改动或者仅作少量的非实质性文字改动，非必要和合理地将其他法律文件中的内容和形式直接搬入到地方立法中"②。地方立法重复不仅浪费了立法资源，也使得立法效果大打折扣。有学者认为出现地方立法抄袭现象是中央与各级地方立法权限划分不明晰，使地方立法创新风险不可测；地方自治程度低，使得立法创新的空间、需求和资源不足；公众参与未常态化，导致地方立法的信息获取优势难施展，地方立法难以发挥因地制宜的优势。③ 也有学者认为地方立法重复的广泛存在和反复发生，更应该被归结为制度环境作用下的地方立法者对组织合法性追求的结果。④《立法法》为保障"法制统一"，对中央立法专属事项进行原则划定，同时采取"不抵触"原则和批准生效制度。"中央立法在极大的弹性和极小的张力之间跳跃，地方立法在无所顾忌与束手立法的乖巧之间沉浮。"⑤ 地方始终持有不与上位法抵触的谨小慎微态度，宁可无所作为，也不愿超越雷池一步，以至于在进行地方立法时不由自主地落入"照搬"上位法的传统思维。

---

① 武增：《〈中华人民共和国立法法〉解读》，中国法制出版社，2015，第 271 页。
② 孙波：《试论地方立法"抄袭"》，《法商研究》2007 年第 5 期。
③ 赵静波：《地方立法特色的缺失及其规制——以地方立法"抄袭"为视角》，《地方立法研究》2017 年第 6 期。
④ 丁铁：《地方立法重复现象的组织社会学阐释》，《地方立法研究》2020 年第 6 期。
⑤ 徐向华：《中国立法关系论》，浙江人民出版社，1999，第 7 页。

（二）地方立法文本的差异易导致同案不同处理

"地方性法规的特性之一是具有地方性，也就是说，地方性法规的内容应适应地方的实际情况，解决本行政区域的实际问题。"① 《立法法》第 7 条规定，立法应当从实际出发，适应经济社会发展和全面深化改革的要求，科学合理地规定公民、法人和其他组织的权利与义务、国家机关的权力与责任。法律规范应当明确、具体，具有针对性和可执行性。"和航海、园艺、政治和诗学一样，法律和民族志都是地方性的技艺：它们都凭借地方知识来运作。"② 一方面法律所列举的案件类型范围与检察机关所代表和维护的公共利益类型范围并非一一对应；另一方面地方立法文件存在表意模糊和规则漏洞，难以为地方实践适用，而且各地所面临的客观现实也确有差异。

《行政诉讼法》第 25 条规定的公益诉讼案件类型涉及生态环境和资源保护、食药安全、国有财产保护、国有土地使用权出让等领域，但各地在具体领域的细化上却存在一定的差异性，导致同等侵害公共利益的情况因为在不同省份有不同的处理结果。如在国有土地使用权出让领域，甘肃以国有土地使用权出让的环节流程为界定标准，涵盖了国有土地供应、出让、监管等全过程。而黑龙江与内蒙古以国有土地使用权出让领域的违法事项为界定标准，包括国有土地使用权出让收入流失、违法使用土地、违法许可等案件类型。列举方式尽管明确、容易操作，但也容易出现列举不全、挂一漏万等问题。在食品药品安全领域的差异性更为明显，如甘肃省除生产、销售环节外，还把加工与流通领域所发生的侵害公共利益也纳入食品安全事项中。在食品安全的管理对象上，除通常认可的食品药品外，食用农产品是否属于食品？构成侵害公共利益的标准是什么？黑龙江的规定认为侵害标准是"有毒有害或者不符合食品安全标准的；假药、劣药"，而内蒙古的规定则是"缺陷、虚假宣传等"。在这些基本问题认识上的差异性，都会导致不同的处理结果。

---

① 全国人大常委会法制工作委员会国家法室编著《中华人民共和国立法法释义》，法律出版社，2015，第 227 页。

② 〔美〕格尔茨：《地方知识：阐释人类学论文集》，杨德睿译，商务印书馆，2016。

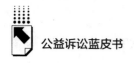

（三）强化司法地方化趋势

司法的地方化与行政化，一直是司法改革需要重点解决的问题。司法地方化是地方保护主义在司法领域的具体表现，是指司法机关或者其工作人员在司法活动过程中受到地方党政机关或者地方利益团体的不当控制和干扰，导致司法机关及其工作人员丧失其应有的独立权力和地位，从而出现的司法异化现象。[①] 受条块关系的影响，司法机关不仅要执行法律，还要满足地方党委政府的治理需求。地方司法机关需要通过解决纠纷、化解矛盾来达到地方治理的政治效果、社会效果和法律效果的统一。公益诉讼涉及职权职责的重新分配、资源财富的重新调整，涉及很多人的利益，会触碰很多人的"奶酪"。党的十八届三中全会通过的《中共中央关于全面深化改革若干重大问题的决定》明确提出"改革司法管理体制，推动省以下地方法院、检察院人财物统一管理"，但目前司法改革尚待进一步完善，省以下人财物改革尚未完全到位。如辽宁省就规定县级以上人民政府应加强公益诉讼财政保障，所需办案费用按照财政管理体制，纳入财政预算。

诉前程序已经成为解决行政公益诉讼案件的主要手段。当行政机关不接受、不落实检察建议时，检察院应当向法院直接提起诉讼。很多地方文本规定了在此情况下，可报同级人大常委会、监察机关以及上级主管部门。实际上是通过政治权威给行政机关施加压力，落实检察建议所提内容，从而避免进入案件审理环节。

三　公益诉讼地方立法的空间与完善

（一）地方立法与法律保留

毛泽东在 1956 年《论十大关系》中明确提出："应当在巩固中央统一领

---

① 张卫平：《司法改革：分析与展开》，法律出版社，2003，第 36 页。

导的前提下，扩大一点地方的权力，给地方更多的独立性，让地方办更多的事情。这对我们建设强大的社会主义国家比较有利。我们的国家这样大，人口这样多，情况这样复杂，有中央和地方两个积极性，比只有一个积极性好得多。"① "两个积极性"的判断同样对公益诉讼立法中的央地关系有重要的启迪。"地方立法从总体上来说承担着实施国家法律和创制地方法规的双重功能，前者是作为单一制国家结构形式下的地方国家机关所承担的实施中央法律法规的宪法法律责任，后者是作为地方民意机构和权力机关所承担的发挥地方能动性并突出地方特色、引领地方法治建设并保障地方经济社会发展的地方自治性权力。"② 公益诉讼地方立法不仅能够对本地区的公益诉讼案件具有推动指引作用，也能够借助地方立法的预测和评价功能，为统一立法提供地方经验、推动制度变迁。公益诉讼地方立法应当符合法制统一和自主性的双重要求。

根据《立法法》第 11 条的规定，"诉讼和仲裁制度"只能制定法律，不能授权。《立法法》第 82 条规定地方性法规可以针对"（一）为执行法律、行政法规的规定，需要根据本行政区域的实际情况作具体规定的事项；（二）属于地方性事务需要制定地方性法规的事项"予以规定。《立法法》第 11 条的"法律保留"和第 12 条的"绝对保留"明确中央立法事项不得转授的核心事项。但结合第 82 条第 2 款规定，"除本法第十一条规定的事项外，其他事项国家尚未制定法律或者行政法规的"允许地方立法。公益诉讼制度是司法权的具体体现，本质上是一种中央事权。中央事权在根本上旨在为全国范围内的全体公民提供统一的公共服务，并且这种公共服务不能因公民所处地域不同而有所差别，因为它作为基本的公共服务来源于基本人权保障的同一性，即"更切实地保障公民的生存权、劳动权、受教育权等基本权利，是落实'国家尊重和保障人权'宪法原则的重大举措"③。

---

① 《毛泽东文集》（第七卷），人民出版社，1999，第 31 页。
② 刘小妹：《省级地方立法研究报告——地方立法双重功能的实现》，中国社会科学出版社，2016，第 32 页。
③ 王建学：《论地方政府事权的法理基础与宪法结构》，《中国法学》2017 年第 4 期。

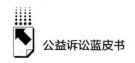

"地方性事务"属于一个法律不确定概念，只能在相对意义上使用，必须结合其他判断事项才能确定地方立法与中央立法之间的界限。地方性事务受地方事权内涵与外延的约束。地方事权涉及《宪法》第 99 条地方各级人大的职权、第 104 条县级以上地方各级人大常委会的职权、第 107 条地方各级人民政府的职权。省级地方立法的事项范围除国防、外交以及法律保留事项外，与中央的立法事权几乎"重叠"，使得地方性事务并不具有独占性和排他性，容易导致重复性立法或立法权限不明。一律将有地方特色的事项都界定为地方事务，难免有以偏概全之嫌。从公益诉讼地方立法文本的内容来看，其属于执行性与创制性的结合。地方熟悉了解本地情况，便于因地制宜，更好地发挥公益诉讼制度的作用。

（二）公益诉讼立法的完善之道

我们应对公益诉讼地方立法有清醒的定位。公益诉讼制度本身尚未完全成型，处于逐步探索阶段中。国情决定了中国法治道路是渐进型法治发展道路，没有任何一条现成的法治模式能够照搬。"立法要把自己的经验总结起来。我们在立法时吸收一些外国的经验是对的必要的。古今中外好的有用的经验我们都有吸收，但是更重要的，是要从我国的实际情况出发，总结我们自己的经验。"① 因此，公益诉讼立法强调"试验性"和"过程性"，必须结合我国的立法体制与实际情况进行制定。

1. 统一立法是必然趋势

公益诉讼立法供给不足所造成的问题难以通过地方立法碎片化的机制创新得以解决。公益诉讼与民事诉讼、行政诉讼存在较大的差异，而这些差异是很难通过在《民事诉讼法》《行政诉讼法》中新增一个条款来解决的。例如诉前程序成为解决争议的主要渠道，却无法在《行政诉讼法》中找到明确的法律依据。地方立法无法有效回应统一立法与分散立法的模式选择问题，也无法回应有无必要制定一部《公益诉讼法》。"立法着眼点要敢于打破不适应

---

① 彭真：《论中国的政法工作》，中央文献出版社，1992，第 268~269 页。

检察公益诉讼的原有诉讼法框架，构建一个新的制度框架。这个制度框架要有相应的实践探索、理论支撑，最后上升为单独立法。"① 而地方立法显然无法承载这样的历史使命，只能寄希望于国家的统一立法。

2. 充分释放地方立法的试验作用，回应现实需求

地方立法更多是扮演"试验性立法"作用，公益诉讼制度的"试点"本身就是从地方开始的。试点是一种以构建制度为导向的特殊的实践活动，是一种因使命而生的实践，其价值也是与生俱来的。而呈现问题无疑是试点最重要的价值所在。② 由于试点期过短，再加上自上而下的政策驱动，以至于很多潜在的问题都没有在试点期呈现。这次公益诉讼地方集中立法某种意义上是原来"试点"工作的继续。公益诉讼立法不仅是立法技术问题，也是因地制宜、因时制宜的政治策略。"中国的立法体制应当在统一性和多样性这两个同样值得追求的极端之间保持一种必要的张力，寻找黄金分割点。至少在社会生活的某些方面，应当允许地方立法的发展，给地方更大的灵活性。"③

3. 公益诉讼立法要具有系统思维

系统思维有助于聚焦诸方合力进行宏观制度设计、微观解决问题，全面关照局部和整体地有序推进公益诉讼立法。公益诉讼具有促进制度完善、维护社会正义、引领社会价值、形成公共政策的导向作用，对公民权益以及公共利益影响较大，因此要发挥多方的主体作用。目前公益诉讼案件的认定倾向于以已经发生了实际侵害后果为前提，仍然是拘泥于事后救济手段。实践中有些地方已经对预防性民事公益诉讼进行了积极探索，如 2020 年 12 月 17日，四川甘孜藏族自治州中院就原告中国生物多样性保护与绿色发展基金会与被告雅砻江流域水电开发有限公司环境民事公益诉讼一案作出裁判，该案针对潜在风险以及可能发生的生态环境破坏行为提前诉讼，为全国首例预防

① 田凯：《检察公益诉讼立法要破立并举》，《检察日报》2020 年 11 月 5 日，第 5 版。
② 胡卫列、迟晓燕：《从试点情况看行政公益诉讼诉前程序》，《国家检察官学院学报》2017 年第 2 期。
③ 苏力：《当代中国的中央与地方分权：重读毛泽东〈论十大关系〉第五节》，《中国社会科学》2004 年第 2 期。

公益诉讼案件。公益诉讼立法也有必要把预防性公益诉讼规定进来。"公益诉讼检察的本质是助力依法行政，共同维护人民根本利益，把以人民为中心落到实处。"① 公益诉讼是督促之诉、监督之诉，客观上改变了行政管理领域单一的政府治理模式，把政府治理纳入国家治理体系当中，使得司法机关、行政机关、社会组织、公民都成为国家治理的主体，使得事前监管与事后监督救济结合起来，转化为社会治理效能。

4. 完善公益诉讼地方立法的备案审查机制、加强地方立法协调

《法规、司法解释备案审查工作办法》第 18 条规定了对法规、司法解释可以采取依职权审查、依申请审查、移送审查、专项审查等方式进行审查。其中的专项审查就是组织对某一类、某一领域的法规、司法解释集中进行全面清理和审查研究。② 专项审查的对象往往是事关重大改革和政策调整、涉及法律重要修改、关系公众切身利益、引发社会广泛关注等方面的事项。另外各地也可以通过立法协调机制对存在分歧意见的立法事项进行充分协调，达成立法共识。

四　结语

"公益诉讼尽管是现代社会和法治所必需，其建制也不仅仅是一个简单的诉讼法和诉讼制度的扩展或完善的问题"。③ 公益诉讼的立法困境通过地方人大和"两高"的努力可以得到缓解，但归根结底还应统筹于全国一盘棋的"中国之治"去解决，方能实现创新性与制度化的统一，全局性与灵活性的统一，特色性与普遍性的统一。④ 立法纵向权力内容的分配由统一性向差异性转变，在此基础上再趋于统一性立法。公益诉讼的地方"试点"、

---

① 《最高人民检察院关于开展公益诉讼检察工作情况的报告——2019 年 10 月 23 日在第十三届全国人民代表大会常务委员会第十四次会议上》，《最高人民检察院公报》2019 年第 6 期。

② 梁鹰：《备案审查制度若干问题探讨》，《地方立法研究》2019 年第 6 期。

③ 陈云生：《宪法视野和宪政界域中的公益诉讼》，《法学研究》2006 年第 6 期。

④ 王义桅、张鹏飞：《论"中国之治"的内涵、特点及进路》，《新疆师范大学学报》2019 年第 6 期。

中央的推进以及理论的探讨，都为新时代推进公益诉讼的立法提供了有利条件。推进公益诉讼立法的成文化，对于实现公益诉讼规范的体系化、彰显公益诉讼的基本价值、加快检察机制改革、推进国家治理体系与治理能力的现代化，具有重要意义。

B.17
食品药品民事公益诉讼惩罚性
赔偿适用分析报告

王振涛　秦胜男*

摘　要： 食药安全领域作为公益诉讼的"必办领域"，一直是检察机关深
耕的地带。2017年，全国首例消费赔偿性公益诉讼由深圳市人
民检察院支持起诉。此后，检察机关持续在食药领域探索提出惩
罚性赔偿诉讼请求，历时近5年，检察机关、审判机关、主管行
政机关以及消费者组织基本达成共识，在食药领域建立公益诉讼
惩罚性赔偿制度是符合法理和现实的。但是，司法实践中仍存在
裁判解释路径混乱、证据规则不明确、惩罚性赔偿金数额计算标
准不统一、是否与刑事罚金和行政罚款相互折抵等认识不统一的
问题，因而，有必要从经验角度梳理该制度探索、发展的脉络，
归纳现存问题，有针对性地提出完善方案。

关键词： 食品药品安全　民事公益诉讼　惩罚性赔偿

　　2017年，广东省消费者委员会提起全国首宗消费赔偿性公益诉讼案，
深圳市人民检察院支持起诉，即使惩罚性赔偿金的诉讼请求被判决驳回，该
案仍然不失为一次有益的尝试，推动消费公益诉讼司法实践不断丰富。近年
来，为应对食品药品领域消费者保护问题，顶层设计提出逐步在该领域公益

---

* 王振涛，河南省濮阳市人民检察院第六检察部主任；秦胜男，河南省濮阳市人民检察院第六
检察部检察官助理。

诉讼中探索建立惩罚性赔偿制度。2019 年 5 月 9 日，中共中央、国务院发布《关于深化改革加强食品安全工作的意见》，提出探索建立食品安全民事公益诉讼惩罚性赔偿制度。2020 年 7 月 28 日，最高人民检察院与中央网信办、国务院食品安全办等食品药品有关部门共同印发《关于在检察公益诉讼中加强协作配合依法保障食品药品安全的意见》，提出要在食品药品安全民事公益诉讼中探索提出惩罚性赔偿诉讼请求，对建立惩罚性赔偿制度开展联合调研，共同研究提出立法建议。2021 年 6 月 8 日，最高人民检察院与最高人民法院、农业农村部等七部门印发《探索建立食品安全民事公益诉讼惩罚性赔偿制度座谈会会议纪要》（以下简称《会议纪要》），强调要准确把握惩罚性赔偿制度惩罚、遏制和预防严重不法行为的功能定位，根据主客观因素综合考虑是否提出惩罚性赔偿诉讼请求。实践中，检察机关一直积极稳妥在食药领域公益诉讼中探索提出惩罚性赔偿诉讼请求，但相关法律制度的不完善，导致裁判对于食药领域公益诉讼是否适用惩罚性赔偿、举证责任分配、损害范围、赔偿金计算倍数、赔偿金与刑事罚金和行政罚款的关系以及赔偿金管理使用等方面的认定不统一，影响法律效果、社会效果。为了从经验层面把握食药领域公益诉讼适用惩罚性赔偿的司法实践运行情况，本报告对有关裁判进行实证研究。

一　食药领域民事公益诉讼适用惩罚性赔偿实务现状

鉴于 2021 年度食药领域提起惩罚性赔偿的民事公益诉讼案件数量较少，为提升样本的丰富性、代表性以及便于呈现裁判观点的逐年变化趋势，本文选取 2018～2021 年的案件作为研究样本。一是选择"中国裁判文书网"为数据库。二是检索案例，关键词设置为"公益诉讼"和"惩罚性赔偿"；案由分别选定民事和刑事，区分纯粹民事公益诉讼案件和刑事附带民事公益诉讼案件；裁判年份：2018～2021 年；访问时间：2022-03-05。三是浏览检索到的裁判文书，经人工数据筛选，剔除其他领域的无关案例后，共有250份①食药领域民事公益诉讼的裁判文书涉及惩罚性赔偿的诉讼请求。

（一）2018~2021年度案件数量变化（见图1）

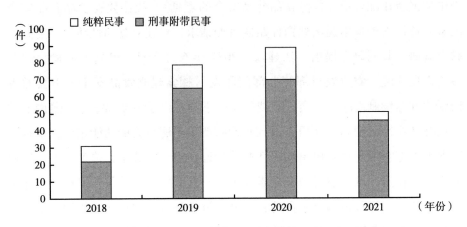

图1　2018~2021年度食药领域提起惩罚性赔偿公益诉讼案件数量

从图1可知，自2017年广东省消费者委员会提起全国首宗"毒猪肉"消费赔偿性公益诉讼案后，食药领域公益诉讼惩罚性赔偿的探索力度逐步增大，有关办案数量稳步上升，2019年度增幅最大，近1.6倍，至2020年，提起惩罚性赔偿诉讼请求的案件数量达到峰值，2018~2020年度办案数量呈上升趋势的原因或许与最高检联合两部门在2019年9月至2020年12月开展落实食品药品安全"四个最严"要求专项行动有关，该专项行动工作方案要求各地检察机关充分发挥公益诉讼职能，根据授权探索提出惩罚性赔偿诉讼请求。但2021年度办案数量又有较大幅度回落，究其原因，或许在于最高检与最高法、农业农村部等七部门于2021年6月8日印发了《会议纪要》，强调要准确把握惩罚性赔偿制度惩罚、遏制和预防严重不法行为的功

---

① 受限于"中国裁判文书网"的公开范围，实际数量可能高于该数值，比如，笔者检索到的四川省绵阳市中级人民法院（2020）川07刑终283号二审判决书中提到（2019）川0725刑初109号一审判决驳回惩罚性赔偿诉讼请求，但以该文书号检索相关判决书，并未得到结果。

能定位，根据主客观因素综合考虑是否提出惩罚性赔偿诉讼请求，使相关领域办案探索更加稳慎、理性。

从办案结构来看，刑事附带民事公益诉讼案件所占比例在各个年度均超过70%，其中，2021年度高达90.2%，远高于纯粹民事公益诉讼案件占比，这反映出食药领域提起惩罚性赔偿诉讼请求案件在线索获取、调查取证等方面对刑事案件有高度依赖，这一态势自探索之初持续4年之久，一定程度上阻滞公益诉讼独立程序价值的发挥。

（二）案件省域分布（见图2）

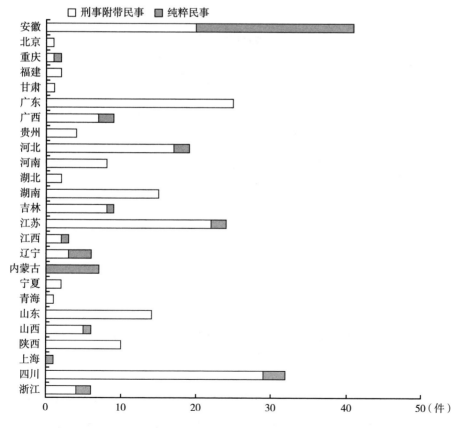

图2 2018~2021年度食药领域提起惩罚性赔偿公益诉讼案件省域分布

样本共涉及 25 个省级行政区域，其中以安徽、四川、广东和江苏办案量居多，各省之间的数量差别较大。这可能与当地消费者协会的活跃程度、司法经验积累、地方司法观点及经济社会特点有关。虽然安徽省在 2018 年相关案件数量为 0，但 2019 年以后办案量较为稳定且案件结构均衡，其中，安徽省消费者权益保护委员会于 2020 年就侵权人销售假冒注册商标的白酒提起了系列案件；广东省办案量可观与当地较早探索食药领域公益诉讼惩罚性赔偿制度、司法机关积累了丰富经验有关；四川省办案量较大与当地火锅老油使用"地沟油"问题较为突出有关。

（三）公益诉讼起诉主体身份（见图3）

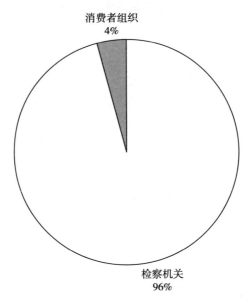

**图 3 2018~2021 年度食药领域提起惩罚性赔偿
公益诉讼起诉主体身份**

样本涉及检察机关和消费者组织两类公益诉讼起诉主体身份，其中消费者组织起诉的案件仅 9 件，包括安徽省消费者保护委员会起诉案件 8 件、山西省消费者保护委员会起诉案件 1 件。与环保组织参与环境公益诉讼相比①，消费者组织参与消费公益诉讼的数量较少。

（四）涉及食药品细分类（见图4）

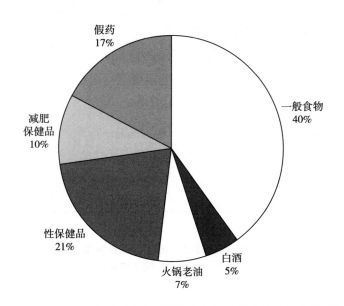

图 4　2018~2021 年度食药领域提起惩罚性赔偿公益诉讼案件涉及食药品细分类

食品安全方面，生产、销售假酒及火锅锅底使用"地沟油"等问题较为突出，公益诉讼原告就此提出惩罚性赔偿，此外，案件还涉及面食中含铝以及在菜品、汤底中添加罂粟等情况。药品安全方面，壮阳类性保健品、减肥保健品问题突出，保健品名义上是食品，仅取得"卫食健字""国食健字""国食健注"等食品类批号。壮阳类性保健品中违规添加西地那非、他达拉非等西药成分，减肥保健品中违规添加酚酞、盐酸西布曲明等增加严重心脑血管风险的禁用西药成分，实际上妨害了药品管理秩序，因此，对于有

①　司法实践中，中华环保联合会、中国绿发会、自然之友等环保组织提起的几起环境公益诉讼案件被评为"十大公益诉讼案件"。

关犯罪行为,有的被定性为生产、销售有毒有害食品罪,有的被定性为生产、销售假药罪。

(五)案件裁判情况(见图5)

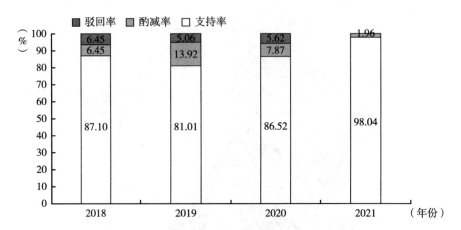

图 5　2018~2021 年度食药领域提起惩罚性赔偿公益诉讼案件驳回率、支持率、酌减率变化

样本裁判绝大多数支持惩罚性赔偿诉讼请求,需要说明的是,个别案件经法院调解,公益诉讼被告自愿支付惩罚性赔偿金,也计入全部支持的范畴进行统计。

有的裁判表明,经综合考虑行为人违法行为、情节、危害程度、经济能力等因素,酌情调减惩罚性赔偿金的金额;也有极个别判决驳回。由图5可知,经过 2019 年、2020 年两年的集中探索,支持率整体变化趋势为逐年攀升,直至 2021 年,仅有 1 件案件被调减了赔偿金的金额,其他案件的诉讼请求均获得完全支持,支持率达到 98.04%,说明随着办案经验的积累,公益诉讼起诉人能够合理恰当地确定诉讼请求,与审判机关也逐步达成共识。

(六)惩罚性赔偿金的计算基数(见图6)

样本裁判绝大多数以销售金额为基数计算惩罚性赔偿金的数额。

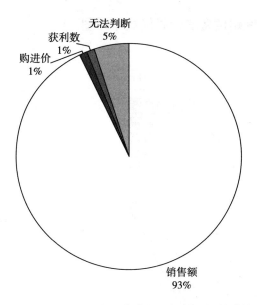

图 6　2018~2021 年度食药领域提起惩罚性赔偿
公益诉讼案件惩罚性赔偿金计算基数

除了判决驳回惩罚性赔偿诉讼请求、调解结案、根据《食品安全法》第 148 条第 2 款规定请求赔偿 1000 元及酌情调减确定固定金额的赔偿金外，样本裁判绝大多数以销售金额为基数计算惩罚性赔偿金的数额，对于销售金额无法查明的，就低以收购价为基数计算①，还有个别判决以被告自认的获利数为基数计算。此外，对于有毒有害食品尚未售出但存在高度现实危险性的情况，亦有检察机关提起惩罚性赔偿诉讼请求，例如上海市人民检察院第二分院诉冷桂林、王国旗产品销售者责任案中，被告将不符合食品安全标准的走私牛肉存入仓库但尚未售出，上海市人民检察院第二分院以向上海市价格认证中心询价获取的市场中间价为单价计算依据，诉请 10 倍惩罚性赔偿，但未获得上海市第三中级人民法院的支持。②

---

① 湖北省武汉市硚口区人民法院（2019）鄂 0104 刑初 787 号刑事附带民事判决书、河南省开封市顺河回族区人民法院（2020）豫 0203 刑初 196 号刑事附带民事判决书等。

② 上海市第三中级人民法院（2018）沪 03 民初 24 号民事判决书。

（七）惩罚性赔偿金的计算倍数（见图7）

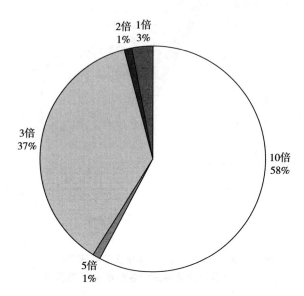

**图7　2018~2021年度食药领域提起惩罚性赔偿
公益诉讼案件惩罚性赔偿金的计算倍数**

样本裁判大多按照10倍、3倍的法定倍数计算惩罚性赔偿金的数额。

样本中10倍赔偿的裁判绝大多数适用《食品安全法》第148条第2款，少数适用《药品管理法》第144条第3款；3倍赔偿的裁判均适用《消费者权益保护法》第55条第1款；而其他的5倍、2倍、1倍和50%并非法定倍数，是根据案件实际情况作出的灵活调整。

（八）惩罚性赔偿金是否与罚金、罚款折抵（见图8）

刑事附带民事公益诉讼中，绝大多数样本裁判认为惩罚性赔偿金不应与刑事罚金折抵，至2021年，全部裁判均认为不应折抵。

2021年度食药领域提起惩罚性赔偿公益诉讼案件中，法院均不支持将公益诉讼惩罚性赔偿金与刑事罚金折抵。2018~2020年，共有江苏省宿迁市

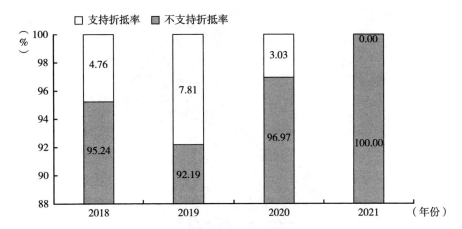

图8　2018~2021年度食药领域提起惩罚性赔偿公益诉讼案件支持折抵率、
不支持折抵率变化情况

宿豫区人民法院、广东省广州市荔湾区人民法院、广东省茂名市电白区人民法院、山东省威海火炬高技术产业开发区人民法院4家基层法院支持抵扣，认为三者同属惩罚性债权，应予折抵。[①] 但是，广东省广州市荔湾区人民法院于2019年作出的（2018）粤0103刑初600号判决被上诉至广东省广州市中级人民法院，广州中院出于维护裁判稳定性及考虑到不另增加被告金钱罚负担，勉强维持了一审判决，并指出，折抵无明确法律依据且会导致执行处置上的混乱，不宜作为通例。[②]

（九）惩罚性赔偿金的归属和管理（见图9）

样本裁判中，近1/4判决明确惩罚性赔偿金需上缴国库，但判决上缴国库的占比于2021年降至19.61%，不到2成；仅少数地区设立了公益基金财

[①] 江苏省宿迁市宿豫区人民法院（2018）苏1311刑初392号、（2018）苏1311刑初437号刑事附带民事判决书，广东省广州市荔湾区人民法院（2018）粤0103刑初158号、（2018）粤0103刑初178号、（2018）粤0103刑初600号刑事附带民事判决书，广东省茂名市电白区人民法院（2019）粤0904刑初355号刑事附带民事判决书，山东省威海火炬高技术产业开发区人民法院（2020）鲁1091刑初195号刑事附带民事判决书。

[②] 广东省广州市中级人民法院（2020）粤01刑终130号刑事附带民事判决书。

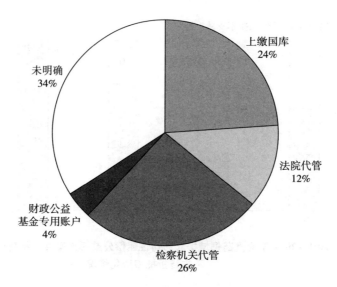

图9　2018～2021年度食药领域提起惩罚性赔偿公益诉讼案件
惩罚性赔偿金的归属和管理情况

政专户,如江苏省连云港市灌云县①、江苏省盐城市射阳县②、山东省济宁市鱼台县③、安徽省淮南市八公山区④、广东省广州市白云区⑤等;裁判中未明确指出惩罚性赔偿金如何归属、管理的占比从2018年的10.34%攀升至2021年的52.94%,说明司法实践中对惩罚性赔偿金的归属及如何使用认知模糊或存在重大分歧,亟待出台制度规范。

二　食药领域民事公益诉讼适用惩罚性赔偿存在的问题

(一)线索来源单一,消费者组织力量薄弱

样本裁判中绝大多数公益诉讼案件线索来源于刑事案件,即便是在纯粹

---

① 江苏省连云港市灌云县人民法院 (2018) 苏0723刑初446号刑事附带民事判决书。
② 江苏省盐城市射阳县人民法院 (2018) 苏0924刑初338号刑事附带民事判决书。
③ 山东省济宁市鱼台县人民法院 (2018) 鲁0827刑初56号刑事附带民事判决书。
④ 安徽省淮南市八公山区人民法院 (2020) 皖0405民初1号民事判决书。
⑤ 广东省广州市中级人民法院 (2020) 粤01刑终746号刑事附带民事判决书。

的民事公益诉讼中，亦有相当比例的案件系检察机关在刑事案件中发现线索之后单独提起的民事公益诉讼，这意味着违法行为人同时被追究刑事责任、行政责任、民事责任，其惩戒、威慑不可谓不充分。但是，现实中广泛存在分散性、隐蔽性、轻微性的侵权，其危害程度可能尚不构成犯罪，检察机关自然无法从刑事案件中发现此类违法行为的线索，导致该类违法行为给社会公共利益造成的损失得不到弥补。因而，现实中对于食药领域违法行为的治理呈现两极分化的状态，即重者更重，轻者逃避法律规制。

纯粹民事公益诉讼中，消费者组织作为公益诉讼起诉主体的案件很少，且各地消费者组织起诉意愿和诉讼能力差别很大，样本裁判中仅有安徽省消保委、山西省消保委曾提起食药领域公益诉讼惩罚性赔偿。相较于检察机关，消费者权益保护委员会作为保护消费者合法权益的社会组织，与消费者的联系更加紧密，在侵权事件发生时往往更加接近于信息源，更易于获取线索。《消费者权益保护法》第 47 条将有资格提起消费公益诉讼的消费者协会的级别限定在省级以上，限制了基层消费者组织力量的发挥。

（二）私益诉讼与公益诉讼的制度区隔

由于违法行为人的逐利倾向及受损消费者的理性冷漠，消费者私益诉讼惩罚性赔偿制度的惩罚、威慑等预设功能落空。《消费者权益保法》第 55 条第 1 款、《食品安全法》第 148 条第 2 款、《药品管理法》第 144 条第 3 款以消费者所付价款或者所受损失为基数，再乘以固定倍数计算得到惩罚性赔偿金的数额。但是，当惩罚性赔偿的倍数低于胜诉概率的倒数时，违法者仍然有利可图[1]，证成过程如下。设受害消费者支付的价款，即违法者所得的收入为 S，消费者提起诉讼的胜诉率为 P，惩罚性赔偿金的固定倍数为 X，当 X<1/P 时，可以依次推出 P*X<1，1-P*X>0，S*（1-P*X）>0，S>P*S*X，即违法者所得收入大于其因败诉所支付的惩罚性赔偿，违法者仍然能从其违法行为中获益。在分散性、隐蔽性、轻微性的消费类案件中，个

---

① 刘水林：《消费者公益诉讼中的惩罚性赔偿问题》，《法学》2019 年第 8 期。

人所付价款或受损数额通常较小，即便给予其额外的赔偿，提起诉讼仍然得不偿失，多数受害者基于诉讼的成本与收益的衡量会选择理性冷漠成为"沉默的大多数"。甚至，很多消费者对自己权利受到侵害并未察觉。这些原因导致私益诉讼惩罚性赔偿制度安排在实践中并未发挥出其惩罚、威慑的预设功能。

或许是考虑到审判效率及消费者提起私益诉讼的举证成本，最高人民法院《关于审理消费民事公益诉讼案件适用法律若干问题的解释》（以下简称《消费公益诉讼解释》）第 16 条试图建立起消费私益诉讼与公益诉讼的制度互动，规定消费者提起私益诉讼时，可以直接援引公益诉讼生效裁判认定的事实。虽然我国已经建立了较为成熟的裁判文书网上公开制度，但裁判文书的话语表达体系毕竟极具专业性，对于普通消费者而言存在理解障碍，而且普通消费者并不会像司法专业从业者那样频繁访问裁判文书网，消费公益诉讼的裁判信息并不会被普通消费者及时获取，信息不对称问题仍然存在，因而《消费公益诉讼解释》第 16 条发挥的作用仍然有限。

（三）食药领域公益诉讼惩罚性赔偿面临法定主义诘问

虽然司法实践已基本全面支持食药领域公益诉讼起诉人的惩罚性赔偿诉讼请求，但样本判决大部分并未充分说理，而是默认公益诉讼起诉人与个体消费者之间可以地位互换，从而直接适用私益诉讼惩罚性赔偿的有关规定。鲜有判决予以充分解释，从有限的样本来看，支持者的观点可以归纳为，检察机关作为公益诉讼起诉人替代了消费者的地位，即享有消费的权利[1]；难以确定具体身份的沉默受害者的损害转化成了不特定公共利益的损害。[2] 从目的解释出发，公共利益损失无法通过私益诉讼得到弥补，必须通过公益诉讼的赔偿制度解决，因而《消费公益诉讼解释》第 13 条第 1 款[3]中"等"

---

① 湖南省长沙市中级人民法院（2021）湘 01 刑终 153 号刑事附带民事判决书。
② 浙江省杭州互联网法院（2019）浙 0192 民初 5464 号民事判决书。
③ 《消费公益诉讼解释》第 13 条第 1 款："原告在消费民事公益诉讼案件中，请求被告承担停止侵害、排除妨碍、消除危险、赔礼道歉等民事责任的，人民法院可予支持。"

可作目的性扩张解释，将惩罚性赔偿囊括在消费公益诉讼起诉人可提出的诉请类型中①；从类推解释出发，食药领域公益诉讼与私益诉讼惩罚性赔偿具有类似的惩罚、威慑、预防的功能定位，符合类推适用的条件，因而按照最高人民法院《关于审理食品药品纠纷案件适用法律若干问题的规定》第17条第2款的规定，在食药领域公益诉讼中参照适用该司法解释第15条②，以惩罚性赔偿作为确定不特定公共利益受损的赔偿方式。③

虽然2021年度的样本裁判均支持食药领域公益诉讼惩罚性赔偿诉讼请求，不支持的裁判观点集中在2020年以前，但是理论、实务远未形成共识，仍然有必要加以讨论，概括而言，反对观点主要有以下两类。其一，根据《民法典》第179条第2款规定，惩罚性赔偿作为一种特殊的民事责任，须遵循法定主义原则，而权利主体法定自不待言，诉请惩罚性赔偿的权利主体是私益诉讼中的消费者，公益诉讼起诉人并非违法行为的受害者，与损害结果没有直接利害关系，不具备诉请惩罚性赔偿的主体资格。④ 其二，从民事诉讼公平原则出发，认为让牟小利的小本经营者承担高额惩罚性赔偿，不利于真正的社会公平。⑤

综上所述，食药领域公益诉讼适用惩罚性赔偿并无直接的、明确的法律依据，实践中，裁判观点、法律适用、解释路径整体上呈现混乱局面。

（四）证明标准不统一

对于公益诉讼起诉人是否需要举证证明有消费者食用不符合食品安全标

① 参见安徽省滁州市中级人民法院（2021）皖11民终20号民事判决书，
② 《关于审理食品药品纠纷案件适用法律若干问题的规定》第15条："生产不符合安全标准的食品或者销售明知是不符合安全标准的食品，消费者除要求赔偿损失外，依据食品安全法等法律规定向生产者、销售者主张赔偿金的，人民法院应予支持。生产假药、劣药或者明知是假药、劣药仍然销售、使用的，受害人或者其近亲属除请求赔偿损失外，依据药品管理法等法律规定向生产者、销售者主张赔偿金的，人民法院应予支持。"
③ 浙江省丽水市中级人民法院（2020）浙11民初71号民事判决书。
④ 安徽省蚌埠市禹会区人民法院（2020）皖0304民初2194号民事判决书，山西省朔州市中级人民法院（2018）晋06民初36号民事判决书。
⑤ 四川省成都市青羊区人民法院（2020）川0105刑初630号刑事附带民事判决书。

准的食品或者假药劣药而受到实际损害，样本裁判中有两种截然相反的观点。一种观点认为，惩罚性赔偿以补偿性赔偿的存在为前提，只有符合侵权责任的构成要件，才能要求惩罚性赔偿，如果公益诉讼原告无法举证证明不特定公众遭受实际损害，自然不能提起惩罚性赔偿；另一种观点认为，民事公益诉讼采用的是盖然性证据规则，消费者个体受损情况是消费者个人私益诉讼的范畴，检察机关作为民事公益诉讼起诉人，不负有查明、举证消费者购买、食用涉案食品、药品的不良后果的责任，审判机关也无须针对不特定的众多消费者就是否购买涉案食品、药品食用，以及有无不良反应等实际受损情况进行调查、统计分析。①

前者是事后观点，着眼于已经发生的个体消费者实际损失，十分严格地将民事公益诉讼的证明标准置于个体侵权私益诉讼的要件事实结构当中；后者是事前观点，着眼于违法行为产生的损害危险，类似于刑法中的抽象危险犯，只要实施了违法行为，即应承担民事责任。

（五）惩罚性赔偿金计算及其与罚金、罚款之间的关系

在惩罚性赔偿金的计算基数选择上，囿于公共利益损失的抽象性，样本裁判绝大多数以较易于证明的销售金额为基数，对于销售金额无法查明的，就低以收购价为基数计算，还有个别判决以被告自认的获利数为基数计算。在惩罚性赔偿金的计算倍数选择上，由于公益诉讼惩罚性赔偿制度直接法律依据的缺失，实践中只能参照私益诉讼惩罚性赔偿制度的有关法律规定，援引《消费者权益保护法》《食品安全法》中 3 倍或 10 倍的法定倍数计算，但是也有 5% 的样本裁判认为按照法定倍数计算出的惩罚性赔偿金数额过高，经综合考量后酌定恰当的倍数进行计算。

对于民事公益诉讼中惩罚性赔偿金是否应当与刑事罚金、行政罚款之间折抵，2021 年的样本裁判观点趋于一致，均不主张折抵，2020 年之前存在两种相反的观点。一种观点认为，从法律关系上看，刑事罚金、行政罚款与

---

① 江苏省南通市中级人民法院（2019）苏 06 刑终 26 号刑事附带民事判决书。

民事公益诉讼惩罚性赔偿金分别属于公法和私法领域，不应相互折抵，且如果相互折抵会造成执行处置上的混乱；另一种观点认为，从功能定位上看，三者作用相似，都起到一定的威慑、遏制作用，属于"同质罚"，为避免惩罚的过度，可以相互折抵。

惩罚性赔偿金的数额计算问题及其与罚金、罚款是否折抵问题实际上是同一问题的两个方面，归根结底都是如何确定民事公益诉讼被告承担恰当数额的惩罚性赔偿金，以使遏制、预防功能得到最佳实现，因而宜一体化解决。

（六）惩罚性赔偿金归属管理不规范

就公益诉讼惩罚性赔偿金的归属、管理使用，实践中出现了上缴国库、检察机关代管、法院代管、纳入财政公益基金专用账户等方式。样本裁判中，判决上缴国库的占比从 2018 年的 41.38% 降至 2021 年的 19.61%，反映出司法实践逐步认识到将惩罚性赔偿金上缴国库的弊端，食药领域公益诉讼惩罚性赔偿金应当用于对食药消费领域公共利益损害的修复，而非不加区分地作为一般财政收入上缴国库，使其用途泛化，背离惩罚性赔偿金的"公益性"特质。另外，我国公益诉讼有别于西方国家的集体诉讼、集团诉讼，系纯粹的公益诉讼，从《消费公益诉讼解释》第 9 条[①]来看，个人消费者可以另行提起私益诉讼，亦即公益诉讼责任和私益诉讼责任是可以叠加的，这就决定了公益诉讼惩罚性赔偿金不能直接向消费者分配、兑付。据统计，2017~2019 年，检察机关在食品安全民事公益诉讼中共提出惩罚性赔偿诉讼请求 11 亿元。[②] 如何既规范又灵活地管理使用食药领域公益诉讼惩罚性赔偿金成为亟待解决的问题。

---

① 《消费公益诉讼解释》第 9 条规定："人民法院受理消费民事公益诉讼案件后，因同一侵权行为受到损害的消费者申请参加诉讼的，人民法院应当告知其根据民事诉讼法第一百一十九条规定主张权利。"

② 陈璋剑、吴艳：《规范消费类民事公益诉讼赔偿金管理使用》，《检察日报》2021 年 7 月 8日，第 7 版。

三 食药领域民事公益诉讼惩罚性赔偿制度发展方向

（一）扩张适格起诉主体范围

《消费者权益保护法》于 2013 年 10 月 25 日第二次修订时，考虑到当时公益诉讼制度刚刚起步且基层消费者组织力量薄弱，因而将有资格提起消费公益诉讼的消费者协会的级别限定在省级以上。如今消费者组织在食药、产品质量等各个领域的消费民事公益诉讼中积累了丰厚的实践经验，可以适时解除级别限制，赋予基层消费者组织提起消费公益诉讼的资格。实际上，实践当中基层消费者组织也通过模式创新在消费公益诉讼中发挥了重要作用，安徽省消保委的探索即为典范，其通过省消保委委托地市级消保委工作人员担任诉讼代理的方式，激活了基层消费者组织的力量。①

（二）创设确认型公益诉讼请求，促进制度互动

在分散性、轻微性的消费侵权类案件中，违法行为、损害事实、因果关系、法律适用等存在高度同质性，如果单个受损消费者起诉时，法院都进行重复审查，无疑降低了审判效率，导致司法资源浪费。为增强《消费公益诉讼解释》第 16 条在实施层面的生命力，激活私益诉讼惩罚性赔偿制度，构建公益诉讼与私益诉讼惩罚性赔偿制度之间良性互动的格局，公益诉讼起诉人可以探索提起"确认型"诉讼请求②，该类请求虽然不直接解决个别权利义务的分配问题，但能够明显增强要件事实的可识别性。

食药领域私益诉讼惩罚性赔偿制度规定于《食品安全法》第 148 条第 2款、《药品管理法》第 144 条第 3 款、《消费者权益保护法》第 55 条第 1款，分别规定了受损消费者诉请生产者或经营者承担惩罚性赔偿的前提条

---

① 陶维、任震宇：《安徽探索维权新模式　公益诉讼谱新章》，《中国消费者报》2022 年 3 月15 日，第 31 版。

② 杜乐其：《消费公益诉讼惩罚性赔偿解释论》，《南京大学学报》2022 年第 1 期。

件，即生产者生产不符合食品安全标准的食品，生产假药、劣药，经营者有明知的主观故意或构成欺诈，公益诉讼起诉人可以提起确认型诉讼请求，以便后续消费者提起惩罚性赔偿时加以援引。

在此基础上，依托于基层消费者组织构建面向广大消费者的信息传递机制。基层消费者组织可以捕捉筛选公益诉讼裁判文书中的关键要件事实，并将专业化表达转换为生活化表达，形成摘要后向消费者推送，以使信息易于理解、易于获得。

（三）建立纯粹公益诉讼惩罚性赔偿制度

由于违法行为人的逐利倾向及受损消费者的理性冷漠，消费者私益诉讼惩罚性赔偿制度的惩罚、威慑等预设功能落空，无论是作为公益诉讼起诉人的检察机关、消费者组织，还是作为审判机关的法院，均认识到食药安全的治理不能仅依赖于消费者提起私益诉讼惩罚性赔偿，于是转而探索在公益诉讼中提起惩罚性赔偿，以期弥补违法行为所造成的公共利益损失。但是违法者通过实施违法行为实际上取得了市场优势地位，破坏了健康的经济秩序，对依存于该经济秩序的不特定多数人造成损失，公共利益损失的抽象性、不可分性决定了其难以量化，于是公益诉讼便参照适用私益诉讼惩罚性赔偿的规定，以补偿公共利益遭受的损失。随着司法实践中对食药领域公益诉讼适用惩罚性赔偿制度的探索逐步深入，司法观点也趋于一致，但法律适用、解释路径整体上仍呈现混乱局面，有损司法权威，因而，有必要通过完善立法或借助司法解释予以明确指引，以统一裁量标准。

（四）统一证明标准

《消费者权益保护法》第 55 条将经营者构成欺诈行为作为受损的个人消费者提起惩罚性赔偿的前提条件。最高人民法院《关于适用〈中华人民共和国民事诉讼法〉的解释》第 108 条第 1 款规定："对负有举证证明责任的当事人提供的证据，人民法院经审查并结合相关事实，确信待证事实的存在具有高度可能性的，应当认定该事实存在。"第 109 条规定："当事人对

欺诈、胁迫、恶意串通事实的证明，以及对口头遗嘱或者赠与事实的证明，人民法院确信该待证事实存在的可能性能够排除合理怀疑的，应当认定该事实存在。"对于一般的待证事实，采用盖然性标准，对于欺诈、胁迫、恶意串通等事实的证明采用排除合理怀疑标准。

就食药领域民事公益诉讼证明标准问题，之所以产生"排除合理怀疑"标准和"盖然性"标准两类截然相反的观点，究其原因是对公共利益的性质特征、制度功能定位认识不统一，且法律及司法解释并未就公益诉讼证据规则作出单独的规定。生产、销售不符合食品安全标准的食品，生产假药、劣药的行为，不仅会给不特定消费者造成人身、财产损失，也使违法行为人通过实施违法行为获得了相对于守法经营者的不当竞争优势，扰乱了正常的市场秩序，这一公共利益损失具有抽象性、不可分性，难以量化，并不以个体消费者实际受损为前提。《会议纪要》规定食药领域公益诉讼惩罚性赔偿制度的功能预设是惩罚、遏制和预防严重不法行为，不仅需要考虑违法行为已经实施、损害后果已经发生时如何处理善后的问题，还需要考虑尚未发生的行为，通过惩罚性赔偿制度的实施吓阻、预防违法行为，防患于未然，如此，《消费者权益保护法》"保护消费者合法权益，构建和谐公平诚信消费市场秩序"的立法目的方能实现。因而，在证据标准上宜采盖然性证据规则，公益诉讼起诉人只需证明违法行为，无须证明个别消费者的实际损失。

（五）构建弹性系数模式

现代各国立法越来越呈现公法与私法交融的态势，惩罚性赔偿制度即为例证。① 食药领域民事公益诉讼引入惩罚性赔偿制度的目的即为弥补刑罚及行政处罚手段对消费领域分散性、隐蔽性、轻微性侵权的威慑不足，分属于不同部门法的法律责任共同对违法行为形成威慑，而威慑效应与惩罚性赔偿金数额之间并非单纯线性关系，只有当赔偿金数额与被告经济能力匹配时，

---

① 刘奇英：《公法与私法交融视域下惩罚性赔偿的法律性质及其制度功能》，《晋阳学刊》2018 年第 3 期。

二者才正相关，这已为实证研究所证明。① 民事公益诉讼将销售金额集合起来为基数再乘以法定倍数计算出惩罚性赔偿金，与刑事罚金、行政罚款叠加后，可能会造成"过度威慑"，反而减损了威慑的效果，因而需要视个案判断是否适用惩罚性赔偿及确定数额。最高检第八厅厅长胡卫列就《会议纪要》答记者问时指出："对于侵权人初犯、偶犯、主观过错和违法行为情节轻微、主动采取补救措施等没有必要给予惩罚的情形，一般不再提出惩罚性赔偿诉讼请求。"诸多学者、司法实务工作者均主张公益诉讼惩罚性赔偿金数额的确定应摆脱私益诉讼法定倍数的固定框架，交由个案综合多种因素弹性化酌定。② 《会议纪要》也明确应综合考虑侵权人主观过错程度、违法行为次数、持续时间、违法销售金额、获利金额、受害人覆盖面、侵害后果、社会影响、财产状况、刑事处罚、行政处罚等因素，将被告是否已经承担刑事罚金、行政罚款作为确定惩罚性赔偿金数额时的考虑因素，已经避免了过度威慑的问题，无须再单独考虑三者是否应当相互抵扣。

（六）规范惩罚性赔偿金管理

为更好地发挥食药安全领域公益诉讼制度价值，《会议纪要》指出，食品安全民事公益诉讼惩罚性赔偿金的管理应坚持用于公益的原则，各地可以探索将其纳入专门公益基金账户统一管理，依法统筹用于消费者合法权益保护。在管理方法方面，可以借鉴生态环境损害赔偿金的管理方法，纳入财政专用基金账户、由当地消费者协会建立专项基金、委托基金会、委托信托进行管理等；在用途方面，可以用于损害发生地食品药品安全知识公益宣传、公益捐赠、食药安全领域公益诉讼鉴定费、检验费、专家咨询费、证人出庭

① Lawrence M. Friedman, "Dead Hands: Past and Present in Criminal Justice Policy," *Cumberland Law Review*, 27 (1), 1997. 转引自杜乐其《消费公益诉讼惩罚性赔偿解释论》，《南京大学学报》2022 年第 1 期。
② 杨会新：《公益诉讼惩罚性赔偿问题研究》，《比较法研究》2021 年第 4 期；田漫、柴冬梅：《食药安全领域检察机关诉请惩罚性赔偿相关问题研究》，《中国检察官》2020 年第 4 期；崔晓丽：《食品安全领域检察民事公益诉讼惩罚性赔偿机制研究》，《中国检察官》2020 年第 5 期。

补助等①；在监督方面，应凝聚检察监督、审计监督、群众监督等多元监督力量，管理者应定期公示赔偿金收支明细账目。

四　结语

尽管食药领域民事公益诉讼惩罚性赔偿制度在适用中仍然存在无直接请求权基础以及裁判解释路径、证据规则、惩罚性赔偿金数额计算标准、是否与罚金罚款抵扣等认识不统一的问题，但经过几年的集中探索，司法观点逐步趋于一致，相信未来该制度会纳入立法，既能发挥独立制度价值，亦与私益诉讼形成良性互动，制度适用的细节、赔偿金的管理也必将统一化、规范化、科学化。

---

① 赖红军、唐昕：《民事公益诉讼惩罚性赔偿金的性质和管理路径》，《人民检察》2020 年第23 期。

B.18

行政公益诉讼诉前程序与诉讼程序
衔接检察实务问题研究

崔 念 李廷明*

摘 要： 《人民检察院公益诉讼办案规则》于 2021 年 7 月 1 日施行，明确了发出诉前检察建议和提起行政公益诉讼的条件与程序，但对行政公益诉讼诉前程序和诉讼程序的衔接仅规范了审查起诉期限与要求跟进调查，对实践中争议较大的诉前检察建议整改落实标准、整改期限、跟进调查方式及诉讼时效等问题没有明确。为提高跟进调查、审查起诉检察实务工作质效，确保行政公益诉讼诉前程序和诉讼程序衔接顺畅，本报告结合《人民检察院公益诉讼办案规则》和办案实践，归纳提炼出诉前检察建议整改落实标准和跟进调查评估方法，并积极回应行政公益诉讼诉前检察建议整改期限和诉讼时效争议等问题，以期检察机关统一执法标尺，规范办案流程，指导办案实践。

关键词： 诉前检察建议 跟进调查 诉讼时效

检察行政公益诉讼由以诉前检察建议为核心的诉前程序和以提起行政公益诉讼为核心的诉讼程序两部分组成。行政公益诉讼诉前程序是指人民检察院在履行职责中发现生态环境和资源保护、食品药品安全、国有财产

---

* 崔念，重庆市人民检察院第三分院二级检察官助理；李廷明，重庆市人民检察院第三分院三级高级检察官。

保护、国有土地使用权出让等领域负有监督管理职责的行政机关违法行使职权或者不作为，致使国家利益或者社会公共利益受到侵害，依法向行政机关发出诉前检察建议法律文书并督促其整改的过程。行政公益诉讼诉讼程序是指行政机关经检察建议督促后仍然没有依法履行职责，国家利益或者社会公共利益仍然处于受侵害状态，检察机关因此进入起诉审查并依法向人民法院提起诉讼的过程。诉前程序与诉讼程序的衔接主要涉及行政机关对诉前检察建议是否整改落实到位的分析研判，若整改落实到位，则终结案件审查，不进入诉讼程序；若未依法履职整改到位，则应提起行政公益诉讼，进入诉讼程序。而诉前检察建议是否整改落实到位需要结合整改落实标准、整改期限和跟进调查等情况综合认定。当检察机关作出未整改落实到位判断后，向人民法院提起行政公益诉讼是否受诉讼时效约束，又是诉前程序转化为诉讼程序正当性和规范性的关键因素，需要各方尽量达成统一认识。

一　诉前检察建议整改落实标准研究

根据《人民检察院公益诉讼办案规则》（以下简称《公益诉讼办案规则》）第 71 条办理行政公益诉讼需要查明的事项、第 74 条终结案件情形和第 82 条行政机关未依法履职情形等规定来看，诉前检察建议落实标准可以归纳为：行政机关在规定的期限内，重新全面履行了法定监督管理职责，依法纠正了违法行为或不作为或穷尽了职权措施，使国家利益或社会公共利益得到有效维护或救济。

（一）程序要件：行政机关应当在规定的整改期限内完成整改

检察机关在制发诉前检察建议时，国家利益或社会公共利益已经遭受侵害或者面临被侵害的严重威胁，为避免损失进一步扩大或造成更严重后果，及时修复、保护、救济国家利益或社会公共利益尤为重要，因此，行政机关应当在规定的整改期限内完成整改。通常而言，整改期限是参照《检察机关行政公益诉讼办案指南（试行）》履职回复期 2 个月或紧急情况下 15 日确定，但考虑到有的案件历史形成原因比较复杂，整改难度大、范围广、周期长、成效显现时间久和程序审批复杂以及其他不可抗力等特殊情况，行政机关在 2 个月整改期内无法完成整改的，应当在 2 个月期满前积极与检察机关沟通，说明延长整改期限的原因，并制订后续整改方案，明确合理的时间推进计划，由双方重新协商确定整改期。若整改期内遇到突发事件、不可抗力等客观原因导致整改无法按时完成的，应当及时告知检察机关，客观障碍消除后应当立即恢复整改。

（二）行为要件：行政机关依法纠正了违法行为或重新全面履行了监管职责

制发诉前检察建议前提是被监督行政机关负有法定监管职责，且存在违法行使职权或不作为，检察建议是否整改落实的核心标准就是行政机关是否纠正了违法行为或者重新全面履行了法定监管职责，包括四个方面内容。一是行政机关依法重新进行了调查核实。对检察建议书中提及的违法作为或不作为事实，通过现场勘验检查、复制查阅资料、走访调查等行政调查措施进行了全面调查核实，并予以认可，若不认同检察建议内容，则走检察建议复核程序。二是行政机关依法纠正了违法作为或重新履行了法定职责。通过内部自我纠错程序，依法撤销或改变了之前的行政违法行为，或者及时重新履行了监管职责，对相关违法行为进行了依法查处。三是行政机关及时采取了有效的监督管理措施。对相关违法行为作出依法查处的同时，采取了垃圾清理转运、环保设施安装使用、土地复垦复绿、调整规划、恢复治理等跟进整改措施，并督促违法行为人有效整改到位。四是违法行为人不配合整改的，应当穷尽行政管理职权措施。对违法行为人不配合整改、消极整改或拒不履行生效决定或命令的，行政机关应当穷尽行政处罚、查封、责令停业整顿、依职权执行、移送有权机关处理或申请法院强制执行等法律法规规定的法定职权措施，否则，即为履职不全面。

（三）结果要件：国家利益或社会公共利益得到有效维护或救济

公益诉讼的根本价值是维护国家利益和社会公共利益，诉前检察建议是否整改落实，关键看受损公益是否得到有效维护或救济。包括两方面内容：一方面是公益得到有效维护，即通过行政机关依法纠正违法行为或不作为，采取举一反三管理措施后，受损的国家利益或社会公共利益不再处于受侵害状态，得到了有效保护或修复；另一方面是公益得到有效救济。行政机关虽然具有行政监督管理职责，但并不是每一个行政机关都能行使行政强制措施或行政处罚权，行政机关履行职能必须在法律法规授权许可范围内，若行政机关穷尽了行政职权，行政相对人仍然拒不整改的，行政机关只能按规定移送有管理权限的单位或向人民法院申请强制执行。这种情况下，在被监督行政机关履职阶段公益是没有得到有效维护的，但其通过移送有管理权限的单位或向人民法院申请强制执行后，维护国家利益和社会公共利益的职责就转移到了其他行政机关或人民法院，国家利益和社会公共利益仍然可以得到有效救济，此时应当认定行政机关落实了诉前检察建议。

二 诉前程序跟进调查与诉讼程序起诉审查方法研究

诉前检察建议是否整改落实需要检察机关调查评估，评估结果为是否提起行政公益诉讼的标准之一，因此，调查评估方法至关重要，实践中，常见的评估方法有七种。

（一）时间节点控制法

即以行政机关是否在检察建议规定的整改期限内全面完成整改为判断标准，检验诉前检察建议是否落地见效。整改期满未收到回复的，初步预判为未整改落实，应立即跟进调查，若行政机关未实际整改，也没有制定整改措施的，应当进入起诉审查程序。整改期满后，行政机关因客观原因未能按期整改，继续制订方案、明确整改期限的，可以根据实际情况重新与行政机关达成整改期限规定，行政机关应当在该期限内完成整改。

（二）回复系统审查法

即以检察建议书指出的违法行为或不作为和检察建议具体内容为参照，逐项对比审查行政机关整改回复是否涵盖检察建议书的全部内涵和外延。有三个标准。一是是否存在漏项。若有漏项，整改不全面，表现为行政机关对检察建议书中载明的违法行为或事实查处有漏项和落实检察建议内容有遗漏。二是是否具体可行。若整改措施不具体，整改不到位。有的整改回复无具体整改实效，只是列举计划整改措施或者以工作计划、方案代替整改落实，判定整改不到位。三是有无资料佐证。若无佐证，整改效果待定。有的行政机关整改回复内容全面、措施具体、整改成效较好，但没有提供佐证材料或其材料不足以证明的，应对整改效果进一步调查核实。

（三）跟踪问效验证法

即采取走访调查、现场测试或暗访等方式，验证行政机关整改回复工作成效。通过联合验收、跟进现场调查，走访涉案当事人、周边群众、基层组织和被监督行政机关，测试、试用有关设施设备和调取数据资料等方式，全面调查被监督行政机关督促涉案当事人整改过程和验证整改效果。若被监督行政机关存在虚假整改、书面整改、违法整改，或者整改不彻底的、不全面的，应当认定整改不到位，并按规定进入起诉审查。

（四）定期回访防反弹法

即针对容易出现反弹的案件，采取定期开展回头看、定期回访调查等方式持续督促被监督行政机关整改落实。露天焚烧、扬尘污染、消落区违规种植和固废污染等案件在整改后极容易出现阶段性反弹，不宜将行政机关单点单次整改成效认定为整改到位，需要定期开展回头看，评估其长效治理机制作用。回头看过程中发现有反弹迹象或苗头的，应当及时通告行政机关，督

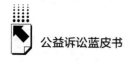

促其继续采取加大巡视巡查力度、压实各级责任和强化宣传引导等措施，防止出现反弹或辖区其他区域出现类案情形。

（五）专家论证支持法

即针对个别案中涉及的专业性、技术性问题，引入行业领域专家或聘请有资质的第三方机构参与论证，提供专业意见建议。食品药品安全、生态环境损害、文物文化遗产保护措施和矿山、土地复垦复绿等领域案件在整改措施制定或整改成效评估验收工作中往往具有较强的专业性，检察机关的调查难以客观、全面、准确作出认定，需要借助行业领域专家和独立的第三方专业机构力量，对其整改措施、整改成效进行专业论证，为检察机关精准评估、作出认定结论提供专业性意见建议。

（六）公开听证评估法

即邀请志愿者、人大代表、政协委员、特邀检察官助理、人民监督员或周边基层群众代表参加公益诉讼案件公开审查，评估行政机关整改效果。公益诉讼案件维护的是国家利益和社会公共利益，具有整体性、开放性、共享性，与人民群众生产生活都息息相关，针对群众关注高、案件涉及面广、案件处理影响重大等案件，可以采取公开听证方式广泛听取各方代表意见建议，推动各方形成整改合力，为检察机关全面、客观、准确认定案件事实、适用法律和作出处理决定提供重要参考性意见。

（七）穷尽职权审查法

即以行政机关的法定职权为根本判断依据，逐一比对行政机关采取的措施是否属于其职权范围或者是否穷尽了法定职权。一方面行政机关必须依法依规整改。行政机关在整改工作中采取的调查取证措施、作出的行政处罚决定、发布的行政命令、调整规划举措和工作流程等必须符合法律法规规定，不得超越职权、滥用职权，也不得违反程序规定，否则构成以新的违法行为代替整改落实，仍然属于没有依法履职。如办理非法占用基本农田类行政公益诉讼案件，行政机关不得擅自将基本农田恢复为一般耕地。另一方面行政机关在国家利益或社会公共利益得到有效维护或救济前，必须穷尽所有职权措施，否则仍然属于履职不到位。行政机关整改过程中不能只是进行了调查核实和作出行政处罚就算履职完毕，必须跟进案件办理，若违法主体拒不改正、拒不执行处罚决定或其他行政命令，行政机关还应当依法采取按日连续处罚、责令停业整顿、代履行、申请法院强制执行或依职权强制执行等行政职权措施继续履职，直到公益得到有效维护或救济，否则，属于履职不全面。

三 诉前程序整改期限与诉讼程序起诉审查期限起算衔接研究

根据《公益诉讼办案规则》第 47 条第 1 款 "人民检察院办理行政公益诉讼案件，审查起诉为一个月，自检察建议整改期满之日起计算" 的规定，整改期、整改期满的确定至关重要。

（一）明确整改期限应当符合客观规律

行政公益诉讼受案范围领域较广，不同领域案件整改难易程度不同，同一领域案件形成原因复杂，整改期限也有所差别，不能一概论之。从法律监督视角看，行政公益诉讼是检察权对行政权的监督，要符合检察权、行政权运行规律，既要体现监督本质，又不能过度干预行政权运行。从诉讼本质来看，行政公益诉讼本质上是诉权、是司法救济权，权利受到侵害时要及时主张诉权，确保权益得到及时救济。因此，检察机关在确定行政机关整改期限时，应当充分尊重案件客观实际、尊重检察权运行规律、尊重行政权运行规律和尊重诉权运行规律，确定合理的整改期限。

（二）整改期限的三种表述方式

《公益诉讼办案规则》要求检察建议书中必须写明行政机关整改期限，但未对整改期限的期间作出具体要求，只在《检察机关行政公益诉

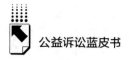

讼案件办案指南（试行）》检察建议回复部分规定了履职回复期，即行政机关应当在收到检察建议书之日起2个月内或者紧急情形下的15日内依法履行职责，并将办理情况及时书面回复人民检察院，但值得注意的是整改期限不完全等同于履职回复期，是可以缩短、延长或中止的。实践中整改期有三种表述方法。一是参照履职回复期确定整改期限。即将2个月或紧急情况下15日作为整改期限，实践中大多数案件可以按照该期限来确定，但对历史形成原因复杂、涉及多部门协调配合、整改报批程序繁琐、整改难度大、整改成效时间长等行政公益诉讼类案件不适用，不具有普遍适用性。二是根据个案客观实际明确规定整改期限。该种方法最直接明了，但仅适用于能够明确行政机关法定履职期限或有客观证据表明行政机关履职整改需要该合理期限类案件，有过度干预行政权运行的嫌疑。三是整改期限折中融合表述。即将整改期限表述为"行政机关应当在收到检察建议书之日起2个月内（或者紧急情形下的15日内）依法履行职责，若确因客观原因无法按期完成整改的，应当在2个月整改期满回复中明确后续整改的详细方案和整改期限或者与检察机关协商重新确定整改期限"，该种方法充分尊重了行政机关行政管理的独立自主，也表明了检察机关公益诉讼监督的刚性要求，也为审查起诉期限的起算明确了标准，具有普遍适用性。

（三）审慎适用整改期内中止审查

《公益诉讼办案规则》第78条规定行政机关因客观原因在整改期内不能完成整改的检察机关可以中止审查。但必须审慎适用该条款，防止检察官滥用检察权和怠于履行检察权，致使公益得不到及时救济，从而与公益诉讼的价值追求背道而驰。一是必须严格理解适用中止审查的条件。整改期内中止审查应当同时满足三个条件。（1）行政机关必须在整改期限内作出了行政决定或制定了工作方案，即行政机关在依法重新正确履职中，且取得了阶段性工作成效。（2）因突发事件等客观原因不能全部整改到位。对"等客观原因"可以结合案件实际做适当理解，但不易扩大理解，必须与突发事件相当，如不可抗力、疫情管制、洪水等自然灾害以及客观情势发生重大变更导致整改难度明显加大等情形，不是行政机关主观原因如领导换届、人员调整、审批程序繁琐等导致。（3）行政机关必须一直在积极履职，没有怠于履职、消极履职。二是必须严格中止审查程序。（1）时间节点应为行政机关整改期满回复或书面来函明确告知因突发事件等客观原因可能导致无法按期完成整改之日起。（2）必须启动调查核实中止情形后依法作出。（3）应当提交检察官联席会讨论审慎作出中止审查决定。（4）作出中止审查决定的，应当按规定程序报请检察长批准决定。三是必须跟进调查并及时恢复审查。中止审查决定作出后，检察机关仍然需要跟进调查中止原因消除情况，自原因消除之日起及时作出恢复审查决定。

（四）行政机关整改期满的认定

对整改期满的认定应当把握好行政机关依法履职完毕和检察机关整改期限审查确认两个标尺，具体表现为四点。一是行政机关在履职回复期内书面回复整改完毕的，表明行政机关已经全面履职完毕，检察机关应当在收到行政机关书面整改回复之日起及时跟进调查，但仍然要以检察建议书中确定的整改期限届满之日作为整改期满之日，若跟进调查发现行政机关履职整改不到位，可以要求行政机关在该期限内继续整改。二是行政机关履职回复期书面回复制订了整改方案或措施，且方案或措施中明确了完成整改时间节点的，若检察机关审查后没有提出书面异议，以方案中最后整改完成时间节点为整改期满之日。三是检察机关对整改方案或措施中的最后整改时间有异议，经检察机关与行政机关重新协商确定整改期限的，以该期限届满之日为整改期满。四是检察机关在整改期限内依法作出中止审查决定的，中止审查期间不应计入整改期限内，但中止审查决定前的期限应当计入整改期限。

四　行政公益诉讼诉讼时效的确立研究

检察机关向人民法院提起行政公益诉讼时，是否应当适用诉讼时效以及诉讼时效期限有多长则在理论界和实务界有争议。有人提出检察机关提起行政公益诉讼案件诉讼时效应当参照《行政诉讼法》一般诉讼时效6个月确定，以检察机关收到行政机关整改回复之日起计算[①]；有人认为行政公益诉讼诉讼时效应当为自检察建议回复或期满之日起1年；有人认为行政公益诉讼案件的起诉期限可以适用《行政诉讼法》第46条第2款规定的20年或者5年的最长保护期限[②]；还有人认为行政公益诉讼不受普通行政诉讼起诉期限的限制，只要经过检察机关提出检察建议的诉前程序，行政机关在法定期限内未依法履行职责，国家利益或者社会公共利益仍处于受侵害状态，检察机关可随时提起诉讼。[③] 笔者认为，检察行政公益诉讼具有法律监督者和公共代表双重属性，体现的是法律监督本质和诉讼本质。而检察行政公益诉讼制度是我国的一项特色制度，创新设计了诉前程序和诉讼程序，诉前程序主要体现的是检察权对行政权的监督，只要国家利益或社会公共利益受到侵害，检察机关就有权启动行政公益诉讼立案调查程序，该阶段是履行法定职责、行使法定职权的表现，即体现法律监督本质，检察机关立案受理不受诉讼时效约束。但从诉前程序转入诉讼程序，体现的就是公益诉讼诉的本质，检察机关就应当遵守诉讼的一般规律，适用诉讼时效规则。

（一）确立行政公益诉讼诉讼时效的正当性

诉讼时效制度是指权利人合法权益受到侵害后，应当在法律规定的时效内依法主张权利，超过规定的期间主张权利的，人民法院对权利人的权利不再予以保护的制度，设定诉讼时效的目的在于督促权利人及时行使权利，避免因时间过长造成证据调查收集困难，从而不利案件得到公平公正审判，避免权利义务长期处于不明确状态造成社会经济秩序的不稳定。检察行政公益诉讼应当遵守诉讼时效规定理由有四。第一，行政公益诉讼本

---

① 甘肃省天水市秦州区人民法院（2017）甘0502行初字第6号行政判决书。
② 刘艺：《检察行政公益诉讼起诉期限适用规则研判——评湖北省钟祥市人民检察院诉钟祥市人民防空办公室不全面履行职责案》，《中国法律评论》2020年第5期。
③ 安徽省当涂县人民法院（2018）皖0521行初字第39号行政判决书。

质上是一种诉权，理应遵守诉讼时效制度。检察机关是法律授权维护国家利益或社会公共利益的适格权利人，当国家利益或者社会公共利益受到侵害时，理所当然应当依法及时采取措施予以救济，防止损害进一步扩大。第二，法律监督属性决定应当遵循诉讼时效。检察机关是国家法律监督机关，对行政机关违法作为或不作为有权进行法律监督，对人民法院诉讼过程也享有监督权，法律监督权是法律授予检察机关的职权，权力的行使必然受到约束和监督，诉讼时效制度就是对检察机关行使职权的约束，要求检察机关必须在规定的期间内行使职权，防止权力被滥用。同时，提起公益诉讼也是检察机关的法定职责，履职则更加注重程序规范和经济高效，要求检察机关更加主动积极履职。职权不能乱用，职责更不能放弃行使，检察机关在行政公益诉讼案件办理中应当受到诉讼时效的约束。第三，维护经济社会管理秩序稳定必然要求遵守诉讼时效规定。行政机关履行行政公共事务管理职责，行政管理行为具有预见性，行政相对人根据行政机关作出的管理行为进行活动，如果行政公益诉讼不受诉讼时效约束，导致行政管理行为得不到及时纠正纠偏或者在较长时间之后才进行纠正纠偏，不利于行政机关经济社会管理秩序的稳定，不符合行政相对人参与经济社会活动的心理预期，也不利于维护行政机关行政管理权威，更不利于法治政府、法治社会的建设。第四，明确诉讼时效有利于及时实现维护公益目的。明确诉讼时效有利于倒逼检察机关积极履职尽责，及时有效地督促行政机关履职整改，实现维护公益目的。

（二）行政公益诉讼诉讼时效确立的方法

最密切联系原则是涉外民商事案件适用法律的基本原则，是指人民法院在审理涉外民商事案件时，在当事人没有选择法律适用的情况下，要求综合考虑当事人国籍、营业地、合同签订地、合同履行地、标的物所在地等交易有关的全部事实，适用与争议有最密切联系的国家的法律。最密切联系原则适用的前提是当事人没有选择适用的法律或者选择无效，也就是说应当适用哪国的法律并不明确，一定程度上也可以理解为没有法律明确规定；适用的主体是人民法院居中能动履职确定应该适用哪一国的法律，而不是由双方当事人确定；确定适用哪一国法律必须限制在与当事人的活动密切联系范围内，不能随意适用无关国家法律；最大优点在于综合各方面因素考虑，适用最密切联系国家法律，追求结果的公平公正。而目前，检察机关行政公益诉讼制度法律法规暂不完善，缺少诉讼时效规定；检察机关、人民法院、行政机关是参照《行政诉讼法》确定诉讼时效，还是参照最高人民法院、最高人民检察院《关于检察公益诉讼案件适用法律若干问题的解释》确定诉讼时效，抑或具体适用《行政诉讼法》哪一条哪一款确定诉讼时效有不同的认识和理解。为妥善化解争议，确保司法公正，可以从行政公益诉讼被监督对象是行政机关，不依法履职表现为违法作为或者不作为，庭审程序、裁判方式和判决执行等都与行政诉讼具有高度相似性和联系最为密切角度出发，参照最密切联系原则，确定按照《行政诉讼法》及其司法解释确定行政公益诉讼案件诉讼时效。

（三）行政公益诉讼诉讼时效确立的具体内容

行政公益诉讼案件中，行政机关不依法履职表现在行政机关作出的行政行为违反法律法规规定或超出本单位法定职权作出行为，或者行政机关怠于履职或者履职不全面，即行政机关违法作为或不作为。针对违法作为或不作为检察机关采取的检察建议方式、检察建议内容和给予整改期限具有明显区别，行政机关履职整改措施、整改难易程度、整改程序规范和需要的整改期限也不一样，具有较大差异性。因此，应当从行政机关违法作为或不作为两个维度来确立行政公益诉讼的诉讼时效。

一方面，行政机关违法作为类行政公益诉讼案件参照适用 5 年诉讼时效，自知道或者应当知道该违法作为之日起算。根据《行政诉讼法》第 46 条的规定，行政诉讼的诉讼时效有 6 个月、5 年和 20 年。首先，6 个月的诉讼时效明显不符行政公益诉讼诉前程序制度设计，不符合行政公益诉讼案件办案期限设定。按照《检察机关行政公益诉讼案件办案指南（试行）》规定，检察机关办理行政公益诉讼案件拟作出终结审查或者提出检察建议决定的，应当自决定立案之日起 3 个月内办理终结，行政机关应当在收到检察建议书之日起 2 个月内或紧急情况下的 15 日内依法履职整改。按照《公益诉讼办案规则》，办理行政公益诉讼案件，审查起诉期限为 1 个月。也就是说完成行政公益诉讼审查起诉的正常办案期限需要 6 个月，这还不包括线索评估时间和延长整改期限的时间，确定诉讼时效 6 个月明显不符合行政公益诉讼诉前程序制度设计目的。其次，5 年诉讼时效的表述为"其他案件自行政行为作出之日起超过五年提起诉讼的，人民法院不予受理"，行政公益诉讼案件可以理解为其他行政诉讼案件，且行政机关违法作为类行政公益诉讼案件，行政机关事先是作出了一个或多个违法行为的，符合该条款规定，可以参照适用。同时，行政公益诉讼案件在立案调查前，检察机关并不清楚行政机关作出的具体行政行为内容，符合最高人民法院《关于适用〈中华人民共和国行政诉讼法〉的解释》第 65 条"公民、法人或者其他组织不知道行政机关作出的行政行为内容的，其起诉期限从知道或者应当知道该行政行为内容之日起计算，但最长不得超过行政诉讼法第四十六条第二款规定的起诉期限"的规定。因此，行政机关违法作为致使国家利益或社会公共利益受到侵害的行政公益诉讼案件，与《行政诉讼法》第 46 条第 2 款规定密切关联，可以按照最密切联系原则参照适用 5 年诉讼时效，自知道或者应当知道该违法作为之日起算，检察机关作出立案决定的，立案之日视为应当知道之日。最后，20 年诉讼时效针对的是对不动产提起的行政诉讼，具有特殊性，不符合一般规律，且诉讼时效明显过长，不符合国家利益和社会公共利益必须及时救济的紧迫性要求，不利于行政管理秩序的稳定。

另一方面，行政机关不作为类行政公益诉讼案件参照适用 6 个月诉讼时效，自行政机关整改期满之日起算。根据《行政诉讼法》第 47 条第 1 款"公民、法人或者其他组织申请行政机关履行保护其人身权、财产权等合法权益的法定职责，行政机关在接到申请之日起两个月内不履行的，公民、法人或者其他组织可以向人民法院提起诉讼。法律、法规对行政机关履行职责的期限另有规定的，从其规定"，最高人民法院《关于适用〈中华人民共和

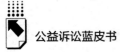

国行政诉讼法〉的解释》第66条"公民、法人或者其他组织依照行政诉讼法第四十七条第一款的规定,对行政机关不履行法定职责提起诉讼的,应当在行政机关履行法定职责期限届满之日起六个月内提出"的规定,高度契合行政公益诉讼行政机关怠于履职致使国家利益或社会公共利益受损的情形,都是针对行政机关不作为,都需要事先申请或督促行政机关按规定重新履职作为,只有行政机关经申请或督促后仍不作为的才能提起诉讼。因此,行政机关不作为类行政公益诉讼案件完全可以按照最密切联系原则参照上述规定确定诉讼时效为6个月,自行政机关整改期满之日起算。

B.19
行政公益诉讼诉前程序刚性问题研究
——上海市某区人民检察院公益诉讼办案的实践思考

上海市崇明区人民检察院重点课题组*

摘　要： 我国检察公益诉讼制度的核心是行政公益诉讼，行政公益诉讼的主要特色是诉前程序。行政公益诉讼诉前程序不只是提出检察建议，还应包括诉前磋商、听证和调查等内容。诉前程序应当具有刚性，刚性来源于检察权、其他国家公权力以及政策、法律的明确规定。实践中行政公益诉讼诉前程序面临刚性难题，对此，基层检察机关可以有所作为，如推动地方人大出台规范性文件、规范自身办案程序、与纪委监察委形成监督合力、办案形式司法化等。

关键词： 行政公益诉讼　诉前程序刚性　基层检察实践

公益诉讼是检察机关新职能，理论研究落后于实践。目前对于行政公益诉讼诉前程序问题，学界关注点集中于检察建议，而对于实践中诉前程序刚性问题关注不多。本报告试图结合基层公益诉讼办案实践分析相关问题，并提出对策建议。

---

* 课题组负责人：奚山青，上海市崇明区人民检察院党组书记、检察长。课题组成员：谢惠，上海市崇明区人民检察院党组成员、副检察长；程竹松，上海市崇明区人民检察院公益检察室业务主任；郝丛丛，上海市崇明区人民检察院检察官助理。

一 行政公益诉讼诉前程序刚性的理论梳理

（一）诉前程序概念界定

行政公益诉讼诉前程序不是法定用语，目前没有法律条文明确规定过"诉前程序"。① 根据《行政诉讼法》第 25 条第 4 款和最高人民法院、最高人民检察院《关于检察公益诉讼案件适用法律若干问题的解释》（以下简称《检察公益诉讼解释》）第 21 条规定，检察院办理行政公益诉讼案件，督促行政机关依法履职，有两种法定手段：一是提出检察建议，二是提起诉讼。提起诉讼前要先提出检察建议。专家学者们对上述法条进行延伸理解，将这两种手段解释为两种程序，即提出检察建议是诉前程序，提起诉讼是诉讼程序。

现在，"诉前程序"已成为行政公益诉讼理论研究和司法实务中的惯用词语，但是学界对诉前程序即为提出检察建议的理解已经过时。《行政诉讼法》和《检察公益诉讼解释》是规定人民检察院要提出检察建议，以督促行政机关依法履行监管职责，但我们对诉前程序的理解不能局限于提出检察建议，如同公益诉讼不一定是诉讼一样，诉前程序也不只是提出检察建议。实践中，有越来越多的行政公益诉讼案件立案后没有提出检察建议，检察机关查明事实后，通过与行政机关诉前磋商就解决了问题，及时维护了公益。《人民检察院公益诉讼办案规则》于 2021 年 7 月 1 日起施行，该办案规则对公益诉讼办案的调查、磋商、听证等程序作了规定。在当前形势下，对行政公益诉讼诉前程序概念进行科学界定很有必要。

诉前程序是种法律程序，法律程序是法律关系主体按照法定的方式进行法律行为。对于国家机关来说，其法律行为可以分为外部法律行为和内部法

---

① 只有曹建明检察长在第十二届全国人民代表大会常务委员会第二十八次会议上作《行政诉讼法》修改说明时强调："在行政公益诉讼中，诉前程序是必经程序，检察机关通过提出检察建议督促行政机关依法履行职责，增强了行政机关依法行政的主动性和积极性。"

律行为两类，对外作出并产生法律效果的行为是外部法律行为，对内作出并产生法律效果的行为则是内部法律行为。从法律程序的角度来理解，行政公益诉讼诉前程序除了提出检察建议外，还包括检察机关办理案件进行的诉前磋商、听证、调查等内外部法律活动。

科学界定诉前程序的概念，关键是要明确诉前程序的性质和价值。行政公益诉讼制度之所以要设置诉前程序，主要是因为要遵循两个法律原则。一是行政先行原则，即充分尊重行政机关及其行政管理权，行政机关作为专业机构处理自身工作事务相对于其他机关具有先天优势，所以在各国行政救济制度中通常都有行政先行处理原则；二是检察谦抑原则，检察权作为法律监督权，相对于其他国家公权力应该具有谦抑性，即在行使权力时要保持克制，尽量避免国家机关之间产生对抗。行政先行和检察谦抑原则是行政公益诉讼制度设置诉前程序的原因，但不是诉前程序的本身内容，诉前程序的内容是通过非诉讼的途径督促行政机关依法履职。因为是非诉讼，所以其具有穷尽行政救济、节约司法资源的价值和融合外部监督与自我纠错的模式特征。实践中诉前程序能有利于尽快恢复被损害的公共利益，所以很多检察机关都自觉把诉前程序维护公益作为最佳司法状态，努力在诉前程序中解决问题。

综上，根据《人民检察院公益诉讼办案规则》的有关规定，结合诉前程序的形式和内容，行政公益诉讼的诉前程序有狭义和广义之分。狭义的诉前程序是指提起诉讼前督促行政机关依法履职的磋商、听证和提出检察建议程序；广义的诉前程序除以上内容外，还包括立案后、起诉前为督促行政机关履职而开展的调查核实等专门活动。

（二）诉前程序具有刚性

学界有一种观点认为，行政公益诉讼诉前程序不可能做成刚性，也没必要做成刚性。理由为：诉前程序即进行磋商或提出检察建议，磋商就是协商，是平等自愿的；建议，顾名思义就是可以接受可以不接受，若行政机关不接受检察建议，检察院就依法提起诉讼；诉前程序作为前置程序，是

"柔",提起诉讼作为保障,是"刚",刚柔相济,先礼后兵,这就是我国行政公益诉讼制度的设计原理。

那么行政公益诉讼诉前程序到底有没有刚性、要不要刚性呢?答案是肯定的。根据《辞海》的解释,刚性与柔性相对,是强硬、有力量的意思。首先,检察院是宪法规定的国家法律监督机关,监督的对象主要是国家公权力,公权力具有强制力,监督公权力的权力当然也具有强制力,这种强制力就是刚性。同时,检察权作为监督权具有程序性特征,"检察监督,其实质是法定的监督程序的强制性启动"[1]。公益诉讼检察充分完整体现了传统检察权的所有特点,其本质是通过监督法律的正确实施来促进国家和社会的有效治理。检察机关是基于检察监督职能开展公益诉讼工作,这是检察公益诉讼与社会组织提起公益诉讼的主要区别。其次,"诉前程序是一项具有鲜明中国特色的制度设计,契合检察机关法律监督的职能特点,体现了中国特色社会主义的制度优势"[2]。诉前程序作为行政公益诉讼的一部分,其与诉讼程序不可分割,没有诉前程序的刚性,诉讼的刚性也难以实现,所以行政公益诉讼诉前程序也应当具有刚性。最后,法律有无刚性,不能只看法律规定本身,还与执法者、司法者是否具有刚性有关,因为"法律的生命力在于实施,法律的权威在于实施","奉法者强则国强,奉法者弱则国弱"。综上,诉前程序具有刚性是我国行政公益诉讼检察制度的应有之义。

(三)诉前程序的刚性来源

关于诉前程序的刚性来源,目前学界也存在争议。有学者认为,诉前程序应该有刚性保障,但该刚性主要不是来自检察权或检察机关自身,而是来源于外界的合力。如上海市人大常委会《关于加强检察公益诉讼工作的决定》是对检察公益诉讼强有力的支持,但该决定是站在人大而不是检察院的角度对相关部门提出要求,因为人大对行政机关具有监督职能,而公益诉

① 胡卫列:《国家治理视野下的公益诉讼检察制度》,《国家检察官学报》2020年第2期。
② 胡卫列:《国家治理视野下的公益诉讼检察制度》,《国家检察官学报》2020年第2期。

讼的刚性要体现在合力上，即地方党委、政府、人大的支持。还有学者认为，行政公益诉讼中检察院提出检察建议："这应该是检察机关向行政机关行使请求权的过程……行政机关在规范上有积极回应的义务，而不是事实上迫于检察机关的压力进行回应。"[①]

笔者认为，诉前程序的刚性既来源于检察权自身，也来源于其他国家公权力，但最终是来源于党的重大决策和宪法、法律的明确规定。2018 年我国《宪法》第五次修正，虽然修改内容较多，但始终坚持"人民检察院是国家法律监督机关"。同年，《人民检察院组织法》第六次修订，确认和巩固多年来司法体制改革和检察改革的重大成果，落实了宪法对检察机关的定位。根据《人民检察院组织法》第 20、21 条的规定，检察院行使的职权有"依照法律规定提起公益诉讼"等八项，检察院行使这些法律监督职权可以进行调查核实并依法提出检察建议等，有关单位应予以配合并及时回复。2021 年党中央出台《关于加强新时代检察机关法律监督工作的意见》，明确指出人民检察院既是国家法律监督机关，又是保障国家法律统一正确实施的司法机关；既是保护国家利益和社会公共利益的重要力量，又是国家监督体系的重要组成部分，在推进全面依法治国、建设社会主义法治国家中发挥着重要作用。该意见还要求积极稳妥推进公益诉讼检察，并总结实践经验，完善相关立法。宪法、法律的上述规定和党中央的重要决定为检察权的刚性提供了坚强保障，也是行政公益诉讼诉前程序刚性的重要来源。

二　行政公益诉讼诉前程序刚性的实践难题

为增强公益诉讼及诉前程序刚性，全国有二十多个省级人大出台了有关支持检察公益诉讼工作的决定，对检察、行政、监察、审判等国家机关和其

---

① 沈岿：《检察机关在行政公益诉讼中的请求权和政治责任》，《中国法律评论》2017 年第 5 期。

他组织都提出相关要求。① 《人民检察院公益诉讼办案规则》对检察机关行政公益诉讼办案的要求更加明确，在立案与调查、提出检察建议、提起诉讼等规定中我们都能看到诉前程序的刚性。对照相关规定，结合办案实践，可以发现行政公益诉讼诉前程序存在一些刚性问题。

（一）检察建议的刚性问题

根据《人民检察院检察建议工作规定》，检察建议有五种类型。其中，公益诉讼检察建议与社会治理检察建议这两种因在制发对象、监督事由、建议内容和保障落实手段等方面存在不同，所以理论上不难区分。但是由于这两种检察建议都具有推进社会治理的重要功能，所以实践中二者之间的界线不是很明显。

为什么要区分公益诉讼检察建议和社会治理检察建议？因为公益诉讼检察建议有"可诉性"的要求，即《人民检察院公益诉讼办案规则》第 75 条规定，检察建议书的内容应当与可能提起的行政公益诉讼请求相衔接。最高人民检察院提出，要强化法律监督，把检察建议做成刚性、做到刚性。如何增强公益诉讼检察建议的刚性，关键是检察建议内容要具有"可诉性"。可诉性是公益诉讼检察建议的基本特征，没有可诉性，公益诉讼检察建议的刚性难以保障，也就无法体现公益诉讼制度所独有的价值。同时根据《人民检察院公益诉讼办案规则》第 69 条的规定，检察机关在立案前发现同一行政机关对多个同一性质的违法行为可能存在不依法履职情形的，应作为一个案件进行立案；在发出检察建议前发现其他同一性质的违法行为的，应与已立案件一并处理。上述条款规定内容在检察实务中被称为"类案不能群发检察建议"。因为法律规定"类案不能群发检察建议"，又因为实践中检察机关办案要达到"办理一案、治理一片"的社会效果，所以有的基层检察

---

① 如内蒙古自治区人民代表大会常务委员会《关于加强检察公益诉讼工作的决定》第 6~10 条，吉林省人民代表大会常务委员会《关于加强检察机关公益诉讼工作的决定》第 6~8 条，山东省人民代表大会常务委员会《关于加强新时代检察机关法律监督工作的决议》第 7、8 条，均对行政、审判、监察等国家机关支持公益诉讼提出了具体要求。

机关制发的检察建议中只有原则性、概括性的内容，没有或者缺乏可转化为诉讼请求的内容，这无形中降低了诉前程序的刚性。

为了增强公益诉讼检察建议的刚性，正确区分公益诉讼检察建议和社会治理检察建议，检察机关应当从被建议单位的选取、检察建议事项所属领域、涉及的行政机关具体职责、公益受损情况、建议内容等方面进行综合分析。根据最高人民检察院有关工作最新要求，对于属于法律、行政法规、司法解释、地方性法规以及最高人民检察院第八检察厅《关于积极稳妥拓展公益诉讼案件范围的指导意见》等文件明确规定的公益诉讼案件领域，存在公益损害，需要对行政机关未依法履行职责的违法性问题进行监督的，应当优先制发公益诉讼检察建议；对于行政机关同类多次未依法履行职责的违法性问题，原则上制发一份检察建议；在办理公益诉讼案件中发现行政机关除存在不依法履行职责的问题外，还存在社会治理方面的问题，需要其予以改进的，可以在公益诉讼检察建议中同时提出改进工作、完善治理的建议；在办理同一类公益诉讼案件中发现有关单位存在普遍性倾向性问题，需要有关单位建章立制、加强监管、改进工作的，可以制发社会治理检察建议。

（二）诉前磋商的刚性问题

诉前磋商也是行政公益诉讼办案的重要方式和手段。因为"依据案件类别与情节轻重的不同，采取相应的诉前程序，使得一部分案件可以通过诉前磋商机制解决，弥补了检察建议的局限性，充分发挥出诉前程序的辅助功能，及时督促行政机关纠错和履职，极大减轻检察机关与相关行政机关的对抗情绪，节约公共资源投入，形成共同保护公共利益的合力"①。根据《人民检察院公益诉讼办案规则》第 70 条规定，检察院可以就行政机关是否依法履职、公共利益受到侵害的后果及整改等事项进行磋商，磋商可以采取召开座谈会、发送事实确认书等方式进行，并形成书面材料。与提起诉讼前必须要提出检察建议不同，《人民检察院公益诉讼办案规则》只是规定"可

---

① 马超：《行政公益诉讼诉前磋商机制》，《华南理工大学学报》（社会科学版）2021 年第 4 期。

以"进行磋商。但是2020年10月最高人民检察院与中央网信办、国务院食品安全办等食品药品有关部门共同印发的《关于在检察公益诉讼中加强协作配合依法保障食品药品安全的意见》要求检察机关在立案后7日内要与行政机关进行磋商。目前办理食品药品案件,诉前磋商是不是必经程序,实践中存在争议。其实从规范效力上说,《人民检察院公益诉讼办案规则》属于司法解释,而《关于在检察公益诉讼中加强协作配合依法保障食品药品安全的意见》只是一种规范性文件,前者的效力无疑高于后者。但是从内容上说,二者不存在冲突,所以实践中检察机关办理食品药品公益诉讼案件先与相关行政机关进行磋商也是正确的做法。

既然司法解释规定"可以"进行磋商,那么检察机关就面临一个选择的问题,即什么样的案件可以磋商?什么时候可以磋商?磋商的内容可否自由裁量?本课题组查询所有"法"性质的规范性文件,没有找到明确答案;但通过检索最高人民检察院和最高人民法院发布的公益诉讼典型案例,发现诉前磋商案件有一定的数量,且该类案件占比有逐年增加的趋势。研究公益诉讼典型案例,可以发现很多诉前磋商案件都属于预防性公益诉讼,诉前磋商办案多数与公开听证、圆桌会议等形式相结合,检察机关通过诉前磋商及时维护受损的国家利益和社会公共利益,取得了良好的政治、法律和社会效果。

实践中不是所有的行政公益诉讼案件都适合磋商。如果公益受损严重或公益受损危险在即,而行政机关却不愿履职或者多个行政机关之间对自身职责存在争议,此时欲磋商可能会延误时机,不但不能及时解决问题,反而会让相关行政机关不能正确认清自身职责以致继续怠于履职。实践中也不是任何时候都适合磋商,诉前磋商应该在提出检察建议之前,若已经制发了检察建议书,行政机关就要根据检察建议要求及时履职整改,若在检察建议之后再进行磋商,则有损检察建议书的刚性和权威。诉前磋商的形式可以灵活,但内容必须要有刚性,这个刚性主要体现在对公益的维护上,即对公益维护不打折扣,磋商绝对不能让渡公益。由此可见,公益诉讼的诉前磋商与私益诉讼的磋商完全不同,相比较而言,前者的刚性非常明显。同时为了保障诉前磋商内容的刚性，根据《人民检察院公益诉讼办案规则》的规定，磋商要形成书面材料。实践中这种书面材料有没有证据效力以及证明力的大小等问题，目前尚未引起关注。

（三）检察听证的刚性问题

近年来检察机关办案大力推崇适用听证程序，2020 年至今最高人民检察院已先后发布四批检察听证典型案例，内容涉及刑事、民事、行政和公益诉讼四大检察。检察听证功能很多，可以说服特定人，可以汲取专家智慧，可以增强检察办案公信力，可以发挥社会力量对检察办案的监督和制约作用。根据《人民检察院审查案件听证工作规定》，听证是指人民检察院对于符合条件的案件，组织召开听证会，就事实认定、法律适用和案件处理等问题听取听证员和其他参加人意见的案件审查活动。在行政公益诉讼中，听证程序在检察机关与行政机关就事实认定、法律适用等方面存在较大争议时，能够帮助检察机关全面、及时、准确了解行政机关法定职责，进一步查明案件事实。因此，《人民检察院公益诉讼办案规则》第 44 条规定，人民检察院可以依照规定组织听证，听取相关各方意见，了解有关情况。

听证的性质是什么？根据上述规定，听证既是案件审查活动又是调查工作，所以在《人民检察院公益诉讼办案规则》中听证是放在"调查"这一节中。检察听证与行政听证有所不同。根据《行政处罚法》的规定，听证是行政处罚决定程序的一种，行政机关拟作出法定范围内的几种行政处罚决定，应当告知当事人有要求听证的权利，当事人要求听证的，行政机关应当组织听证；听证结束后，行政机关应当根据听证笔录，依法作出是否处罚的决定。而对于检察听证，《人民检察院审查案件听证工作规定》和《人民检察院公益诉讼办案规则》都没有规定要以当事人申请为前提，也没有规定检察机关要根据听证笔录作出决定，只规定听证形成的书面材料是人民检察院依法处理案件的重要参考。

实践中有人对检察听证的性质和效力问题存在争议，导致听证的刚性难以彰显。如在行政公益诉讼办案中，检察机关要进一步查明公益是否受损或行政机关是否依法履职的事实，准备启动听证程序，有违法行为人或行政机关工作人员则认为其没有参加听证的法定义务，所以拒绝参加听证。又如为了在更大范围内"让公平正义看得见"，检察机关要开展互联网公开听证，却往往因为相关主体害怕社会影响而不能进行。笔者认为，在行政公益诉讼中，检察机关办案要遵循司法规律，听证增强了诉前程序的可视性、仪式性，这就是其刚性的体现，听证的性质有点类似于法院的"庭审"，需要刚性作为保障；根据相关规定，听证是检察机关的一种调查手段，因此拒绝参加听证就是不配合检察机关调查核实。

（四）调查核实权的刚性问题

检察机关调查核实权的刚性不足历来被理论界和实务界所诟病。调查核实是广义的诉前程序，作为公益诉讼办案最核心的环节，其不仅是认定违法事实、确定公益损害的基础，也是提升办案质效、确保整改落实、推进公益诉讼检察工作高质量发展的重要保障。但调查核实权是否应有强制性保障，应有何种类型的强制性保障，以及如何从机制上对其进行保障，迄今仍众说纷纭。学界有种观点认为，虽然《人民检察院组织法》第 20 条规定人民检察院行使"提起公益诉讼"等八项职权，第 21 条规定检察院行使法律监督权可以进行调查核实，但这不是检察机关开展公益诉讼调查的法定依据，检察机关公益诉讼办案调查权应来源于《民事诉讼法》或《行政诉讼法》，目前这两部法律均未对检察机关调查权作出规定，所以检察公益诉讼调查权是非常有限的。笔者认为，组织法是专门规定某类国家机关的组成和活动原则的法律，人民检察院作为国家机关，其权力或职权最终来源于组织法，而不是行为法。《人民检察院组织法》规定检察院可以行使调查核实权，但没有明确调查核实是否包含强制性手段，因此，仅凭组织法不能认定公益诉讼调查具有强制性，但这不能说明组织法不是公益诉讼调查核实权的法定渊源。

检察公益诉讼调查核实权不同于民事行政检察监督调查核实权，其以证明公共利益受到侵害事实为目标，具有调查重于核实、行使范围广泛等显著特征。公益诉讼是各项检察监督工作中更带有"主动性"的检察职能，其最突出的特点就是主动性和全流程。但是实践中检察办案调查有时会遇到阻力，如检察人员持调取证据通知书和调取证据清单依法调取行政执法卷宗，有的行政机关以需要领导审批、卷宗材料没有归档、办案人员没时间等为理由不及时提供，虽然没有直接拒绝，但经过几个星期甚至数月检察人员才能拿到案件材料，公益受损持续存在甚至扩大。又如需要做询问笔录时，有关人员不愿配合，检察办案人员只能做工作记录，但这种工作记录的证据效力如何，也是需要思考的问题。

要减少这些阻力，赋予检察机关调查取证的强制性保障不可或缺。目前全国 26 个省级人大出台了支持检察公益诉讼工作的有关决定，其中关于调查核实权的保障措施大体有三种。一是检察院对拒绝配合的人员有处分建议权；二是司法警察在特定情形下有紧急处置权和警械武器使用权；三是公安机关对妨碍检察公务行为有及时查处义务。后两种保障措施的适用情形具有例外性，对消极履行配合义务者没有用武之地。[①]《人民检察院公益诉讼办案规则》对于解决这个问题没有明确规定。笔者认为，公益诉讼属于诉讼，根据《立法法》的规定，诉讼制度属于法律保留事项，地方立法和司法解释都无权规定，因此，破解该难题最终需要全国人大及其常委会制定或修改法律。

三 增强行政公益诉讼诉前程序刚性的对策思考

随着"四大检察"的全面推进，公益诉讼维护国家利益和社会公共利益的观念已经逐渐深入人心。诉前程序在保护公共利益、监督和纠正行政违法行为上发挥着举足轻重的作用。行政公益诉讼中，增强诉前程序刚性是高效实现公益诉讼职能的必经之路，虽然当前理论界对于诉前程序刚性有不同看法，办案实践中也存在一定程度的困难，但是基层检察机关可以通过积极主动地探索逐一破解难题。上海检察机关高度重视增强行政公益诉讼诉前程

---

① 刘加良：《检察公益诉讼调查核实权的规则优化》，《政治与法律》2020 年第 10 期。

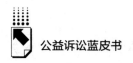

序刚性，大力支持基层检察机关进行机制创新，并于 2021 年 11 月 11 日在上海市崇明区人民检察院召开全市行政公益诉讼诉前程序刚性推进视频会。作为上海基层检察机关的先进典型，崇明检察院探索经验如下。

（一）结合本地实际，推动区级人大出台规范性文件

2017 年上海市人大常委会通过《关于促进和保障崇明世界级生态岛建设的决定》，规定"区人大及其常委会可以就促进和保障崇明生态岛建设工作作出相关决议、决定，并报市人大常委会备案。"2020 年上海市人大常委会通过《关于加强检察公益诉讼工作的决定》，为上海检察机关开展公益诉讼工作提供制度保障。崇明检察院根据上述两个决定积极主动作为，推动区人大常委会于 2021 年 3 月出台了《关于加强检察公益诉讼工作服务保障崇明世界级生态岛建设的决定》。

《关于加强检察公益诉讼工作服务保障崇明世界级生态岛建设的决定》规定了公益诉讼刚性机制保障的很多内容，从立法性规范角度为崇明生态检察"十四五"规划以及检察公益诉讼工作奠定了基础。根据该决定，崇明检察院应当通过磋商、公开听证、诉前检察建议等方式，监督行政机关依法履职、自我纠错，确保公共利益得到及时有效维护；同时应当提升检察建议的质量，依法、精准监督。对行政机关不配合调查核实的，崇明检察院可以报告区委、区人大常委会和通报区政府，或者建议区纪委监察委、被调查单位上级部门依法处理。行政机关要及时书面回复检察建议的落实和整改情况，并在回复时附相关证明材料。对于一些社会影响大、群众关注度高的公益诉讼案件，崇明检察院还应将检察建议及其整改落实情况报送区人大常委会。该决定出台后在实践中很快发挥了作用，检察办案人员在调查取证、沟通磋商或送达检察建议书时，都会适时向相关人员介绍或解释决定的有关内容。

（二）规范办案程序，提升公益诉讼诉前监督质效

为提升行政公益诉讼诉前程序的规范性和权威性，根据最高人民检察院《检察机关行政公益诉讼案件办案指南（试行）》、上海市人大常委会《关

于加强检察公益诉讼工作的决定》、崇明区人大常委会《关于加强检察公益诉讼工作服务保障崇明世界级生态岛建设的决定》等有关规定，崇明检察院结合本区实际，于2021年5月制定《关于增强行政公益诉讼诉前程序刚性的实施意见（试行）》（以下简称《实施意见》）。《实施意见》对诉前程序刚性来源、概念含义、基本原则进行阐述，对调查核实、诉前磋商、听证、检察建议等诉前程序都有详细规定。

《实施意见》有以下亮点。第一，崇明检察院公益诉讼办案调查核实要满足规定要求，并有科技支撑，对拒不履行配合调查核实义务或者阻挠检察机关调查核实的相关人员可以进行约谈。第二，诉前磋商和听证也要满足规定要求，且具有一定的法定效力。检察机关与被监督行政机关进行磋商时，应告知其公益受损的事实证据、行政机关履职的法律依据及检察机关监督意见。对于公益损害、行政职责、不依法履职事实存在重大异议等情形，检察机关应进行听证；行政机关无正当理由拒不参加听证的，检察院可以"缺席听证"，并依法制发检察建议。

《实施意见》出台后，崇明检察院公益诉讼办案工作程序更加规范，诉前程序的刚性效果提升明显。2021年，崇明检察院行政公益诉讼立案189件，制发诉前检察建议119件，行政机关收到检察建议后都履职整改并及时回函，还有69件案件通过诉前磋商程序及时保护了公益。上海检察机关定期组织开展公益诉讼案件质效考核评定，一年来崇明检察院的考核结果在全市名列前茅。

（三）形成监督合力，与区纪委监察委建立协作机制

为进一步加强协作配合形成公益保护合力，2021年崇明检察院还与区纪委监察委会签《关于建立纪检监察与公益诉讼检察衔接机制的若干意见》，规定了线索双向移送、办案协作配合、日常联络沟通等纪检监察与公益诉讼检察衔接机制。根据该意见，行政机关或公职人员存在以下情况的，崇明检察院应将线索材料移送区纪委监察委依纪依法处理：一是拒不配合或消极配合检察机关开展调查核实工作，如无正当理由拒绝提供或故意迟延提

供相关文件、执法材料，拒绝接受检察机关询问等；二是拒不履行法定监管职责，如在法定期限内不依法履行职责、不落实检察建议，造成重大损失或损失进一步扩大的，拒绝签收检察建议书等；三是无正当理由拒绝磋商、拒绝签收磋商文书、拒绝出席听证会等，且情节严重的。

上述机制在办案实践中已经落地实施。如2021年5月，崇明检察院在办理一起林地资源受损行政公益诉讼案件中，向区某局制发检察建议。该局先回函不接受检察建议，在崇明检察院将线索材料移送区纪委监察委后，该局重新回函承诺履职整改。该案不适宜起诉，为增强诉前程序刚性，崇明检察院遂联合区纪委监察委约谈相关负责人员。随后该局对破坏林地资源的违法行为人作出责令整改的行政决定。

（四）办案形式司法化，增强诉前程序刚性

在推动机制创新的同时，崇明检察院还努力通过办案司法化增强诉前程序刚性。以崇明检察院办理的长江大堤附近坑塘环境污染案件为例，办案过程中行政机关提出异议后，检察机关秉持客观公正立场，及时召开听证会。听证程序中，检察机关不是被动地"听"，而是主动创造"听"的条件，将听证与调查核实相结合，在全面准确了解有关行政机关的法定职责后，根据听证内容制发检察建议，最终形成了公益保护的共识和合力，切实解决了坑塘附近群众"急难愁盼"的现实问题。

该案听证具有以下特征。一是组织多方参与，确保客观公正。组织三家被立案行政机关和三家相关主体参会，并邀请特邀检察官助理、公益受损地居委会工作人员和居民代表列席会议。二是邀请听证员参与调查，提升听证质量。邀请区人大代表和人民监督员担任听证员，听证会召开前，邀请听证员到现场看、与群众谈，深入了解事实，增强切实感受。三是纳入检察建议，落实听证意见。听证会后，根据已经查明的事实、证据和相关法律规定，及时向行政机关制发诉前检察建议，行政机关高度重视检察建议，积极落实整改。

B.20

检察民事公益诉讼诉前程序专题研究[*]

梅傲寒^{**}

摘　要： 作为检察民事公益诉讼制度的一项基础性程序，诉前程序对于及时保护公共利益、有效节约司法资源具有重要意义。虽然相关立法对于检察民事公益诉讼诉前程序作出了规定，但从司法实践来看，立法者设计诉前程序的目的并没有得到实现，诉前程序在检察民事公益诉讼案件中并没有发挥出它应有的作用，明显出现了"虚置空转"的现象。这主要是因为在诉前程序的适用范围和督促效力等方面，该制度仍然具有可改进的空间。因此，应当从对具体规则的完善入手，即从扩大适用对象范围、完善督促起诉的方式、建立灵活化的回复期限、完善检察机关支持起诉制度等方面对诉前程序相关规则进行完善，从而使得诉前程序在检察民事公益诉讼制度中本应具有的功能得以发挥，有效避免其虚置空转。

关键词： 检察机关　民事公益诉讼　诉前程序　虚置空转

检察机关提起公益诉讼制度是保护公共利益的最后一道防线，但如果所有侵害社会公共利益的行为都要由检察机关提起诉讼，无疑是不现实的。由此，为了能够及时保护公共利益，有效节约司法资源，在检察机关发现有关侵害公共利益的案件线索之后，督促有关行政机关依法履职，促使相关主体

---

* 本报告为 2021 年湖北省教育厅哲学社会科学指导性项目"检察公益诉讼制度视域下的未成年人权益保护"（21G072）。

** 梅傲寒，江汉大学法学院讲师。

提起公益诉讼，便成为检察机关维护公共利益的最理想手段，这也是检察公益诉讼诉前程序设计的初衷。此外，在现代社会中，行政机关也具有保护公共利益的义务与责任；而个人与社会组织或团体相辅相成，前者的权利往往需要通过后者的行为来实现，而后者的行为又是前者行为的集合。① 由此，在公益诉讼中，赋予更多社会组织或团体以诉权，是实现个人权利的重要手段。也正因如此，在提起公益诉讼之前，检察机关必须依法履行诉前程序，这不仅可以减轻检察机关的工作负担，也能够对行政机关的工作进行监督，同时也体现了现代社会对于个人权利的尊重。现阶段，检察行政公益诉讼制度的诉前程序主要是通过检察建议的方式来实现，而检察民事公益诉讼制度的诉前程序主要是通过公告的方式来实现。

一　检察民事公益诉讼诉前程序制度现状

（一）立法现状

早在试点期间，检察公益诉讼相关立法格局就由《检察机关提起公益诉讼改革试点方案》《人民检察院提起公益诉讼试点工作实施办法》《人民法院审理人民检察院提起公益诉讼案件试点工作实施办法》这样一个授权加三个解释所构成，这改变了过去理论界和司法实务界所争论的在缺乏法律依据的情况下各自探索司法实践的局面，并且也都对检察机关提起民事公益诉讼诉前程序作出了相关规定。②

---

① 〔美〕帕特丽克·米歇尔：《自我设计的新天地》，林春译，中国工人出版社，1990，第78页。

② 《检察机关提起公益诉讼改革试点方案》规定："检察机关在提起民事公益诉讼之前，应当依法督促或者支持法律规定的机关或有关组织提起民事公益诉讼。法律规定的机关或者有关组织应当在收到督促或者支持起诉意见书后一个月内依法办理，并将办理情况及时书面回复检察机关。"

《人民检察院提起公益诉讼试点工作实施办法》第13条规定："人民检察院在提起民事公益诉讼之前，应当履行以下诉前程序：（一）依法督促法律规定的机关提起民事公益诉讼；（二）建议辖区内符合法律规定条件的有关组织提起民事公益诉讼。有关组织提出需要人民检察院支持起诉的，可以依照相关法律规定支持其提起民事公益诉讼。（转下页注）

  经过为期两年的试点工作，检察机关和人民法院积累了大量的实践经验，通过对相关经验的总结，并结合理论分析，检察机关在民事公益诉讼中的诉权正式于 2017 年修订的《民事诉讼法》中得到确认，这象征着检察机关提起民事公益诉讼制度正式在全国范围内普遍推行，体现出社会对其诉讼主体资格的认可。① 虽然在《民事诉讼法》第 55 条中没有明确诉前程序，但也通过立法语言对诉前程序的必要性予以确立，即必须在没有有关机关或组织提起诉讼的情况下，检察机关才能够提起民事公益诉讼。② 那么显然，检察机关必须通过某种方式来确定有关机关或组织是否愿意提起民事公益诉讼，这就在上位法方面为相关司法解释对诉前程序的规定预留了足够的空间。

  显然，关于公益诉讼的相关内容，2017 年修订的《民事诉讼法》仅提供了原则性的标准，缺乏关于公益诉讼的细节性规定，2018 年 3 月，最高人民法院、最高人民检察院《关于检察公益诉讼案件适用法律若干问题的解释》（以下简称《检察公益诉讼解释》）应运而生。该解释进一步深入探讨和说明了在司法实践中，包括在提起、审理以及执行等环节上遇到的问题，为检察

（接上页注②）法律规定的机关和有关组织应当在受到督促起诉意见书或者检察建议后一个月内依法办理，并将办理情况及时书面回复人民检察院。"

《人民检察院提起公益诉讼试点工作实施办法》第 14 条规定："经过诉前程序，法律规定的机关和有关组织没有提起民事公益诉讼，或者没有适格主体提起诉讼，社会公共利益仍处于受侵害状态的，人民检察院可以提起民事公益诉讼。"

《人民法院审理人民检察院提起公益诉讼案件试点工作实施办法》第 1 条规定："人民检察院认为被告有污染环境、破坏生态、在食品药品安全领域侵害众多消费者合法权益等损害社会公共利益的行为，在没有适格主体提起诉讼或者适格主体不提起诉讼的情况下，向人民法院提起民事公益诉讼，符合民事诉讼法第一百一十九条第二项、第三项、第四项规定的，人民法院应当登记立案。"

① 肖建国：《检察机关提起民事公益诉讼应注意两个问题》，《人民检察》2015 年第 14 期。

② 《民事诉讼法》第 58 条规定："对污染环境、侵害众多消费者合法权益等损害社会公共利益的行为，法律规定的机关和有关组织可以向人民法院提起诉讼。人民检察院在履行职责中发现破坏生态环境和资源保护、食品药品安全领域侵害众多消费者合法权益等损害社会公共利益的行为，在没有前款规定的机关和组织或者前款规定的机关和组织不提起诉讼的情况下，可以向人民法院提起诉讼。前款规定的机关或者组织提起诉讼的，人民检察院可以支持起诉。"

机关提起公益诉讼的司法实践提供了新的法律依据，进一步完善了相关制度。诉前程序对于解决侵害公共利益的问题起到了重要的积极作用，能够促进其他适格主体积极参与到维护公益的行动中，这也是通过为期两年的试点经验总结发现的成果。① 因此《检察公益诉讼解释》在保留试点期间取得积极效果的诉前程序的前提下，对诉前程序环节作出了进一步调整。该解释用公告的方式替代了检察建议，通过公告的方式来统一告知督促相关主体提起民事公益诉讼，将公告期限规定为 30 日。② 为了节约司法资源，且基于诉前公告和法院受理后的公告在性质和效果上具有相同性，该解释规定，在检察机关提起的民事公益诉讼案件中，案件立案后不再对已经履行诉前公告的案件进行公告。③

2020 年修订的《检察公益诉讼解释》对诉前程序进行了一定的调整。④ 其在诉前程序上的不同之处仅在于将英雄烈士的近亲属纳入可以提起民事公益诉讼的原告范围中。显然，这次《检察公益诉讼解释》的修订是对《英雄烈士保护法》第 25 条的回应。⑤

① 张雪樵：《〈关于检察公益诉讼案件适用法律若干问题的解释〉的理解与适用》，《人民检察》2018 年第 7 期。

② 2018 年《检察公益诉讼解释》第 13 条规定："人民检察院在履行职责中发现破坏生态环境和资源保护、食品药品安全领域侵害众多消费者合法权益等损害社会公共利益的行为，拟提起公益诉讼的，应当依法公告，公告期间为三十日。公告期满，法律规定的机关和有关组织不提起诉讼的，人民检察院可以向人民法院提起诉讼。"

③ 2018 年《检察公益诉讼解释》第 17 条规定："人民法院受理人民检察院提起的民事公益诉讼案件后，应当在立案之日起五日内将起诉书副本送达被告。人民检察院已履行诉前公告程序的，人民法院立案后不再进行公告。"

④ 2020 年《检察公益诉讼解释》第 13 条规定："人民检察院在履行职责中发现破坏生态环境和资源保护，食品药品安全领域侵害众多消费者合法权益，侵害英雄烈士等的姓名、肖像、名誉、荣誉等损害社会公共利益的行为，拟提起公益诉讼的，应当依法公告，公告期间为三十日。公告期满，法律规定的机关和有关组织、英雄烈士等的近亲属不提起诉讼的，人民检察院可以向人民法院提起诉讼。人民检察院办理侵害英雄烈士等的姓名、肖像、名誉、荣誉的民事公益诉讼案件，也可以直接征询英雄烈士等的近亲属的意见。"

⑤ 《英雄烈士保护法》第 25 条规定："对侵害英雄烈士的姓名、肖像、名誉、荣誉的行为，英雄烈士的近亲属可以依法向人民法院提起诉讼。英雄烈士没有近亲属或者近亲属不提起诉讼的，检察机关依法对侵害英雄烈士的姓名、肖像、名誉、荣誉，损害社会公共利益的行为向人民法院提起诉讼。负责英雄烈士保护工作的部门和其他有关部门在履行职责过程中发现第一款规定的行为，需要检察机关提起诉讼的，应当向检察机关报告。英雄烈士近亲属依照第一款规定提起诉讼的，法律援助机构应当依法提供法律援助服务。"

　　而这次修订的最重要意义在于，将检察民事公益诉讼的诉前程序只能通过公告履行的单一方式进行了扩展，在针对英烈保护案件中，可以通过当面征询或者发出征求意见函的方式征询英雄烈士近亲属的意见。这一变动，在充分保证《民法典》①和《英雄烈士保护法》等法律法规所赋予的英雄烈士的近亲属的诉权、尊重他们的意愿的同时，还大大提高了办案效率。所以，实际上，2020 年《检察公益诉讼解释》在一定程度上已经打破了仅有"公告"一种方式的督促起诉模式，在某种意义上，我们可以将这种新的督促起诉方式理解为更加委婉的"检察建议"，是"检察建议"的一种变形，但是这种诉前程序方式只适用于"英烈保护"这一种案件类型，对于提高民事公益诉讼诉前程序效率的影响较小。

　　总结来看，在检察公益诉讼制度中，检察机关在提起公益诉讼之前必须经过诉前程序，具体流程如图 1 所示。

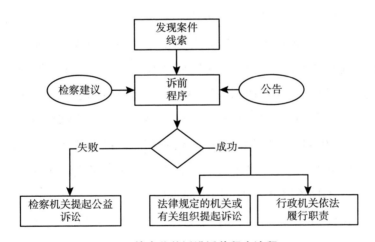

图 1　检察公益诉讼诉前程序流程

　　保护和尊重法律赋予有关机关或组织的公益诉讼诉权，同时通过督促它们履行诉权，减轻检察机关的工作负担，这是立法者赋予诉前程序的主要功

---

① 《民法典》第 994 条规定："死者的姓名、肖像、名誉、荣誉、隐私、遗体等受到侵害的，其配偶、子女、父母有权依法请求行为人承担民事责任；死者没有配偶、子女且父母已经死亡的，其他近亲属有权依法请求行为人承担民事责任。"

能，也是诉前程序存在的主要目的，因此，如果诉前程序成功，则被督促的法律规定的机关或有关组织就会针对侵害社会公共利益的行为提起民事公益诉讼，而如果最后针对侵害公共利益提起诉讼的诉讼主体是检察机关，则表示诉前程序履行失败。

（二）司法实践现状

检察机关提起公益诉讼制度从试点至今已近9年，在这9年有余的司法实践过程中，检察机关提起公益诉讼的诉前程序制度在行政公益诉讼方面的表现符合预期，处理了一大批涉及公共利益的案件。但诉前程序所具有的维护公共利益的这种直接性与督促性，在民事公益诉讼中并没有得到充分体现。下面将两年试点期间检察机关提起公益诉讼与2019年、2020年和2021年的相关数据进行对比。

从试点工作开始至2017年6月的两年间，检察机关在各试点地区积极探索、稳健扎实地开展公益诉讼相关工作。试点期间，各试点地区共办理7903件诉前程序案件，其中7676件行政案件，占比97.13%；而民事诉前程序案件仅有227件，占比仅2.87%。各试点地区检察机关针对诉前程序失败的案件共提起公益诉讼共计1150件，其中共计1029件行政公益诉讼案件，占全部检察机关提起公益诉讼案件的89.48%；而检察机关提起民事公益诉讼的案件共94件（另有25件刑事附带民事公益诉讼案件未包含在内），所占比重为8.17%。①

2019年，全国检察机关共开展诉前程序107989件，同比上升4.9%。其中民事公益诉前程序4913件，同比上升185.5%，占4.6%；行政公益诉前程序103076件，同比上升1.8%，占95.5%。共提起公益诉讼4778件，同比上升48%，占立案数的3.8%，其中民事公益诉讼4210件，同比上升59.4%，占提起公益诉讼的88.1%；行政公益诉讼568件，同比下降3.2%，占11.9%。②

---

① 最高人民检察院办公厅《检察机关公益诉讼试点工作2017年6月份情况通报》（高检办字〔2017〕178号）。

② 《2019年全国检察机关主要办案数据》，中华人民共和国最高人民检察院，https：//www.spp.gov.cn/spp/xwfbh/wsfbt/202006/t20200602_463796.shtml#1，最后访问日期：2020年6月2日。

2020 年，全国检察机关共开展诉前程序 129971 件，同比上升 20.4%。其中发出民事公告 12398 件，占诉前程序总数的 9.5%，同比增加约 5 个百分点；提出行政公益诉前检察建议 117573 件，占 90.5%，同比减少 5 个百分点。共提起公益诉讼 8010 件，同比上升 67.6%，占同期立案数的 5.3%，同比增加 1.5 个百分点。其中民事公益诉讼 7166 件，占提起公益诉讼总数的 89.5%，同比增加约 1.3 个百分点；行政公益诉讼 844 件，占 10.5%，同比减少约 1.3 个百分点。[①]

2021 年，全国检察机关共开展诉前程序 14.4 万件，同比上升 10.8%。全国检察机关共提起公益诉讼 1.1 万件，同比上升 34.8%。[②] 其中共开展行政公益诉前程序 12.7 万件，占诉前程序总数的 88.2%，诉前整改率达到 99.5%。[③] 由于目前有关 2021 年具体数据公布有限，根据已经公布的数据可推算出：民事公益诉讼诉前程序案件约为 1.7 万件，占诉前程序总数的 11.8%。提起行政公益诉讼案件约为 635 件，约占提起诉讼总数的 5.8%；提起民事公益诉讼案件约为 10365 件，约占提起诉讼总数的 94.2%。

二　检察民事公益诉讼诉前程序所存在的问题及成因分析

（一）检察民事公益诉讼诉前程序虚置现象严重

为了更加直观展现检察民事公益诉讼诉前程序所存在的问题，根据上文数据制图 2。

---

① 《2020 年全国检察机关主要办案数据》，中华人民共和国最高人民检察院，https：//www.spp.gov.cn/xwfbh/wsfbt/202103/t20210308_ 511343. shtml#1，最后访问日期：2021 年 3 月 8 日。

② 《2021 年全国检察机关主要办案数据》，中华人民共和国最高人民检察院，https：//www.spp.gov.cn/xwfbh/wsfbt/202203/t20220308_ 547904. shtml#1，最后访问日期：2022 年 3 月 8 日。

③ 《最高检案管办负责人就 2021 年全国检察机关主要办案数据答记者问》，中华人民共和国最高人民检察院，https：//baijiahao. baidu. com/s? id = 1726717872644347412&wfr = spider&for = pc，最后访问日期：2022 年 3 月 8 日。

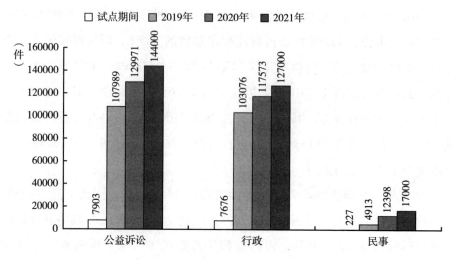

图 2　办理诉前程序案件数量

通过图 2 发现，每一年的行政公益诉讼诉前程序案件的数量都要远远多于民事公益诉讼的数量。这一情况一方面是公益诉讼制度的案件范围所致，另一方面也是基于现行行政管理体制。正如刘艺教授所言：行政机关对于损害公共利益的行为，其管理方式完全可以有效解决，并且行政机关在这方面还具有较高的管理效率。[①] 作为公益诉讼的主要案件类型，环境和消费者权益保护方面的大多数案件都可以通过行政管理机制解决，这也说明相当数量的侵害公共利益行为都与行政机关的违法作为或不作为有着或多或少的联系，因此检察机关通过行政公益诉讼的诉前程序，督促行政机关依法履职，就能实现保护公共利益的目的。

图 3 所展现出来的提起公益诉讼案件的数据和图 2 形成了强烈的反差。由于检察机关必须履行诉前程序后才能提起公益诉讼，那么按照正常的逻辑，在办理诉前程序案件数量较多的情况下，进入诉讼程序的案件数量也应当具有与之对应的案件数量。但是现实情况却并非如此，行政公益诉讼案件进入提起诉讼阶段的数量要远远少于民事公益诉讼案件进入提起诉讼阶段的

---

① 刘艺：《民事公益诉讼制度的运行实践》，《中国检察官》2018 年第 15 期。

数量。这也就说明，绝大多数检察民事公益诉讼的诉前程序案件无法像行政公益诉讼一样成功履行，最后只能由检察机关作为保护公共利益的最后一道屏障来提起民事公益诉讼。

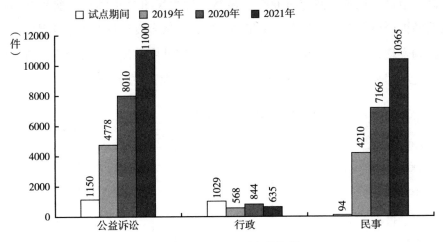

图3　提起公益诉讼案件数量

由图4、图5可以看出，在检察行政公益诉讼中，经过诉前程序后，真正需要由检察机关提起行政公益诉讼的案件占比非常低，诉前程序在行政公益诉讼中发挥出非常理想的作用，绝大多数案件都在诉前程序中得到解决。而检察机关受理的民事公益诉讼案件绝大多数都无法在诉前程序中得到解决，特别是在2019年，检察机关提起的民事公益诉讼案件占民事诉前程序案件的85.7%。而在2020年，这一数据有所下降，为57.8%。这可能是由于2020年修订的《检察公益诉讼解释》扩大了诉前程序督促起诉方式的适用范围，将特定检察机关辖区的督促起诉范围扩大至全国，对之前检察机关督促起诉的功能性在地域维度上进行了提升，在一定程度上让更多的社会组织参与到了民事公益诉讼中。[①] 2021年的这一数据涨幅不大。随着检察民事公益诉讼工作的进一步深入，随着受案范围的扩大和案件线索的增加，检察

---

① 刘显鹏、赵昌盛：《检察机关参与环境民事公益诉讼诉前程序研究》，《保定学院学报》2021年第4期。

民事公益诉讼诉前程序案件从 2019 年的 4913 件大幅度增加到 2021 年的 1.7 万件,诉前程序案件的增加和更多的社会组织对于民事公益诉讼的参与,使得检察机关提起民事公益诉讼案件数量占民事诉前程序案件数量的比重有所下降,但这一比重依然超过 60%。显然,检察民事公益诉讼诉前程序与行政公益诉讼诉前程序的效果无法相提并论,立法者设计诉前程序的目的并没有得到实现,诉前程序在检察民事公益诉讼案件中并没有发挥出它应有的作用,这就明显出现了检察公益诉讼诉前程序"虚置空转"的现象。

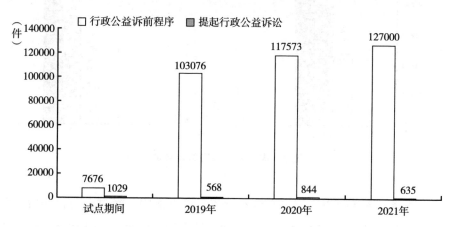

图 4　行政公益诉讼诉前程序案件与提起诉讼案件对比情况

(二)诉前程序虚置问题原因分析

1. 诉前程序的适用对象不足

根据有关民事公益诉讼诉前程序的规定,"法律规定的机关和有关组织"是诉前程序的适用对象,这与具有诉权的主体相对应。

首先,目前具有民事公益诉讼诉权的"法律规定的机关"仅为"行使海洋环境监督管理权的部门"①,其他行政机关都不具有提起民事公益诉讼

---

① 《海洋环境保护法》第 89 条第 2 款规定:"对破坏海洋生态、海洋水产资源、海洋保护区,给国家造成重大损失的,由依照本法规定行使海洋环境监督管理权的部门代表国家对责任者提出损害赔偿要求。"

图5　民事公益诉讼诉前程序案件与提起诉讼案件对比情况

的资格。这一条款的设置，实际上是忽视了行政机关在解决民事公益诉讼争议上能够发挥的重要作用。实际上行政机关的行政管理效率较为高效，且大多数的公共利益都和法定的行政机关有关，由它们负责监督、管理和保护。综观各国，为纠正对公共利益的损害而设置诉前程序是一种普遍的做法。检察机关在履行诉前程序时一旦发现损害公益的事实或行为存在，应首先要求相关政府机关依法履行职责。这一制度旨在敦促行政机关履行相关职能。[1]同时这也是对当事人诉诸法院权利行使的一种限制。[2] 不可否认的是，大多数民事公益诉讼案件都可能与行政机关的违法作为或不作为有关，那么在立法中刻意地将其他行政机关排除在检察民事公益诉讼的诉前程序范围之外，在诉前阶段就刻意将民事公益诉讼与行政公益诉讼划清界限，无益于发挥诉前程序的作用。此外，司法实践中也已出现行政附带民事公益诉讼的案件类型，可见，将两种诉讼制度有机结合对于处理司法实践中所存在的难题，对于充分保护公共利益，有着积极的促进作用。

其次，依据有关法律法规，具有民事公益诉讼诉权的有关组织的数量也并不充足。相关法律法规规定具有诉权的社会组织应当是依法具有法人资格

---

[1]　夏黎阳、符尔加：《公益性刑事附带民事诉讼制度研究》，《人民检察》2013年第16期。
[2]　刘敏：《论民事诉讼前置程序》，《中国法学》2011年第6期。

的社会组织，但是社会组织在参与民事公益诉讼时仍然面临不少困境。具体来说，一是由于相关立法的约束，具有诉权的社会组织数量较少，比如在环境民事公益诉讼方面，全国具有起诉资格的环保组织大概只占所有环保组织的1/10左右。[①] 其原因在于：相关法律法规如《社会团体登记管理条例》对社会组织登记注册的规定了严格的社会组织准入制度，限制了社会组织的发展；相关立法对社会组织原告主体资格的限制过于严格：只有"专门从事环境保护公益活动连续五年以上"的社会组织才具有公益诉讼的诉权。[②] 二是在诉讼资金方面，社会组织也存在诸多顾虑。在诉讼的各个环节中，如调查取证、专家鉴定和现场勘验等都需要大量的资金投入，有的社会组织在提起公益诉讼时所要支付的鉴定费用远远超过该组织全年的总支出。[③] 本来社会组织大多是公益性的、非营利性的，资金主要来源于政府拨款或民间赞助，因此面对庞大的支出，就会表现出心有余而力不足的状态，这同样也使得许多社会组织不愿意参与到民事公益诉讼中。三是社会组织在立法上获得的支持不足，目前立法上有关社会组织的规定仅主要集中于环境保护领域和消费者权益保护领域，在其他领域社会组织的局限性就难以避免。

再次，大多数民事公益诉讼案件由于涉及的范围较大，需要的鉴定费用较高，超出了社会组织的承受能力。而且只要是诉讼就存在败诉的风险，这也是有关组织无法承受的负担，如果没有胜诉的把握，再加上高额的诉讼成本，社会组织提起民事公益诉讼的意愿自然会降低。

最后，虽然2020年《检察公益诉讼解释》对于诉前程序督促起诉方式的适用范围进行了扩大，将特定检察机关辖区的督促起诉范围扩大至全国，

---

① 李楯：《环境公益诉讼观察报告》，法律出版社，2015，第262页。
② 《环境保护法》第58条规定："对污染环境、破坏生态，损害社会公共利益的行为，符合下列条件的社会组织可以向人民法院提起诉讼：（一）依法在设区的市级以上人民政府民政部门登记；（二）专门从事环境保护公益活动连续五年以上且无违法记录。符合前款规定的社会组织向人民法院提起诉讼，人民法院应当依法受理。提起诉讼的社会组织不得通过诉讼牟取经济利益。"
③ 杨华军：《公益诉讼之困》，《中国周刊》2012年第4期。

但是让社会组织在日常工作之外还要关注各种相关公告，再对是否能够提起民事诉讼进行评估，这种督促方式显得过于理想化。

因此，将行政机关排除在外、符合起诉资格的适格有关组织较少且许多社会组织不愿意提起诉讼，造成了诉前程序制度中的督促其他适格主体提起诉讼的功能发挥不出其应有的效果，甚至起到反作用。比如在环境污染领域，不管是水污染还是空气污染，其污染源和损害事实都会随着时间的推移产生侵害范围和后果的变化，检察机关在缺乏其他适格主体情况下，履行完诉前程序需要 30 天，这就会导致检察机关无法有效、及时地调查收集民事公益诉讼所需要的证据材料。

2. 诉前程序督促效力不足

首先，检察机关的督促方式过于单一。在试点期间统一规定检察机关应以书面形式向相关适格主体发送督促意见或者检察建议，督促其提起公益诉讼。后来通过实践发现，这种逐一向具有主体资格的社会组织发送书面督促意见的方式很难操作，需要大量的精力投入，而诉前程序又不能有选择性地实施履行。因此在《检察公益诉讼解释》中规定，采用公告的方式来督促其他组织参与诉讼。虽然通过公告的方式能够起到提高诉讼效率的目的，但是仅以公告的形式来实现诉前程序中的督促起诉的功能又显得过于单一。在实践中，通过公告后会出现三种情况：一是少数社会组织回复积极起诉，二是回复不起诉，三是干脆不回复。形成这种局面和诉前程序的目的不符，使其他适格主体积极提起民事公益诉讼，从而节约司法资源、减轻检察机关的工作压力才是设计诉前程序的目的之一。

其次，没有规定其他适格主体无正当理由而拒绝起诉时应当承担的责任。正如检察机关在民事公益诉讼中的调查取证权一样，相关法律法规中只对权利和义务进行了规定而没有规定相应的责任。相关法律法规中只规定了督促的形式和督促的时间和对象，即通过公告的形式在全国范围内针对不特定的适格主体公告 30 日。也就是说其他适格主体完全可以对于检察机关的公告不作理会，这就出现了适格主体基于前文所述的因素，为了自身利益而对提起民事公益诉讼用消极懈怠方式进行应对的情况。

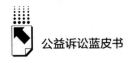

3. 诉前程序制度中存在的其他问题

首先，相关法律法规对于诉前程序中规定的回复期过短。根据《检察公益诉讼解释》，诉前程序的公告期为 30 日。通常情况下，在民事公益诉讼的受案范围中，不管是食品药品领域还是环境资源领域，所涉及的都是十分复杂的问题，并且这两个领域目前依然是检察民事公益诉讼的主要领域。将诉前程序的公告时间限定在 30 日之内不符合现实需要。

其次，诉前程序中没有具体规定当其他适格主体提起诉讼的时候，检察机关应当如何支持起诉。在社会组织的诉讼能力上具有明显欠缺的情况下，对于检察机关如何保障社会组织的起诉工作，检察机关通过什么方式达到支持起诉的效果，目前都是无法可依的局面。

最后，虽然《检察公益诉讼解释》第 13 条对检察机关单独提起民事检察公益诉讼诉前公告程序作了具体规定，但并未明确刑事附带民事公益诉讼诉前公告程序是否也适用。司法实践中，有的检察机关在办理刑事附带民事公益诉讼案件中并未发出诉前公告，这种做法到底是否违反诉前公告前置程序尚无定论。即使发出诉前公告，应该在何种级别的媒体上刊发，司法解释也未明确规定。因此，诉前公告程序不规范问题亟待解决。

三　检察民事公益诉讼诉前程序制度改革完善建议

（一）扩大诉前程序的适用对象范围

第一，扩大法律规定机关的范围。管理社会公共事务是行政机关的主要职能，除有关公益诉讼的相关法律规定的行政机关外，还有许多其他领域涉及社会公共利益保护的行政机关，如涉及劳动保障的行政机关、涉及食品药品监督管理的行政机关、涉及婚姻事务的行政机关、涉及反垄断问题的行政机关等。检察民事公益诉讼制度的诉前程序要想真正发挥作用，其诉前程序的督促范围就要与诉讼范围相对应，因此，检察民事公益诉讼制度诉前程序所囊括的保护公共利益的行政机关的范围，应当根据该制度所保护的公共利益的范围而随之扩大。此外，全国检察民事公益诉讼中针对法律规定的机关进行诉前程序的案例极少，其主要原因在于法律授权是获得民事公益诉讼的主体资格的前提，而目前只有前文所提及的海洋环境领域的行政机关是经过法律授权的适格行政机关。因此应当通过立法赋予与其他需要民事公益诉讼制度保护的领域有关的行政机关以民事公益诉讼的诉权，这样才能使得这些行政机关不仅可以通过监督管理的手段对社会公共利益进行保护，还能在必要时候通过诉讼手段保护社会公共利益。

第二，壮大适格社会组织群体，降低准入门槛。首先应当降低社会组织获得诉权的准入门槛，降低有权提起民事公益诉讼的社会组织所需要的等级年限和登记机关的级别，将更多的社会组织纳入民事公益诉讼的主体范围之内。① 根据相关法律法规的规定，社会组织获得民事公益诉讼主体资格需要经过政府管理部门的批准，因此需要对政府部门的审批程序进行简化，在可控范围内从一定程度上对准入门槛进行降低，增加具有保护社会公共利益工作能力的社会组织的数量。其次，通过解决经济上的负担来扶持壮大社会组织，具体可以通过三种方式来解决社会组织在经济上的负担：（1）由财政统一拨款，专门用于社会组织保护公共利益的工作；（2）鼓励民间各界对社会组织进行捐款；（3）参照域外经验，通过建立专项基金，将一部分民事公益诉讼中的惩罚性赔偿纳入专项基金，在必要时用于社会组织提起民事公益诉讼的支出，此外还可以将其中一部分用于对社会组织保护公共利益的奖励，这样不仅能够消除社会组织对承担庞大诉讼费用的顾虑，还能有效地促进社会组织保护公共利益的积极性。

第三，将公民纳入民事公益诉讼原告适格主体范围之中。应当赋予公民提起民事公益诉讼的诉权，绝不能忽视了公民在维护社会公共利益中的重要作用。社会公众是一个现代文明国家中考虑问题的出发点，也是实施任何一项制度的效果的最终承受者。将公民纳入主体范围中，一方面是给予一条公民及时对与其切身利益相关的公共利益进行救济的途径；另一方面弥补国家

---

① 李劲、赵亚萍：《环境公共利益司法保护的现实考量与进路分析——以环境公益诉讼为切入点》，《行政与法》2017年第2期。

行政机关执法机制的不足，弥补社会组织发展的不完善，缓解检察机关的诉讼压力。此外，公民提起民事公益诉讼也是一种现代社会中的民主监督机制。赋予公民主体资格，实现适格主体的增加，能够有效提高诉前程序的成功率，避免检察民事公益诉讼制度诉前程序虚置的情况。公民作为国家和社会公共利益的载体，理应天生享有公益诉权。[①] 社会公共利益被侵害的直接受害者往往就是公民本身，为保护公共利益，将公民纳入民事公益诉讼的诉讼主体范围势在必行。可以通过参考域外"私人检察官"制度的方式，由检察机关对公民的诉讼主体资格进行审查，能够有效避免滥诉的出现，同时可以充分发挥诉前程序的作用。当然也应当通过一定的手段来激励公民参与社会公共利益的保护，比如可以通过立法创设减免或缓交制度，以及参考域外立法中的胜诉酬金制度来调动公民的积极性。

（二）完善督促起诉的方式

建议实施以公告为主、检察建议书为辅和督促起诉书相配合的方式。

当适格主体是社会组织时，应当以公告为主进行督促起诉，公告的方式属于建议起诉的方式，缺乏强制性。如果对符合法律规定具有民事公益诉讼主体资格的社会组织逐一采用检察建议书的方式进行督促，使得诉前程序更加繁琐的同时还会出现检察建议的发送次序问题，因此采用公告的方式可以简化程序并且节约成本。而在有些涉及公共利益的领域，比如消费者保护领域，以目前相关法律法规的规定来看，具有诉权的社会组织数量有限，对此，检察机关可以考虑采用直接送达检察建议书的方式进行督促，这对于提高诉前程序的效率有一定的促进作用。

当适格主体为行政机关时，应当以督促起诉书的方式督促有关行政机关。作为法律监督机关的检察机关，有权通过督促的方式对行政机关行使民事公益诉讼权来保护社会公共利益进行法律监督，没有正当理由的被督促人

---

① 颜运秋、周晓明：《公益诉讼制度比较研究——兼论我国公益诉讼制度的建立》，《法治研究》2011 年第 11 期。

必须接受监督①，有关部门必须采纳其督促意见。② 检察机关督促行政机关提起诉讼的目的在于"督促有关监管部门或国有单位履行自己的职责，依法提起民事诉讼"③。此外，行政机关的公益诉权"兼具权利的性质和义务的性质"④，因此行政机关有义务通过提起民事公益诉讼保护公共利益。检察机关采取督促起诉书的方式对有关行政机关进行督促，有关行政机关无正当理由必须提起诉讼。而为突出检察机关的法律监督职能，对于拒绝起诉的理由是否成立，应由检察机关进行审查。

（三）建立灵活化的回复期限

司法实践中 30 日的回复期限显然不能满足大多数民事公益诉讼提起准备所需要的时间，对于诉前程序回复期限的设置可以进行有针对性的科学构建。⑤ 同时也可以参考行政公益的相关规定，《检察公益诉讼解释》中将回复期修改为 2 个月，同时对于遇到紧急情况时规定为 15 日之内。因此在设置民事公益诉讼诉前程序的回复期限时，可以考虑根据不同情况运用灵活化的处理方式：由于诉前程序的特殊性，其回复期限不宜过长，对于一般民事公益诉讼案件的诉前程序期限可以设置为 60 日，同时赋予检察机关一定的自由裁量权，当适格主体认为这一回复期限不足时，可以向检察机关申请延长，检察机关在对具体情况进行了解后，认为可以延长回复期限的，可以再将回复期限延长 15~30 日；当遇到紧急情况，如果不尽快采取有效措施则会导致社会公共利益面临无法挽回的损失时，可以将回复期限设置为 15 日甚至检察机关可以直接跳过诉前程序提起民事公益诉讼，以确保社会公共利益能够得到有效保护。

---

① 戴萍、赵靖：《论公益诉讼是支持起诉和督促起诉的发展方向》，《重庆电子工程职业学院学报》2012 年第 4 期。

② 戴萍、赵靖：《论公益诉讼是支持起诉和督促起诉的发展方向》，《重庆电子工程职业学院学报》2012 年第 4 期。

③ 傅国云：《论民事督促起诉——对国家利益、公共利益监管权的监督》，《浙江大学学报》（人文社会科学版）2008 年第 1 期。

④ 刘加良：《解释论视野中的民事督促起诉》，《法学评论》2013 年第 4 期。

⑤ 刘加良：《解释论视野中的民事督促起诉》，《法学评论》2013 年第 4 期。

（四）完善检察机关支持起诉制度

在民事公益诉讼制度中，检察机关支持起诉制度对于社会组织在诉讼方面能力不强、力量薄弱的缺点能够起到补充作用，因此应当着力完善检察机关支持起诉制度。

第一，与诉前程序进行有效衔接。把诉前程序督促的方式和支持起诉制度衔接起来，检察机关在适格主体提起民事公益诉讼时，为其提供在证据收集和法律咨询等方面的帮助，解决其他适格主体由于不能诉而导致的不敢诉问题，提高适格主体参与民事公益诉讼的比重，在减轻检察机关诉讼压力方面能够起到一定作用。通过支持起诉行使检察机关的法律监督职责，对其他适格主体在民事诉讼中行使诉权的法律行为进行有效监督，防止其他适格主体为获得不正当利益，通过和解、撤诉等方式损害社会公共利益。

第二，通过调查取证支持其他适格主体提起民事公益诉讼。诉讼的基础是证据，社会组织等其他适格主体在证据收集方面具有劣势，检察机关通过行使调查取证权，在证据方面对其他适格主体提供支持，以此作为一种支持手段也是最直接和有效的。根据案件的具体情况，由检察机关提供相应的支持，对于案情相对简单的民事公益诉讼案件，检察机关在诉前阶段提供必要的证据方面的支持即可；对于案情复杂、难度较大的重大民事公益诉讼案件，检察机关应当全程参与并提供多方面的支持。

（五）取消刑事附带民事公益诉讼诉前公告程序

根据《民事诉讼法》有关规定，相对于公益组织，检察机关处于补充性、后置性的顺位，除刑事附带民事公益诉讼的情形外，以诉前公告为提起诉讼的前置程序。① 虽然"两高"已明确在检察机关提起的刑事附带民事公

---

① 李浩：《生态损害赔偿诉讼的本质及相关问题研究——以环境民事公益诉讼为视角的分析》，《行政法学研究》2019 年第 4 期。

益诉讼中应当履行诉前公告程序①，但从试点的进程来看，将刑事附带民事公益诉讼诉权赋予内部公诉部门的立法原意在于，既是为了保护国家利益，同时又节约了司法资源、提高了诉讼效率。以目前污染环境、破坏生态、食品药品安全领域大多数人侵权的特点来看，大多数在主体或指向性方面都不明确，在刑事附带民事公益诉讼这一特殊诉讼形式中，检察机关事前发布督促等诉前程序实际上用处很小，反而可能因诉前程序阻碍了最佳追诉时期。据此，笔者仍然建议在刑事附带民事公益诉讼中取消强制性的诉前公告。具体方式上，应通过法律予以明确规定，并对相关规定进行修订。

（六）明确适格主体法律责任

相关法律至今没有明确对于无正当理由拒绝履行提起民事公益诉讼权利的适格主体应当承担的法律责任，这会使得社会公共利益在遭到侵害时无法得到有效保护，因此，必须明确适格主体提起民事公益诉讼的责任。

第一，对于其他适格行政机关，在检察机关送达"督促起诉书"后，依然在无正当理由的情况下拒绝提起诉讼的，可以通过立法的方式明确其应当承担的法律责任，可以赋予检察机关责令其履行诉讼权利、对其处以适当罚款的权力，对于拒不配合的行政机关可以向监察机关进行建议，由监察机关对其进行纪律处分或者追究渎职行为的责任。

第二，当经过诉前程序，缺乏其他适格主体时，检察机关为承担保护社会公共利益的职责而提起公益诉讼，这也是检察民事公益诉讼这项制度存在的根本前提和目的。因此应当将《民事诉讼法》和《检察公益诉讼解释》中所规定的"检察机关可以向人民法院提起民事公益诉讼"进行修改，将这里的"可以"改成"应当"，从而有效衔接诉前程序和诉讼程序，及时有效保护社会公共利益。

---

① 2019年11月，最高人民法院、最高人民检察院《关于人民检察院提起刑事附带民事公益诉讼应否履行诉前公告程序问题的批复》明确："人民检察院提起刑事附带民事公益诉讼，应履行诉前公告程序。对于未履行诉前公告程序的，人民法院应当进行释明，告知人民检察院公告后再行提起诉讼。因人民检察院履行诉前公告程序，可能影响相关刑事案件审理期限的，人民检察院可以另行提起民事公益诉讼。"

B.21
卫生行政公益诉讼制度发展报告

沈思达[*]

摘　要： 卫生行政公益诉讼是弥补卫生领域行政执法不足、填补社会治理空白、推进法治政府建设的重要制度设计，更是维护公共健康、保障公共利益的重要司法实践。以卫生行政公益诉讼理论为基础，梳理卫生行政公益诉讼制度的发展历程，以卫生行政公益诉讼相关数据为支撑，深入剖析我国卫生行政公益诉讼受案范围、诉讼主体和诉前程序的发展历程，总结我国卫生行政公益诉讼制度在发展进程中的实践经验，进而为我国卫生行政公益诉讼制度的日臻完善贡献绵薄之力。

关键词： 卫生行政诉讼　公益诉讼　卫生法律体系

一　卫生行政公益诉讼制度概述

（一）卫生行政公益诉讼相关概念

1.卫生行政公益诉讼概念的界定

构建卫生行政公益诉讼制度是维护公共利益、保障公共健康的应有之义，也是必然要求。"公共卫生以保障公众健康为宗旨"[①]，政府作为保障公共卫生、维护公共健康的第一顺位者，有责任、有义务、有能力为居民提供

---

[*] 沈思达，郑州大学法学院讲师。
[①] 王晨光：《突发公共卫生事件中公民权利保障与限制》，《中国卫生》2020年第3期。

一个清洁、健康、宜居的生活环境，构建卫生类行政公益诉讼制度是顺应时代发展的必然要求。构建卫生行政公益诉讼制度首先需要明晰卫生行政公益诉讼的概念，当前立法和学界对卫生类公益诉讼的概念并未进行相应的界定，也未达成基本共识。因此，合理地界定卫生行政公益诉讼的概念需要首先合理地界定卫生和行政公益诉讼的概念。

卫生指"国家在从事保障人民群众健康安全的行政活动中，所产生的并与之相关的一类关系"；行政公益诉讼则指"当行政主体侵害公共利益或有侵害之虞时，法律允许无直接利害关系人为维护公共利益而向人民法院提起行政诉讼的制度"[①]。有鉴于学界关于卫生和行政公益诉讼两个认可度较高的概念，我们将卫生行政公益诉讼的概念做如下界定：卫生行政公益诉讼是指基于保障和维护公共健康安全的责任和义务，行政主体在从事此类行政执法活动中因行政不作为或者行政违法行为而使得卫生领域公共利益遭受损害或有损害之虞时，法律不基于直接利害关系要求而允许相对人为维护该公共利益提起行政诉讼的制度。在此定义中我们不难看出对卫生类行政公益诉讼主体的范围并未进行相应限制，这与保障公共健康安全和行政公益诉讼主体范围不断扩大的趋势基本吻合，但与当前行政公益诉讼在我国的实践尚且不能完全一致。因此，基于行政公益诉讼制度在我国的发展进程和我国行政公益诉讼实践的现实情况，在立法过程中可以将卫生类行政公益诉讼适格主体与行政公益诉讼适格主体进行同步规范，授予检察机关提起卫生类行政公益诉讼的原告资格，以期推进卫生类行政公益诉讼制度在我国的有序、健康发展，进而为维护公共健康安全作出应有贡献。

2. 卫生行政公益诉讼的内涵

合理界定卫生行政公益诉讼的内涵是构建卫生行政公益诉讼制度的重要组成部分。首先，就卫生行政公益诉讼的性质界定而言，卫生行政公益诉讼制度主要是针对政府在卫生领域执法的不作为或者违法作为，其诉讼行为明确指向政府的执法行为，诉讼对象则明确指向执法行为的发出者——政府。

① 赵丹蕾、卢意光：《行政公益诉讼涵盖卫生监督执法》，《中国卫生》2021年第1期。

因此，从诉讼性质上而言，卫生行政公益诉讼制度的性质为行政诉讼。其次，基于卫生行政公益诉讼的目标而言，卫生行政公益诉讼是根据政府在卫生保护领域的不作为和违法作为而提起的诉讼活动，目标是维护公共健康，保障公共利益。再次，卫生行政公益诉讼作为行政公益诉讼的一种，鉴于当前行政公益诉讼在我国的发展情况，在原告资格、诉讼范围、诉讼程序等方面都需要以立法的形式进行规范，其诉讼适格原告致力于维护的是公共利益。因此，卫生行政公益诉讼在特征上表现为规范的法定性、利益的公共性和诉讼关系的间接性。最后，鉴于行政公益诉讼制度在我国的实践发展阶段，同时为了最大限度避免缠讼现象的发生，在卫生行政公益诉讼的保护领域上应当采取列举式的方式以明确其可诉范围。因此，卫生行政公益诉讼在诉权界限的划定上具有有限性。

因卫生行政公益诉讼涵盖范围相对较广，其不仅包含环境卫生，同时涵盖食品、药品、传染病、保健品以及与维持卫生所应有的基础设施等领域，且这些领域并不为同一部立法所涵盖，因此在立法规范上设计领域众多的公益诉讼可能会出现分散立法的情况，这在一定程度上会对卫生行政公益诉讼制度的发展造成严重阻碍。为了更好地维护公共健康、保障公共利益并推动卫生行政公益诉讼制度的健康、稳健和有序发展，将涉及卫生相关的领域"统合在一部专门的公益诉讼法律文本里面很有必要和可能"①。

（二）卫生行政公益诉讼理论基础

1. 环境卫生

环境卫生与居民日常生活息息相关，与居民生活质量和幸福感的提升密不可分。我国"环境史研究在 20 世纪 90 年代开始起步"②，但环境卫生的概念立法尚未予以界定，学界对此也没有明确定义。

环境卫生与社会发展紧密相关，加强环境卫生规制是社会发展的现实需

---

① 颜运秋：《中国特色公益诉讼制度体系化构建》，《甘肃社会科学》2021 年第 3 期。
② 李扬：《苏联环境卫生理论的引入及其实践——以 1950 年代北京东郊工业区的建设为例》，《城市发展研究》2019 年第 7 期。

要。随着城市化的快速推进，城市人口的不断聚集，环境卫生问题也开始逐步凸显，其"直接关系市民身体健康和城市功能质量，也一定程度上关系经济发展"①，因此，关于环境卫生规制的相关规范和通知也顺势而生。当前，我国与环境卫生规制相关的规范立法久远，且法律效力等级较低。由此可知，当前我国立法关于环境卫生方向的关注力度尚有欠缺，这与我国社会发展的现实需要并不完全符合。

2. 公共利益与行政公益诉讼

（1）公共利益

"行政以公共利益为目标，为普遍利益而行动。"② 自改革开放以来，伴随着市场经济的快速发展，经济总量在不断增加的同时也给政府的社会治理带来了新挑战，如环境污染、疾病传播、传染病防治等问题，诸如此类问题在损害全社会共同利益的同时也向政府对此类社会性问题进行管理的执法依据提出了相应的要求。"公共利益原则作为法治社会的根本理念，得到许多国家或地区立法例的支持。"③ 为了使政府在执法过程中更好地维护全社会共同的福祉，2004 年《宪法》修正案首次将"公共利益"原则引入政府土地的征收征用过程中，进而为公共利益的适用提供了相应的立法保障（尽管仅在土地征收征用领域的适用进行了明确），这也为社会性问题的解决提供了相应的法律依据。

"学术界关于公共利益的概念一直没有定论"④，这使得公共利益原则在适用过程中成为一把"双刃剑"。公共利益概念的不确定性在很大程度上使得公共利益具有较强的适应性，使政府在面对公共利益保护执法时寻找到相应的执法依据，进而能够最大限度实现对公共利益的保护。但概念的模糊性在带来积极适应性的同时也会带来相应的反作用，公共利益在"赋予"政

---

① 李轶瑶、王志文、黄绳雄：《疫情防控下的城市环境卫生源头治理》，《宏观经济管理》2020 年第 9 期。

② 关保英：《论行政合作治理中公共利益的维护》，《政治与法律》2016 年第 8 期。

③ 梁上上：《公共利益与利益衡量》，《政法论坛》2016 年第 6 期。

④ 李玲玲、梁疏影：《公共利益：公共政策的逻辑起点》，《行政论坛》2018 年第 4 期。

府执法依据的同时也会造成行政权的过度膨胀进而造成对私人权益的过度挤压，从而对私人权益造成相应的损害。如何合理地界定公共利益的概念、为政府张弛有度的执法活动提供指引将是公共利益概念在界定的过程中所不得不面对的现实问题。一个合格的政府无论是在行政执法活动中还是在公共政策制定的过程中都应"以公共利益为其最高目标，致力于维护和增进公共利益"①。

（2）行政公益诉讼

"公共利益是检察公益诉讼制度的主要目标指向。"② 伴随着经济社会的快速发展，公民个人权利保护意识明显增强，但对于公共利益的保护尚且处于缺位状态。政府是公共利益的主要守护者，但因当前我国关于公共利益保护的原告资格和受案范围规范尚且处于初步的实践探索时期，进而使得作为公共利益守护者的政府在公共利益保护缺位时未能及时全面地对其执法行为进行相应的补正，从而对公共利益造成损害。公共利益的保护程度深受政府执法能力、程度和效率等因素的影响，如何更好地发挥政府的职能以加强对公共利益的保护已然成为"公法中的热点问题"③，为了增强政府在公共利益保护领域的执法行为与我国司法制度的自洽性，构建行政公益诉讼制度已势在必行。

行政诉讼原告资格与受案范围共同"构成了进入行政公益诉讼程序的两大门槛"④。相对于欧美国家关于行政公益诉讼原告资格范围的限定而言，我国行政公益诉讼原告资源范围相对较窄，根据2015年《全国人民代表大会常务委员会关于授权最高人民检察院在部分地区开展公益诉讼试点工作的决定》和最高人民检察院发布的《检察机关提起公益诉讼改革试点方案》的文件通知，检察机关作为行政公益诉讼的原告资格最受关注。赋予检察机

---

① 孙长青：《公共政策的逻辑起点——公共利益分析》，《河南师范大学学报》（哲学社会科学版）2004年第2期。

② 高家伟：《检察行政公益诉讼的理论基础》，《国家检察官学院学报》2017年第2期。

③ 关保英：《行政公益诉讼中的公益拓展研究》，《政治与法律》2019年第8期。

④ 胡卫列：《论行政公益诉讼制度的建构》，《行政法学研究》2012年第2期。

关在行政公益诉讼中的原告资格能够为公共利益的保护提供强有力的司法保障，在此之中明显蕴含着公权力之间的相互制约，同时也意味着司法权对行政权监督、督促职能的发挥。同时也要制定完善的行政公益诉前程序规范，以实现在公共利益保护领域行政权相较于司法权的优先性，以免造成执法和司法资源的浪费。

行政公益诉讼受案范围的明确是完善行政公益诉讼制度的必然要求。为了更好地保障公民权利、推动法治政府的建设，推动行政诉讼受案范围的扩大已然成为学界的共识。但鉴于行政公益诉讼制度在我国发展的实践阶段，同时也为了更好地推动行政公益诉讼制度与我国现行制度的相互融合，我国在立法上对行政公益诉讼的受案范围采取了一种审慎的列举式规范，这与行政公益诉讼制度在我国实践探索的现实阶段是相吻合的。与此同时我们也要看到坚持原则性与合法性的相互契合，适当扩大行政公益诉讼的受案范围以更好地发挥司法和行政在公共利益保护领域的职能已然成为社会发展的现实需要。

（三）受案涵摄范围

"受案范围是行政公益诉讼制度的基础性范畴。"[①] 卫生行政公益诉讼作为司法权针对卫生领域政府执法行为所进行的监督，其目标在于保障公众健康、维护公告利益。根据 2015 年《全国人民代表大会常务委员会关于授权最高人民检察院在部分地区开展公益诉讼试点工作的决定》，检察院可以在生态环境和资源保护、国有资产保护、国有土地使用权出让、食品药品安全等领域开展提起公益诉讼试点，2017 年修订后的《行政诉讼法》第 25 条第 4 款规定检察机关提起行政公益诉讼的范围为国有财产保护、土地使用权出让、食品药品安全、生态环境和资源保护等，由此我们可以看出我国关于行政公益诉讼适用领域的规范采用明示列举+概括的方式。这种规范方式之下"等内"范围已明示确定，而"等外"范围尚未确定，也正是基于"等外"

---

① 黄学贤、李凌云：《论行政公益诉讼受案范围的拓展》，《江苏社会科学》2020 年第 5 期。

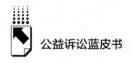

范围的延伸进而为卫生领域公告利益的保护提供了立法上的依据，即涉及卫生领域因政府执法行为而致使公众健康和公众利益遭受侵害或有侵害之虞时，均可纳入卫生类行政公益诉讼的"等外"涵射范围。

检察行政公益诉讼"是一种客观诉讼"，"既是一种勇于探索的体现，也是一种积极作为的结果"[①]。检察行政公益诉讼在卫生领域公共利益的保护过程中既要加强对"等内"食品药品安全卫生领域的司法监督和保护，同时也要积极拓展对"等外"卫生领域公共利益的保护，并且在上述涉及卫生的具体领域之外也不能忽视保持卫生领域公共利益的基础设施建设，对于政府在涉及卫生领域设施建设、维护和运用等方面的不作为或违法作为行为也要进行相应的司法监督，以实现在卫生领域对公共利益积极、探索性的保护。但在加强对卫生领域公众健康和公共利益适当、全面和客观保护的同时，也要尽可能地避免对其所进行的过度扩张，以避免在卫生公共利益保护领域司法权对行政权形成"喧宾夺主"之实。

（四）诉讼主体范围

各国关于行政公益诉讼主体资格范围的限定存在不同程度上的差异。行政公益诉讼制度在欧美国家的发展已相对成熟，但基于不同国家之间理论和实务的差异性，诉讼主体资格范围的限定也存在不同程度上的差异。英国作为判例法系国家的代表之一，其规定当公共利益遭受违法行政行为侵害之时，检察总长可以代表国王进行相应的司法审查。但在具体实践中，检察总长在应对此类情况时往往处于被动状态，检察总长根据实际情况判断是否授予请求人起诉资格，当请求人获得资格授予后则可以提起诉讼，案件将会按照普通诉讼案件的程序展开；如请求人未被授予资格则不可以提起诉讼，这也意味着个人和社会组织并不具备独立提起行政公益诉讼的资格。美国并未将行政公益诉讼同普通诉讼进行区别，这就意味着个人、社会组织和检察机关都具

---

① 杨建顺：《拓展检察行政公益诉讼范围和路径的积极探索——赤壁市人民检察院诉赤壁市水利局怠于履行饮用水安全监管职责案评析》，《中国法律评论》2020年第5期。

备提起行政公益诉讼的资格，同时也不要求相对人同该利益具有直接关系。德国作为大陆法系国家的代表，其设置了公益代表人制度，其规定只能由检察官作为公共利益的代表人提起行政公益诉讼，个人和社会组织并不具备提起行政公益诉讼的资格。作为同属于大陆法系国家的日本，其在行政公益诉讼资格范围的限定上相对宽泛，规定除法律限定外普通民众均具备提起行政公益诉讼的原告资格。

推动卫生行政公益诉讼主体资格范围的逐步扩大是加强卫生领域公共利益保护的必然要求。"原告资格的确定是行政公益诉讼制度建构中一个核心问题"①，卫生行政公益诉讼作为行政公益诉讼的重要组成部分，其原告诉讼资格范围的限制同样是卫生领域公共利益保护的核心问题。我国行政公益诉讼原告资格立法规范相对较晚，2015年7月《全国人民代表大会常务委员会关于授权最高人民检察院在部分地区开展公益诉讼试点工作的决定》授权检察院享有行政公益诉讼的原告资格；同月，《检察机关提起公益诉讼改革试点方案》规定检察院可以以诉讼人身份提起行政公益诉讼；同年12月《人民检察院提起公益诉讼试点工作实施办法》对检察院提起行政公益诉讼的具体流程进行了规范；2018年2月最高人民法院、最高人民检察院关于《检察公益诉讼案件适用法律若干问题的解释》共同对检察院提起行政公益诉讼的相应流程进行了规范。截至2021年，仅检察院具备提起行政公益诉讼的原告资格，同时这也意味着仅检察院可以提起卫生行政公益诉讼，这在一定程度上限制了卫生领域公共利益的保护，同时也难以满足人民群众对美好、健康、幸福生活的现实要求。2021年7月《人民检察院公益诉讼办案规则》第2条规定人民检察院"支持适格主体依法行使公益诉权"，而对"适格主体"并未做相应的界定，这就释放了支持其他符合条件的主体参与行政公益诉讼活动的明显信号，为加强卫生领域公共利益的保护提供了指引，但我们可以看到适当、逐步扩大卫生领域行政公益诉讼原告资格范围的限制已成为加强卫生领域公共利益保护的必然要求。

① 高艳：《行政公益诉讼中公民原告资格探究》，《湖北社会科学》2013年第5期。

（五）诉前程序的规范化

兼具司法和监督双重属性的检察机关在卫生行政公益诉讼中享有相较于行政权的优势地位。相较于司法权而言，行政权在卫生领域的管理更加具有灵活性、专业性和职责性。政府作为社会管理的主体，其对卫生领域公共利益的保护负有不可推卸的义务和责任，但由于各方面原因，政府在履行卫生公共服务的过程中难免会出现不作为甚至违法行为。为了促使政府更好地履行保护公共健康、维护公共利益的职责，就有必要发挥司法权的监督和督促作用。相较于行政权而言，检察机关兼具监督权和司法权的双重属性，双重属性的权力也赋予了检察机关"在诉讼中的优势地位"[1]，这赋予了检察机关在卫生类行政公益诉讼中相较于行政权更为优势的地位，进而可能会造成在卫生领域对行政权的挤压和过渡干预。

诉前程序的设定有助于避免司法权对行政权的过度侵害。为了避免在卫生领域司法权相较于行政权的优势地位而造成对行政权灵活性、专业性和职权的侵害，保障行政权维护公共健康、保障公共利益的主体地位，同时合理规范检察机关行使卫生行政公益诉讼的应然权限，学界建议在检察机关提起卫生行政公益诉讼前"要求其先穷尽行政救济后方可起诉"[2]，即设置健全、完善的卫生行政公益诉讼的前置程序。为了更好地规范检察机关在卫生领域司法权和监督权的行使，2017年7月修订的《行政诉讼法》第25条规定检察机关在涉及国有土地使用权出让、食品药品安全、国有财产保护、生态环境和资源保护等领域提起公益诉讼前应当向检察机关提出检察建议，以督促其依法履行职责；2021年7月实施的《人民检察院公益诉讼办案规则》第75条规定"人民检察院认为行政机关不依法履行职责，致使国家利益或者社会公共利益受到侵害的，应当报检察长决定向行政机关提起检察建议"，同时也规定了具体的操作流程，这为行政权更好

---

[1] 李燕林：《行政公益诉讼诉前程序的检视与完善——以检察机关干预行政事务为视角》，《求索》2021年第1期。

[2] 黄艳葵：《环保行政机关环境公益诉讼原告资格的再审视》，《广西社会科学》2017年第6期。

地履行其在卫生管理领域的主体地位，避免司法权对行政权的过度侵害提供了相应的立法"救济"。

二　卫生行政公益诉讼实践初见成效

（一）受案范围的逐步拓展

卫生行政公益诉讼受案范围的划定是司法权在卫生领域对行政主体行使司法监督权的界限。如前所述，行政公益诉讼受案范围在已明确列出的四个领域之外还存在尚未确定的"等外"领域，"等外"领域的拓展一方面与公共利益的保护密切相关，另一方面也与检察机关的司法监督权限范围密切相关。随着社会的发展和人民对美好生活期望的不断提高，卫生行政公益诉讼受案范围的拓展已成为加强卫生领域公共利益保护的必然要求，但受案范围的拓展不应当是盲目的，而是谨慎和必要的，以避免司法权对行政权的"越位"。

"行政公益诉讼范围就是一个不断扩大和完善的过程。"[1] 逐步拓展卫生行政公益诉讼案件受案范围是加强卫生领域公共利益保护的现实需要，2019年十九届四中全会为了解决公共利益保护紧迫性的现实需要，明确提出要"拓展公益诉讼案件范围"，这为卫生行政公益诉讼受案范围的拓展指明了方向。"受案范围是行政公益诉讼制度的基础性范畴"[2]，当前我国卫生领域所涵盖范围包括食品、药品、环境卫生、传染病、水污染和保健品，同时也应当包括保护卫生领域公共利益的基础设施建设以及今后伴随社会发展而拓展的"等外"领域。根据中国裁判文书网公布数据，以"食品""行政案由""行政案件"为检索标准，共计检索到涉及公共利益案件296件；以"药品""行政案由""行政案件"为检索标准，共计检索到涉及公共利益

---

[1]　王春业、王娟：《行政公益诉讼范围的"等外"解读》，《浙江学刊》2019年第6期。

[2]　黄学贤、李凌云：《论行政公益诉讼受案范围的拓展》，《江苏社会科学》2020年第5期。

案件 190 件；以"环境卫生""行政案由""行政案件"为检索标准，共计检索到涉及公共利益案件 13 件；以"传染病""行政案由""行政案件"为检索标准，共计检索到涉及公共利益案件 0 件；以"水污染""行政案由""行政案件"为检索标准，共计检索到涉及公共利益案件 2 件；以"保健品""行政案由""行政案件"为检索标准，共计检索到涉及公共利益案件 3 件；以"基础设施""行政案由""行政案件"为检索标准，共计检索到涉及公共利益案件 0 件。

可以看出我国卫生类行政公益诉讼案件范围主要集中于食品和药品领域，在传染病和保持卫生的基础设施领域尚未提起过公益诉讼案件，这意味着检察机关一方面要继续加强对食品、药品领域公共利益的保护，另一方面也要积极、稳妥、有序地拓展卫生领域公共利益保护的范围以适应卫生领域公共利益保护的现实需要。

（二）诉讼主体的确立与引导性探索

2015 年 7 月《全国人民代表大会常务委员会关于授权最高人民检察院在部分地区开展公益诉讼试点工作的决定》的通过，正式从立法上拉开了我国行政公益诉讼的试点工作；2018 年 3 月最高人民法院、最高人民检察院《关于检察公益诉讼案件适用法律若干问题的解释》发布，检察机关作为唯一具备适格原告主体的资格被正式明确。但伴随着社会发展的现实需要，单一化的适格原告主体已难以满足保护卫生领域公共利益的现实需要。

突破传统主观诉讼对卫生类行政公益诉讼主体资格的束缚，"基于客观诉讼视角反思构建多元化原告主体资格"[①] 是破解卫生领域公共利益保护困境的现实路径。为了适应卫生领域公共利益保护的现实需要，打破单一化适格原告主体在卫生领域公共利益保护的乏力现状，构建公民、社会组织

---

① 曾哲、梭娅：《环境行政公益诉讼原告主体多元化路径探究——基于诉讼客观化视角》，《学习与实践》2018 年第 10 期。

和检察机关三位一体的开放型、多元化主体结构已成为应对卫生领域公共利益保护紧迫需要的应有举措。2021年7月《人民检察院公益诉讼办案规则》第2条规定人民检察院"支持适格主体依法行使公益诉权",但对"适格主体"未做相应的限定,这意味着我国开始了行政公益诉讼适格主体的多元化、开放型制度建构。

(三)诉前程序成效显著

诉前程序的制度构建是维持检察权谦抑性的重要制度保障。行政权具有天然的扩张性,司法权对行政权具有天然的谦抑性,两者相互配合共同保证公权力在合理、合法的轨道内有序、平稳地运行。卫生类行政公益诉讼作为检察机关在卫生领域对行政机关行使监督权的制度建构,其有力地督促行政机关积极行使保护卫生领域公共利益的职权,但在督促行政机关积极履行职责的同时也难免会造成监督权对行政的失当干预进而损害行政权的"自治性"。为了保障行政权的"自治性",避免司法权对行政权的过度侵害,《行政诉讼法》第25条规定检察机关在对因违法或者不作为而导致公共利益遭受损失的行政机关提起行政公益诉讼前,应当先向行政机关提出检察建议;《关于检察公益诉讼案件适用法律若干问题的解释》"对诉前程序的环节、调查取证的手段措施有了可操作性的规定"[1],这为保证行政权的"自治性",维持检察权的谦抑性提供了可供操作性的现实依据。

诉前程序的设计是节约司法资源、保障行政自治的重要制度规范。诉前程序的制度设计在保障检察机关对行政权规范、合理行使的同时又避免了监督权对行政权的过度干预,既避免了司法资源的浪费又不损害行政权的灵活性和专业性。根据2019年10月23日《最高人民检察院关于开展公益诉讼检察工作情况的报告》所公布的数据可以得知,2017年7月到2019年9

---

[1] 高文英:《环境行政公益诉讼诉前程序研究——以检察机关的调查取证为视角》,《中国人民公安大学学报》(社会科学版)2020年第6期。

月，全国检察机关共立案公益诉讼案件共计 214740 件，其中办理诉前程序案件为 187565 件，占比 87.34%；提起行政公益诉讼的案件 6353 件，仅占比 2.96%。向行政机关发出检察建议 182802 件，行政机关回复整改率达 97.37%[①]，对于极少数检察建议未予落实的案件提起了相应的行政诉讼，而对于提起行政公益诉讼的案件，在积极督促整改的同时也努力使诉讼的案件起到相应的警示、教育作用，这在很大程度上为司法资源的节约作出了巨大贡献。

三 我国卫生行政公益诉讼的反思与展望

（一）拓展受案范围

当前我国卫生行政公益诉讼受案范围有待拓展。公共利益的拓展性和我国立法对行政公益诉讼受案范围"列举+等"的规范方式为我国卫生行政公益诉讼受案范围的拓展提供了立法上的依据。当前与卫生密切相关的领域至少应当包括食品、药品、环境卫生、传染病、水污染、保健品以及与卫生领域密切相关的基础设施服务（包括用于疾病预防的设施和专业性的卫生技术服务提供者）等，但从所获数据我们可以得知，当前我国在卫生领域所提起的行政公益诉讼主要集中于食品和药品两大领域，对环境卫生和水污染略有涉及，对传染病、保健品和与卫生领域密切相关的基础设施服务并未涉及，这其中有此类行业专业技术要求较高的原因，但更有我国检察机关在此类领域公共利益保护认识不足的缺陷。

卫生行政公益诉讼受案范围的大小与卫生领域公共利益保护的程度、深度和广度密切相关。当前我国在卫生领域行政公益诉讼的受案范围相对狭窄，进而造成卫生领域公共利益保护乏力的现状，因此当务之急应是在

---

① 张军：《最高人民检察院关于开展公益诉讼检察工作情况的报告》，中国人大网，https：//www. spp. gov. cn/spp/tt/201910/t20191024_ 435925. shtm，最后访问日期：2021 年 9 月 4 日。

尊重卫生领域公共利益保护现实需要的基础上，继续扩大在食品、药品领域的受案范围，扩大在环境卫生和水污染领域行政公益诉讼案件的受案范围，积极拓展在传染病、保健品以及与卫生领域密切相关的基础设施服务等受案范围。同时也要关注在相关领域专业人才的培养和与相关部门合作的深化，以避免因相关领域专业技术的门槛而造成对该领域公共利益保护的阻碍。

（二）拓展诉讼原告资格范围

原告资格的范围"是行政公益诉讼中的核心问题"[①]。根据我国现行相关立法的规定，能够满足条件提起行政公益诉讼资格的主体仅有检察院，但作为国家司法监督机关其不仅需要保护个人利益，同时还需要监督审判权和行政权并保护公共利益，这难免会存在卫生领域公共利益相关权利救济漏洞、保护乏力的现状，这与我国在卫生领域公共利益保护原告资格范围的限定息息相关。我国在卫生领域行政公益诉讼原告资格范围的限定方面持相对保守的态度，这既与我国公权力的划分紧密相关，也与司法资源的紧张现状分不开。

构建公民、社会组织和检察机关三位一体开放型、多元化的诉讼原告主体资格结构是加强卫生领域公共利益保护的应有举措。检察机关作为我国的司法监督机关，具有其他权力机关难以企及的权威性和高位阶性，能够为已提起的卫生类公共利益提供强有力的司法保护，但作为国家的司法监督机关，责任重大，需要保护的利益众多，因此难以实现对所有利益保护的全覆盖。公民和社会组织作为社会力量的重要构成部分，其不仅与日常卫生领域公共利益的保护密切相关，而且也能够及时感知卫生领域公共保护的不足之处，因此拓展行政公益诉讼的原告资格范围，引入社会力量，将会为卫生领域公共利益的保护注入强大的力量。有鉴于此，应当在合理、合法的范围内授予公民和社会组织提起行政公益诉讼的原告主体资格，进而审慎、合理、

---

① 葛君：《行政公益诉讼原告资格研究》，《东南大学学报》（哲学社会科学版）2020 年第 2 期。

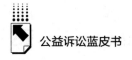
有序地构建公民、社会组织和检察机关三位一体的开放型、多元化诉讼原告主体资格结构。

（三）构建多维度的诉前规范程序

为了节约司法资源，又快又好地解决行政机关在卫生领域公共利益保护乏力、不作为甚至违法作为的问题，同时又避免司法权对行政权在卫生领域公共利益保护的"越位"，构建合理、平衡、稳定的行政公益诉前程序已成为实现卫生领域公共利益保护最优化的应然选择。

在卫生领域公共利益保护的司法实践中，诉前程序作为平衡监督权与行政权关系、实现卫生领域公共利益保护最优化的制度设计已"发挥了公共利益保护的主导功能"①。为了诉前程序的运行可以有序、规范地展开，《行政诉讼法》《关于检察公益诉讼案件适用法律若干问题的解释》共同为诉前程序的具体操作提供了可供遵循的具体流程和法律依据，但这其中也存在"天然的缺陷"，即如何判定、谁来判定检察机关在诉前程序中所提出的检察建议具有现实的合理性和可操作性？如何避免检察机关在诉前程序中所提出的不具有现实可操作性和合理性的检察建议进入诉讼程序以造成对司法资源的浪费？将法院在审判裁断中的专业性运用于检察机关诉前检察建议合理性和可操作性的裁断中，不仅符合当前我国行政权、司法权和审判权彼此分工运行的制度现状，同时也是解决诉前程序检察建议所面临现实问题的重要选择，即在法院内部设立相应判断诉前检察建议合理性的部门或者机构，当行政机关与检察机关在诉前检察建议方面难以达成共识之时，可以将相应的检察建议提交法院相应的裁断部门或机构，由法院先进行初步的裁断，再由行政机关和检察机关根据法院的裁断意见选择是否修正检察建议或者进行诉讼，前提是法院所给出的初步裁断意见对行政机关、检察机关和法院的后续审判并不产生强制力。通过构建检察院、行政机关和法院多维度、立体化的

---

① 王春业：《论行政公益诉讼诉前程序的改革——以适度司法化为导向》，《当代法学》2020年第1页。

诉前规范程序设计，不仅有助于最大限度节约司法资源，同时也有助于实现卫生领域公共利益保护的最优化。

（四）整合统一规范的卫生法

我国卫生类相关立法众多且分散。相关立法分布领域众多，横向领域不仅包括营商环境领域、海关领域还包括人事、医学、科学文化，纵向领域跨越宪法、行政法、司法解释、部门规章、军事法规、党内法规以及团体规定和行业规定，如此大范围、宽广度的立法跨度也难免会造成在卫生领域公共利益保护乏力的现状，"换言之，现行卫生法律体系还算不上是一个运转十分良好的体系"①。

当前我国关于卫生领域的分散式立法难以满足保护卫生领域公共利益的迫切需求，因此应当加快整合不同领域和效力等级立法中关于卫生领域的相关立法，制定国内统一适用、具有专业性的卫生法，立足于我国现实国情，致力服务人民对美好生活的现实需要，进而推动我国公共卫生事业的长远、健康和有序发展。

---

① 解志勇：《卫生法基本原则论要》，《比较法研究》2019 年第 3 期。

B.22
消费检察公益诉讼发展报告[*]

杜晓丽[**]

摘　要： 消费检察公益诉讼是检察公益诉讼的重要组成部分。自 2012
年公益诉讼制度确立，消费检察公益诉讼的法律制度体系逐
步建立，从中央至地方各项政策措施稳步推进。在司法实践
中，检察机关成为推动消费公益诉讼的主力军，在探索中不
断拓展受案范围，推动惩罚性赔偿制度的发展。然而，消费
检察公益诉讼制度仍存在检察机关与消费者权益保护协会作
为诉讼主体缺乏协调性、受案范围局限、惩罚性赔偿制度不
完善等问题。因此，为促使消费检察公益诉讼的稳步推进，
需要完善检察机关与消费者权益保护协会协调互补机制；以
拓宽、疏通案件线索渠道为前提保障，确立受案范围拓展标
准；完善惩罚性赔偿的适用与赔偿金的管理、分配、监管等
方面的制度安排。

关键词： 消费者　检察机关　公益诉讼

　　消费检察公益诉讼是检察机关以公益诉讼起诉人身份提起消费公益诉
讼，是国家权力为维护消费者弱势群体利益、扭转利益不平衡状态作出的强
制矫正。自 2012 年公益诉讼制度的确立，消费检察公益诉讼各项制度进一

---

　　[*]　基于消费检察公益诉讼主要表现为民事公益诉讼案件与刑事附带民事公益诉讼案件，本报告
主要对这两类案件进行分析研究。

　　[**]　杜晓丽，河南财经政法大学民商经济法学院讲师，郑州大学检察公益诉讼研究院研究员。

步完善，从中央到各级地方各项措施稳步推进，消费检察公益诉讼制度不仅得以落地，而且开展顺利。

一　消费检察公益诉讼的法律与政策

2017年6月27日《民事诉讼法》《行政诉讼法》第三次修订，正式确立检察机关提起公益诉讼的主体资格，为消费检察公益诉讼提供了基本法的法律依据与保障。为进一步细化检察公益诉讼制度，2021年6月29日最高人民检察院发布《人民检察院公益诉讼办案规则》，使消费检察公益诉讼的制度逐步得到完善。

与此同时，为推进消费检察公益诉讼，中央以及各级地方也发布了一系列的规范性文件，促进消费检察公益诉讼落地。2020年10月10日最高人民检察院与国务院食品安全办、国家市场监督管理总局等行政监管部门为推进行政执法与检察公益诉讼工作衔接，凝聚执法司法合力，会签了《关于在检察公益诉讼中加强协作配合依法保障食品药品安全的意见》，明确关于食品药品安全领域检察公益诉讼的线索移送、立案管辖、调查取证、诉前程序、提起诉讼、日常联络和人员交流7方面19项问题。各级地方也出台措施，加强检察机关与消费者协会协作沟通，提升消费公益诉讼工作实效。2021年7月重庆市人民检察院与市消费者权益保护委员会联合出台《加强协作配合切实做好消费民事公益诉讼工作的意见》。2021年8月陕西省人民检察院与省消费者权益保护委员会联合印发《关于在公益诉讼中加强协作维护消费者合法权益的意见》。2021年8月，海南省人民检察院与省消费者权益保护委员会会签《关于加强消费民事公益诉讼协作的意见》。

从中央到地方，从法律到政策，消费检察公益诉讼得以全方位推进，促进消费检察公益诉讼制度化、规范化，有效维护社会公共利益。

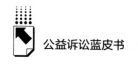

二 消费检察公益诉讼的司法实践与发展趋势

（一）消费检察公益诉讼的司法实践概况

2021 年检察公益诉讼案件 693 件，其中检察公益诉讼制度自 2017 年 7 月正式实施以来，经过近 5 年的司法实践，积累了丰富的经验。从中国裁判文书网检索①，消费检察公益诉讼案件 2017 年 1 件，2018 年 35 件，2019 年 118 件，2020 年 71 件，2021 年 109 件。

2021 年消费检察公益诉讼案件 109 件，占检察公益诉讼案件总数的 15.7%。消费检察公益诉讼在检察公益诉讼案件总量中占比较低。消费者权益保护协会或消费者权益保护委员会（以下简称消费者协会）提起的消费公益诉讼仅有 5 件，其中由检察机关支持起诉 3 件。

从消费检察公益诉讼的案件类型分布情况看，刑事附带民事诉讼案件 82 件，占 75.2%；民事诉讼案件 27 件。在这些案件中判决书 97 件，裁定书 10 件，调解书 2 件。

消费检察公益诉讼的受案范围主要集中在食品药品安全领域，案件数量为 94 件，占比 86.2%。此外，检察机关在受案范围方面进行了积极的探索，其中假冒伪劣产品案件 5 件，占比 4.6%；个人信息安全案件 3 件，占比 2.8%；公共卫生案件 1 件，占比 0.9%；其他案件 6 件②，占比 5.5%。

由于消费检察公益诉讼主要是民事公益诉讼与刑事附带民事公益诉讼，当事人法律责任的实体法依据主要有《民法典》《消费者权益保护法》《食品安全法》《药品管理法》。当事人承担法律责任的主要方式有惩罚性赔偿、

---

① 本报告通过中国裁判文书网检索，以"公益诉讼""消费者"为关键词，以"人民检察院""消费者权益保护协会""消费者权益保护委员会"为当事人进行检索，并结合手动筛查，获得相关数据。检索时间截至 2022 年 1 月 10 日。
② 其他案件是指在中国裁判文书网检索的消费检察公益诉讼案件的裁判文书是裁定书，且从文书内容无法判断案件类型的案件。

赔偿损失、赔礼道歉、停止侵害、消除危险、产品召回等。2021 年贵州省清镇市人民法院尝试判决当事人参加公益活动，以实现对社会公益的维护。在消费检察公益诉讼中，赔礼道歉与惩罚性赔偿的责任方式被广泛适用。2021 年消费检察公益诉讼中在赔偿方面表现为赔偿损失与惩罚性赔偿两种责任方式，适用赔偿损失的案件 3 件，占案件总量的 2.8%；适用惩罚性赔偿的案件除 1 起未获法院支持外①，90 件得到法院支持，占案件总量的 82.6%；适用赔礼道歉的案件有 87 件，占案件总量的 79.8%；要求当事人履行公益活动义务的案件 2 件，占案件总量的 1.8%。

从案件审判法院的级别分析，高级法院 2 件，中级法院 35 件，基层法院 72 件。其中，一审案件 99 件，二审案件 4 件，审判监督案件 1 件，执行案件 5 件。消费检察公益诉讼案件主要集中在中级法院与基层法院，并且案件 90.8%集中在一审程序。

（二）消费检察公益诉讼发展趋势

1. 检察机关成为推动消费公益诉讼实施的主力军

2021 年消费公益诉讼案件大多由检察机关提起，消费者协会提起的公益诉讼案件仅有 5 件，其中 3 件由检察机关支持起诉。检察机关具有推进消费公益诉讼实施的"天然优势"：一是检察机关是国家法律监督机关，法律赋予其保护国家利益和社会公共利益的权力，这与消费公益诉讼的目标具有一致性；二是检察机关具有丰富的司法实践经验与完备的程序制度保障，使其能够有条不紊地实施消费公益诉讼，实现保护社会公共利益的价值目标。虽然消费者协会是提起消费公益诉讼的合法主体，并且是第一顺位主体，但由于其权力局限、诉讼经验等方面的欠缺，在实践中，消费者协会未能承担起推动消费公益诉讼实施的重担。然而，维护消费者公共利益的诉讼主体不能缺位，需要检察机关攻坚克难。在消费检察公益诉讼实施中，刑事附带民事公益诉讼案件居多，检察机关发挥主观能动性挖掘案件线索，积极推进消

---

① 长春新区人民法院（2021）吉 0193 刑初 75 号刑事判决书。

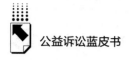

费检察公益诉讼，并且"刑""民"结合，提高效率，节约司法资源，实现了"双赢、双收"。

2.受案范围在探索中不断拓展

从司法实践情况看，消费检察公益诉讼的受案范围有不断扩展的趋势。2021年的消费者检察公益诉讼虽然主要集中在食品药品安全领域，检察机关在个人信息安全、公共卫生安全、假冒伪劣产品等领域进行了积极的探索。

2021年在上海市青浦区人民检察院提起的王某等侵犯个人信息刑事附带民事案件中，被告人王某、邓某利用其先前获得的中通公司账号及登录密码非法获取该公司快递单数据中的消费者个人信息，包括快递收寄件人姓名、电话号码、地址等，后二人通过互联网出售快递单数据信息获利。① 被告人的上述行为侵害了不特定多数消费者的合法权益，损害了社会公共利益，上海市青浦区人民检察院对当事人提起民事公益诉讼，彰显公益诉讼职能，惩治和预防侵犯个人信息损害公益的行为。

疫情期间，口罩成为人们生活的必需品。2021年杨某明知口罩有质量问题的情况下，仍购买3万只，经杜某等人转卖给六盘水市第二人民医院。杨某等销售不符合标准的医用口罩，严重威胁公众健康，危害公共安全。贵州省六盘水市六枝特区人民检察院提起刑事附带民事公益诉讼，2021年5月28日经法院裁判，法院支持了检察机关的全部诉讼请求。②

2021年在甘肃省榆中县人民检察院诉陈某、王某销售假冒伪劣商品刑事附带民事公益诉讼案中，被告人陈某、王某利用低端白酒勾兑灌装假冒五粮液、剑南春、国窖（1573）等知名品牌酒，并进行销售，危害不特定多数消费者生命健康权，破坏市场秩序，造成整个社会的信任危机，损害社会公共利益。榆中县人民检察院在公告程序后，提起刑事附带民事公益诉讼。经法院裁判，人民法院支持了人民检察院提请惩罚性赔偿等全部诉讼请求。③

---

① 上海市第二中级人民法院（2021）沪02刑终245号刑事裁定书。
② 贵州省六盘水市六枝特区人民法院（2021）黔0203刑初112号刑事附带民事判决书。
③ 甘肃省榆中县人民法院（2021）甘0123刑初275号刑事附带民事判决书。

3. 惩罚性赔偿成为消费检察公益诉讼的主要责任方式

2021年《人民检察院公益诉讼办案规则》第98条明确规定检察机关在食品药品安全的公益诉讼中可以提起惩罚性赔偿。在该规定发布之前，检察机关是否有权提起惩罚性赔偿饱受争议，但司法实践中基于相关违法行为损害消费者利益范围广、危害严重，惩罚性赔偿能够有效维护消费者利益、社会公共利益，并彰显法律的震慑作用，因而被广泛适用。2020年，消费检察公益诉讼案件71件，适用惩罚性赔偿的案件46件，在案件总量中占比64.8%。随着《人民检察院公益诉讼办案规则》明确赋予检察机关可以提请惩罚性赔偿的权力，惩罚性赔偿成为主要责任方式，2021年惩罚性赔偿的适用案件90件，占案件总量的82.6%。与此同时，惩罚性赔偿的适用及赔偿金的管理与分配问题，检察机关也进行了积极探索，为惩罚性赔偿制度的适用规范化、科学化提供实践经验。

三 消费检察公益诉讼中的困难与挑战

（一）检察机关与消费者协会欠缺协调造成制度价值目标落空

在消费公益诉讼中，消费者协会是第一顺位公益诉讼起诉主体，检察机关是第二顺位公益诉讼起诉主体。然而，2021年消费公益诉讼中由消费者协会直接提起的公益诉讼仅有5件。2021年检察机关提起消费公益诉讼案件109件，从裁判文书中查询检察机关进行诉前公告的案件77件，消费者协会均未响应诉前公告提起公益诉讼。检察机关诉前公告程序未达到预期的价值目标，消费者协会未在维护消费者公共利益中充分发挥作用。

第一，检察机关公益诉讼诉前公告程序未达到预期的价值目标。检察机关公益诉讼诉前程序的设计是公益诉讼谦抑性与补充性的体现，促使"法律规定的机关和有关组织"提起公益诉讼，激发其他适格主体通过公益诉讼保护社会公共利益的积极性和能动性，并且能够有效地避免因检察机关既是一方当事人又是法律监督者的"双重身份"可能造成"当事人平等对抗、

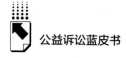
法官居中裁判"的诉讼结构失衡及职能混同风险。① 然而，在消费公益诉讼中，虽然消费者协会以保护消费者合法权益为基本职责，却未有效承担起维护消费者利益重担，诉前程序激发消费者协会提起诉讼的积极性的功能并未起到理想效果。

第二，检察机关公益诉讼诉前公告程序降低诉讼效率。检察公益诉讼诉前程序的制度设计一方面是为激发适格主体的诉讼能动性，降低检察机关公益诉讼投入，缓解检察机关的诉讼压力；另一方面是为实现公益诉讼案件线索的有效传递，提高诉讼效率。然而，在司法实践中，诉前公告程序并没有激发消费者协会的诉讼能动性，未实现缓解检察机关诉讼压力的目标。同时，30 日的公告期延缓了消费公益诉讼案件的调查与审理，拉长了案件诉讼周期，降低了诉讼效率。

第三，消费者协会提起消费公益诉讼，制度设计存在不足。一是诉讼主体范围小。依据《消费者权益保护法》第 47 条规定，"中国消费者协会以及省、自治区、直辖市设立的消费者协会"具有诉讼主体资格。当省级消费者协会与消费纠纷地是非一地时，这种时空的障碍为当事人提供公益诉讼线索带来不便，公益诉讼线索的传递存在障碍。二是诉讼能力有限。相较于检察机关，消费者协会缺乏与公益诉讼匹配的专业能力。公益诉讼涉及面广、专业性强，这对消费者协会的专业队伍建设提出了更高要求。然而，消费者协会专业人才储备、取证能力、庭审应对能力相对欠缺，致使办案力量薄弱。② 另外，消费者协会的调查权仅在《消费者权益保护法》第 37 条有笼统的规定，并且基于组织性质，消费者协会没有强制权、调查权。因此，消费者协会在面对食品药品安全等消费公益诉讼案件时难以承担重任。

（二）受案范围局限阻碍检察公益诉讼价值目标实现

消费检察公益诉讼的案件主要集中在食品药品安全领域，受案范围局

---

① 杨雅妮：《检察民事公益诉讼制度研究》，社会科学文献出版社，2020，第 101 页。

② 涂富秀：《消协组织公益诉讼的实践检视与进路优化》，《华侨大学学报》2021 年第 1 期。

限。《民事诉讼法》第58条第2款以列举的方式明确规定"食品药品安全领域侵害众多消费者合法权益的行为"人民检察院可以提起诉讼，而《消费者权益保护法》第47条规定公益诉讼的受案范围是"侵害众多消费者合法权益的行为"。《民事诉讼法》《关于检察公益诉讼案件适用法律若干问题的解释》《人民检察院公益诉讼办案规则》将消费检察公益诉讼的受案范围限定在"食品药品安全领域"，这一规定相较于《消费者权益保护法》的规定，是将消费检察公益诉讼的受案范围进行了限缩。

然而，在市场经济活动中，假冒伪劣产品、缺陷产品等，对不特定众多消费者利益的损害同样影响范围广、危害大、涉及主体多并存在不确定性，损害社会公共利益。

（三）惩罚性赔偿的适用条件与赔偿金管理、分配缺乏制度规范

2021年《人民检察院公益诉讼办案规则》第98条第2款第2项明确规定，在食品药品安全领域检察机关可以提起惩罚性赔偿的诉讼请求。但是关于惩罚性赔偿的适用条件以及惩罚性赔偿金应如何管理与分配，缺乏明确的法律指引。

第一，惩罚性赔偿的适用条件不明确。司法实践中，消费检察公益诉讼提请的惩罚性赔偿的依据主要是《消费者权益保护法》第55条，《食品安全法》第148条第2款，《药品管理法》第144条第3款等。在消费检察公益诉讼案件中，适用惩罚性赔偿的依据不同、标准不明，致使有的案件适用了惩罚性赔偿，有的却没有，而且出现同类案件不同判罚的现象。如在贵州省天柱县人民检察院提起的吴艳梅生产销售不符合安全标准食品刑事附带民事案中，被告人吴艳梅在天柱县自家房内生产豆芽时添加低毒农药"豆芽素"，生产、销售有毒有害食品，侵害不特定众多消费者利益，检察机关以发现其违法行为当日销售额的10倍提请惩罚性赔偿，并获法院支持。① 但在贵州省贵阳市白云区人民检察院提起的慕某生产销售不符合安全标准食品

---

① 贵州省天柱县人民法院（2021）黔2627刑初94号刑事附带民事判决书。

案中，同样是被告人在生产豆芽时添加有毒有害物质，并销售有毒有害豆芽，侵害不特定众多消费者利益，检察机关并未提请惩罚性赔偿，仅提请被告参加 20 次公益活动的诉讼请求。① 出现这样的情况，一方面是 2021 年 7 月《人民检察院公益诉讼办案规则》施行以前我国立法上未规定检察机关可以在公益诉讼中提请惩罚性赔偿的请求，致使有些检察机关对惩罚性赔偿的适用较为谨慎；另一方面检察机关对惩罚性赔偿适用条件与标准有不同的理解，致使在同类案件中出现适用不同、判罚不同的情况。这不仅对当事人不公平，而且有损法律的威严。因此需要立法明确惩罚性赔偿的适用条件。

第二，惩罚性赔偿金的管理多样化。目前惩罚性赔偿金的管理主体主要分为两类：一是国家机关进行管理，二是消费者协会进行管理。在实践中，大多数为国家机关管理。以 2021 年消费检察公益诉讼案件情况来看，惩罚性赔偿金由国家机关管理的案件有 68 件，占案件总量的 62.4%。管理方式亦呈现多样化，有的是财政部门设立非税收入专项账户予以管理②；有的是检察机关与财政部门共同建立的公益诉讼专项资金账户管理③；有的是暂交检察机关，由检察机关依法管理④；有的是人民法院暂存账户管理⑤；有的是人民法院执行账户进行管理⑥（见表 1）。目前，惩罚性赔偿金管理的机关主要是司法机关，由于惩罚性赔偿金后期还将涉及分配问题，此项工作不仅较少涉及司法机关工作业务，而且增加本来工作就比较繁重的司法机关的工作任务，因此由司法机关管理惩罚性赔偿金不是最佳选择。

---

① 贵州省清镇市人民法院（2021）黔 0181 刑初 404 号刑事附带民事判决书。
② 江苏省苏州市吴江区人民法院（2021）苏 0509 刑初 1348 号刑事附带民事判决书。
③ 《最高人民检察院发布 11 件检察机关个人信息保护公益诉讼典型案例之十》，最高人民检察院网上发布厅，2021 年 4 月 22 日，https：//www.spp.gov.cn/spp/xwfbh/wsfbt/202104/t20210422_ 516357. shtml#2。
④ 安徽省淮北市中级人民法院（2021）皖 06 民初 95 号民事判决书。
⑤ 江苏省泰州市中级人民法院（2021）苏 12 民初 3 号民事判决书。
⑥ 江苏省无锡市中级人民法院（2021）苏 02 民初 410 号民事判决书。

表 1 惩罚性赔偿金管理机构情况

案件名称	管理机构
江苏省苏州市吴江区人民检察院诉谢荣凤等生产销售有毒有害食品刑事附带民事公益诉讼案	财政部门设立非税收入专项账户
贵州省安顺市西秀区人民检察院诉熊某某等人侵犯公民个人信息刑事附带民事公益诉讼案	检察机关与财政部门共同建立公益诉讼专项资金账户
安徽省淮北市人民检察院诉陈令勤消费者权益保护民事公益诉讼案	检察机关管理
江苏省泰州市人民检察院诉姜堰区小进牛肉店等侵权责任民事公益诉讼案	人民法院暂存账户
江苏省无锡市人民检察院诉王惠忠消费者权益民事公益诉讼案	人民法院执行账户

第三，惩罚性赔偿金的分配也存在多样化的情况。有的司法机关将惩罚性赔偿金上缴国库，将基于消费者个人的权利获得惩罚性赔偿与行政罚款和刑事罚金混同，失去惩罚性赔偿金应有之价值。2021 年消费检察公益诉讼的裁判文书中明确将惩罚性赔偿金"上缴国库"的案件 23 件，占案件总量 21.1%。实践中，有的法院直接判决惩罚性赔偿金"上缴国库"[1]，有的法院判决"赔偿金向人民检察院支付，由人民检察院上缴国库"[2]，有的"赔偿支付给附带民事诉讼人"[3] 等。有些案件的惩罚性赔偿金未上缴国库，而是由司法机关管理或在司法机关的推动下设立专项资金账户对资金进行依法管理[4]；有的赔偿金向人民检察院缴纳后，实际被害人可向人民检察院依法申领。[5]

四 消费检察公益诉讼的发展与建议

（一）检察机关与消费者权益保护协会协调共治

目前，在消费公益诉讼中检察机关与省级以上消费者协会等组织均是提

---

① 广东省东莞市第一人民法院（2021）粤 1971 刑初 5 号刑事附带民事判决书。

② 山东省禹城市人民法院（2021）鲁 1482 刑初 76 号刑事附带民事公益诉讼判决书。

③ 贵州省六盘水市六枝特区人民法院（2021）黔 0203 刑初 99 号刑事附带民事判决书。

④ 浙江省金华市婺城区人民法院（2021）浙 0702 刑初 889 号刑事判决书。

⑤ 陕西省汉中市汉台区人民法院（2021）陕 0702 刑初 33 号刑事附带民事公益诉讼判决书。

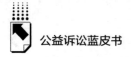

起公益诉讼的主体。检察机关与消费者协会如何相互配合，协调共治，需要在制度层面进一步完善。

第一，分配案件管辖范围。应根据二者的实际情况分配消费公益诉讼案件管辖范围，一方面促使消费者协会在其能力范围内承担起消费公益诉讼的重担；另一方面使检察机关回归法律监督职能，发挥其消费公益诉讼的补充性作用，并减轻诉讼压力。消费公益诉讼案件应从案件标的额、影响范围、危害程度、复杂程度等方面进行划分，案件标的额大、影响范围广、社会危害严重、复杂程度高的案件应由检察机关受理管辖，提起公益诉讼；反之应由消费者协会等组织予以管辖。

第二，建立案件移交机制。基于消费公益诉讼案件管辖范围的划分，当消费者协会受理的案件超出其管辖范围时，消费者协会应移交检察机关诉讼；若检察机关受理的案件应为消费者协会管辖，可以移交消费者协会继续诉讼，必要情况下，应协助调查、支持诉讼。当然，当案件存在管辖冲突的情况下，检察机关与消费者协会应协商解决，协商不成时，应以消费者协会优先、检察机关补充为原则确定管辖。

第三，加强消费者协会队伍建设及配套保障制度建设。一方面，消费者协会组织内设公益诉讼专门机构，加强专项资金支持，建立专业人才队伍，设立专家委员会对消费者协会提起的公益诉讼予以专业性支持。另一方面，完善消费者协会提起消费公益诉讼的配套制度建设，包括管辖范围、线索收集、诉讼启动、调查权的内容、范围和程序等方面，为消费者协会提起公益诉讼提供法律保障，并促使其依法行使各项权力。

（二）确定受案范围拓展标准与路径

党的十九届四中全会在《中共中央关于坚持和完善中国特色社会主义制度、推进国家治理体系和治理能力现代化若干重大问题的决定》中，提出"拓展公益诉讼案件范围"的指导思想。司法实践已为消费检察公益诉讼受案范围的拓展提供了宝贵的素材，那么，在现有制度中应如何完善立法，为检察机关受理案件范围获得有效指引，具体建议有以下几点。

第一，确定以"侵害不特定众多消费者利益"为受案范围拓展标准。"众多消费者利益"包括特定多数消费者利益与不特定多数消费者利益。特定多数消费者利益具有确定性，可以通过代表人诉讼予以救济。代表人诉讼是由少数代表人作为具体的诉讼利益的代表提起诉讼。代表人诉讼由于其诉讼标的均是同类的、可分的，其诉讼过程实际是一个简单诉讼的复制，涉及的多数消费者的利益也仅是数量上的简单叠加。[①] 因此该类诉讼虽然侵害"众多"消费者利益，但具有确定性、特定性，"消费领域的社会公共利益不是消费者个人遭受损失的简单叠加"[②]，因此，特定多数消费者利益损害并不必然侵害公共利益，不属公益诉讼的范畴。但当经营者的行为造成"不特定多数消费者权益损害"时，受到侵害的消费者的范围具有不确定性，这决定权益受到侵害的消费者主体范围广，侵权行为危害性大，损害社会公共利益，应由公益诉讼实现维护社会公益的目标。因此，确立"侵害不特定众多消费者利益"为拓展受案范围的标准更为准确。

第二，消费检察公益诉讼的受案范围应与《消费者权益保护法》一致，实现有效平行对接。首先，《民事诉讼法》中明确规定消费检察公益诉讼的受案范围为"食品药品"领域，但是实践表明，不仅仅食品药品安全领域的问题会危及多数消费者的生命健康或财产利益，公共卫生安全、个人信息安全、假冒伪劣产品等领域也存在此问题，并且对消费者造成的人身和财产的损害不亚于"食品药品安全"问题。比如个人信息泄露造成的骚扰电话接二连三，冒充公安机关工作人员进行诈骗等问题，不仅严重影响消费者的正常生活，还严重危及消费者财产安全。其次，公共卫生安全、假冒伪劣产品等方面也存在危害不特定多数消费者的生命健康及财产安全的问题，因而应该属于消费检察公益诉讼受案范围。再次，为实现实体制度与程序制度的有效衔接，消费检察公益诉讼的受案范围应与《消费者权益保护法》一致。最后，《民事诉讼法》与《消费者权益保护法》受案范围的有效对接能够解

[①] 白彦：《民事公益诉讼主体的理论扩张与制度构建》，《法律适用》2020年第21期。
[②] 徐全兵：《稳妥推进民事公益诉讼惩罚性赔偿实践探索》，《检察日报》2020年11月9日，第3版。

决目前民事诉讼法中列举式规定呈现的零星化、挂一漏万的问题，并合理约束检察机关自由裁量权，避免不适当扩大受案范围。

第三，受案范围拓展路径。消费检察公益诉受案范围的拓展需要现实土壤。充分有效的案件线索是检察机关发现问题、启动消费检察公益诉讼的关键。因此，信息畅通是启动这一程序的重要一环。目前，消费检察公益诉讼的案件线索主要来源于消费者投诉、刑事诉讼中发现公共利益受到侵害等渠道，收集线索路径被动、狭隘，因而应进一步与消费者协会、市场监管机关建立有效衔接，拓宽与疏通线索收集渠道，实现拓展受案范围的目标。一是信息渠道方面，充分发挥各地市消费者协会与消费者的桥梁作用，增强其信息反馈与收集能力，获得案件线索。二是市场监管机关作为一线市场监管主体，能够最直接获取案件线索。市场监管机关的监督管理范围分为市场产品安全监管与市场经济秩序监管，前者注重公众的生命健康权，后者旨在促进公平竞争、保护消费者权益。① 检察机关在受案时应该厘清重点，将重点放在涉及市场产品安全的相关案件上。三是检察机关、市场监督管理机关、消费者协会建立信息共享平台，不仅可拓宽获取案件信息的渠道，而且为多元协调治理建立基础。

（三）建立惩罚性赔偿适用实施细则

目前，关于惩罚性赔偿的适用以及赔偿金的归属、管理、分配问题检察机关进行了积极的探索，为惩罚性赔偿进一步规范化提供了实践样本。为该项制度走向成熟化、普遍化，应建立惩罚性赔偿适用实施细则，确立惩罚性赔偿的适用条件及赔偿金的管理、分配与监管制度。

第一，惩罚性赔偿的适用条件。惩罚性赔偿制度的功能是"预防与惩戒"违法行为。一方面惩罚性赔偿对侵害不特定多数消费者权益的行为具有预防功能。法律具有指引、预测、评价的功能，当行为人能够预测违法行

---

① 刘艺：《优化完善食药安全类检察公益诉讼办案机制》，《检察日报》2021 年 8 月 17 日，第 3 版。

为的严重后果时，基于其对法律的畏惧，阻却其实施违法行为。另一方面从事后机制的角度看，惩罚性赔偿无疑加大行为人违法成本，对违法者予以惩戒，致使"违法者痛到不敢再犯"，产生威慑效应。消费检察公益诉讼中惩罚性赔偿的适用应遵循实体法的相关规定，但由于实体法中的惩罚性赔偿是基于私益诉讼建立的制度，公益诉讼中的惩罚性赔偿与私益诉讼中的惩罚性赔偿在功能定位与价值目标上存在不同，因而不能简单套用。为达到消费检察公益诉讼中检察机关适用惩罚性赔偿标准统一目标，并避免出现惩罚性赔偿过重致使侵权行为人无力承担、惩罚性赔偿无法落地的问题，应明确惩罚性赔偿的适用条件。（1）必须是公共利益受到损害。（2）行为人的主观过错程度，可以从违法行为的次数和持续的时间，是否曾经受到行政处罚、刑罚等方面认定①。（3）行为后果从受害人数或范围、损害程度或类型、获利情况等方面进行认定。当然，当行为人系初犯、偶犯，主观过错和违法行为情节轻微，社会公共利益损害后果较小的，或者行为人主动及时采取补救措施，有效避免或阻止损害进一步扩大的，可以不予适用惩罚性赔偿或减轻适用。惩罚性赔偿减轻适用的幅度和标准应明确规定，避免同案不同判的情况。此外，司法实践中通过侵权行为人参加公益活动填补部分惩罚性赔偿金支付义务的方式是惩罚性赔偿适用中的有益尝试，一定程度上解决了常规诉求执行难、不利于受损公益及时修复的问题。但是，为避免侵权行为人参加公益活动的行为义务流于形式，最终成为侵权行为人逃避法律责任的方式，一要严格设定适用条件为侵权行为社会危害后果较小或侵权行为人经济承受能力和履行能力方面确实存在困难，无法一次性支付较高的惩罚性赔偿金或短期缴纳确实存在困难；二要严格监管行为人参与公益活动的实际履行情况与效果，不仅要保证侵权行为人参加公益活动的次数与时长，还要从侵权行为人参与公益活动的积极主动性、群众反映效果等方面进行质量监督。

---

① 黄忠顺、刘宏林：《论检察机关提起惩罚性赔偿消费公益诉讼的谦抑性——基于990份惩罚性赔偿检察消费公益诉讼一审判决的分析》，《河北法学》2021年第9期。

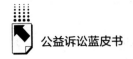

第二，惩罚性赔偿金的管理。鉴于目前惩罚性赔偿金由国家机关管理或消费者协会管理的多样化的局面，应确立明确的管理主体，实现管理规范与统一。建议在各地消费者协会设立专门机构并建立公益诉讼专项账户管理惩罚性赔偿金，该机构负责惩罚性赔偿金的分配、监管等工作。消费者协会设立专门机构管理惩罚性赔偿金的原因如下。一是消费者协会是经营者与消费者的桥梁，具有与消费者进行协调与沟通的天然优势。在消费者协会设立惩罚性赔偿金专门管理机构不仅便于后期消费者赔偿金的赔付，而且有利于资金专款专用，维护消费公益。二是消费者协会也是公益诉讼主体，在相关案件中对消费侵权事实更加清楚，不仅了解侵权行为对消费者权益侵害的范围，而且了解对公共利益损害程度等具体情况。三是由政府机关或司法机关设立专项账户管理，一方面与其基本职能不符，另一方面增加其工作负担，影响惩罚性赔偿金分配效率。

第三，惩罚性赔偿金的分配。主要涉及两个方面：一是消费者利益损害的赔偿，二是公共利益维护。惩罚性赔偿金支配应以私权优先为原则，分配顺序依次是消费者利益损害的赔偿、案件需要的公共利益补偿、消费者协会或检察机关案件诉讼中的合理支出费用、公益性活动费用。消费者利益损害的赔偿是惩罚性赔偿金分配的重要任务，解决消费者利益损害的赔偿问题，不仅能有效维护消费者利益，降低消费者诉累，节约司法资源，还能有效解决私益诉讼与公益诉讼的衔接问题。消费者的赔偿支付应从公告、申报、审核、支付领取、监督等环节建立程序制度。必要的情况下，可以开拓第三方平台。2020 年四川省犍为县人民检察院提起雷某生产、销售有毒有害食品刑事附带民事公益诉讼一案[1]，在消费者赔付方面进行了积极探索。四川省犍为县人民检察院与四川省犍为县消费者权益保护委员会联合发布消费者赔偿金申领公告，通过线上线下两种方式实现消费者赔偿金的申报工作，由县人大、检察院、财政、审计等部门以及消费者代表共同监督消费者赔偿金的申报和发放工作，社会效应良好。

---

[1] 四川省犍为县人民法院（2020）川 11 刑终 67 号刑事附带民事判决书。

案 例 篇

Case Study

B.23
最高人民检察院公益诉讼
指导性案例分析报告

黄浩哲*

摘　要： 最高人民检察院公益诉讼指导性案例是案例指导制度的重要内容，特别是在当前检察公益诉讼快速发展的背景下，针对其具体状况开展系统性研究具有重要意义。截至 2021 年 12 月 31 日，最高人民检察院共发布 17 件检察公益诉讼指导性案例，通过对其法理基础、基本情况、援引情况进行分析，可以发现检察公益诉讼指导性案例面临的适用拘束力不足、数量规模不足、解释规则供给不足、虚置化问题严重等现实问题，极大地限制了检察公益诉讼指导性案例指导功能的充分发挥。为推动公益诉讼指导性案例的良性发展，有必要在立法上明确检察指导性案例效力、加快最高检公益诉讼指导性案例体系建设、优化检察指导性案例评选机制、建立检察指导性案例类案强制检索制度等方面进行有针对性的完善。

---

* 黄浩哲，郑州大学法学院硕士生。

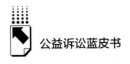

关键词：　检察公益诉讼　最高人民检察院　指导性案例

　　随着检察公益诉讼的迅速发展，2017 年 1 月，最高人民检察院首次公布检察公益诉讼指导性案例，回应司法实践中对案例指导的迫切需求。截至 2021 年 12 月 31 日，最高检共发布 32 批指导性案例，其中有 6 批包含公益诉讼指导性案例。但检察公益诉讼指导性案例（主要指最高检发布的公益诉讼指导性案例）的实践效果却远没有达到所期待的程度。为了推动最高检公益诉讼指导性案例的良好运行，本报告拟对 2021 年 12 月 31 日前最高检发布的检察公益诉讼指导性案例进行分析，探究促进检察公益诉讼指导性案例真正落地的完善路径。

一　最高人民检察院公益诉讼指导性案例的法理分析

（一）最高检公益诉讼指导性案例的性质

　　检察公益诉讼指导性案例作为检察指导性案例的一部分，对各级人民检察院处理同类案件提供指导和参考，在实践中具有十分重要的意义。然而，现行法律并没有明确检察指导性案例的性质，理论界与实务界对其性质也莫衷一是，目前主要有以下几种观点。

　　1. 判例说

　　检察指导性案例的性质应属于判例，虽然指导性案例以事实认定、证据采信、法律适用等方式指导司法实践，但是在检察案例指导制度中，指导性案例是以案例形式出现，保留了判例的形式和特征，因此应当认定为判例。①

　　2. 司法解释说

　　最高检通过发布指导性案例来弥补法律的滞后性和模糊性，是其行使司

---

　　① 陈兴良：《我国案例指导制度功能之考察》，《法商研究》2012 年第 2 期。

法解释权的体现。检察指导性案例所发挥的也是通过对法律法规进行解释、明确和细化，弥补成文法语义表述具有局限性、法律条文具有模糊性和滞后性等缺陷的作用。[①] 故该观点认为，检察指导性案例应当属于司法解释的范畴。

3. 法律适用说

该观点为当前主流观点，也是本报告所持的观点。该观点认为首先指导性案例本身是一种法律适用与司法案件的有机结合，同时兼具较强的法律适用性与普遍性。其次，指导性案例虽然与英美法系国家的判例在形式上有一定的相似之处，但是二者在法律效力上具有显著的差别。最后，检察指导性案例与司法解释同样具有明显的区别，二者的相同点仅在于发布主体，但是在表现形式、法律效力等方面都大相径庭，因此不能将指导性案例视作司法解释的一部分。

（二）最高检公益诉讼指导性案例的效力

检察公益诉讼指导性案例适用的前提是应当明确其效力，2010 年《最高人民检察院关于案例指导工作的规定》（以下简称《案例规定》）第 15 条[②]与 2015 年修改后的《案例规定》第 3 条[③]均将检察指导性案例定位在"可以参照"的范畴。而 2019 年《案例规定》第 15 条[④]将检察指导性案例直接提升到了"应当参照"的层次上，毫无疑问的是，这是对其效力的重要肯定，赋予了检察指导性案例一定的强制性。

1. "准司法解释"性

检察指导性案例在适用上体现为一种"准司法解释"性，也即检察指

[①] 张乐：《我国刑事案例指导机制的完善研究》，博士学位论文，中南财经政法大学，2018。
[②] 2010 年《案例规定》第 15 条：指导性案例发布后，各级人民检察院在办理同类案件、处理同类问题时，可参照执行。
[③] 2015 年《案例规定》第 3 条：人民检察院参照指导性案例办理案件，可以引述相关指导性案例作为释法说理根据，但不得代替法律或者司法解释作为案件处理决定的直接法律依据。
[④] 2019 年《案例规定》第 15 条：各级人民检察院应当参照指导性案例办理类似案件，可以引述相关指导性案例进行释法说理，但不得代替法律或者司法解释作为案件处理决定的直接依据。

411

导性案例的"指导性"并非法律上的强制适用。有学者认为，指导性案例在效力上，既不能等同大陆法系判例非法源的情况，也不具有英美法系中的法源地位，而是属于一种基于附属的制度性权威而获得的弱规范拘束力的裁判依据。[①] 因此，检察指导性案例与司法解释在法律约束力上有着显著差别。这表现为，指导性案例在司法实践中只能以"参照"的形式出现，其效力低于司法解释，效力发挥及运作都不能与法律原则相抵触。[②] 然而，司法解释作为直接法律依据之一，其所具备的司法强制力与普遍司法效力是检察指导性案例所不能达到的。

但同时，对于法律与司法解释的空白或者模糊区域，检察指导性案例则能够以具体案件为依托，填补法律漏洞，对抽象化的法律与司法解释进行具体化，某种程度上其效力仅次于司法解释，也即"准司法解释"性。

2. 事实约束力

之所以称之为事实约束力，是因为检察机关在处理类似案件时，检察指导性案例所能够提供的仅是具体的参照适用，而不是以法律依据的形式直接适用。

（1）对检察机关的普遍约束力。尽管检察指导性案例不是正式法律渊源，但是其对检察机关仍然具有适用上的普遍约束力。除了检察官在办理类似案件时应当参照指导性案例，检察系统内部的各级检察机关也须严格遵守《案例规定》。

（2）对检察官自由裁量权的约束。《案例规定》中规定了检察官的说明报告义务，对检察官在处理类似案件时自由裁量权的行使具有一定的约束力。通过对检察官自由裁量权的限制，防止检察指导性案例的滥用或者规避。

（3）对类似案件的指导功能。检察指导性案例通过案例的阐述、要旨的明晰以及指导意义的表达，对检察机关处理类案提供了重要的指导范本，并通过其法律精神的传递，使类案中的价值导向得到统一。

---

① 雷磊：《指导性案例法源地位再反思》，《中国法学》2015 年第 1 期。
② 李文峰：《检察机关案例指导工作的完善》，《人民检察》2020 年第 1 期。

二 最高人民检察院公益诉讼指导性案例的 基本数据分析

（一）案例发布情况

自 2010 年最高检发布《案例规定》以来，截至 2021 年 12 月 31 日，最高检共发布了 32 批指导性案例。如图 1 所示，发布频率上，除 2011 年未发布外，最高检每年至少发布一批次指导性案例。发布批次最多的为 2020 年，共发布 9 批次指导性案例，其次为 2021 年，发布 8 批次指导性案例。

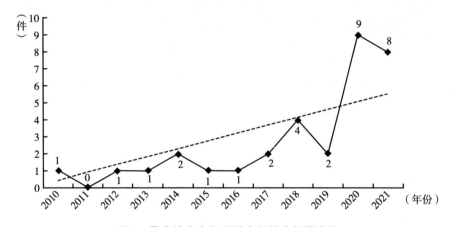

图 1　最高检发布指导性案例批次数量变化

截至 2021 年 12 月 31 日，最高检共发布 32 批 130 件指导性案例，如图 2 所示，在最高检发布的指导性案例中，每批次均包含 3~6 件案例，其中，第 8、13、16、23、29 批包含公益诉讼案例，且第 8、13、29 批发布的指导性案例均为公益诉讼案例。

最高检发布公益诉讼案例频率呈总体上升趋势。如图 3 所示，2017年 1 月，最高检首次发布公益诉讼案例，即第 8 批 5 件指导性案例，除2019 年外，最高检每年均发布公益诉讼案例，例如 2018 年第 13 批的 3

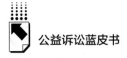

公益诉讼蓝皮书

件，2020 年第 16 批与第 23 批共包含 4 件，2021 年第 29 批的 5 件公益诉讼案例。

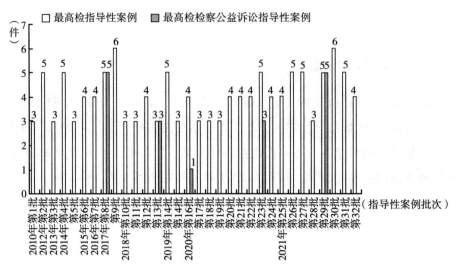

图 2　最高检指导性案例与检察公益诉讼指导性案例数量

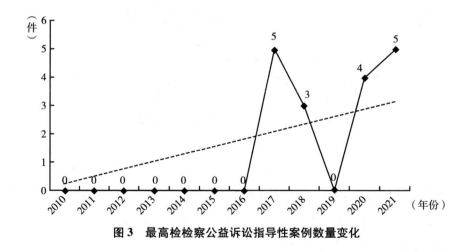

图 3　最高检检察公益诉讼指导性案例数量变化

　　当前最高检发布的指导性案例中以非公益诉讼案例为主。如图 4 所示，在最高检共发布的 130 件指导性案例中，包含了 17 件检察公益诉讼案例与 113 件非公益诉讼案例，分别占指导性案例总数的 13% 与 87%。

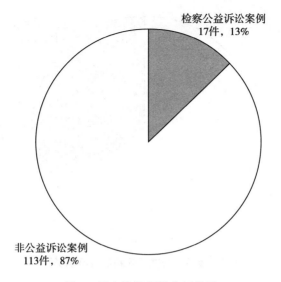

图 4 最高检指导性案例类型

（二）案例类型

当前最高检公益诉讼指导性案例以行政公益诉讼为主。如图 5 所示，截至 2021 年 12 月 31 日，在 17 件最高检公益诉讼指导性案例中，行政公益诉讼案例的数量最多，共有 11 件，占全部公益诉讼指导性案例的 65%，其中诉前程序案例 4 件。其次是民事公益诉讼案例，共 4 件，分别为检例第 28 号、检例第 51 号、检例第 111 号、检例第 114 号，占 23%。刑事附带民事公益诉讼与行政附带民事公益诉讼均仅有 1 件，为检例第 86 号与检例第 29 号。

（三）案例领域

当前最高检公益诉讼指导性案例以生态环境保护领域为主。如图 6 所示，最高检公益诉讼指导性案例主要涉及生态环境保护、未成年人保护、英烈权益保护及等外领域，其中生态环境保护案例最多，共有 13 件，占公益诉讼案例的 76%；未成年人保护案例 1 件，为检例第 88 号；英烈权益保护

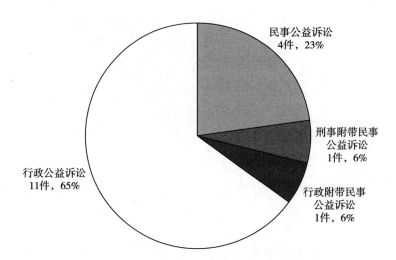

民事公益诉讼
4件，23%

刑事附带民事
公益诉讼
1件，6%

行政附带民事
公益诉讼
1件，6%

行政公益诉讼
11件，65%

图5　最高检公益诉讼指导性案例类型

案例1件，为检例第51号；等外领域2件，分别为检例第89号与检例第113号。

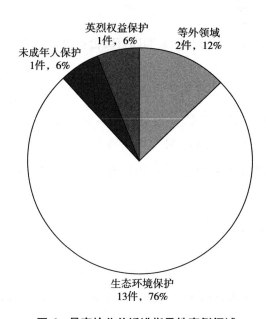

英烈权益保护
1件，6%

未成年人保护
1件，6%

等外领域
2件，12%

生态环境保护
13件，76%

图6　最高检公益诉讼指导性案例领域

（四）案例时效性

当前发布的最高检公益诉讼指导性案例时效性较强。指导性案例的时效性可以从案件审结日期与该案作为指导性案例的发布日期之间的间隔作为判断标准。案件的审结日期一般以该案件受法院裁判生效之日，或检察机关发出检察建议后问题得到解决之日为准，若无上述具体日期，则以案例中最后出现的日期为准。如图 7 所示，从指导性案例的审结日期与发布日期的折线距离可见，总体上案例的审结日期与发布日期之间的时间间隔不大。审结日期与发布日期的时间间隔最小的是检例第 29 号，间隔 6 个月；审结日期与发布日期的时间间隔最大的是检例第 113 号，间隔超过了 3 年。但总体上，如图 8 所示，最高检公益诉讼指导性案例中，审结日期与发布日期的间隔保持在 1 年以下的案例占比为 59%；时间间隔超过 1 年在 2 年以下的有 5 件，占 29%；时间间隔超过 2 年的仅检例第 113 号与检例第 115 号。

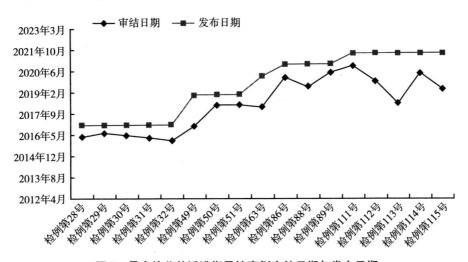

图 7　最高检公益诉讼指导性案例审结日期与发布日期

（五）地域分布

当前最高检公益诉讼指导性案例的地域分布较为均匀。如图 9 所示，截

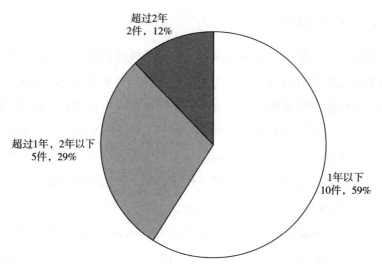

图 8　最高检公益诉讼指导性案例审结日期与发布日期间隔长度比例

至 2021 年 12 月 31 日，最高检发布的公益诉讼指导性案例来源最多的地区是江苏省，有 4 件案例，分别是检例第 28 号、检例第 51 号、检例第 86 号与检例第 112 号，其次是湖北省与贵州省，均有 2 件。已发布的公益诉讼指导性案例共覆盖了全国 12 个省、直辖市。

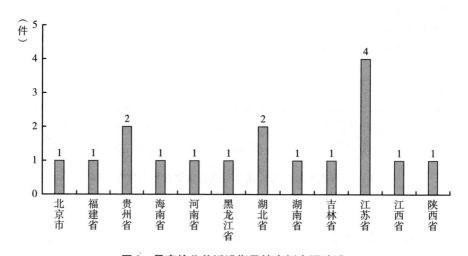

图 9　最高检公益诉讼指导性案例来源地域

（六）级别分布

当前最高检公益诉讼指导性案例中涉及的检察院级别主要为基层与市级。如图 10 所示，在当前已发布的案例中，基层检察院办理的案件有 8 件。市级检察院办理的案件有 8 件。此外，检例第 89 号"黑龙江省检察机关督促治理二次供水安全公益诉讼案"中，由于存在较大区域内公共利益受损情形且涉及多个行政部门监管职责的问题，产生了由个案到类案的拓展，从基层人民检察院到市级、省级人民检察院多层级共同治理，督促各级行政机关统筹各部门协同整改，因此，也是唯一的由基层、市级、省级检察院共同参与的指导性案例。

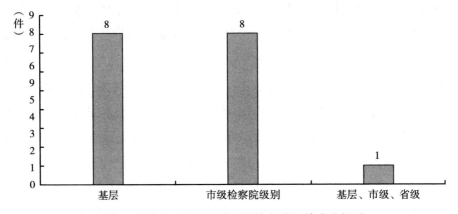

图 10 最高检公益诉讼指导性案例涉及检察院级别

（七）体例与功能定位

当前最高检公益诉讼指导性案例的要旨部分以重申规则型与指导工作型为主。自 2010 年以来，最高检指导性案例的编排体例经历了几次调整。2010年《案例规定》第 10 条将检察指导性案例的体例规定为标题、要旨、基本案情、要争议问题、处理理由。2015 年《案例规定》第 4 条将体例修改为标题、关键词、诉讼过程、法理分析、相关法律规定五部分，并且考虑到案例的不

同特点，作出了可以适当调整体例的灵活规定。2019年《案例规定》第3条再次将体例修改为标题、关键词、要旨、基本案情、检察机关履职过程、指导意义和相关规定。其中"检察机关履职过程"可以根据不同的案件特点，对具体内容进行调整，这也使得检察指导性案例的体例编排的适应性更强。最高检公益诉讼指导性案例自2017年首次发布后，其编排体例地变化与此过程基本相似。

依据目前发布的公益诉讼指导性案例的功能定位和发挥作用方式的不同，可分为重申规则型、解释法律型、指导工作型。① 2010年《案例规定》第10条曾规定"要旨，简要概述案件具有指导意义的要点提示"，要旨通过对案例内容的提炼，不仅是在案件援引指导性案例时的参考系，更应当是指导性案例发挥作用的精华核心。因此，可以将指导性案例的要旨内容作为确定指导性案例功能定位的依据。部分检察公益诉讼指导性案例的要旨存在多条，在2019年《案例规定》修改后，其要旨采用了一段多句的形式，这都使得同一指导性案例在功能定位上往往可以具有多种类型。如图11所示，在17件检察公益诉讼指导性案例中，有9件案例包含重申规则型要旨，如检例第51号要旨②就是对《英雄烈士保护法》第25条的重述。可以归类为指导工作型的指导性案例为8件，例如，检例第32号，"生态环保民事、行政案件可以指定集中管辖"。可以归类为解释法律型的指导性案例有4件，例如，检例第115号"纳入《中国传统村落名录》的传统村落属于环境保护法所规定的'环境'范围"。

---

① 万春：《检察指导案例效力研究》，《中国法学》2018年第2期。（1）重申规则型案例，是指直接引用法律条文、司法解释、司法规范性文件的检察指导性案例，一般是针对社会关注的热点类型案件，通过检察指导案例的形式，向社会宣示相关法律精神和刑事政策，实现宣传法律、宣传检察工作的目的。（2）解释法律型案例，是指对法条、司法解释的规定作进一步解释、具体化或者在法条的文义范围内进行适宜解释的指导性案例。（3）指导工作型案例，主要是立足检察机关开展工作新的方式和领域，从理念、方法层面指导检察机关如何开展某项新的工作。

② 检例第51号要旨：对侵害英雄烈士的姓名、肖像、名誉、荣誉，损害社会公共利益的行为人，英雄烈士近亲属不提起民事诉讼的，检察机关可以依法向人民法院提起公益诉讼，要求侵权人承担侵权责任。

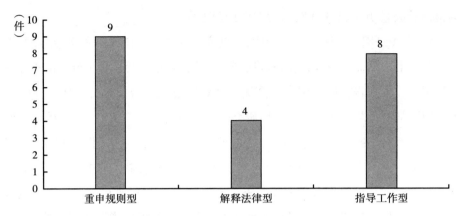

图 11　最高检公益诉讼指导性案例功能定位类型数量

综上所述，自 2010 年最高检发布《案例规定》，检察案例指导制度已经逐步建立，截至 2021 年 12 月 31 日，最高检共发布了 32 批共 130 件指导性案例，其中包含了 17 件检察公益诉讼案例，占总案例数的 13%。经过统计分析，最高检发布检察公益诉讼指导性案例类型以行政公益诉讼为主；在保护领域上以生态环境保护领域为主；在发布时间上，检察公益诉讼指导性案例的时效性较强；在区域分布上，案例来源地域分布较为均匀，其中来自江苏省的案例最多；在检察院级别上，办理单位以基层检察院与市级检察院为主；在体例编排上较为灵活，功能定位上以重申规则型与指导工作型为主。

三　最高人民检察院公益诉讼指导性案例的援引情况分析

最高检公益诉讼指导性案例援引情况，主要是指法官、检察官及诉讼参与人在司法过程中，明确引述最高检指导性案例作为其说理的依据，并在文书中有所体现的情况。① 对援引公益诉讼指导性案例的法律文书的整理，可以较为直观地反映司法实践中的真实适用情况，也有利于从实践需求出发，

---

① 万春《检察指导案例效力研究》，《中国法学》2018 年第 2 期。

为最高检公益诉讼指导性案例的发展指明方向。

截至 2021 年 12 月 31 日，中国裁判文书网检索到超过 18000 件公益诉讼裁判文书。然而，最高检公益诉讼指导性案例被明确援引仅 1 件，由于样本数量稀缺，本报告将同时引入最高法、最高检公益诉讼指导性案例与典型案例，以更加充分与客观地展开援引研究，分析援引规律。在 12309 中国检察网与中国裁判文书网以"公益诉讼""指导性案例""指导案例""典型案例""最高检""检例"等关键词组合检索，并过滤无效结果。其中，对 12309 中国检察网检索结果中带有"法律文书公开"标签的材料进行筛选后，并没有得到有效结果。最终，共统计到明确援引最高检公益诉讼指导性案例的文书 1 篇，明确援引最高检公益诉讼典型案例的文书 1 篇，明确援引最高法公益诉讼指导性案例的文书 8 篇，明确援引最高法公益诉讼典型案例的文书 1 篇。

（一）援引案例基本情况（见表1）

如表 1 所示，截至 2021 年 12 月 31 日，中国裁判文书网公布的明确援引最高检、最高法公益诉讼指导性案例、典型案例的裁判文书共有 11 篇。其中，仅（2019）闽 09 行终 25 号为行政公益诉讼案件，其余 10 件均为民事公益诉讼案件。

在起诉方的类型上，由检察机关提起公益诉讼的案件有 3 件，其余 8 件均是由社会组织提起。在援引方上，由检察机关援引的案件有 1 件；由公益诉讼被告援引的案件有 2 件；提起公益诉讼的其他社会组织援引的案件有 4 件；法院的援引比例最高，有 6 件，占总数的 54.5%。

在援引频率上，近年来援引指导性案例、典型案例的案件数目较为稳定，2019 年共 4 个案件，2020 年共 4 个案件，2021 年共 3 个案件。在援引时间跨度上，从指导性案例、典型案例发布之日起，到援引该案例的裁判文书作出时，时间跨度大多在 2 年以上，最短的为（2020）赣民终 737 号，其间隔为 1 年 2 个月，最长的则是（2020）苏民终 158 号、（2019）粤 03 民初 3509 号与（2018）粤民终 2466 号，间隔均超过了 4 年，较长的时间间隔也可以从一定程度上佐证其指导性不仅局限于短时间内。

表 1　公益诉讼指导性案例、典型案例援引情况

案号	裁判法院	案件名称	裁判日期	援引方	援引案例	援引内容	援引案例发布日期
(2019)闽09行终25号	福建省宁德市中级人民法院	福安市环境保护局与福建省宁德市人民检察院环境保护行政管理(环保)案	2019年6月13日	被上诉人(原审公益诉讼起诉人)	最高检检例第31号:清流县环保局行政公益诉讼案	环境保护行政公益诉讼中行政机关不作为的认定	2017年1月
(2018)沪03民初24号	上海市第三中级人民法院	冷桂林、王国旗产品责任纠纷案	2020年6月12日	被告	检察公益诉讼典型案例:10.湖北省利川市人民检察院诉吴明安、赵世国、黄大宽刑事附带民事公益诉讼案	食品药品安全公益诉讼中对侵权行为认定与惩罚性赔偿的计算依据	2018年3月2日
(2019)赣民终526号	江西省高级人民法院	北京市朝阳区自然之友环境研究所与江西省都昌低碳环保股份有限公司水污染责任纠纷案	2019年8月28日	法院、上诉人(原审原告)	最高法指导案例75号:中国生物多样性保护与绿色发展基金会(以下简称"绿发会")诉宁夏瑞泰科技股份有限公司环境污染公益诉讼案	生态环境保护公益诉讼原告主体资格的认定	2017年1月3日
(2019)鄂民终910号	湖北省高级人民法院	绿发会与钟祥市大生化工有限公司海上、通海水域污染损害责任纠纷案	2019年10月10日	法院	同上	同上	2017年1月3日
(2020)粤民终405号	广东省高级人民法院	金华市绿色生态文化服务中心与广州双桥股份有限公司环境污染责任任案	2020年8月18日	法院	同上	同上	2017年1月3日

续表

案号	裁判法院	案件名称	裁判日期	援引方	援引案例	援引内容	援引案例发布日期
（2020）青民终226号	青海省高级人民法院	绿发会与青海珠峰宏源商贸有限公司环境污染责任纠纷案	2020年11月13日	上诉人（原审原告）	同上	同上	2017年1月3日
（2019）粤03民初3510号	广东省深圳市中级人民法院	北京市丰台区源头爱好者环境研究所与深圳市长园特发科技有限公司环境污染民事公益诉讼案	2020年12月21日	法院	同上	同上	2017年1月3日
（2020）苏民终158号	江苏省高级人民法院	江苏大吉发电有限公司与北京市朝阳区自然之友环境研究所大气污染责任纠纷案	2021年1月7日	法院、原告	同上	同上	2017年1月3日
（2019）粤03民初3509号	广东省深圳市中级人民法院	北京市丰台区源头爱好者环境研究所、金华市绿色生态文化服务中心与深圳光电深圳有限公司环境污染民事公益诉讼案	2021年1月27日	法院	同上	同上	2017年1月3日

续表

案号	裁判法院	案件名称	裁判日期	援引方	援引案例	援引内容	援引案例发布日期
(2020) 赣民终737号	江西省高级人民法院	重庆两江志愿服务发展中心与萍乡萍钢安源钢铁有限公司环境污染责任纠纷案	2021年3月9日	上诉人（原审原告）	最高法指导案例131号：中华环保联合会诉德州晶华集团振华有限公司大气污染责任民事公益诉讼案	生态修复费用的计算	2020年1月4日
(2018) 粤民终2466号	广东省高级人民法院	玉山庞达尧与广东省广州市人民检察院水污染责任纠纷环境民事公益诉讼案	2019年12月19日	上诉人（原审被告）	最高法2015年十大环境侵权典型案例：1. 北京市朝阳区自然之友环境研究所、福建省绿家园等诉谢知锦等四人破坏林地民事公益诉讼案	同上	2015年12月29日

（二）援引案例类型及领域

如表 2 所示，被援引的案例共有 5 件，其中最高检指导性案例、典型案例各 1 件，最高法指导案例 2 件，最高法典型案例 1 件。在案例类型上，被援引的案例以民事公益诉讼为主，包含民事公益诉讼 3 件、行政公益诉讼 1 件、刑事附带民事公益诉讼 1 件。在公益诉讼领域上，被援引的案例以生态环境保护领域为主，其中生态环境保护领域 4 件，食品药品安全领域 1 件。这显然不能够充分地发挥出案例在公益诉讼全领域的指导作用。

表 2　援引案例类型及领域

援引案例	案例类型	公益诉讼领域
最高检检例第 31 号：清流县环保局行政公益诉讼案	行政公益诉讼	生态环境保护
检察公益诉讼典型案例：10. 湖北省利川市人民检察院诉吴明安、赵世国、黄太宽刑事附带民事公益诉讼案	刑事附带民事公益诉讼	食品药品安全
最高法指导案例 75 号：绿发会诉宁夏瑞泰科技股份有限公司环境污染公益诉讼案	民事公益诉讼	生态环境保护
最高法指导案例 131 号：中华环保联合会诉德州晶华集团振华有限公司大气污染责任民事公益诉讼案	民事公益诉讼	生态环境保护
最高法 2015 年十大环境侵权典型案例：1. 北京市朝阳区自然之友环境研究所、福建省绿家园环境友好中心诉谢知锦等四人破坏林地民事公益诉讼案	民事公益诉讼	生态环境保护

（三）案件地域及管辖级别分布

如图 12 所示，在地域上，广东省以 4 件案件占据援引数量的首位，江苏省有 2 件，福建省、上海市、青海省、江西省、湖北省各 1 件，案件分布较为集中于沿海地区。如图 13 所示，由高级人民法院作出裁判的有 7 件，由中级人民法院作出裁判的有 4 件，可以看出援引案例的案件管辖法院级别普遍较高。

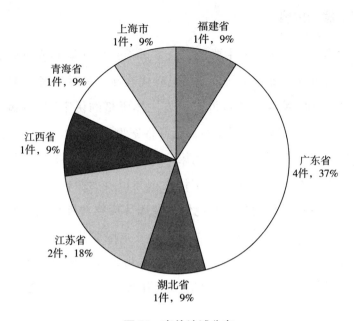

图 12　案件地域分布

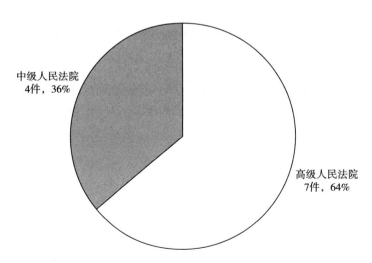

图 13　裁判法院级别统计

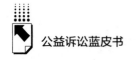

（四）援引内容

在援引内容上，援引方主要援引公益诉讼指导性案例或典型案例中对法律的解释或补充。如表 1 所示，最具有代表性的是对最高法指导案例 75 号中关于"生态环境保护公益诉讼原告主体资格的认定"① 的援引，援引该案例的 7 个案件，基本均属于对该指导性案例解释法律规定的直接引用。同样的情况也体现在对最高检检例第 31 号的援引上，被上诉人（原审公益诉讼起诉人）福安市人民检察院认为本案可以参照检例第 31 号中总结的"县级环境保护局作为具有环境保护及固体废物污染环境防治工作监督管理及依法处置权的行政机关，未依法处置危险废物的行为违法"。而其余 3 个案件援引的"食品药品安全民事公益诉讼中对侵权行为的认定与惩罚性赔偿的计算依据"及"生态修复费用的计算"，也系对法律规范的补充与细化。

（五）援引格式

在援引格式上，仍然存在诸多不规范问题。例如，一些案件中援引某案例，但不会明确表明其所援引的案例编号、案例名称，或以案例的案号代替，而最高检、最高法在公布指导性案例、典型案例时并不会单独表明其案号。此外，部分案件只模糊提及了"参照相关指导性案例""依据已发布典型案例"等，缺乏确切的案例对应，只能将该结果归于无效。

（六）援引结果

在援引结果上，如图 14 所示，法院反对的比例仅有 18%，法院认可了多数案件提出的案例参照。对于法院不予支持的，主要分歧在于对援引案例解释法律上的理解。例如，（2020）赣民终 737 号中，重庆两江志愿

---

① 即"即使社会组织起诉事项与其宗旨和业务范围不具有对应关系，但若与其保护的环境要素或者生态系统具有一定的联系，亦应基于关联性标准确认其主体资格"。

服务发展中心援引最高法指导案例 131 号，主张按照指导案例中依据鉴定意见裁判生态修复费用；江西省高级人民法院则认为，该指导案例并未对人民法院如何采信鉴定意见作出规范要求，而是结合案件实际情况行使了自由裁量权。

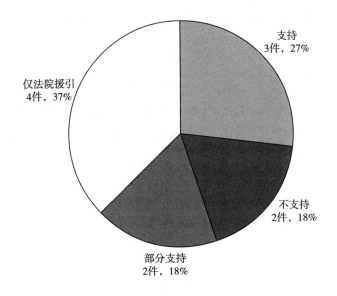

图 14　援引结果比例

　　总体而言，无论是最高检、最高法公益诉讼指导性案例与典型案例，均存在援引数量上的明显不足，特别是最高检公益诉讼指导性案例的虚置化问题严重。援引案件以民事公益诉讼为主，援引频率较为稳定，但时间间隔普遍在 2 年以上。在援引案例领域上，集中于生态环境保护领域。在案件地域上主要为沿海地区。在级别分布上，援引案例的案件管辖法院级别多为高级、中级法院。在援引内容上，主要系对法律规定的细化与补充，发挥准司法解释的功能。在援引格式上，存在诸多不规范的情况。在援引结果上，法院对于公益诉讼指导性案例、典型案例的援引多持积极态度，其本身也是重要的援引方。

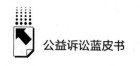

四 最高人民检察院公益诉讼指导性案例的 现存问题分析

（一）最高检公益诉讼指导性案例的适用拘束力不足

第一，缺乏立法支撑。作为发布指导性案例依据的《人民检察院组织法》第 23 条并没有对其法律效力作出明确的规定。最高检发布的《案例规定》虽然类似司法解释，但也只是检察机关内部规定，依据其编纂的公益诉讼指导性案例，相比于司法解释，同样缺乏立法层面的效力支撑。同时，由于检察指导性案例并非法律渊源，除检察机关以外的其他主体对检察指导性案例的认识度与认可度不高，对参照检察指导性案例采取较为消极的态度。其在司法实践中的冷遇，正是立法层面上缺乏法律规范规定所带来的困境。

第二，效力定位不明。首先，对于检察指导性案例的效力问题，理论界存在以下几种观点。第一种观点是事实约束力说，认为指导性案例仅具有事实上的约束力，没有法律上的强制力。[①] 第二种是法律约束力说，认为指导性案例的效力有制度支撑，应当赋予制度（法律）上的约束力。[②] 第三种是当前的折中说，认为指导性案例介于判例和制定法之间，具有准制度的约束力。[③] 上述观点都承认了检察指导性案例具有一定的效力，区别在于对于其效力的强弱存在不同见解。最高检《案例规定》第 15 条被认为系检察指导性案例效力的认定，主要体现在该条的"应当参照"上。在文义上，"应当"代表着无例外情形下的必须，属于强制性的表述，而"参照"是一个表示自由裁量性质的词语，两者连用，则会对参照指导性案例的强制性产生

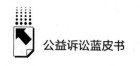

① 胡云腾：《关于参照指导性案例的几个问题》，《人民法院报》2018 年 8 月 1 日，第 5 版。
② 曹志勋：《论指导性案例的"参照"效力及其裁判技术——基于对已公布的 42 个民事指导性案例的实质分析》，《比较法研究》2016 年第 6 期。
③ 孙琦：《大数据时代案例指导制度研究》，博士学位论文，吉林大学，2020。

疑问。由于最高检公益诉讼指导性案例的效力定位在制度上规定不明确，检察官、法官为了规避这一风险，可能选择不援引或者隐性援引，而最高检《案例规定》也未明确规定不援引或者隐性援引的法律后果，这都导致了明示援引量减少。其次，最高检《案例规定》中没有对援引参照的程度和内容作出具体规定，以至于司法实践中不知如何参照、不愿主动参照。此外，虽然检察指导性案例的援引主体没有限制，但是检察机关外的其他主体对于检察指导性案例的援引意愿并不强烈。各种主体往往囿于其效力不明、不具有强制力而产生援引无用的印象，这也限制了检察指导性案例在实践中发挥有效作用。

（二）最高检公益诉讼指导性案例的数量规模不足

最高检公益诉讼指导性案例的数量规模不足主要体现在案例总量不足与领域覆盖不全两个方面。

第一，案例总量不足。截至 2021 年 12 月 31 日，最高检共发布了 32 批共 130 件指导性案例，其中仅有 17 件检察公益诉讼指导性案例。截至 2021 年 12 月 31 日，在中国裁判文书网以"公益诉讼"为关键词，检索出裁判文书共 18242 篇。自 2017 年 1 月最高检首次发布公益诉讼指导性案例以来，也有超过 18000 篇公益诉讼裁判文书。如图 15 所示，2017～2021 年公布公益诉讼裁判文书数量分别为 1139 篇、2306 篇、4571 篇、6697 篇、3529 篇，由于裁判文书更新时间的问题，2021 年公益诉讼裁判文书数量可能与真实情况存在差距，但整体趋势上，公益诉讼案件的数量仍是逐渐提高的。

若只截取 2017～2021 年最高检公益诉讼指导性案例的数据，如图 16 所示，数量基本无变化。相比于数量不断增加、发展趋势上升的公益诉讼案件，公益诉讼指导性案例并不能满足当前司法实践的需求。这不仅是检察公益诉讼指导性案例所面临的问题，更是整个案例指导制度所面临的困境。案例数量规模较小则难以形成稳定的适用环境，也难以发挥指导性案例的制度优势。

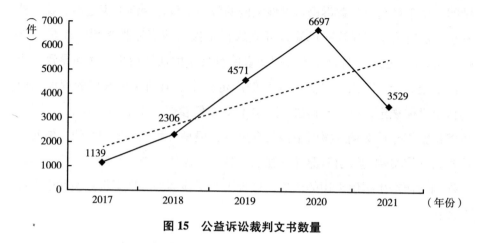

图15 公益诉讼裁判文书数量

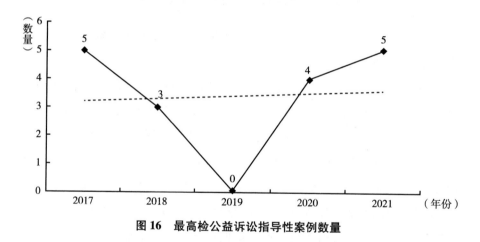

图16 最高检公益诉讼指导性案例数量

第二，领域覆盖不全。2022年3月，最高检举行"办案全覆盖，持续'回头看'——2021公益诉讼检察"新闻发布会，介绍2021年检察公益诉讼在法定办案领域上形成了"4+5"格局，即生态环境和资源保护、食品药品安全、国有财产保护、国有土地使用权出让4个诉讼法明确列举的领域和英烈权益保护、未成年人保护、安全生产、个人信息保护、军人地位和权益保护5个单行法授权的领域。但如图6所示，截至2021年12月31日，最高检公布的17个公益诉讼指导性案例中，生态环境保护案例13件，未成年人保护案例 1 件，英烈权益保护案例 1 件，等外领域 2 件，有超过 2/3 的案例集中在生态环境保护领域。这表明现阶段最高检公益诉讼指导性案例分布与法定办案领域"4+5"格局不相匹配。

司法实践中，公益诉讼已经产生许多新类型案件，公益诉讼案件领域不断拓展，而法律由于自身的滞后性，不能有效填补空白，因此需要指导性案例来不断统一法律的适用标准。但是，已发布的最高检公益诉讼指导性案例在目前所形成的"4+5"法定办案领域尚且无法全面覆盖，在更为广阔的公益诉讼新领域中可能举步维艰。

（三）最高检公益诉讼指导性案例的解释规则供给不足

最高检公益诉讼指导性案例的重要功能就是为司法实践提供有效的案例指引，而通过要旨传递解释规则也成为指引的重要方式。在解释法律型案例中对法条、司法解释的规定作进一步解释、具体化或者在法条的文义范围内进行的适宜解释[1]，可以称为解释规则。然而，目前公益诉讼指导性案例在司法实践中的适用规模远低于预期，其原因不仅在于指导性案例的绝对数量不足，更在于现有指导性案例不能够供给足够的解释规则以满足司法实践的需要。如图 17 所示，在最高检发布的 17 件公益诉讼指导性案例中，重申规则型占比高达 43%，这使得公益诉讼指导性案例在仅有的数量上难以为司法实践提供有效的解释规则。[2] 在制度初创时期，由于指导性案例数量不多，缺乏相应领域的实践经验，作为一种较为谨慎的探索，重复现有法律虽然保守，但也不失为一种较稳妥的处理方式。[3]

但是，指导性案例应当是对案件办理过程中存在的疑点、难点的总结和提炼，不仅要准确概括案件的突出问题，而且要发挥指导性案例指导意义的

---

① 万春：《检察指导案例效力研究》，《中国法学》2018 年第 2 期。

② 因为 1 件指导性案例中可能存在多个解释规则，所以解释规则数量大于指导性案例数量。

③ 陈兴良：《新型受贿罪的司法认定：以刑事指导案例（潘玉梅、陈宁受贿案）为视角》，《南京师大学报》（社会科学版）2013 年第 1 期。

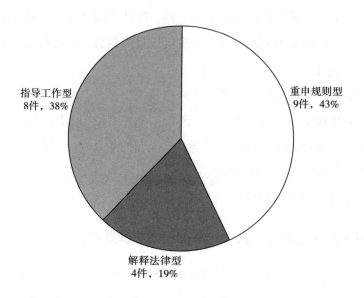

图 17　最高检公益诉讼指导性案例功能定位类型比例

要点提示目的。① 而重申规则类指导性案例通常直接引用法律条文、司法解释等，即使在短期内能够有效回应社会热点，宣传相关精神，但是并不能为解决疑难问题提供指引。因此，重申规则型案例本身不具备实质意义上的"指导性"，若长期维持重复规则型案例的较高比例，案例指导的实践效果势必受到影响。这种重复已使得指导性案例偏离了最初设立时期待，究其原因，首先，在于对司法实践中涌现的疑难问题的聚焦不足。新型疑难案件往往缺乏法律的明确规定，各主体必然试图向指导性案例寻求路径，而公益诉讼指导性案例在疑难问题上的滞后不能满足实践的需要。② 其次，由前图 10 所示，最高检公益诉讼指导案例几乎均为市级与基层检察院办理，案例的编写也多由其自行完成，但是部分检察机关对于指导性案例的功能定位存在偏差。一方面，部分指导性案例要旨不够精练，基本案情表达不够准确，内容

---

① 黄硕：《检察机关指导性案例编撰研究》，《河南财经政法大学学报》2021 年第 5 期。
② 马燕：《论我国一元多层级案例指导制度的构建——基于指导性案例司法应用困境的反思》，《法学》2019 年第 1 期。

质量不高。另一方面，一些案例将重点放在宣传办案效果，流于形式，不能充分发挥其指引正确适用法律、解决疑难问题的功能。[①]

（四）最高检公益诉讼指导性案例的虚置化问题严重

如表1所示，17件最高检公益诉讼指导性案例中仅有检例第31号具有1次援引。而最高检最早一批公益诉讼指导性案例公布至2021年已有5年，但其适用率却趋近于零，这显然不符合案例指导制度设立的初衷，当前最高检公益诉讼指导性案例的虚置化问题十分严重。

第一，司法人员直接援引检察公益诉讼指导性案例的适应性不足。其一，作为成文法国家，广大司法人员以法律为主、司法解释为辅的职业习惯较为牢固。无论是检察官还是法官，在说理论证过程中更擅长利用传统的"三段论"演绎推理，没有形成运用指导性案例解决实践问题的方法。其二，司法人员长期囿于指导性案例不能作为裁判依据的观点，而忽视了指导性案例在法律、司法解释缺乏规定时的补充与指导作用。一方面，为了规避指导性案例在适用效力上的争议而尽可能不援引；另一方面，若指导性案例的解释规则、办案理念、法律精神与本案相符，司法人员会选择隐性援引，虽然事实上参照了指导性案例，但不会将该指导性案例的内容作为说理依据。

第二，检察公益诉讼指导性案例数据检索的便利性不足。2015年最高检《案例规定》第18条要求建立相应数据库，2019年最高检《案例规定》第16条也保留了相应规定。2021年11月，最高检印发《最高人民检察院案例库建设和使用管理办法（试行）》，目前案例库基本功能已经建成并进入试运行调试完善阶段。但此前检索适用十分不便，迫使检察官不愿意在案例检索上花费大量精力。例如，在12309中国检察网搜索框键入"公益诉讼"，其检索结果不仅包含"公开法律文书"，还包括"重要案件信息"等内容，无法进行快速筛选。在最高检官方网站查询指导性案例时，也无法按

---

① 万春：《检察指导案例效力研究》，《中国法学》2018年第2期。

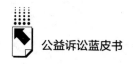

照相同领域或相同类型将案例进行归纳，其中一部分原因在于缺乏对指导性案例发布数量、发布周期和案由覆盖率的明确规定，使得指导性案例发布数量有限、发布周期不固定以及归纳混乱。① 但这些情况完全可以通过建立数据库，优化检索选项应对。

五　最高人民检察院公益诉讼指导性案例的完善路径

（一）通过立法明确检察指导性案例效力

为妥善解决实践中检察公益诉讼指导性案例拘束力不足的困境，通过立法提高明确检察诉讼指导性案例的效力显得尤为重要。

首先，通过立法赋予检察指导性案例相应的法律地位。对指导性案例地位的法定性、指导性案例编纂的程序性、标准的统一性，都应有明确的法律规定。地方各级检察院在处理相同或者类似案件的时候应当服从指令，认同其法律地位，使之成为处理案件时必须参考和检索的依据，改变目前隐性援引居多的局面，以使得指导性案例在司法实践中的适用逐步增加，提升其事实上的拘束力。

其次，明确指导性案例的适用效力。最高检《案例规定》中明确规定，各级人民检察院应当参照指导性案例办理类似案件。"应当"带有强制性的含义，而"参照"则包含自由裁量的意思，二者本就难以相容。为了进一步明确检察指导性案例的效力和地位，同时为了实现检察指导性案例推进的初衷，应通过立法来赋予指导性案例更高的强制性，不仅是检察指导性案例，而且包括最高法的指导案例，再次提升其"刚性"约束力，从而将指导性案例的强制性固定下来，突出检察指导性案例的法律地位，明确其适用效力，从而实现法律和司法系统内部的统一。

---

① 郭叶、孙妹：《最高人民法院指导性案例 2020 年度司法应用报告》，《中国应用法学》2021年第 5 期。

（二）加快最高检公益诉讼指导性案例体系建设

第一，提高最高检公益诉讼指导性案例发布数量。当前最高检发布的公益诉讼指导性案例在司法实践中的援引数量、频率及效果均不尽如人意，其原因首先在于指导性案例数量的缺乏，最高检发布的公益诉讼指导性案例规模不足，不能满足司法实践中日益增长的公益诉讼案件数量的需求。因此，首要措施应当是加强最高检在公益诉讼指导性案例上的发布力度，推进检察公益诉讼指导性案例规模的扩大。只有公益诉讼指导性案例保持一定的规模和数量，逐渐积累"量变"，保证司法实践中各主体"有例可引"的基础，才能使检察公益诉讼指导性案例的作用得到初步稳定的发挥。

第二，推进最高检公益诉讼指导性案例全领域覆盖。如图6统计分析可知，最高检公益诉讼指导性案例不仅在新类型公益诉讼领域存在真空，而且未覆盖部分公益诉讼法定领域，这是最高检公益诉讼指导性案例在司法实践中适用率低的另一重要原因。首先，当前公益诉讼领域不断扩大，新领域新问题不断涌现，在法律与司法解释不能及时更新的情况下，亟须指导性案例发挥作用。但是，截至2021年12月31日，在已经形成的检察公益诉讼法定领域中，仅有生态环境和资源保护、食品药品安全、英烈权益保护领域存在相应的指导性案例，而国有财产保护、国有土地使用权出让、未成年人保护、安全生产、个人信息保护、军人地位和权益保护领域仍然处于空白。因此，在加快发布检察公益诉讼指导性案例的同时，也需要注意到检察公益诉讼指导性案例在各领域内的全覆盖。其次，各领域内的全覆盖既不意味着每个领域内的案例数量完全平均，也不能看作单纯为了达到"指标"而进行发布领域的盲目扩充。全领域覆盖必须强调保障检察指导性案例的发布质量，而后才是注重检察公益诉讼指导性案例对各个领域内疑难问题均作出回应。如果检察公益诉讼指导性案例数量繁多却言之无物，只会导致指导性案例整体质量上的降低，削弱检察公益诉讼指导性案例的实践应用价值。同时，对于司法实践中案件高发领域，以及疑难问题较多的领域，完全可以对应发布数量多于其他领域的指导性案

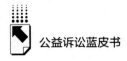

例，形成重点领域突出、全面领域覆盖的检察公益诉讼指导性案例新体系。

（三）优化检察指导性案例评选机制

第一，明确公益诉讼指导性案例的功能定位。在评选公益诉讼指导性案例时，应当考虑在其具体内容上进一步回应司法实践中遇到的疑难问题，特别是具有普遍指导意义的疑难问题。检察公益诉讼指导性案例应当明确其功能定位，对于司法实践的主要价值作用并非重复现有法律规定或者宣传报道办案效果，而是准确清晰地展现争议问题，归纳总结案件办理过程中的解决问题新思路、新方法，有针对性地回应案件中普遍存在、规定不明的争议问题，强调公益诉讼指导性案例对司法实践的指导功能。[①] 推动解释法律型案例的发展，特别是面临公益诉讼飞速发展的现状，更需要充分利用创新性的解释规则弥补法律、司法解释在司法实践发展上的局限与滞后。

第二，组织成立专门的指导性案例编修部门。由最高检组织成立专门部门以保证检察指导性案例编纂的权威性。该部门不但可以负责检察诉讼指导性案例从起草到修改的工作，而且可以承担最高检典型案例的编纂，以保持最高检案例发布的统一性。专门化的编修人员能够最大限度地保障检察指导性案例在法律精神的统一，保证检察指导性案例在解释规则的提炼与释法说理的质量，避免检察指导性案例陷入形式化的宣传效果。

（四）建立检察指导性案例类案强制检索制度

中共中央办公厅《关于深化司法责任制综合配套改革的意见》明确要求，"完善统一法律适用机制，完善关联案件和类案强制检索制度"。最高检原检察长张军也强调，检察官办理案件，要把检索有无类似指导性案例作为重要程序。

---

① 王渊、劳东燕、刘晖、乐绍光、常锋：《检察指导性案例深度应用三人谈》，《人民检察》2022年第1期。

第一，培养司法人员运用指导性案例释法说理的办案习惯。首先，提高司法人员对检察指导性案例的认识水平，从深层次上理解检察指导性案例背后的法律精神，保证司法人员在适用检察指导性案例时保证价值取向的一致性，这是司法统一的重要体现。其次，加强司法人员，特别是检察官对检察指导性案例的学习研究，规范案例援引格式。只有司法人员充分了解最高检公益诉讼指导性案例，才能熟练地掌握指导性案例的规则要领，才能在司法实践运用指导性案例说理论证。最后，建立检察指导性案例检索适用的激励机制，根据司法人员检索适用检察指导性案例的办案情况进行考评分析，并将考评结果作为评价检察官办案业绩的指标之一，明确违反援引规定的法律后果，促进司法人员主动援引检察指导性案例，提高司法实践类案中检察指导性案例的明示援引数量，避免应当适用的检察指导性案例虚置空转。

第二，完善检察数据库的系统化建设。为了提高检察数据库使用上的便利性，首先，应当改进检察案例库的检索方式，可以参照中国裁判文书网对于检索条件的设置，但同时也应注意到检察案例自身特点，对案例的不同领域、不同功能、不同关键词等进行归纳整理，并设置筛选条件，以便查阅者按照具体需要在不同范围内检索。其次，将法律法规库和检察案例库结合。从2015年至今已历经数年，如今检察案例库面临诸多新时代的挑战。最高检法律法规库与指导性案例库两个数据库的互动可以参考北大法宝的检索功能，在查阅时由关联词条相互链接，可大大节省检索工作量。最后，加强与最高法、公安部、司法部及其他机关沟通协调，将各个单位之间的数据库互联互通，同时也可以扩大最高检公益诉讼指导性案例的影响力，进而促进其在司法实践中的适用。

Abstract

Exploring the establishment of public interest litigation system by procuratorial organs is a major decision and deployment made at the Fourth Plenary Session of the 18th CPC Central Committee, and also an important measure to promote the modernization of the national governance system and governance capacity. The report of the 20th CPC National Congress further proposed to improve the public interest litigation system. Up to now, the procuratorial public interest litigation system has formed a unique public interest judicial protection "China program", which has become an important embodiment of Chinese path to modernization in the field of rule of law. The development report of China's procuratorial public interest litigation (2021) has carried out a comprehensive, systematic and in-depth study on the theoretical hot spots and practical status of procuratorial public interest litigation, aiming at promoting the further development and improvement of the procuratorial public interest litigation system, and providing a more solid and powerful "procuratorial responsibility" for optimizing the national governance system and governance capacity. This book consists of five parts (including 23 reports), namely general report, national report, local report, special report and case report.

The general report examines the overall situation of procuratorial public interest litigation in 2021, summarizes the results, analyzes the shortcomings, and puts forward the direction for further efforts. In 2021, the national procuratorial organs will implement the requirements on the examination and approval and filing of epidemic cases and give full play to the procuratorial function of public interest litigation to strengthen the treatment of epidemic prevention and medical waste, and coordinate the epidemic prevention and control and law enforcement; The

Law on the Protection of the Yangtze River and the Implementation Plan for the Development of the Yangtze River Economic Belt during the "Fourteenth Five-Year Plan" have been thoroughly implemented, and the Opinions on Giving Full Play to the Procuratorial Function and Serving to Guarantee the Ecological Protection and High-quality Development of the Yellow River Basin have been issued to serve and guarantee the ecological protection and high-quality development of the Yangtze River Economic Belt and the Yellow River Basin; Carry out the special supervision activity of "public interest litigation to protect a better life", and strive to promote the full coverage of cases handled by the municipal and county courts in the field of ecological environment and food and drug safety; We should do a good job in handling cases in the field of "national finance and land", and guard the people's "purse" and "lifeblood"; Adhere to the principle of positive and prudent, and focus on the handling of cases in new fields such as public security, cultural relics and cultural heritage, personal information, national defense and military interests, and protection of the rights and interests of specific groups; Formulate, publish and fully implement the Rules for Handling Public Interest Litigation of the People's Procuratorate; We will optimize the case-handling mechanism, public participation mechanism and cross-regional case-handling cooperation mechanism, and promote the high-quality development of public interest litigation procuratorates; Firmly implement the concept of win-win, multi-win and win-win, promote "all management" with "I management", continue to win the support of the Party Committee, the National People's Congress, the government and the CPPCC, deepen the cooperation with the administrative organs, promote military-civilian cooperation, gather the joint forces of public welfare protection, and promote the formation of a public welfare protection pattern of co-construction, co-governance and sharing; Build the team as a strategic and basic project, complement the weaknesses, improve the business quality, and provide strong talent and intellectual support for public interest litigation procuratorial work. At the same time, we will promote the balanced development of public interest litigation, the rationalization of the case structure, the specialization of the case-handling team and the substantiation of cooperation as the direction of further development and improvement.

The four national reports analyzed and studied the practice of procuratorial public interest litigation system nationwide from different angles, and showed the practice pattern of procuratorial public interest litigation in 2021 in detail. In terms of procuratorial administrative public interest litigation, there are reports on the procuratorial administrative public interest litigation procedure rules, presenting and in-depth exploring the key issues of the structure, operation and relevance of the procuratorial administrative public interest litigation procedure from three aspects of theoretical research, legislative development and judicial operation, and putting forward suggestions on the improvement of the procuratorial administrative public interest litigation procedure rules system. In terms of procuratorial civil public interest litigation, some reports found through empirical analysis that the legislation of public interest litigation in new fields was obviously lagging behind, the system rules and procedure design were too vague and principled, the distribution of cases showed large regional differences, the calculation basis of punitive damages was not uniform and clear, the announcement time was not flexible and the announcement place was too abstract, and put forward targeted improvement suggestions. In the aspect of procuratorial and criminal incidental civil public interest litigation, a report shows the overall situation of the charges involved, the regional distribution, and the case-handling organs based on the analysis of the judgment documents, points out the problems in the composition of the trial organization, the application of the legal basis for restitution, the application of punitive damages, and the application of apology, and puts forward corresponding countermeasures and suggestions. In terms of the theoretical research of procuratorial public interest litigation, there are reports summarizing the research hotspots and main research results of this year, including the improvement of the basic theory of procuratorial public interest litigation, the expansion of new areas of procuratorial public interest litigation, the connection between procuratorial public interest litigation and other litigation such as criminal litigation and ecological environmental damage compensation litigation, and the application of punitive damages in procuratorial public interest litigation, It also looks forward to the future development trend of procuratorial public interest litigation theory research.

The nine reports in the local section respectively reviewed the regional practice of procuratorial public interest litigation from the perspective of provincial, municipal and county and district levels, providing a mirror for the more orderly and efficient development of procuratorial public interest litigation. Among them, there is a report that the Chongqing procuratorial organ has made remarkable achievements in clarifying the basic orientation of case handling quality and efficiency, promoting the realization of quality and efficiency improvement, building a new model of cross-regional supervision, and strengthening the construction and expansion of public relations around the damage to public welfare in key areas. It is reported that Zhejiang procuratorial organs adhere to the principle of performing their duties in accordance with the law, effectively safeguard the national and social public interests, promote the construction of a government governed by law and the modernization of provincial governance, and promote the high-quality development of local economy and society with their own high-quality development. According to the report, the procuratorial organs of Henan Province have been closely focusing on serving the overall situation and the judiciary for the people, continuously increasing the case-handling efforts, actively and steadily expanding the case-handling areas, adhering to the principle of cooperation and co-governance, and strengthening the construction of norms, which have helped promote the high-quality development of Henan's economy and society. According to the report, Gansu procuratorial organs focus on the main business of public interest litigation, focus on the key points, stabilize the number, adjust the structure, improve the quality and efficiency, expand the field, and achieve new achievements in the key work of serving the judicial protection of the ecological environment, and the public interest litigation work in the field of public security and cultural relics protection has become a new feature of Gansu procuratorial work. It is reported that the procuratorial organs of Guizhou Province have taken the case handling as the center to maintain the public welfare in an all-round way, focused on systematic rectification and wide-ranging traceability, established multi-level rules and regulations with unblocked barriers as the starting point, carried out three-dimensional precision training with the "five batches" as the carrier, and took the acceptance of supervision as the mechanism to maximize the cohesion and achieve new results in promoting the procuratorial work of public welfare litigation

in Guizhou Province. A report has made a special analysis of the criminal incidental civil public interest litigation in Henan Province, and put forward corresponding reform measures in view of the specific difficulties in its application. Taking the pre-litigation procedure of procuratorial administrative public interest litigation in Kunming, Yunnan Province, as an example, the report, through empirical research, puts forward reform suggestions from the aspects of clue collection, investigation and evidence collection, effectiveness of procuratorial suggestions, performance standards of administrative organs, and external environment of case handling. The report combs the public interest litigation work of the environmental procuratorate in Nanyang City, Henan Province, summarizes the lack of linkage within the system and the imperfection of the environmental damage compensation mechanism, and refines the thinking and prospect of the future work from five levels. The report introduces the experience and practice of the People's Procuratorate of Qiaoxi District, Zhangjiakou City in actively carrying out the special action of public interest litigation, serving to safeguard the Winter Olympics, protecting the blue sky, clear water and pure land, and helping to fight against pollution, and puts forward suggestions on improving the mechanism of finding clues, improving the rigidity of investigation and verification.

The eight reports in the special section, starting from the specific field categories of procuratorial public interest litigation, put forward many suggestions on the deepening of procuratorial public interest litigation research and the development of practice. Some reports pointed out that there are problems in procuratorial environmental administrative public interest litigation, such as the single subject of prosecution, low deterrence of procuratorial recommendations, and narrow scope of cases, which need to be solved by expanding the subject of prosecution of environmental administrative public interest litigation, reasonably optimizing the pre-litigation procedure, and expanding the scope of cases. Taking 20 provincial local laws and regulations as analysis samples, the report summarizes the advantages and problems of local legislation practice, and puts forward the view that local legislation must meet the dual requirements of legal unity and autonomy, fully release the experimental role of local legislation, establish local legislation coordination mechanism and perfect supporting system. There are reports summarizing the problems in the field of food and drug civil public interest litigation, such as the confusion of the judgment interpretation path, the unclear rules of evidence, the inconsistency of the calculation standard of the amount of punitive damages, and whether it is mutually offset with criminal fines and administrative fines, and put forward corresponding suggestions for improvement. There are reports focusing on the procuratorial practice of the connection between the administrative public interest litigation pre-litigation procedure and the litigation procedure, refining the implementation standards of the rectification of the pre-litigation procuratorial recommendations and the follow-up investigation and evaluation methods, and actively responding to the issues such as the proposed rectification period of the administrative public interest litigation pre-litigation procuratorial recommendations and the litigation limitation dispute. A report proposed to promote the local people's congress to issue normative documents, standardize its own case handling procedures, form a joint supervision force with the discipline inspection commission and the judicial handling of cases, and other measures to solve the rigid problem of administrative public interest litigation pre-litigation procedures. The report combs and deeply analyzes the scope of accepting cases, the subject of litigation and the development process of the pre-litigation procedure of China's health administrative public interest litigation, summarizes the practical experience and existing problems of China's health administrative public interest litigation system, and puts forward suggestions for improvement. Some reports put forward suggestions on improving the coordination and complementarity mechanism between the procuratorial organ and the consumer rights protection association, broadening the channel of case clues, and improving the application and management of punitive damages.

The case analysis report in the case section takes the guiding case of public interest litigation of the Supreme People's Procuratorate as the research object, and finds that the guiding case of procuratorial public interest litigation is faced with practical problems such as the lack of applicable binding force, the lack of quantity and scale, the lack of supply of interpretation rules, and the phenomenon of emptiness. It considers that it is necessary to clarify the effectiveness of procuratorial guiding cases through legislation, accelerating the construction of the guiding case

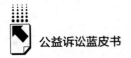
system of procuratorial public interest litigation, optimizing the procuratorial guidance case selection mechanism and establishing the compulsory case retrieval system.

Keywords: Chinese Path To Judicial Modernization; Public Welfare Judicial Protection; Procuratorial Public Welfare Lawsuits

Contents

I   General Report

Abstract: Under the guidance of the spirit of the 19th National Congress of the Communist Party of China and the 19th Plenary Session of the national procuratorial public interest litigation work hasmade great progress and remarkable results. In 2021, procuratorial organs around the country willfocus on the work of the Party and the state, fulfill their duties in accordance with the law, and promote high-quality social and economic development: to meet the people's ever-growing needs fora better life, explore and expand the scope of handling public interest litigation cases, Continuously improve the quality, efficiency and influence of public interest litigation handling: Actively explore and innovate the concept of public interest litigation procuratorial work, strengthen the standardization and professional construction of public interest litigation, deepen the consensus on public interest protection, promote the shape city of joint construction, governance and sharing of public interest litigation procuratorial team, and continue to strengthen the professional construction of public interest litigation procuratorial team. Looking into the future, the development of procuratoriat publicinterest litigation will focus on such aspects as balanced development, rationalization of case structure, specialization of case handling team and substantive cooperation.

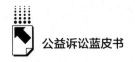
Keywords: Procuratorial Public Interestlitigation; Case Scope; Professionalconstruction; Public Welfare Protection

II   National Reports

B.2   Annual Report on the Development of Procuratorial
Administrative Public Interest Litigation in China

Wang Hongjian, Zhao Qiong / 016

Abstract: Procuratorial administrative public interest litigation has been fully implemented for five years, and it has moved from the rapid growth stage of focusing on the scale of handling cases to the high-quality development stage of focusing on the quality and efficiency of handling cases. The practice of procuratorial administrative public interest litigation needs legal procedure as the carrier, and the protection of national interests and social public interests needs legal procedure as the guarantee. It is of far-reaching significance to discuss procedural rule of law in procuratorial administrative public interest litigation. This paper systematically studies the procedural rules of procuratorial administrative public interest litigation in the past two years. From the three aspects of theoretical research, legislative development and judicial operation, it selects the key issues of the construction, operation and related procedures of procuratorial administrative public interest litigation to present and discuss in depth, in order to provide useful reference for the construction of a scientific, reasonable and perfect system of procedural rules of procuratorial administrative public interest litigation.

Keywords: Procuratorial Organ; Administrative Public Interest Litigation; Procedure Rules

B.3 Annual Report on the Development of Procuratorial
Civil Public Interest Litigation in China

Zhang Jiajun, *Li Weihua* / 043

Abstract: By analyzing the adjudication documents of procuratorial civil public interest litigation in 2020 and 2021 published by China Adjudication Documents website, It is found that the legislation of public interest litigation in new areas lags behind obviously, the system rules and procedures are too vague and principles, the distribution of cases shows a large regional difference, the lack of uniform and clear calculation basis of punitive damages, the time of announcement is not flexible and the place of announcement is too abstract, the intermediate people's court, as a court of first instance, violated the principle of litigation economy, and the serious absence of litigation agent and appraisal fee Use high level questions. To this end, it is necessary to promote the elaboration of legislation and related procedures and systems of public interest litigation in new areas, speed up the release of guiding cases, actively reduce the regional differences of cases, clarify the calculation basis of punitive damages, set up flexible announcement period and clear announcement location, set basic courts as courts of jurisdiction in principle, and ensure that defendants can fully exercise the right to defense. Unified charging standard and establish appraisal cost insurance system.

Keywords: Procuratorial Civil Public Interest Litigation; Punitive Compensation Announcement Jurisdiction Appraisal

B.4 Annual Report on the Development of Procuratorial
and Criminal Incidental Civil Public Interest Litigation
in China

Cui Wei / 084

Abstract: Under the background of the widespread promotion and implementation of civil procuratorial public interest litigation with criminal

collateral, it is of great significance to carry out systematic empirical research on its specific implementation. Through the analysis of 1566 judgment documents of civil procuratorial public interest litigation cases with criminal collateral, it can be found that in 2021, civil procuratorial public interest litigation with criminal collateral has made considerable progress in giving full play to the case handling capacity of grass-roots judicial organs, expanding the scope of public interest litigation protection, and effectively protecting the national and social public interests. Specifically, in terms of the scope of the case, the crimes involved in the case showed a trend of "four drops and one rise" compared with the previous year; In terms of regional distribution, it covers all the provincial regions except Hong Kong, Macao and Taiwan, but there is a large gap in the number of cases handled between the provinces; In terms of the case-handling organs and trial procedures, the grass-roots procuratorial organs are the main force in handling cases, and the vast majority of cases are settled in the first instance procedure. Further analysis found that there was some confusion in the practice of the civil procuratorial public interest litigation attached to criminal cases in the aspects of the trial organization, the application of the legal basis for the restoration of the original state, the application of the incidental civil litigation, the application of the punitive damages, the application of the apology, the application of the employment prohibition, the bearing of the appraisal costs, and the handling of the incidental civil public interest litigation after the realization of the request. In the future, it is necessary to take effective measures against the above problems to ensure the sound development of civil procuratorial public interest litigation attached to criminal proceedings.

Keywords: Public Interest Litigation; Criminal Proceedings With Civil Procuratorial Public Interest Litigation; Punitive Damages

B.5 Annual Report on the Research and Development

of Procuratorial Public Interest Litigation Theory

in China *Zhang Xiang* / 113

Abstract: The procuratorial public interest litigation system is developing well in China, and the relevant theoretical research is in a relatively prosperous period. This paper systematically combs the theoretical research situation in the field of procuratorial public interest litigation in 2021, taking 36 highly downloaded and highly cited academic papers collected by CNKI in 2021 as the research text, and summarizes the research hotspots and main research results of this year in comparison with the research basis in 2020, including the improvement of the basic theory of procuratorial public interest litigation, the expansion of new fields of procuratorial public interest litigation The connection between procuratorial public interest litigation and other litigation such as criminal litigation and ecological environment damage compensation litigation, and the application of punitive damages in procuratorial public interest litigation, etc. , and the future development trend of procuratorial public interest litigation theory research is briefly prospected.

Keywords: Procuratorial Public Interest Litigation; New Field Of Public Interest Litigation; Special Legislation of Public Interest Litigation

Ⅲ Local Reports

B.6 Annual Development Report of Procuratorial Public

Interest Litigation in Chongqing *Peng Jinrong, Xu Bei* / 137

Abstract: In 2021, Chongqing's three-level procuratorial organs will thoroughly implement Xi Jinping Thought on Eco-Civilization and Xi Jinping Thought on the Rule of Law, constantly improve their political standing, deepen their ideological understanding, and vigorously promote the fight to solve the problem of damage to public welfare in key areas. They have achieved remarkable

results in clarifying the basic direction of case handling quality and efficiency, promoting the realization of quality and efficiency, building a new model of cross-regional supervision, and strengthening the construction and expansion of public relations. However, from the perspective of judicial practice, there are still some problems to be solved, such as the decline in the number of cases handled, the centralized distribution of cases, and the large number of cases withdrawn. In the new era, we should improve the supervision efficiency of public interest litigation by focusing on the quality and efficiency of the case, improve the public interest procuratorial system and mechanism under the guidance of reform and innovation, and promote the coordination and co-governance of public interest protection under the guidance of system concept, so as to achieve perfection and effectiveness.

Keywords: Public Interest Litigation; Procuratorial Public Interest Litigation; Chongqing City

B.7   Annual Report on the Development of Prosecutorial

Public Interest Litigation in Zhejiang Province

Research Group of Zhejiang Provincial People's Procuratorate / 152

Abstract: With the high attention of the Party Central Committee and the strong support of all sectors of society, procuratorial public interest litigation has made rapid development, and the vigorous vitality and institutional advantages of the " China Plan " for public interest judicial protection have fully emerged. Zhejiang procuratorial organs adhere to the principle of performing their duties in accordance with the law, earnestly safeguard the national and social public interests, promote the construction of a government governed by law and the modernization of provincial governance, and promote high-quality economic and social development with high-quality development. This report combs the procuratorial work of public interest litigation in Zhejiang Province in the past year, summarizes the experience and practice in practice, analyzes the problems of unbalanced development, insufficient personnel strength and capacity in the work, and puts forward suggestions to continue to promote high-quality development, strengthen professional construction, and strengthen digital procuratorial supervision, with a view to better play the procuratorial efficiency of public interest litigation and meet the higher requirements of the people for public interest protection.

Keywords: Public Interest Litigation; Case Handling Quality And Efficiency; Digital Supervision; Public Participation; Zhejiang Province

Abstract: Procuratorial public interest litigation system is an important institutional arrangement to promote the modernization of the national governance system and governance ability by the rule of law thinking and way. Centering on serving the overall situation and serving the people through justice, Henan procuratorial organs continue to intensify their efforts in case handling, actively yet prudently expand the field of case handling, adhere to joint governance, strengthen the construction of norms, and effectively promote the high-quality development of the economy and society with high-quality development of procuratorial work.

Keywords: Procuratorial Public Interest Litigation; Serving the Overall Situation; Justice; Improving the Quality and Efficiency for the People; Henan Province

Abstract: This report focuses on the theme of the development of procuratorial

public interest litigation from the provincial and empirical perspectives. Based on the comparative analysis of the data of procuratorial public interest litigation in 2020 and 2021 in Gansu Province, the report mainly focuses on the work situation, experience, practices, problems, and future development direction. In this paper, the case handling data and index values of procuratorial public interest litigation carried out by various cities and prefectures in Gansu Province in 2021 were analyzed, the working practices, mechanisms and effects reflected in the characteristics of Gansu province were summarized, the main objective problems were comprehensively sorted out, the development trend of procuratorial public interest litigation was comprehensively evaluated, and the future development direction was proposed.

Keywords: Gansu Procuratorial; Public Interest Litigation; Province Empirical Analysis

B.10 Annual Report on the Development of Procuratorial
Public Interest Litigation in Guizhou Province

Research Group of Guizhou Provincial People's Procuratorate / 199

Abstract: From a provincial and empirical perspective, this report makes an in-depth analysis of the status quo, achievements, difficulties and challenges of public interest litigation procuratorial work carried out by Guizhou procuratorial organs in 2021. It comprehensively and systematically summarizes the experience and practice of "Five advantages" in Guizhou procuratorial work to improve the quality and efficiency of the whole chain, and shows the extraordinary development process of public interest litigation procuratorial work from the perspective of one year in one region.

Keywords: Guizhou Procuratorial; Public Interest Litigation Procuratorial; "Five In a Batch"

B . 11   Analysis Report of Henan Province Procuratorial

Organs Handling Civil Public Interest Litigation

Cases Attached to Criminal Case

Jiang Baozhong, Song Zhuohang, Wang Jiechen, Yin Yumin,

Zhou Ziang and Jiang Xinping / 215

Abstract: Criminal incidental civil public interest litigation is the organic combination of criminal incidental civil litigation and civil public interest litigation. At present, the functions of the procuratorial organs have undergone a major transformation. The system of criminal supplementary civil public interest litigation has encountered applicable difficulties in the advancement, such as unclear status of the procuratorial organs, different standards of law and single way of the defendant's subject responsibility. Based on the judgment documents of criminal incidental civil public interest litigation in Henan Province in 2021 and the relevant judgment documents in 2020 as the comparative research object, the report focuses on the nature of the system of criminal incidental civil public interest litigation and proposes corresponding reform paths to the above problems, in order to provide useful reference for procuratorial organs at all levels to carry out civil public interest litigation with criminal tape.

Keywords: Henan Province; Criminal Collateral Civil Public Interest Litigation; Procuratorial Organ

B . 12   Report on the Pre-action Procedure of Administrative

Public Interest Litigation Initiated by Kunming

Procuratorate in Yunnan Province

Zhuli Research Group of Wuhua District Provincial People's

Procuratorate in Kunming / 239

Abstract: The pre-litigation procedure is a necessary procedure for the

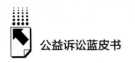

procuratorial supervision of the administrative public interest litigation, which plays an important role in promoting the administrative organs to fully perform their duties in accordance with the law and reducing the judicial cost of maintaining the public welfare. Current practice of public interest litigation cases to issue before the procuratorial advice administrative organ rectification end, case cycle is short, the case effect is good, but in office, case is difficult to collect clues to verify evidence, procuratorial advice not enough specification, rigid is not strong and line, whether political authority takes office standard different problems, hinder the further development of administrative public interest litigation procedure. Accordingly, this paper will put forward reform suggestions to improve the pre-litigation procedure of administrative public interest litigation from the aspects of clue collection, investigation and evidence collection, the effectiveness of procuratorial suggestions, the performance standards of administrative organs, and the external environment of case handling.

Keywords: Administrative Public Interest Litigation; Pre-Litigation Procedure; Procuratorial Suggestions

B.13 Special Report on Environmental Procuratorial Public Interest Litigation Initiated by Nanyang Procuratorate in Henan Province   *Liu Xin* / 249

Abstract: Environmental procuratorial public interest litigation is a major reform task of the decision and deployment of the CPC Central Committee, and it is also a new expansion of procuratorial functions under the reform of the judicial system, the supervision system and the reform of the procuratorial work pattern. Environmental public interest litigation provides relief means for environmental resource infringement cases. The long-term development of the public interest litigation system of ecological environment resources depends on the current efforts and inseparable from the basic work and practical exploration. Through a comprehensive review of the environmental procuratorial public interest litigation work in Nanyang City in 2021, Summarize the current situation and achievements of the procuratorial work in the field of environmental and resource protection, In combination with the problems faced in the process of case handling, such as the lack of internal mechanism linkage, the lack of case handling personnel, the imperfect environmental damage compensation mechanism, and the lack of publicity, From the perspective of the procuratorial organ, By strengthening the construction of system and mechanism, doing internal and external publicity, combining "prediction before litigation" and "follow up after litigation", strengthening the source, governance standards and strengthening the principles of ecological environment and resource protection of public interest litigation and the thinking and prospect of the future procuratorial work.

Keywords: Empirical Analysis of Environmental Public Interest Litigation; Preventive Mechanism; Nanyang

B.14 Report on the Public Interest Litigation Initiated
by Qiaoxi District in Zhangjiakou City   *Gao Lei* / 263

Abstract: Since the public interest litigation work, Zhangjiakou qiaoxi new era of socialism with Chinese characteristics as guidance, high standard to implement the highest inspection deployment arrangement, actively carry out public interest litigation special action, service security games, defend the blue sky pure land, power pollution prevention, protect people a better life, actively yet prudently to explore new areas, being a good high enforcement strategy to carry out the ground pioneer, accumulated practical experience for the development of public interest litigation.

Keywords: Public Interest Litigation; Service to Ensure the Winter Olympics; Ecological Civilization; Zhangjiakou

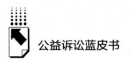

公益诉讼蓝皮书

Ⅳ   Special Reports

B.15   Report on the Development of Procuratorial

Environmental Administrative Public Interest

Litigation   *Liang Zengran*, *Zhang Yujie* / 273

Abstract: As an important means of judicial relief, procuratorial environmental administrative public interest litigation is crucial to safeguarding the environmental public interests of the country and society. The environmental administrative public interest litigation system of the procuratorial organ as the subject of prosecution is a major measure of the reform of the environmental governance system in China. Procuratorial environment administrative public interest litigation in environmental protection work has played a big role, but there are still a single prosecution subject, procuratorial advice low deterrence, court referee not consistent, accepting case narrow scope, the court referee standard is not unified, need to expand environmental administrative public interest litigation subject, reasonable optimization of litigation procedure, standardize the court referee, further expand the accepting case, scope, unified that administrative organ comprehensive since the standard measures to solve, so that the environmental administrative public interest litigation better play to its due function and role.

Keywords: Environment Administrative Public Interest Litigation; Procuratorial Authority; Environmental Protection

B.16   The Dilemma and Reform Path of Local Legislation

on Public Interest Litigation

—Investigation based on 23 local laws and regulations

Li Dayong, *Zhong Ruiyou* / 293

Abstract: In the view of the lack of institutional supply of public interest litigation legislation, the two high courts and local legislatures have explored this, forming two types of "judicial model" and "local model". Taking 20 provincial local laws and regulations as analysis samples, this paper discusses the power allocation between the central government and local governments in public interest litigation legislation. Local legislative practice has shown the advantages of expanding the types of public interest litigation cases, highlighting local characteristics, exploring diversified procuratorial methods, and clarifying the obligation of cooperation and cooperation of relevant units. There are also problems such as duplication of legislative content, different handling of the same case, and strengthening the trend of localization of the judiciary. Local legislation must meet the dual requirements of legal unity and autonomy. Unified legislation of public interest litigation is an inevitable trend. The experimental function of local legislation should be fully released to respond to practical needs. At the same time, we should have a holistic thinking, through the establishment of local legislative coordination mechanism and improve the supporting system, so that the pre-supervision and post-supervision of the combination of relief, into the effectiveness of social governance.

Keywords: Public Interest Litigation; Local Legislation; Legislative System; Pre-trial Procedure

B.17 Analysis of Punitive Damages in Food and Drug Civil Public Interest Litigation

Wang Zhentao, Qin Shengnan / 310

Abstract: The field of food and drug safety, as the "required field" of public interest litigation, has always been the area of deep cultivation of procuratorial organs. In 2017, China's first consumer compensation public interest lawsuit was supported by the Shenzhen People's Procuratorate. Since then, procuratorial organs have continued to explore and put forward punitive

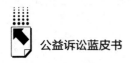

compensation litigation requests in the field of food and drug, which lasted nearly 5 years. Procuratorial organs, judicial organs, competent administrative organs and consumer organizations have basically reached a consensus that it is in line with legal principle and reality to establish a punitive compensation system for public interest litigation in the field of food and drug. However, there are still some problems in judicial practice, such as confusion in the way of judgment interpretation, unclear rules of evidence, inconsistent calculation standards of punitive damages and disallowance between criminal fines and administrative fines. Therefore, it is necessary to sort out the pulse of exploration and development of this system from the perspective of experience, sum up the existing problems and put forward a targeted improvement plan.

Keywords: Food and Drug Safety; Civil Public Interest Litigation; Punitive Damages

B.18 Research on Practical Problems of Procuratorial Practice on the connection between Pre-trial Procedure and Litigation Procedure of Administrative Public Interest Litigation   *Cui Nian, Li Tingming* / 331

Abstract: The Rules for Handling Public Interest Litigation of the People's Procuratorate, which came into effect on July 1, 2021, clarifies the conditions and procedures for issuing procuratorial suggestions before litigation and filing administrative public interest litigation. However, the connection between the pre-trial procedure and the litigation procedure of administrative public interest only regulates the time limit for review and prosecution and the requirement for follow-up investigation. In practice, there is no clear definition of the implementation standard, rectification period, follow-up investigation method and litigation limitation of the big disputes in pre-prosecution procuratorial suggestions. In order to improve the quality and efficiency of follow-up investigation, review, prosecution and procuratorial practice, and ensure the smooth connection between pre-trial procedures and litigation procedures of administrative public interest litigation, this report summarizes and summarizes the standards for the rectification and implementation of pre-trial procuratorial suggestions and follow-up investigation and evaluation methods based on the Rules for Handling Public Interest Litigation of the People's Procuratorate and case handling practices. In addition, it actively responds to issues such as rectification time limit and litigation limitation disputes proposed by procurators before administrative public interest litigation, so as to unify law enforcement standards, standardize case handling process and guide case handling practice.

Keywords: Pre-prosecution Prosecution Suggestion; Follow-up Investigation; Limitation of Action

B. 19   Research on the Rigidity of Pretrial Procedure of Administrative Public Interest Litigation

Research Group of Chongming District Provincial

People's Procuratorate in Shanghai / 345

Abstract: The core of procuratorial public interest litigation system in our country is the administrative public interest litigation, the main feature of administrative public interest litigation is the pre-trial procedure. The pre-trial procedure of administrative public interest litigation should not only put forward procuratorial suggestions, but also include pre-trial consultation, hearing and investigation. The pre-trial procedure should have rigidity, rigidity from the procuratorial power, other state public power and policy, law clear provisions. In practice, the pre-trial procedures of administrative public interest litigation are faced with rigid problems. In this regard, grassroots procuratorial organs can do something, such as pushing local people's congresses to issue normative documents, standardize their own case-handling procedures, form joint supervision

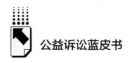

with discipline inspection commissions, and make case-handling forms juridical.

Keywords: Administrative Public Interest Litigation; Pretrial Procedure; Rigid grass-roots Procuratorial Practice

B. 20 Special Research on Pre-action Procedure
of Public Interest Prosecution Civil Litigation   *Mei Aohan* / 359

Abstract: As a basic procedure of the procuratorial civil public interest litigation system, the pretrial procedure is of great significance for timely protection of public interests and effective saving of judicial resources. Although the relevant legislation has made provisions for the prosecutorial civil public interest litigation pre-litigation procedure, from the perspective of judicial practice, the purpose of the legislator to design the pre-litigation procedure has not been realized, and the pre-litigation procedure has not played its due role in the prosecutorial civil public interest litigation cases, which clearly shows the phenomenon of emptiness. This is mainly because the system still has room for improvement in terms of the scope of application and the effectiveness of supervision of the pre-litigation procedure. Therefore, we should start with the improvement of the specific rules, that is, from the expansion of the scope of application, the improvement of the way to urge the prosecution, the establishment of a flexible response period, and the improvement of the procuratorial organ's support for the prosecution system, to improve the relevant rules of the pre-litigation procedure, so as to make the pre-litigation procedure play its role in the procuratorial civil public interest litigation system, and effectively avoid its idling.

Keywords: Procuratorial Organs; Civil Public Interest Litigation; Pre-litigation Procedure, Virtual Idling

Contents ↖⟩

B.21 Report on the Development of Public Interest

Litigation System in Health Administration   *Shen Sida* / 378

Contents ↖⟩

B.21 Report on the Development of Public Interest

Litigation System in Health Administration   *Shen Sida* / 378

Abstract: Public interest litigation in health administration is an important system design to make up for the lack of administrative law enforcement in the field of health, fill the gap in social governance, and promote the construction of a government ruled by law. It is also an important judicial practice to safeguard public health and protect public interests. Based on the theory of public interest litigation in health administration, comb the development process of public interest litigation in health administration, take the relevant data of public interest litigation in health administration as the support, analyze the development process of the scope of cases, subject of litigation and pre-litigation procedure of public interest litigation in health administration in China, and summarize the practical experience of the development process of public interest litigation in health administration in China, And make a modest contribution to the improvement of the public welfare litigation system of China's health administration power.

Keywords: Health Administrative Litigation; Public Interest Litigation; Health Legal System

B.22 Report on the Development of Consumer Prosecutorial

Public Interest Litigation   *Du Xiaoli* / 394

Abstract: Consumer procuratorial public interest litigation is an important part of procuratorial public interest litigation. Since the establishment of public interest litigation system in 2012, the legal system of consumer procuratorial public interest litigation has been gradually established, and the implementation of various policies and measures from the central to local governments has been steadily promoted. In judicial practice, the procuratorial organ has become the main force in promoting consumer public interest litigation, constantly expanding the scope of

463

accepting cases and promoting the development of punitive compensation system. However, there are still some problems in the consumer procuratorial public interest litigation system, such as the lack of coordination between the procuratorial organ and the consumer rights and interests protection association as the subject of litigation, the limitation of the scope of cases, and the imperfect punitive compensation system. Therefore, in order to promote the steady progress of consumer procuratorial public interest litigation, it is necessary to improve the coordination and complementarity mechanism between procuratorial organs and consumer rights protection associations; To expand the scope of cases by establishing the criteria for expanding the scope of cases to expand the scope of cases with the premise of broadening the channels for dredging the clues of cases; We will improve the institutional arrangements for the application of punitive damages and the management, distribution and supervision of compensation.

Keywords: Consumers; Procuratorial Organs; Public Interest Litigation

V Case Study

B. 23 Analysis Report on Guiding Cases of Public Interest
Litigation of the Supreme People's Procuratorate

Huang Haozhe / 409

Abstract: The guiding case of public interest litigation of the Supreme People's Procuratorate is an important part of the case guidance system, especially in the context of the rapid development of procuratorial public interest litigation, it is of great significance to carry out systematic research on its specific situation. As of December 31, 2021, the Supreme People's Procuratorate has released a total of 17 guiding cases of procuratorial public interest litigation. By analyzing their legal basis, basic information and citation, we can find that the guiding cases of procuratorial public interest litigation are faced with practical problems such as insufficient binding force of application, insufficient quantitative norms, insufficient supply of interpretation rules, and serious virtualization, It greatly limits the full play of the guiding function of procuratorial public interest litigation. In order to promote the sound development of the guiding cases of public interest litigation, it is necessary to make targeted improvements in such aspects as clarifying the effectiveness of procuratorial guiding cases, speeding up the construction of the guiding case system of procuratorial public interest litigation, optimizing the selection mechanism of procuratorial guiding cases, and establishing the compulsory retrieval system of similar cases.

Keywords: Procuratorial Public Interest Litigation; Supreme People's Procuratorate; Guiding Case

皮 书

智库成果出版与传播平台

✤ 皮书定义 ✤

皮书是对中国与世界发展状况和热点问题进行年度监测，以专业的角度、专家的视野和实证研究方法，针对某一领域或区域现状与发展态势展开分析和预测，具备前沿性、原创性、实证性、连续性、时效性等特点的公开出版物，由一系列权威研究报告组成。

✤ 皮书作者 ✤

皮书系列报告作者以国内外一流研究机构、知名高校等重点智库的研究人员为主，多为相关领域一流专家学者，他们的观点代表了当下学界对中国与世界的现实和未来最高水平的解读与分析。截至 2022 年底，皮书研创机构逾千家，报告作者累计超过 10 万人。

✤ 皮书荣誉 ✤

皮书作为中国社会科学院基础理论研究与应用对策研究融合发展的代表性成果，不仅是哲学社会科学工作者服务中国特色社会主义现代化建设的重要成果，更是助力中国特色新型智库建设、构建中国特色哲学社会科学"三大体系"的重要平台。皮书系列先后被列入"十二五""十三五""十四五"时期国家重点出版物出版专项规划项目；2013~2023 年，重点皮书列入中国社会科学院国家哲学社会科学创新工程项目。

权威报告·连续出版·独家资源

皮书数据库
ANNUAL REPORT(YEARBOOK) DATABASE

分析解读当下中国发展变迁的高端智库平台

所获荣誉

- 2020年，入选全国新闻出版深度融合发展创新案例
- 2019年，入选国家新闻出版署数字出版精品遴选推荐计划
- 2016年，入选"十三五"国家重点电子出版物出版规划骨干工程
- 2013年，荣获"中国出版政府奖·网络出版物奖"提名奖
- 连续多年荣获中国数字出版博览会"数字出版·优秀品牌"奖

皮书数据库　　　"社科数托邦"
　　　　　　　　微信公众号

成为用户

登录网址www.pishu.com.cn访问皮书数据库网站或下载皮书数据库APP，通过手机号码验证或邮箱验证即可成为皮书数据库用户。

用户福利

- 已注册用户购书后可免费获赠100元皮书数据库充值卡。刮开充值卡涂层获取充值密码，登录并进入"会员中心"—"在线充值"—"充值卡充值"，充值成功即可购买和查看数据库内容。
- 用户福利最终解释权归社会科学文献出版社所有。

数据库服务热线：400-008-6695
数据库服务QQ：2475522410
数据库服务邮箱：database@ssap.cn
图书销售热线：010-59367070/7028
图书服务QQ：1265056568
图书服务邮箱：duzhe@ssap.cn

社会科学文献出版社 皮书系列
SOCIAL SCIENCES ACADEMIC PRESS (CHINA)

卡号：296674471318
密码：

S 基本子库
UB DATABASE

中国社会发展数据库（下设 12 个专题子库）

紧扣人口、政治、外交、法律、教育、医疗卫生、资源环境等 12 个社会发展领域的前沿和热点，全面整合专业著作、智库报告、学术资讯、调研数据等类型资源，帮助用户追踪中国社会发展动态、研究社会发展战略与政策、了解社会热点问题、分析社会发展趋势。

中国经济发展数据库（下设 12 专题子库）

内容涵盖宏观经济、产业经济、工业经济、农业经济、财政金融、房地产经济、城市经济、商业贸易等 12 个重点经济领域，为把握经济运行态势、洞察经济发展规律、研判经济发展趋势、进行经济调控决策提供参考和依据。

中国行业发展数据库（下设 17 个专题子库）

以中国国民经济行业分类为依据，覆盖金融业、旅游业、交通运输业、能源矿产业、制造业等 100 多个行业，跟踪分析国民经济相关行业市场运行状况和政策导向，汇集行业发展前沿资讯，为投资、从业及各种经济决策提供理论支撑和实践指导。

中国区域发展数据库（下设 4 个专题子库）

对中国特定区域内的经济、社会、文化等领域现状与发展情况进行深度分析和预测，涉及省级行政区、城市群、城市、农村等不同维度，研究层级至县及县以下行政区，为学者研究地方经济社会宏观态势、经验模式、发展案例提供支撑，为地方政府决策提供参考。

中国文化传媒数据库（下设 18 个专题子库）

内容覆盖文化产业、新闻传播、电影娱乐、文学艺术、群众文化、图书情报等 18 个重点研究领域，聚焦文化传媒领域发展前沿、热点话题、行业实践，服务用户的教学科研、文化投资、企业规划等需要。

世界经济与国际关系数据库（下设 6 个专题子库）

整合世界经济、国际政治、世界文化与科技、全球性问题、国际组织与国际法、区域研究 6 大领域研究成果，对世界经济形势、国际形势进行连续性深度分析，对年度热点问题进行专题解读，为研判全球发展趋势提供事实和数据支持。

法律声明

“皮书系列”（含蓝皮书、绿皮书、黄皮书）之品牌由社会科学文献出版社最早使用并持续至今，现已被中国图书行业所熟知。“皮书系列”的相关商标已在国家商标管理部门商标局注册，包括但不限于LOGO（▧）、皮书、Pishu、经济蓝皮书、社会蓝皮书等。“皮书系列”图书的注册商标专用权及封面设计、版式设计的著作权均为社会科学文献出版社所有。未经社会科学文献出版社书面授权许可，任何使用与“皮书系列”图书注册商标、封面设计、版式设计相同或者近似的文字、图形或其组合的行为均系侵权行为。

经作者授权，本书的专有出版权及信息网络传播权等为社会科学文献出版社享有。未经社会科学文献出版社书面授权许可，任何就本书内容的复制、发行或以数字形式进行网络传播的行为均系侵权行为。

社会科学文献出版社将通过法律途径追究上述侵权行为的法律责任，维护自身合法权益。

欢迎社会各界人士对侵犯社会科学文献出版社上述权利的侵权行为进行举报。电话：010-59367121，电子邮箱：fawubu@ssap.cn。

社会科学文献出版社